HISTOIRE
DE
NOTRE-DAME
DE BOULOGNE

PAR

M. L'ABBÉ DANIEL HAIGNERÉ

Archiviste de la ville de Boulogne,
Membre de l'Académie des Quirites de Rome,
et de plusieurs Sociétés savantes.

DEUXIÈME ÉDITION

REVUE ET CORRIGÉE

BOULOGNE-SUR-MER

AU DÉPOT DES OBJETS DE PIÉTÉ ET SOUVENIRS DE PÈLERINAGE

PARVIS NOTRE-DAME, 6

186.

HISTOIRE
DE
NOTRE-DAME
DE BOULOGNE

Arras, Typographie ROUSSEAU-LEROY.

NOTRE-DAME DE BOULOGNE-S-MER.

HISTOIRE

DE

NOTRE-DAME

DE BOULOGNE

PAR

M. L'ABBÉ DANIEL HAIGNERÉ

Archiviste de la ville de Boulogne,
Membre de l'Académie des Quirites de Rome,
et de plusieurs Sociétés savantes.

DEUXIÈME ÉDITION

REVUE ET CORRIGÉE

BOULOGNE-SUR-MER

AU DÉPOT DES OBJETS DE PIÉTÉ ET SOUVENIRS DE PÈLERINAGE

PARVIS NOTRE-DAME, 6

—

1864.

PRÉFACE

Une nouvelle édition de l'*Histoire de Notre-Dame de Boulogne* était nécessaire pour répondre à la pieuse curiosité du pèlerin, qui, chaque année, visite notre cathédrale. Nous avions cru d'abord n'avoir rien de mieux à faire que de reproduire le livre de l'archidiacre Antoine Le Roy, écrit au XVIIe siècle avec une bonne simplicité de style et une grande érudition ; mais, le développement immense que notre siècle a donné aux études historiques nous ayant mis à même d'ajouter beaucoup de faits nouveaux à ceux qui ont été publiés par Le Roy, il nous eût été impossible de le faire sans bouleverser le plan de l'auteur et sans compromettre l'économie entière de son ouvrage. D'un autre côté, la révision que nous avons faite des textes sur lesquels il s'est appuyé, nous donnait en plusieurs endroits l'occasion de rectifier, d'éclairer ou de commenter divers points de sa narration. Les modifications que nous aurions été obligé d'introduire çà et là, auraient encore altéré davantage le caractère de l'œuvre primitive. Ne pouvant donc la respecter en tout, nous avons dû faire un travail nouveau.

Cependant, pour obéir autant que possible aux exigences de l'histoire et pour conserver les droits acquis par un auteur qui est classique sur cette matière, et qui est entre les mains ou dans la mémoire de tous, nous l'avons cité textuellement autant de fois que cela nous a été possible. De là ce grand nombre de pages, distinguées par des guillemets que nos lecteurs nous reprocheront peut-être d'avoir prodigués. La probité littéraire nous y obligeait ; et d'ailleurs : « Notre époque a la cu-

« riosité des textes anciens. Toute histoire a un double prix,
« quand elle nous est racontée par un écrivain d'autrefois, ou
« quand on peut retrouver, dans les documents qui en subsis-
« tent, l'impression que nos ancêtres en ont reçue, ou le juge-
« ment qu'ils en ont porté [1] ».

Un reproche plus grave qu'on pourra nous faire, c'est d'être entré dans de bien petits détails et d'avoir recueilli, dans cet ouvrage, beaucoup de notes et de faits peu attrayants pour le lecteur. Fénelon signale quelque part cet homme qui, « plus
« savant qu'historien, dit-il, n'épargne à son lecteur aucune
« date, aucune circonstance superflue, aucun fait sec et détaché;
« il suit son goût, sans consulter celui du public; il veut que
« tout le monde soit aussi curieux que lui des minuties vers
« lesquelles il tourne son insatiable curiosité ». Nous croyons que c'est là un défaut inévitable dans l'histoire particulière d'une église et même d'une province. Ceux qui écrivent l'histoire générale des peuples n'ont point ces soucis et ces scrupules; leur édifice se développe et se construit à l'aise au milieu des matériaux qui abondent de toutes parts. Quant à nous, collecteurs de pierres éparses et rongées par le temps, à grand'peine pouvons-nous reconstituer quelques assises de nos vieux temples écroulés sans retour. Si nous négligions les faits secs et détachés, de quoi se composerait notre histoire?

Persuadé que les faits historiques ne sauraient être appuyés de trop de preuves, et voulant mettre les hommes sérieux à même de contrôler sur tous les points nos assertions, nous avons pris soin d'indiquer au bas des pages les autorités que nous avons consultées. De cette manière, si quelque jour on vient à refaire l'*Histoire de Notre-Dame de Boulogne*, il sera possible de remonter aux sources et de s'entourer des documents qui nous ont servi pour ce travail.

Dans les ouvrages de ce genre, personne n'ignore qu'il est impossible d'être complet. Aussi appelons-nous à notre aide tous ceux de nos confrères des sociétés historiques, qui pourraient

---

1. Léon Aubineau, *Univers* du 11 juin 1857.

rencontrer dans leurs lectures, des faits inédits relatifs à notre ancien pèlerinage. Nous accepterons avec la plus grande reconnaissance toutes les communications qu'on aura la bonté de nous faire à cet égard. » *(Préface de la première édition.)*

En donnant aujourd'hui une seconde édition de cet ouvrage, nous sommes heureux de pouvoir dire que notre appel a été entendu. Aux documents nouveaux que nos recherches nous ont fait rencontrer dans les Archives de l'Empire et dans les Bibliothèques de Paris, sont venus s'ajouter ceux qu'ont bien voulu nous adresser feu M. le D^r Le Glay, M. le baron de La Fons-Mélicocq, MM. Kervyn de Lettenhove, Ernest Hamy, Charles Henneguier, Victor Derode, Auguste Bonvarlet, Louis Paris, Arthur Forgeais, etc., etc. Moyennant ces secours aussi inespérés qu'abondants, l'*Histoire de Notre-Dame de Boulogne* se complète de plus en plus, et l'on peut mieux apprécier l'importance de son pèlerinage dans le passé.

Quant à son éclat dans le présent, il suffit, pour en juger, de voir, chaque année, le déploiement de ses fêtes, la richesse et la beauté de ses processions, et par dessus tout le recueillement et la piété des pèlerins qui y prennent part. La renommée en est européenne, ainsi que le témoignent les lettres suivantes qui nous ont été adressées par d'éminents prélats.

FRANCE

Lettre de Mgr Blanquart de Bailleul, archevêque de Rouen.

Rouen, le 6 novembre 1857.

Monsieur l'Abbé,

J'ai reçu par les mains de M*** votre *Histoire de Notre-Dame de Boulogne*, et je m'empresse de vous remercier de cet envoi. Je vous remercie aussi du plaisir que me procurera cette lecture, car je sais qu'elle doit m'intéresser vivement. D'ailleurs ne devons-nous pas recueillir avec empressement ce qui tourne à l'honneur de Marie ?

Recevez donc, Monsieur l'Abbé, l'expression de ma reconnaissance, etc.

† Louis, arch. de Rouen.

Archevêché de Cambrai.

Cambrai, 24 juin 1859.

Monsieur et cher Abbé,

Mgr l'Archevêque de Cambrai a reçu en son temps votre *Histoire de l'église de Notre-Dame de Boulogne* que ses occupations toujours croissantes et spécialement ses tournées ne lui ont pas encore permis de lire. Sa Grandeur, en attendant qu'un heureux loisir lui permette de parcourir votre Œuvre, me charge de vous remercier de votre hommage et de vous dire toute la part que prend notre commun Métropolitain à l'accroissement de la dévotion envers Notre-Dame de Boulogne, en l'amour de laquelle je suis très-affectueusement votre tout dévoué serviteur.

BERNARD, vic. gén.

Lettre de Mgr Pie, évêque de Poitiers.

Poitiers, le 11 décembre 1860.

Monsieur l'Abbé,

Personne n'a lu avec plus d'intérêt et de satisfaction que moi la belle Monographie que vous avez publiée sur Notre-Dame de Boulogne. Combien il est heureux que ce sanctuaire, merveilleusement relevé par un dévouement sacerdotal qui est au-dessus de tous les éloges, ait trouvé un historien érudit et consciencieux pour nous redire toutes ses gloires anciennes et relier le présent au passé !

Recevez donc, Monsieur l'Abbé, toutes mes félicitations et croyez à mes meilleurs sentiments.

† L.-E., év. de Poitiers.

Lettre de Mgr Plantier, évêque de Nîmes.

Nîmes, le 15 décembre 1860.

Boulogne m'avait offert l'hospitalité [1] la plus touchante pour le cœur d'un évêque, Monsieur l'Abbé. C'était avec l'émotion la plus profonde que j'avais visité, sous la conduite de l'homme de Dieu qui l'a fait élever en l'honneur de Marie, la magnifique église qui couronne les hauteurs de la cité. J'avais vu avec saisissement et respect, dans la crypte sur laquelle ce monument repose, les restes vénérés de l'ancien sanctuaire. Je ne puis dire enfin de quel bonheur mon âme avait été remplie en célébrant la sainte Messe au fond de cette abside, où, malgré le rajeunissement des murailles, il m'avait semblé respirer le parfum de piété laissé là par tant de siècles de pèlerinage. Votre livre, Monsieur l'Abbé, a prolongé pour moi ces douces jouissances ; il

---

[1] Le 19 juillet 1860.

en a même complété le charme. Avant de l'avoir lu, je ne connaissais que d'une manière un peu confuse l'*Histoire de Notre-Dame de Boulogne*. J'ai appris de vous avec délices les détails tantôt touchants, tantôt dramatiques, souvent miraculeux de son passé. Il y a là pour la sainte Vierge tout un foyer de gloire. Il y a là aussi de riches espérances pour l'Église. Vous avez deux statues sur les collines qui dominent votre ville et regardent la Manche ; l'une est celle d'un grand capitaine, l'autre celle de Marie. Celle-là, du haut de sa colonne, que dit-elle à l'Angleterre ? Je l'ignore. Est-elle seulement un reproche, est-elle une menace ? Dieu seul en a le secret. Mais je ne peux considérer sans une confiance profonde celle qui plane au sommet de votre coupole ; les prodiges dont elle rappelle la mémoire, ses yeux tournés et ses bras étendus vers les côtes de la Grande-Bretagne m'apparaissent comme le présage d'une nouvelle conquête. Marie voudra sans doute un jour que, sur l'autre rive, la terre du schisme redevienne l'*Ile des Saints*.

Daignez agréer, Monsieur l'Abbé, l'hommage de mon plus affectueux dévouement.

† HENRI, évêque de Nîmes.

ITALIE

Extrait d'une lettre de S. Em. Mgr le cardinal Altieri, camerlingue de la sainte Église Romaine.

Rome, 22 juillet 1858.

Monsieur l'Abbé,

Je viens de recevoir par l'entremise de *** un élégant exemplaire de votre *Histoire de l'église de Notre-Dame de Boulogne*, et j'ai été bien touché de l'amabilité exquise que vous avez ainsi bien voulu me témoigner. En vous remerciant de cette offrande, je ne puis m'empêcher de vous dire combien votre ouvrage m'a intéressé..... Je suis plein d'admiration pour la piété de cette bonne population de Boulogne, qui contribue avec tant d'empressement à la restauration et à l'embellissement de ce fameux sanctuaire ; et je ne doute pas que la Très-sainte Vierge ne veuille récompenser par des grâces et des faveurs spéciales les preuves d'affection religieuse qu'on lui donne en cette occasion. La France a toujours conservé sa dévotion envers la sainte Vierge Immaculée, malgré les terribles épreuves qu'elle a dû subir, en défendant sa foi contre les ennemis de Dieu.....

Aux sentiments déjà exprimés de la plus vive reconnaissance, veuillez ajouter, Monsieur l'Abbé, ceux de ma plus sincère estime.

L. Card. ALTIERI.

Extrait d'une lettre de Mgr Filippi, évêque d'Aquila.

Aquila, 14 novembre 1857.

Monsieur l'Abbé,

Je vous remercie de l'envoi des excellents ouvrages que votre dévouement a mis au jour, et qui sont bien faits pour accroitre la dévotion envers Notre-Dame de Boulogne, et exciter l'admiration et l'intérêt de tous, en faveur de cet antique sanctuaire relevé de ses ruines d'une manière surhumaine, par un simple prêtre, l'élu de la Providence, pour lequel, sans avoir l'honneur de le connaître personnellement, je professe cependant un grand sentiment de vénération.

Si, un jour, comme je l'espère, le Seigneur le permet, ce sera assurément un bonheur pour moi que d'aller m'agenouiller dans la majestueuse église de Boulogne.....

Veuillez agréer l'assurance de ma sincère affection.

† Louis, évêque d'Aquila.

Extrait d'une lettre de Mgr Gandolfi, évêque suffragant de Sabine.

Magliano di Sabina, 13 mai 1859.

Monsieur l'Abbé,

Votre *Histoire de Notre-Dame de Boulogne* m'a très-intéressé ; elle a complété en moi le sentiment de vénération que déjà j'éprouvais pour le merveilleux sanctuaire où s'est opéré tant de bien, et qui semble destiné encore à de grandes choses.....

† François Gandolfi, évêque suffragant de Sabine.

Extrait d'une lettre de Mgr Pacca, Maître de Chambre de Sa Sainteté.

Vatican, le 10 août 1858.

Monsieur l'Abbé,

Je vous dois les plus vifs remerciements pour le don que vous avez bien voulu me faire d'un exemplaire de votre *Histoire de Notre-Dame de Boulogne*, et que j'ai reçu par l'intermédiaire du commandeur Jules Lefèvre. J'ai lu avec un grand intérêt ce remarquable travail.....

Je suis fier, Monsieur l'Abbé, que notre chère Rome soit pour quelque chose dans le magnifique monument que la piété de la France élève à la Mère de Dieu. J'ai l'espoir que le superbe autel, d'un travail et d'une richesse admirable, que le prince Torlonia destine à Notre-Dame de Boulogne, et qui déjà a mérité les éloges des Romains, puisse aussi mériter l'approbation de vos concitoyens.

Agreez, Monsieur l'Abbé, l'assurance de la profonde estime avec laquelle j'ai l'honneur d'être,

Votre très-humble et obéissant serviteur,
B. PACCA, Maître de Chambre de S. S.

BELGIQUE

Extrait d'une lettre de Mgr Delebecque, évêque de Gand.

Gand, le 14 décembre 1860.

Monsieur l'Abbé,

J'ai lu avec un vif intérêt l'*Histoire de Notre-Dame de Boulogne*, que vous avez publiée. Elle est digne du beau monument que Mgr Haffreingue a élevé à la Reine du ciel et à la Patronne de la France.

Veuillez présenter mes amitiés à Mgr Haffreingue, et me croire, Monsieur l'Abbé, votre tout dévoué serviteur,

† L.-J. Évêque de Gand.

ANGLETERRE

Lettre de Mgr Ullathorne, évêque de Birmingham.

Birmingham, July 22d 1861.

Dear and Rev. Sir,

On my visit sometime ago to Boulogne, you were kind enough to present me with a copy of your History of our Lady of Boulogne. I read that History with great interest. I was not aware of the great interest which attached to that pilgrimage, of the large space which it occupied in the eyes of England as well as of France in former days, and of the numerous graces of which that celebrated pilgrimage has been the occasion.

I thank you for the instruction and entertainement which I have derived from your History; and with sincere respect, I remain, praying Almighty God to bless you,

Dear and Rev. Sir
your obliged and faithful servant,
† W. B. ULLATHORNE.

Pour se conformer aux décrets d'Urbain VIII et des autres Souverains-Pontifes en matière de miracles, l'auteur déclare qu'en parlant de grâces miraculeuses, de faveurs célestes, de révélations, d'apparitions, et en général de tous les faits de ce genre qui pourraient se rencontrer dans son ouvrage, il n'a prétendu donner à ces faits qu'une valeur purement humaine, sans vouloir devancer le jugement du Saint-Siége Apostolique, auquel il soumet humblement sa personne et tous ses écrits.

HISTOIRE
DE
NOTRE-DAME
DE
BOULOGNE

CHAPITRE PREMIER

De l'Image de Notre-Dame de Boulogne, dans quel temps et de quelle manière elle est arrivée au port de Boulogne.

Les origines du culte de la sainte Vierge dans la ville de Boulogne, échappent pour ainsi dire aux investigations de l'historien. Les pieux récits, que nos pères se transmettaient d'âge en âge, ont été tardivement recueillis par la plume de nos devanciers [1]; mais à défaut d'autre document, et surtout quand il n'y a point de témoignage contraire, la tradition orale a sa valeur en histoire. Qu'on ne s'étonne point des merveilles que nous allons redire : on en rencontre

---

1. Voyez notre *Étude sur la Légende de Notre-Dame de Boulogne*, brochure in-8 avec six planches gravées.

de semblables dans les annales de tous les sanctuaires où la dévotion du peuple chrétien se plaît à honorer la Mère de Dieu. Depuis la basilique Libérienne de sainte Marie-Majeure, érigée à Rome, au IVe siècle, jusqu'à l'église qui s'élève de nos jours, sur l'agreste montagne de la Salette, partout on trouve une mystérieuse apparition, un éclatant miracle. Sur tous les points du globe, une trace lumineuse de bienfaits signale ainsi, à travers les siècles, le passage de Celle que toutes les générations proclament Bienheureuse. Comme Mère de miséricorde, Consolatrice des affligés, Secours des chrétiens, Refuge des pécheurs, cette Vierge fidèle et puissante a voulu dresser en mille endroits divers le trône où elle s'assied pour entendre la prière: ici, c'est Notre-Dame de Grâce et de bon Secours; là, c'est Notre-Dame des Victoires, ailleurs Notre-Dame de sainte Espérance ou de bon Conseil; dans notre ville, aux bords de l'océan qui frémit en rongeant nos côtes, c'est l'Étoile de la mer, guide et boussole du nautonier, du voyageur et du pèlerin.

Laissons raconter aux anciens comment la divine Vierge elle-même est venue se choisir un sanctuaire sur la colline de Boulogne [1].

« L'an 633, ou 636 selon quelques-uns, sous le règne du roi Dagobert, arriva au port de Boulogne un vaisseau sans matelots et sans rames, que la mer, par un calme extraordinaire, semblait vouloir respecter. Une lumière qui brillait sur ce vaisseau fut comme le signal qui fit accourir plusieurs personnes, pour voir ce qu'il contenait. L'on y aperçut une image

---

1. Histoire de Nostre-Dame de Boulogne, par M. Antoine Le Roy, chanoine, archidiacre et official de Boulogne. — Paris, Cl. Audinet. 1681, et J. Couterot 1682.

de la sainte Vierge, faite de bois en relief, d'une excellente sculpture, d'environ trois pieds et demi de hauteur, tenant Jésus enfant sur son bras gauche. Cette Image avait sur le visage je ne sais quoi de majestueux et de divin, qui semblait, d'un côté, réprimer l'insolence des vagues, et de l'autre, solliciter sensiblement les hommes à lui rendre leurs vénérations. Tandis que la nouveauté de ce spectacle ravissait ceux qu'une sainte curiosité avait attirés sur le rivage, la sainte Vierge ne causa pas de moindres charmes dans les cœurs du reste du peuple, qui était, pour lors, assemblé dans une chapelle de la ville haute, pour y faire ses prières accoutumées. Car s'apparaissant à eux visiblement, elle les avertit que les anges, par un ordre secret de la providence de Dieu, avaient conduit un vaisseau à leur rade, où l'on trouverait son Image : elle leur ordonna de l'aller prendre, et de la placer ensuite dans cette chapelle, comme étant le lieu qu'elle s'était choisi et destiné, pour y recevoir à perpétuité les effets et les témoignages d'un culte tout particulier. On tient même qu'elle leur commanda de fouir dans un endroit qu'elle leur découvrit, les assurant qu'ils y trouveraient de quoi fournir aux frais nécessaires, pour mettre cette église en sa perfection.

« La nouvelle de cette apparition se répandit aussitôt par toute la ville, et en même temps le peuple descendit en foule sur le rivage, pour y recevoir ce sacré dépôt et ce riche monument de la libéralité divine. C'était là véritablement la marchandise la plus précieuse qui fût jamais entrée dans cet ancien port [1]

---

1. Cluvere parlant de cet ancien port des Morins, dit qu'il a eu trois noms différents, selon la diversité des temps, celui d'Icius, celui de Gésoriac, et celui de Boulogne ; en quoi il a été suivi

des Morins, autrefois si fameux par son commerce; et c'était là aussi ce qui lui devait faire voir dans les siècles suivants plus de rois et de princes chrétiens prosternés aux pieds des autels de la sainte Vierge, que la commodité de son trajet ne lui avait fait voir auparavant de Césars et de chefs romains.

« Cette sainte Image fut solennellement portée dans l'église, où elle est encore à présent honorée : église qui peut passer à bon droit pour un des plus anciens sanctuaires de toute l'Europe, où la piété envers la sainte Vierge ait fleuri davantage, et où Dieu ait opéré plus de merveilles par son intercession, la plupart des autres images et lieux de dévotion n'ayant été connus que longtemps après.

« Outre les anciennes généalogies des comtes de Boulogne, qui nous parlent de l'arrivée et de la réception de notre sainte Image, toute l'histoire en était autrefois décrite dans de vieilles tapisseries qui servaient à l'église, avec certaines rimes du temps, au bas de chaque pièce, d'où l'on a tiré entre autres ces quatre vers, qui ont longtemps servi de frontispice à la principale porte de l'église cathédrale:

de monsieur Sanson qu'on sait avoir le plus pénétré en la géographie. Ce dernier a fait un savant Traité sur ce sujet, qui n'a pas encore été imprimé, mais qui m'a été communiqué par son fils, où il prouve à fond, par les deux ports qui sont au-dessus et au-dessous du port Icius, selon César ; par le promontoire voisin qui porte le même nom, par la façon que le même César aborde en la Grande-Bretagne, par le vent qui lui sert, par la distance du trajet, par la qualité du port, par les chemins militaires ou romains qui y aboutissent, et par plusieurs autres belles recherches, que *Portus Icius, Portus Morinus, Portus Morinorum Britannicus, Gesoriacus Portus, Gesoriacum Navale, Gesorigia et Bononia*, ne sont que des noms différents, usités en divers temps, par différents auteurs, pour exprimer un même lieu. — Note de Le Roy.

CHAPITRE I. — ORIGINES.

  Comme la Vierge à Boulogne arriva,
  Dans un bateau que la mer apporta,
  En l'an de grâce, ainsi que l'on comptoit ;
  Pour lors, au vray, six cens et trente trois.

« Plusieurs écrivains modernes font aussi mention de tout ceci, comme le docte André du Saussay [1], évêque de Toul, dans son *Martyrologe de France*, le Père Poiré [2] dans son livre de la *Triple Couronne de la sainte Vierge*, Gonon [3] dans sa *Chronique*, et quelques autres [4], qui en rapportent toutes les mêmes circonstances.

« La même tradition, qui nous persuade l'arrivée de l'Image, en la manière que nous venons de le rapporter, nous apprend aussi que l'on trouva dans le vaisseau deux autres reliques très-saintes, l'une de Jésus-Christ Notre-Seigneur, et l'autre de la sainte Vierge, avec une bible manuscrite : ce qui se confirme par ces deux vers latins que l'on trouve gravés en vieux caractères gothiques sur un couvert d'argent de cette même bible, et qui se ressentent si fort du temps barbare auquel ils ont été composés.

  Affert Boloniam navis, abs ductore, Mariam,
  Lac, Umbilicum, et Thema Theologicum.

« Et l'on croit, suivant quelques anciens mémoires, que ces précieuses reliques furent ensuite richement

---

1. *Martyrolog. Gallican in Append. part. ult.*
Sanctæ Mariæ Virginis Deiferæ susceptio mirificæ Imaginis apud Bolonienses. — Note de Le Roy.— Le *Dictionnaire des pèlerinages* (tom. XLIV de *l'Encyclop. cathol.* de M. l'abbé Migne), met au 20 février la mention de N.-D. de Boulogne dans le *calendrier majeur de Notre-Dame.*
2. *Traité* 1, *Chap.* 12, *parag.* 5, *n.* 53. — Note de Le Roy.
3. *Chron. S. Deiparæ Virg. Benedicti Gononi Burgensis.* — Note de Le Roy.
4. *Malbrancq de Morinis, l.* 3, *c.* 22. — N. de Le Roy.

enchâssées par saint Éloi, évêque de Noyon. Cette créance, après tout, n'est pas sans fondement, car nous lisons dans Meyere [1], sous l'an 649, que ce saint prélat, dans le cours de sa mission apostolique vers la côte maritime de Flandre, visita entre autres lieux, la ville de Boulogne, et y laissa des marques de son zèle; et nous savons d'ailleurs, par le témoignage authentique de saint Ouen, son contemporain, qui a écrit [2] l'histoire de sa vie, que ce grand évêque, qui, avant sa promotion à l'épiscopat, avait employé son art et son industrie à orner et enchâsser la plupart des reliques de son temps, ne laissa pas après même qu'il fut élevé à cette haute dignité, de s'appliquer souvent avec beaucoup d'affection à cette sorte de travail des mains, en faveur principalement de plusieurs églises de sa province : de sorte qu'il est très-probable, qu'étant à Boulogne, et y séjournant comme il a fait, il employa une partie de ce temps si précieux, qu'il consacrait tout à Dieu, à enchâsser les sacrées Reliques dont nous venons de parler, comme pour se délasser saintement des honorables fatigues de l'apostolat.

« On ne sait pas, au vrai, de quel lieu est venue l'image de Notre-Dame de Boulogne ; mais si l'on regarde le temps de son arrivée, l'on pourra facilement donner dans la pensée de ceux qui ont cru qu'elle venait de l'Orient, et qu'elle était un reste du débris arrivé, selon Baronius [3], environ ce temps-là, dans les villes d'Antioche et de Jérusalem, par l'invasion des

---

1. *L.* 1, *Annal. Fland.* — N. de Le Roy.
2. *L.* 2, *c.* 7. — N. de Le Roy.
3. Baron., tom. 8, ad an. 637. Meyer. L. 2. ad an. 633. — Note de Le Roy.

Sarrasins, qui donna lieu, selon la remarque de ce savant cardinal, de faire transporter par divers moyens, plusieurs reliques dans l'Occident, où l'Église jouissait pour lors d'une profonde paix. Et ainsi la ville de Boulogne, quoique située dans un coin des plus reculés de l'Occident, pourrait bien avoir profité, dans cette occasion, des dépouilles de l'Orient; et l'Image avec les Reliques, dont nous avons parlé, pourrait bien être une partie des richesses qui lui furent alors enlevées. Comme si Dieu, dans le temps que ces barbares s'emparaient de la Terre sainte, avait voulu, par un dessein tout particulier de sa Providence, que l'Image de sa sainte Mère, chassée en quelque façon de la Palestine, trouvât son asile justement dans une ville qui devait un jour donner la naissance à l'invincible Godefroi [1] de Bouillon, ce grand restaurateur de son saint nom dans les pays du Levant.

« Au reste, comme ni la tradition, ni les anciens monuments ne décident rien touchant le lieu d'où pouvait venir cette Image, je ne m'arrêterai pas davantage à vouloir par de simples conjectures sonder un secret, qu'il semble que le Ciel s'est voulu réserver; il nous doit suffire de savoir, que ce don si saint et si précieux est parti de la main libérale de Dieu, qui a des trésors de grâce et de miséricorde, qu'il découvre et qu'il distribue, quand et comme il lui plaît,

---

1. Oriundus fuit de regno Francorum, de Rhemensi provincia, civitate Boloniensi, quæ est secus mare Anglicum sita. *Guill. Tyr.* t. 9, c. 5. — Note de Le Roy. — Voyez la savante dissertation de M. l'abbé Barbe, sur le *lieu de naissance de Godefroi de Bouillon*, (Br. in-8 de 126 p.) et les *Nouveaux éclaircissements* publiés par le même auteur, en réponse à une *Notice* de Mgr de Ram. Il est impossible de mieux démontrer la naissance boulonnaise du héros des Croisades.

et qui a voulu sans doute attirer entièrement ces peuples tout adonnés au trafic de la mer, en leur envoyant par la voie de ce même élément, l'instrument et l'organe de ses plus rares faveurs.

« Ce serait peut-être avec plus de fondement que l'on avancerait, que cette Image a été faite par saint Luc, aussi bien que celle de Lorette, à qui elle est toute semblable, et en sa grandeur, et en sa matière, qui est d'une espèce de bois incorruptible; puisque non-seulement c'en a été une créance continuelle descendue jusqu'à nous par la tradition, et confirmée, selon quelques-uns, par des révélations particulières; mais qu'outre cela, les démons mêmes, quoique ennemis déclarés de l'honneur de la Mère de Dieu, ont été contraints quelquefois, par la force des exorcismes, de rendre témoignage à cette vérité par la bouche des personnes qu'ils obsédaient. Aussi est-ce une opinion communément reçue, que ce saint Évangéliste, qui avait une grâce particulière pour pouvoir représenter au naturel la figure de la sainte Vierge, à laquelle il était très-affectionné, en a fait diverses Images, tant en relief qu'en peinture, que Dieu a rendues recommandables par un grand nombre de miracles [1]. Outre celle de Lorette taillée en bois, l'une des plus renommées par tout le monde, à qui personne ne dispute la gloire d'être sortie des mains d'un si digne ouvrier; l'*Histoire ecclésiastique* [2] fait une expresse mention d'une autre faite avec le pinceau, qui se voit à Rome,

---

1. Cette tradition, qui fait de saint Luc un sculpteur, aussi bien qu'un peintre, se retrouve jusque dans la Grèce. Le monastère de Mégaspiléon se vante encore aujourd'hui de posséder une image de la Vierge sculptée par saint Luc.
2. *Baron. tom.* 8, *an.* 590. — Note de Le Roy.

dans l'église de Sainte-Marie-Majeure. Saint Grégoire le Grand, pendant une peste des plus violentes, qui dévorait toute la ville, la fit porter en procession, et l'on remarqua que l'air corrompu se fendait à son abord, et s'écartait de côté et d'autre, comme pour lui céder la place. »

CHAPITRE II

Histoire de l'église de Notre-Dame de Boulogne, depuis sa première fondation jusqu'au développement du pèlerinage.

Bien que la ville de Boulogne, à cause de son importance sous la domination romaine et de ses rapports avec la Grande-Bretagne, comme principal port d'embarquement pour cette île, ait été probablement honorée d'un siége épiscopal [1], dans les premiers siècles de notre ère, l'histoire ne cite aucun texte précis sur la première fondation de l'église de Notre-Dame. Mais, si nous n'avons aucune trace des luttes que le christianisme eut à soutenir pour triompher des faux dieux qu'adoraient nos pères, nous savons du moins qu'à Boulogne, comme ailleurs, la croix de Jésus-Christ fut plantée sur les ruines fumantes de l'idolâtrie vaincue. Les débris du temple romain que nous avons re-

---

1. Voyez notre *Étude sur l'existence d'un siége épiscopal dans la ville de Boulogne avant le VIIe siècle.* — Brochure in-8°, — 1856.

trouvé sous la nef de Notre-Dame, nous l'apprennent assez clairement [1].

Il faut attendre jusqu'au commencement du VIIIe siècle, pour trouver un historien qui nous parle d'une église à Boulogne. Le vénérable Bède, consciencieux annaliste de l'église d'Angleterre, rapporte qu'en 606, ou environ, il y avait dans notre ville une église, où l'on transporta le corps du premier abbé de Canterbury [2], dont les reliques y furent longtemps honorées d'un culte solennel [3]. On parle aussi d'un édifice que le roi Clotaire II aurait commencé sous son règne, et qui n'aurait été achevé qu'après l'arrivée de la Vierge miraculeuse ; mais on ne peut rien affirmer à ce sujet [4]. La tradition que nous avons invoquée dans le chapitre précédent rapporte qu'au VIIe siècle l'Image sainte fut mise dans une chapelle « couverte de genêts ou de joncs marins, qui avait bien plus l'air d'une pauvre église champêtre que d'une église matrice et principale de tout un pays. On en voyait autrefois la

---

1. Voyez notre *Notice historique, archéologique et descriptive sur la Crypte de l'Église N.-D.* — Brochure in-8°, — 1863, p. 44-50.

2. Bedæ *Historia eccles. gentis Anglorum*, — Lib. I, cap. 33. — Né en 673, Bède mourut en 735.

3. Le bréviaire de l'abbaye de Notre-Dame de Boulogne, dont il existe un exemplaire manuscrit, contient deux offices de saint Pierre, abbé (vulgairement appelé saint Pierre d'Ambleteuse, à cause de la baie où il fit naufrage) ; le 29 décembre, PETRI, *abbatis et confessoris* vj *lectionum*, et le 21 juin, *Elevatio beati* PETRI *abbatis, duplex*, vj *lectionum*. Le chef de ce Saint était conservé dans un riche reliquaire dont les inventaires de la Trésorerie ont fait mention plusieurs fois.

4. Ferreolus Locrius in Mariâ Augustâ ; L. 4, c. 64, ap. Le Roy, édit. 1681, p. 23. — Le Martyrologe des fondations de l'Église de N.-D., imprimé en 1694, met le roi Clotaire II parmi les bienfaiteurs dont on doit célébrer l'obit dans la cinquième semaine de décembre.

triste figure dans les vieilles tapisseries dont nous avons déjà parlé, et qu'on dit avoir été renouvelées de temps en temps, pour être un continuel mémorial de l'antiquité [1] ».

L'historien de Notre-Dame, auquel nous empruntons ces lignes, signale un vieux légendaire qui dit, sans pourtant spécifier le temps, qu'ayant été brûlée par trois diverses fois, l'église de Boulogne s'est vue renaître autant de fois de ses propres cendres [2]. Les fouilles qui ont été faites, lorsqu'on a ouvert la crypte, sous le sol de l'église actuelle, n'ont amené la découverte d'aucun reste incontestable d'architecture appartenant au style latin qui a précédé l'époque byzantine; mais on doit présumer que les édifices qui ont été ainsi consumés successivement par l'incendie, étaient construits en bois, comme c'était assez la coutume avant l'an 1000, même pour des églises cathédrales [3].

Le grand évêque des Morins, saint Omer, a célébré les divins mystères et présidé l'office canonial dans l'église de Notre-Dame de Boulogne. Ses successeurs, pendant tout le Xe siècle, ont résidé dans notre ville, où ils avaient transféré leur chaire épiscopale [4].

Lorsque la famille des comtes de Boulogne, qui se rattachait par alliance aux descendants de Charlemagne, commença, sous les Eustache, à jouer un rôle important dans l'histoire de la France et de l'An-

---

1. Ant. Le Roy, édit. 1681, p. 23.
2. *Ibid.*
3. On croit que la cathédrale de Chartres, avant sa reconstruction par l'évêque Fulbert, n'était bâtie qu'en bois. Daniel Ramée, *Manuel de l'histoire générale de l'architecture*, t. II, p. 140.
4. *Étude sur l'existence d'un siége épiscopal*, citée plus haut, p. 24.

gleterre [1], l'église de Notre-Dame fut l'objet de la sollicitude de ces princes. Vers l'an 1104, la bienheureuse comtesse Ide, femme d'Eustache II, mère d'Eustache III et de Godefroi de Bouillon, fit rebâtir l'édifice, tel qu'il subsistait encore, en grande partie, à l'époque de la Révolution française. C'est à la même date que nous reportons la construction de l'ancienne crypte. On peut voir, dans la Notice que nous avons publiée sur ce monument, les raisons qui nous ont fait adopter cette opinion [2].

- Il est probable que l'église de Notre-Dame, qui, à cause de son ancien titre épiscopal, avait la juridiction paroissiale sur toute la ville de Boulogne [3], a été, jusqu'au XIIe siècle, desservie par un chapitre de chanoines séculiers, gouvernés par un doyen. C'est ce qui nous semble résulter d'un acte par lequel l'évêque des Morins, Jean de Commines, déclare, en 1129, confirmer l'église de Boulogne dans la possession de ses biens et revenus. On y voit qu'un Baudouin, connétable du Boulonnais, avait autrefois remis entre les mains du doyen et des chanoines de cette église, *in manu decani et canonicorum*, une donation considérable pour l'entretien du luminaire ; et la lettre de confirmation, qui nous fournit ces détails, est adressée simplement *Dilectis in Christo filiis, sancte Boloniensis ecclesie canonicis :* « A nos chers fils en JÉSUS-CHRIST les chanoines de la sainte église de Boulogne. »

---

1. *Du Lieu de naissance de Godefroi de Bouillon*, par M. l'abbé Barbe, p. 9-11.
2. *Notice sur la crypte*, citée plus haut, p. 11-13.
3. Voyez pour plus de détails l'*Appendice* à notre *Étude sur l'existence d'un siége épiscopal*, p. 66 et suiv.

Nous devons citer ici les noms des villages, hameaux ou fermes, sur lesquels, à cette époque, l'église de Notre-Dame étendait son patronage ; car depuis sept cents ans, les fils des anciens donateurs s'empressent de venir honorer la Reine du Ciel, dans son vieux sanctuaire, et d'acquitter en hommages de respect et d'amour la dette de famille contractée par leurs pères. Le chapitre de Notre-Dame possédait alors les autels de Condette, de Hessinguehen (Échinghen), de Questinguehen (hameau de Baincthun), et les cures de Bellebrune et de Wierre-Effroy. Il avait en outre de nombreuses métairies [1], terres et portions de dîmes « à Cormont, Frencq, Dannes, Nelles, Maninghen, Wabinghen (Outreau), Hermerengues (hameau d'Isque), Isque, Herclingue (hameau d'Isque), Macquinghen (hameau de Baincthun), Brunembert, Wicardenne (hameau de Saint-Martin-lès-Boulogne), Ordre (ferme de Boulogne), Terlincthun (hameau de Wimille), Odreselle (Audresselles), Sin-Hongrevelt (Saint-Inglevert), Godincthun (hameau de Pernes), Waudringhen (Vaudringhen), Odinghen (Audinghen), Leulinghen, Fiennes, Hardenthun (hameau de Marquise) », et plusieurs autres endroits moins connus [2]. La plupart de ces donations ont probablement été faites par les comtes, et par les seigneurs les plus

---

[1]. Luto (*Mém. mss. sur l'histoire de Boulogne et de son comté*), a lu *hospices* ; c'est une fausse interprétation du mot *hospitia* : Tome 1er, p. 424, 425, et p. 379. Le ms. de Luto est dans la Bibliothèque de Boulogne.

[2]. Luto, notre seul guide sur ce point, cite encore Rebinghen, Turne, Badinghen (Bazinghen ?), Beaumont, Bikendal, Elinctun. Le Roy indique ce document (p. 29), mais il n'en fait aucun usage, si ce n'est pour mentionner la donation du connétable Baudouin, *Baldevinus constabularius*, p. 79.

importants du pays ; mais, en l'absence de document certain [1], il faut se borner à des conjectures.

Godefroi de Bouillon, au rapport de l'historien Le Roy, qui a recueilli les traditions de ses devanciers, enrichit l'église de Notre-Dame « de quantité de reliques très-précieuses, qu'il envoya de Syrie et de Palestine, POUR GAGE ET PRÉROGATIVE D'AMOUR SINGULIER [2] : « Ce sont, ajoute-t-il, les termes d'un ancien titre tiré des archives de l'Église collégiale de Lens en Artois, qui eut aussi part à ce présent, et qui se glorifie d'avoir les mêmes comtes de Boulogne pour ses restaurateurs et ses bienfaiteurs. On tient même que la couronne d'argent, qui lui fut présentée, quand il fut proclamé Roi de Jérusalem, et qu'il refusa de porter, se souvenant que le Roi des rois en avait porté une d'épines en ce lieu là même, fit partie de sa libéralité envers Notre-Dame de Boulogne » [3]. On conserva en effet jusqu'à la Révolution française une couronne de vermeil qu'on disait être celle de Godefroi de Bouillon. « On y voyait à l'entour, disent les anciens inventaires, divers petits chasteaux (huit reliquaires) où sont les reliques de la Terre-Sainte [4]. » Elle était en argent étranger, sans poinçon [5].

Quant aux reliques de la Terre-Sainte, on en con-

---

1. Luto, à l'endroit indiqué, donne une analyse de cette charte, avec la mention marginale : *Ex cartario B. M. Bolon.* (p. 379).

2. Le Roy, cite en marge : « Quadam prerogativâ specialis amoris. » *Oliv. Vred. in Geneal. Fland.*, tome I. —Voyez pour plus de détails : *Du lieu de naissance de Godefroi de Bouillon*, par M. l'abbé Barbe, p. 75, 76.

3. *Hist. de N.-D. de B.*, édit. 1681, p. 27, 28.

4. *Notes msstes sur l'hist. de N.-D. de B.*, par *Ant. Le Roy* ; (dans la riche bibliothèque de M. Abot de Bazinghen), p. 65, Voyez encore l'ouvrage de M. l'abbé Barbe, p. 78.

5. *Inventaire* du 14 janvier 1791, cité par M. l'abbé Barbe.

serve encore de nos jours la plus précieuse, celle du Saint-Sang, dont l'authenticité a été reconnue en 1858 par Mgr Parisis, évêque d'Arras. Elle est renfermée dans un fort antique reliquaire, orné d'émaux bysantins, avec cette inscription en lettres onciales du XIIIe siècle, *DE SANGVINE IHV XPI*. Sauvée par un prêtre vénérable, lors de la spoliation du trésor de la cathédrale, elle est maintenant honorée dans la nouvelle paroisse de Saint-François-de-Sales, de Bréquerecque [1].

Nous ne saurions dire l'époque à laquelle l'église de Notre-Dame cessa d'être une collégiale de chanoines séculiers, pour devenir une abbaye régulière. Le Roy attribue cette réforme au comte Eustache III, « environ l'an 1109 » [2]; mais il n'apporte point d'autorité sérieuse à l'appui de son opinion. Luto fait remarquer que l'abbaye de Notre-Dame occupait le troisième rang au chapitre général de la congrégation d'Arrouaise, dont Gervais le premier abbé, qui était natif de Boulogne, a été installé en 1121 [3]. L'événement en question doit donc être postérieur à cette date. Au reste, ce n'est que sous le pontificat du pape Innocent II (1130-1143), qu'on trouve la mention d'un abbé de Notre-Dame. Luto cite une bulle de ce Pontife, adressée à Jean, abbé de Sainte-Marie de Boulogne, et nous retrouvons la signature ou le nom de ce prélat dans plusieurs écrits datés de 1132, et années suivantes [4].

1. Voir la notice que nous avons publiée sous ce titre : *Notre-Dame de St-Sang*, Paris, Palmé, in-18, 1862.
2. Ant. Le Roy, *Hist. de N.-D. de B.* édit. 1681, p. 29. En marge cette vague indication : *Mss. Eccles. Bolon.*
3. Luto, *Mém. mss.* cités, p. 378 et 379.
4. *Gallia christiana*, t. X, col. 1586, in Abbat. B. M. de Bolonia.

Si l'on nous avait conservé la copie des quatre bulles données par Innocent II en faveur de l'église de Notre-Dame, suivant le rapport de Luto, aussi bien que des bulles d'Honorius II (1124-1130) dont parle Le Roy, nous aurions probablement d'amples détails sur les biens dont les seigneurs boulonnais du XIe siècle ont enrichi l'église de leur vénérée Patronne [1]. Nous saurions quelque chose sur les donations du comte Eustache [2], vaguement énoncées dans une bulle d'Innocent III de l'an 1208 ; sur celles qu'avaient faites Warin ou Guarin de Fiennes, ce dévoué serviteur de Dieu et des pauvres, le sénéchal Ardulf, le chambrier Gibelin, le doyen Ingelramn, les Eustache de Pernes et les Goscelin d'Odre, dont les noms seuls sont parvenus jusqu'à nous [3]. Il paraît impossible de rencontrer nulle part une copie de ces documents que le temps semble avoir dévorés sans pitié.

L'église de Notre-Dame de Boulogne, à peine érigée en abbaye, voulut ressaisir l'honneur de son ancien siége épiscopal. Nous avons essayé de raconter, dans une notice spéciale, la tentative que les clercs de notre cité ont faite en 1159, pour obtenir du Saint-Siége l'érection de leur église en évêché distinct de celui de Thérouanne ; et nous y renvoyons le lecteur [4].

---

1. Luto, *Mém.* cités. ibid. — Le Roy, édit. 1681, p. 29.
2. Terras et mansuras ex dono comitis Eustachii ecclesiæ vestræ collatas. Ant. Le Roy, édit. cit. *Pièces justif.* p. 26.
3. *Lettre du B. Jean de Commines*, de l'an 1129, citée plus haut ; p. Luto, *Mém.* cit. p. 424.
4. Un document intéressant avait échappé à nos recherches : c'est une lettre de Jean de Salisbury, secrétaire de saint Thomas Becket, puis du pape Alexandre III. Il n'eut pas plutôt appris la démarche des Boulonnais, qu'il adressa au pape Adrien IV (pré-

Outre l'insuccès de cette démarche le ciel envoya alors une terrible épreuve à l'église de Boulogne.

Le comte Matthieu d'Alsace, non content de son mariage avec une femme consacrée à Dieu, union sacrilége qui fit tomber sur sa tête les foudres de l'Église et jeter l'interdit pendant dix ans sur le Boulonnais, chassa par force hors de leurs monastères les deux abbés de Notre-Dame et de Saint-Wulmer, ainsi que tous les frères, hommes réguliers et craignant Dieu. Il y fit entrer à leur place des hommes sans mœurs et sans discipline, qui furent excommuniés, aussi bien que le comte, par l'évêque des Morins, Milon II, par l'archevêque de Reims, Henri de France, et par le pape Alexandre III, qui écrivit à ce dernier deux lettres relatives à cette malheureuse affaire [1].

Notre but, en esquissant quelques traits de l'histoire ecclésiastique de Boulogne jusqu'au XIII° siècle, a été de suppléer autant que possible au silence gardé par les anciens documents sur les premiers temps du pèlerinage, dont il n'y a aucune trace positive avant l'année 1212. On pourrait citer, pendant tout cet espace de temps, le passage de beaucoup de saints

décesseur d'Alexandre III), en 1159, de vives réclamations contre « l'ambition de l'Église de Boulogne. » Il espère que le Pontife prendra la défense de l'Église de Thérouanne, cette mère dévouée qui comble d'amour des enfants ingrats : les Boulonnais cherchent leur propre intérêt, déchirent le sein qui les a nourris, rendent le mal pour le bien, etc. *Ecclesia Morinensis his qui eam impugnant maternum semper impendit amorem...; ipsi autem pro bonis mala retribuunt, et, quærentes quæ sua sunt, matrem suam scindere conantur ; inde est quod... supplicamus ut gratia vestra quæ consuevit punire ingratos... conatus manifestæ ambitionis vacuet.* Joan. Saresber., *Ep.* 41 ap. *Rerum gallic. et francic. script.* t. XVI, p. 494.

1. Alexandri III. *Epp.* 62 et 63 ap. *Rer. gallic. et francic. script.* t. XV, p. 788 et sq.

par notre ville; depuis le prêtre romain Birinus, allant évangéliser les Bretons au VIIe siècle, jusqu'à saint Anselme qui vint visiter sainte Ide à Boulogne. Les bienheureux Lugle et Luglien y débarquèrent pour se livrer à la prédication de l'Évangile; le corps de saint Bertulphe de Renti fut longtemps déposé dans notre église; c'est encore à l'ombre de son patronage et sous la protection des murs de la cité que reposa pendant quelque temps le corps de saint Ansbert, archevêque de Rouen, tandis que les reliques des saints de Fontenelle s'abritaient sous le toit du moutier de saint Quentin de Wabinghen (Outreau), en attendant que le comte de Flandre, Arnoul-le-Vieux, les fît transporter, en 944, dans son abbaye de Blandinberg, à Gand. L'église de Notre-Dame fut aussi l'asile du corps de saint Maxime, pendant les troubles que l'avidité sacrilége de Robert-le-Frison suscita dans l'église de Thérouanne (1083). Ces saintes reliques ne furent reportées à Thérouanne que vers l'an 1133; encore les Boulonnais, par un larcin assez commun de leur temps, en avaient-ils volé la tête qu'ils furent obligés de rendre. Nous indiquerons en outre la présence à Boulogne de saint Bernard, en 1131; mais rien dans les récits originaux n'indique encore la trace du pèlerinage [1].

Il y avait pourtant à travers toute la chrétienté un grand mouvement de pérégrination. Les croisades,

---

[1]. Cf. Bède, *Hist. eccles. gent. Angl.* lib. III. cap. 37; Eadmer, *Hist. nov.* lib. I. part. II. cap. 1; Locrius, *Chron. Belg. ad. an.* 700; *Act. SS. ord. S. Bened.* sæc. II. p. 552; Bolland. *Act. SS.* Febr. t. II. p. 347, Julii, t. V. p. 285; *Item.* Febr. t. I, p. 682. Meyer, *Annales flandr. ad. an.* 1083; S. Bernardi, *Ep.* 334.; Le Roy, *Hist. de N.-D.* passim, Luto, *Mém.* cit. passim.

commencées en 1095 et incessamment continuées pendant tout le XII⁰ siècle, avaient répondu à la tendance générale des fidèles chrétiens pour ces pieux voyages vers les saints lieux de l'Europe et de l'Asie. Les peuples se mêlaient, pour moins se haïr. Il n'y avait pas de pèlerin qui, suivant l'expression de Chateaubriand, ne revînt à son village ou dans sa ville, « avec des préjugés de moins et quelques idées de plus ».

C'était pour satisfaire à cette ardeur de lointains voyages qu'avait été érigé, en 1131, par un Oilard de Wimille [1], le prieuré-hôpital de Sontinghevelt, mal à propos nommé depuis Saint-Inglevert, et qu'on établit à Wissant un cimetière spécial pour la sépulture des Écossais, des Irlandais et autres pèlerins [2]. Une chapelle attenante à ce cimetière dépendait de l'abbaye de Saint-Wulmer, et fut confirmée à cette abbaye par un acte du pape Alexandre III de l'an 1177. Cette érection d'un cimetière spécial pour les étrangers à Wissant ne s'explique pas seulement par l'affluence des pèlerins, mais aussi par l'importance que cette ville avait acquise depuis un certain temps. Le port de Calais n'existait pas encore ; et celui de Boulogne avait été dépossédé d'une partie de son ancienne vogue.

L'historien Le Roy s'efforce de trouver, avant le XIII⁰ siècle, des vestiges du pèlerinage de Notre-Dame de Boulogne. La tradition n'en fournit qu'un

---

1. Lamberti Ardensis *Chronic. Ghisnense*, cap. 41. (édit. de M. le Mⁱˢ de Godefroy Menilglaise), p. 97, sqq.
2. In sepulturam Scotorum et Hyberniensium et aliorum peregrinorum. *Hist. de N.-D. de B.* par le R. P. Alphonse de Montfort, capucin (1634), p. 67, 68. — Ant. Le Roy, déjà cité, p. 68.

seul ; encore le fait repose-t-il sur des autorités qui sont de beaucoup postérieures à l'événement [1].

« La dévotion à Notre-Dame de Boulogne s'est toujours accrue, et la renommée s'en est si fort étendue de tous côtés, dit-il, qu'elle a attiré les peuples, non seulement des pays et des royaumes les plus voisins, mais même des dernières extrémités de la chrétienté. Molan, que le cardinal Baronius ne cite jamais qu'avec éloge [2], nous fournit une grande preuve de ceci, dans son *Traité des Saints de Flandre* [3]. Il rapporte que, dès l'an 1033, ce pèlerinage était en si grande réputation partout le monde, que saint Jor y vint du bout de l'Orient. Il était natif de la grande Arménie, et évêque du Mont-Sina. Poussé d'un désir extraordinaire de visiter tous les lieux saints de la chrétienté, et animé à cela par l'exemple de saint Macaire, son frère, patriarche d'Antioche, qui en avait fait autant, et qui était mort en Flandre durant le cours de son pèlerinage, il quitta son pays, traversa toute l'Europe et vint en France où, entre autres lieux de piété auxquels il s'arrêta, il visita avec beaucoup de dévotion l'église de Notre-Dame de Boulogne [4]. Ce fut presque la dernière action de piété qui couronna toutes les autres de sa vie ; car, comme il s'en retournait, il mourut à Béthune, dans le baiser du Seigneur, et alla jouir dans le ciel de la présence de Celle dont il venait d'honorer l'Image sur la terre. La plupart des anna-

---

1. Ant. Le Roy, *Hist. de N.-D. de B.* édit. 1681, p. 33, 34.
2. *Vide cap. 9 præfat. Martyrol. Rom.* Ap. Le Roy.
3. *In natal. SS. Belg. 26. Jul.* (Ibid.)
4. *Martyrolog. Eccles. Colleg. S. Bartholom. Bethun.* (Ibid).

listes de Flandre [1] nous confirment la même chose, selon les mêmes circonstances, entre autres Ferry de Locre [2], « lequel, parlant de la mort précieuse de cet illustre pèlerin de l'Orient, dit qu'elle arriva immédiatement après que par un motif général de religion, et par un engagement particulier de s'acquitter de son vœu, il eut été visiter l'église de Notre-Dame de Boulogne et honorer sa sainte Image. *Cum religionis et voti gemino flabro impulsus, Boloniensis in Picardis Virginis Icunculam atque aram præsens honorasset.*

« Voilà pour ce qui regarde l'antiquité de notre pèlerinage. Or, ce que nous avons maintenant à considérer davantage, c'est sa perpétuelle durée pendant tous les siècles qui ont suivi son établissement. »

CHAPITRE III

Le Pèlerinage de Notre-Dame de Boulogne au XIIIe siècle; —Philippe-Auguste; —les comtes de Flandre, de Boulogne et de Ponthieu; —Henri III, roi d'Angleterre; — saint Louis; — le concile de Boulogne.

En l'année 1212, suivant le récit d'Ipérius, abbé de Saint-Bertin [3], « des miracles nombreux, à la louange et à la gloire de Jésus-Christ et de sa glorieuse Mère,

---

1. *Gazet, Hist. Eccles. des Païs-bas,* p. 160. (Ibid).
2. *In Chron. Belg. ad an.* 1033. (Ibid).
3. Jean d'Ipres, plus connu sous le nom d'Ipérius, 58e abbé de Saint-Bertin, mort en 1383. Voyez le bel ouvrage de M. H. de Laplane sur les *Abbés de Saint-Bertin,* tom. 1er, p. 329-346.

se firent dans la ville de Boulogne, et y attirèrent un grand concours de peuple de tous les points du royaume. C'est là, ajoute-t-il, l'origine du pèlerinage de Notre-Dame de Boulogne, qui subsiste toujours depuis lors [1]. »

Nous allons raconter dans leur ordre chronologique les détails du concours des pèlerins, tels que nous les trouvons dans les chroniques.

Vers cette même époque, Philippe-Auguste, sur le point de passer en Angleterre, vint à Boulogne [2] avec une puissante armée, et y séjourna pendant quelque temps. C'était dans notre ville qu'il avait fixé le rendez-vous de sa flotte, composée de dix-sept cents barques, et des troupes qui venaient de toutes parts se ranger sous sa bannière pour se rendre dans la Flandre, où il devait rencontrer les trahisons dont il allait se venger à Bouvines. On ne doute point qu'il n'ait

---

1. Eodem anno (1212), —Le Roy dit par erreur 1211 — ad laudem et gloriam JESU-CHRISTI et suæ gloriosissimæ Matris, in Bolonia supra mare plurima fiunt miracula, magnusque populi confluxus ex omni parte regni, et inde ortum habuit peregrinatio ad beatam MARIAM in Bolonia, quæ adhuc est.—*Chron. S. Bertini* ap. Martene, *Thes. nov. Anecdot.* t. III. col. 693 ; Cf. *Rerum gallic. et francic. script.* t. XVIII. p. 603.

2. Eodem anno (1213) venit rex Philippus magnanimus, cum immenso exercitu Boloniam, et ibi per dies aliquot naves suas et homines de diversis partibus venientes exspectans, transivit usque Gavaringas. —Guill. Armoric. ap. *Rer. gal. et franc. script.* t. XVII, p. 88. Cf. *Chroniques de saint Denys*, Ibid, p. 401. « Assembla li Rois grant ost et le conduist droit à Boloigne ; » *Annal. Belg. Ægid.* de Roya, ibid. t. XIX. p. 256 ; P. d'Oudegherst *Annal. de Fland.* édit. Lesbroussart, ch. 102, p. 82. « Le Roy de France vint à Bologne sur la mer à grande puissance avec intention de cingler de là en Angleterre.» Dans son *Histoire des comtes de Flandre*, t. I, p. 477, M. Edw. Le Glay fait partir la flotte du port de Calais. Il y a des historiens qui ont de singulières distractions !

honoré d'un culte particulier la Vierge dont la puissance s'était manifestée si visiblement par les miracles dont parle Ipérius. L'église de Boulogne conserva longtemps de précieux joyaux, dus à la munificence de ce prince, entre autres, dit Antoine Le Roy, « une double croix garnie de plusieurs reliques de divers saints et enrichie de quantité de pierreries, et une très-belle image de vermeil doré, avec un cœur effigié en or [1]. »

On lit, sous la date 1228, dans les Archives des comtes de Flandre : « A tous ceux à qui le présent écrit parviendra, Thomas, par la permission divine, humble abbé de l'église de Notre-Dame de Boulogne-sur-Mer, et tout le couvent de ce lieu, salut dans le Seigneur.

« Sachent tous que l'illustre comtesse Madame Jeanne de Flandre, étant venue dans notre église en pèlerinage, voulant et désirant, après avoir visité les saintes reliques qui y sont contenues, participer aux prières et aux bonnes œuvres qui à présent se font et à perpétuité se feront dans ladite église, elle a, pour son âme et celle de ses ancêtres, donné et accordé à notre dite église pour toujours une aumône de rentes, sur lesquelles se prendra la dépense nécessaire pour le pain et le vin qui servent à la consécration du sacrement de l'autel, et pour des cierges de cire, destinés à toutes les messes qui se célèbrent dans ladite église et à perpétuité y seront célébrées, comme plus à plein est contenu dans les lettres scellées du sceau de ladite comtesse... Donné l'an du Seigneur 1228 [2]. »

---

1. Ant. Le Roy, *Hist. de N. D. de B*, édit. 1681, p. 53.
2. Foppens, *Dipl. Belgic. nova Collect. sive suppl. ad opp. diplom.* Aub. Miræi, tom. III, p. 678, 679.

Cette donation de Jeanne de Flandre, fille de Baudouin de Constantinople, est faite au nom du célèbre Ferrand, le vaincu de Bouvines, et datée du jeudi après la Nativité de saint Jean-Baptiste, 29 juin 1228. Elle consistait en huit livres, monnaie de Flandre, à percevoir sur le revenu auquel les comtes avaient droit dans la ville de Gravelines.

Le vieil historien de Notre-Dame nous apprend à ce propos que « Marguerite, comtesse de Flandre et de Hainaut, leur sœur et héritière, en suite de leur décès sans enfants, ne se contenta pas de confirmer cette donation, mais qu'elle l'augmenta notablement; car elle donna à l'église de Notre-Dame vingt-cinq livres de rentes, à prendre tous les ans à la Saint-Remy sur la même recette (les accises) de Gravelines, à condition qu'on entretiendrait deux cierges à perpétuité, pesant chacun une livre de cire, qui brûleraient jour et nuit devant les sacrées reliques de la trésorerie, *coram sacrosanctis dictæ ecclesiæ reliquiis*. Guy de Dampierre, comte de Flandre et marquis de Namur, fils de Marguerite, approuva cette pieuse libéralité de sa mère, et s'engagea, lui et ses successeurs les comtes de Flandre, à son entière exécution, par des lettres scellées de son sceau et de celui de la comtesse, sa mère, en date du mois d'octobre 1263 [1].

« Après nous être étendu sur ces témoignages de dévotion et de zèle que les comtes de Flandre ont rendus à Notre-Dame de Boulogne, il est juste maintenant, dit le même auteur, que nous rapportions avec exactitude, ceux qu'elle a reçus de ses propres domestiques, je veux dire des comtes de Boulogne. Nous

---

1. Ant. Le Roy, *Hist. de N.-D. de B.* édit. 1681. p. 72 et 73.

CHAPITRE III. — MAHAUT DE BOULOGNE.

avons déjà touché ailleurs ce que la comtesse Ide de Lorraine et ses fils Godefroi et Eustache ont fait en faveur de son église : à présent il nous faut voir ce qu'ont fait leurs successeurs. Et d'abord nous pourrions alléguer, comme une preuve générale de leur attachement au service de Notre-Dame de Boulogne, leur cri de bataille [1], qui était *Notre-Dame*, au lieu de *Boulogne-Belle* qu'ils criaient anciennement. Mais en voici de plus singulières et de plus précises, tirées de leurs fondations.

« Une des plus considérables, et qui mérite à bon droit de tenir le premier rang, est celle de Mahaut, fille de Renaud de Dammartin, et femme de Philippe de France. Celui-ci avait voulu perpétuer sa mémoire dans le pays par la construction des châteaux de Boulogne et d'Hardelot, par la réédification des murs de la ville, qu'il rétrécit du côté du Levant pour la rendre plus forte, et par divers autres ouvrages somptueux et magnifiques [2]; mais, pour Mahaut, elle employa ses richesses à des usages plus saints et plus chrétiens. Outre l'établissement d'une chapelle en l'hôpital Sainte-Catherine, elle en érigea trois autres dans l'église de Notre-Dame, pardessus le nombre de cinq qui y étaient déjà, et qui avaient été fondées par les anciens comtes de Boulogne; et pour augmenter de plus en plus le service de la sainte Vierge dans cette église de son nom, elle y légua la maison et les terres des Moulins-l'Abbé, près Boulogne, et quelques autres portions de son héritage. Une bulle de Clé-

---

1. *Un Ms. de saint Bertin.* — N. de Le Roy.
2. D'Oudegherst en sa *Chron. de Fland.* c. 6.
Chronicon Andrense Guillelmi Abb. in fine, ad an. 1233.
Généalog. de la M. de Boul. — N. de Le Roy.

ment IV, de l'an 1268, qui confirme toutes ces donations, fait aussi mention de quarante arpents de bois en une pièce, qu'elle accorda, outre l'ancien droit de chauffage donné par ses prédécesseurs, et qui consistait à pouvoir couper chaque jour dans la forêt jusqu'à deux charrées de bois. Enfin, après avoir fait l'église de Notre-Dame héritière de la meilleure partie de son patrimoine, elle décéda en 1258, et voulut que son corps fût enterré à l'entrée de cette même église, auprès de celui de la comtesse Ide, fille de Mathieu d'Alsace, sa mère, qui avait été rapporté de Flandre où elle était décédée en 1216. Les tombeaux de ces deux comtesses se voyaient encore avant que la ville fût prise par les Anglais ; mais l'un et l'autre furent renversés et démolis par ces ennemis, ainsi que plusieurs autres précieux monuments de l'antiquité. Au reste, ni l'injure des temps, ni le sort des armes n'ont été capables de détruire un monument bien plus glorieux, que cette même bienfaitrice s'est élevé dans le cœur des pauvres, par cette aumône publique que l'on continue de faire tous les ans, au jour de son anniversaire, et qui du nom de sa fondatrice, s'appelle vulgairement : LA PARTIE MAHAUT [1]. »

Jusqu'au XVIIIe siècle, en effet, les dernières volontés de la comtesse Mahaut furent religieusement exécutées. Un obit solennel, célébré le 14 janvier de chaque année, attirait dans l'église de Notre-Dame une foule de personnes, à qui l'on distribuait indistinctement, au sortir de l'office, un pain de douze onces et un hareng saur [2].

1. Ant. Le Roy, *Hist. de N.-D. de B.* édit. 1681, p. 76 et 77.
2. Comptes de l'église de Notre-Dame. Cette distribution cessa

Les lettres de Clément IV, données à Viterbe en 1268, dont il est fait mention dans l'extrait qu'on vient de lire, constatent que, avec les chapellenies qui jouissaient d'un revenu de 96 rasières d'avoine, l'église de Notre-Dame possédait encore l'église de Wierre-Effroi avec toutes ses appartenances [1], vingt-cinq livres parisis sur la vicomté de Boulogne, un *vicus* (rue ou faubourg), situé près de la porte Gaiole, et 216 boisseaux d'avoine sur un tenement de Gautier, chatelain de Rollers, outre les biens dont nous avons déjà eu l'occasion de parler. C'était la coutume, à cette époque, d'obtenir ainsi du Chef suprême de l'Église, regardé comme le monarque en même temps que l'évêque universel, la confirmation de toutes les propriétés ecclésiastiques, afin qu'elles fussent placées sous la protection de saint Pierre et la sienne, *præfatam ecclesiam sanctæ Dei genitricis et virginis Mariæ Boloniensis sub B. Petri et nostra protectione suscipimus* [2].

Reprenons le récit des pèlerinages, ou des oblations faites à Notre-Dame.

En 1233, au mois de février, Simon de Dammartin,

---

vers le commencement du XVIII° siècle; et la somme qu'on y employait fut donnée à l'hôpital.

1. Ecclesiam de Vuarchainfridi (Wierra-Hainfridi), cum omnibus pertinenciis suis. Le Roy, *op. cit.*, pièces justificatives, p. 162.

2. Honorius II et Innocent III avaient accordé à l'église de Notre-Dame des lettres semblables. Le Roy ne les cite pas en entier. Dans celle d'Innocent III, datée de 1208, on voit la confirmation des biens de N.-D., avec cette énumération : « Le lieu sur lequel est située ladite église avec toutes ses appartenances, terres, vignes, prés, pâturages et pâtures, bois, eaux et moulins, droits de pêche, fermes, églises, demeures, hôtes, droits de comté, familles, patronages, et tous les biens meubles et immeubles, cultes et incultes, etc. » — Ant. Le Roy. *Op. cit.* pièces justif. p. 261.

comte d'Aumale et de Ponthieu, et Marie sa femme, comtesse de Ponthieu et de Montreuil, déclarèrent donner à l'église de Notre-Dame de Boulogne, en perpétuelle aumône, pour le soulagement de leurs âmes et de celles de leurs ancêtres, quarante sous parisis [1] à prendre annuellement sur la vicomté de Rue, au terme de l'Assomption. Cet acte daté de Boulogne, permet de soupçonner un pèlerinage accompli par Simon et Marie, peut-être en reconnaissance de la grâce que le comte avait obtenue de rentrer en France après seize ans d'exil. Quoi qu'il en soit, Simon, à son lit de mort, laissa encore une autre rente de vingt sous parisis, à prendre au même lieu, pour avoir chaque année, le jour anniversaire de son décès, un service funèbre dans l'église de Boulogne. Sa veuve ratifia cette concession, par un acte expédié en octobre 1239 [2].

Par un testament daté d'août 1248, « Bauduins de

---

[1]. Cette somme est plus considérable qu'elle ne le paraît de prime abord. Les éditeurs du t. XXI des *Rerum gallic. et francic. scriptores*, ont publié un tableau comparatif des valeurs monétaires au temps de saint Louis. D'après leur évaluation, les sous tournois ou parisis (dénomination conventionnelle qui ne répondait pas à une pièce déterminée), représentaient une collection de douze deniers, de même que le mot livre exprimait une collection de vingt sous. Le sou parisis atteignant à la *valeur intrinsèque* de 1 fr. 12 c. et une fraction, vingt sous parisis font un peu plus de 22 fr. 46 c. La rareté relative des espèces monétaires quadruplait, ou peut-être même quintuplait cette somme.

[2]. Archives capitulaires, D. n° 2. Reg. 1, p. 214.

Ces deux pièces, copiées d'après des *vidimus* donnés par l'official de Thérouanne, sont inédites.—Simon de Dammartin mourut le 21 septembre 1239 ; Marie épousa en secondes noces Mathieu de Montmorency, fils puîné du célèbre connétable de même nom, et mourut en 1251, laissant pour héritière Jeanne de Ponthieu, femme de saint Ferdinand III, roi de Castille et de Léon.

Hésèques, cevaliers et sire de Hésèque [1], » légua « pour « Dieu et en aumosne et pour la sauveté de son âme, « à Nottre-Dame à Boulongne, xx sous de parisis [2]. »

L'année 1254 fut une des plus glorieuses pour le pèlerinage de Notre-Dame. Henri III, roi d'Angleterre, à son retour de Gascogne, venait de traverser la France en grande pompe. Saint Louis avait reçu avec honneur et cordialité son royal visiteur. Henri, de son côté, admirait cette France si belle et si riche, « avec ses villes, les plus populeuses du monde » ; et l'état calme et prospère de ce beau royaume lui faisait soupirer sur les malheurs dont l'Angleterre offrait le triste spectacle.

Après les fêtes de la cour, le roi d'Angleterre retourna par Boulogne, où il arriva peu de jours avant la fête de Noël. Le vent était contraire ; aussi le monarque ne pouvant remédier à cet accident, parce que, dit l'historien, la mer et les vents ne lui obéissaient point, fût contraint de demeurer dans notre ville, jusqu'à ce que le temps se fût apaisé. Pendant les loisirs que lui faisait la tempête, il visita l'église de Notre-Dame et honora les saintes reliques dont cette église était alors abondamment enrichie, *quarum copia habetur in ecclesia sanctæ Mariæ de Bolonia*. Mathieu Paris, à qui nous empruntons ces détails, nous fait remarquer que cet exercice de dévotion était dans les habitudes du monarque, et qu'en s'y livrant il suivait l'inclination de ses goûts en même temps que l'attrait de sa piété.

---

1. Hézecques est une commune du canton de Fruges, arrondissement de Montreuil.
2. Dom Bélencourt, collection des chartes de l'Abbaye d'Auchy-lez-Hesdin, O. S. B. In-4°, 1788, p. 172.

Henri III avait avec lui la reine Aliénor, sa femme, et la comtesse de Cornouailles, toutes deux sœurs de la reine de France et de la comtesse d'Anjou. Un clerc, originaire de Poitiers, nommé Pierre Chaceport [1], conseiller de la couronne et trésorier de la reine, tomba malade à Boulogne et y mourut la veille de Noël, en faisant bonne fin, dit le chroniqueur [2]. Le roi, qui l'aimait beaucoup, lui fit célébrer de magnifiques funérailles et donner une honorable sépulture, probablement dans l'église de Notre-Dame. Enfin, le dimanche 27 décembre de l'année 1254, suivant notre manière de compter [3], le vent et la mer étant devenus favorables, Henri III s'embarqua pour Douvres et fit une heureuse traversée [4].

La comtesse de Flandre, en 1228, et Henri III d'Angleterre, en 1254, font surtout porter leur dévotion sur les reliques dont l'église de Notre-Dame était

---

1. On lit aussi Chaceporc; le *Monasticon Anglicanum*, t. II. édit. 1661, p. 333, le fait archidiacre de Wells.
2. Pierre Chaceport fit l'avant-veille de Noël un testament trèsnoble (*testamentum nobile nimis*), dans lequel il léguait entre autres choses 600 marcs d'argent pour acheter une terre où l'on bâtirait une église de chanoines réguliers, dans laquelle Dieu serait servi dignement et louablement à perpétuité, et où l'on offrirait chaque jour à Dieu des sacrifices pour le repos de son âme et de celles des fidèles défunts.
3. Les Anglais commençaient alors l'année à Noël, c'est ce qui fait dire à Mathieu Paris que le roi quitta Boulogne en 1255. Une circonstance prouve que c'était bien en 1254 : Noël tombait cette année là un vendredi, et plusieurs de la suite du roi mangèrent de la viande, suivant l'usage qui commençait à s'introduire, mais qui était encore assez nouveau pour que l'historien en fît la remarque.
4. Matth. Paris. *Hist. Angl. Henric. Tert.* ad an 1254 *in fine*, 1255, *in init.* Edit. Parisina 1644, p. 605. Cf. Du Chesne *Hist. d'Angl.* (3ᵉ édit. 1641), p. 564. et Ant. Le Roy, *Hist. de N.-D. de B.* édit. 1681, p. 69.

l'asile et le sanctuaire. Le Roy fait à ce sujet les réflexions suivantes [1] : « Il n'y avait point alors dans tout le voisinage d'église plus riche et plus abondante en toute sorte de reliques, que l'était celle de Notre-Dame de Boulogne, où l'on faisait même tous les ans, le 8 de juillet, une fête solennelle, sous le nom de la fête des Reliques [2] : et elles étaient comme les suites et les accessoires de notre Image miraculeuse, ayant été apportées, comme j'ai dit ailleurs, de différents endroits aux pieds de cette Image, ou par manière de dépôt, ou par forme de présent et d'offrande. Ainsi, quoique Mathieu Paris, exprimant le séjour d'Henri à Boulogne, ne fasse pas une mention précise et distincte de cette Image, et qu'il se contente de dire en général que ce fut pour honorer les reliques qui étaient en l'église de Notre-Dame de Boulogne, nous devons néanmoins supposer, comme une chose incontestable, que sous ce nom de reliques, il comprend aussi l'Image qui en faisait la plus saine partie, et qui était même alors en sa plus grande réputation, comme nous l'avons prouvé dans son lieu, par le témoignage irréprochable de Jean d'Ipres, abbé de Saint-Bertin. »

Pendant son séjour en France, Henri III avait entretenu le monarque français des difficultés qu'il

---

1. Ant. Le Roy, jam. cit. p. 69.
2. Le bréviaire de l'Abbaye de Notre-Dame indique cette fête, sous la rubrique du 8 juillet, pour le premier dimanche après l'octave des Apôtres saint Pierre et saint Paul : *Dominicâ primâ post octavam Apostolorum, celebratur festum reliquiarum ecclesiæ Boloniensis, duplex sine octava.* Voici la collecte des deux vêpres « Propiciare, quesumus, Domine, nobis indignis famulis tuis per sanctorum tuorum, quorum reliquie in hac continentur ecclesia, merita gloriosa ; ut eorum pia intercessione ab omnibus semper muniamur adversis. Per D. »

rencontrait dans l'administration de son royaume, principalement de la part de ses barons. On sait comment le malheureux roi tomba peu après entre les mains des factieux, et comment il réclama l'arbitrage de saint Louis. Ce prince convoqua à Boulogne, au mois de septembre 1263, un parlement où le roi d'Angleterre fut mandé, mais où il ne put se rendre, bien qu'il eût engagé sa parole royale de ne pas tarder à revenir si on lui permettait d'y aller [1]. L'affaire se trouva différée jusqu'au mois de janvier de l'année suivante, 1264, et la sentence de saint Louis fut prononcée à Amiens, en présence du roi d'Angleterre, qui revint par Boulogne et Wissant [2] (7 et 8 février).

La décision de saint Louis n'ayant pas été acceptée, le Chef de l'église résolut d'intervenir à son tour. Le Saint-Siége a toujours tant fait pour le bien de l'ingrate Angleterre ! Au mois d'août de l'an 1264, Guy Fulcodi, cardinal-évêque de Sabine, arrivait dans la ville de Boulogne, au nom du pape Urbain IV, pour tâcher de faire entendre au milieu du débat la parole du Pontife suprême. Saint Louis, au rapport de Guillaume de Nangis, accompagna l'envoyé du Saint-Père, afin de joindre l'autorité de sa vertu et l'ascendant de sa persuasive sagesse aux efforts de l'évêque de Sabine. Il manda le chef des rebelles, Simon de Montfort, et eut avec lui un long entretien ; mais il fut obligé de le laisser repartir sans avoir pu fléchir son obstination [3].

1. Rymer, *Fœdera*, édit. 1745, t. I. p. II, p. 22. Les itinéraires de saint Louis nous signalent sa présence à Hesdin le 10 août, et se taisent sur le reste.
2. Rymer, *ibid*. p. 83, sqq.
3. Guill. de Nangiaco, ap. *Rer. gal. et fr. script.* t. XX, p. 509. Les itinéraires de saint Louis indiquent sa présence à Boulogne le 2 août. *Lud. IX mansiones et itinera*, Ibid. t. XXI, p. 420.

Le légat, de son côté, se vit fermer l'accès de l'Angleterre ; et, forcé de rester à Boulogne, il y convoqua les évêques de cette île à comparaître devant lui. Le mardi 12 août, il assembla solennellement le peuple et le clergé dans l'église de Notre-Dame de Boulogne, et là il adjura les barons anglais de lui ouvrir l'entrée de l'Angleterre avant le premier septembre, et de rétablir leur roi dans son ancienne liberté, sous peine d'excommunication et d'interdit.

Quelques évêques seulement répondirent à l'appel du légat. Avec les deux députés politiques Simon de Montfort et Hugues le Despenser, nous ne pouvons nommer que Walter, évêque de Worcester, Jean, évêque de Winchester, Henri, évêque de Londres, et Richard de Mephan, archidiacre d'Oxford. Personne ne voulut sérieusement reconnaître l'intervention du légat. Aussi, après avoir vainement attendu, l'évêque de Sabine se rendit à Hesdin, et là, dans l'église du prieuré de Saint-Georges, il publia solennellement la sentence d'excommunication contre les rebelles et jeta l'interdit sur leurs terres, sur la ville de Londres et sur les cinq ports de la Grande-Bretagne [1] (20 octobre 1264).

Cette mesure n'eut aucun effet. Les évêques n'étaient pas d'accord sur la question qui divisait le roi et les grands [2].

Bien que cette démarche de saint Louis et le séjour

---

1. Rymer, *Fœdera*, t. I, p. II, p. 91. Quant aux évêques, le Dr Lingard (*Hist. d'Angl.*) dit que le légat en cita quatre à comparaître devant lui : « He was content to summon four of the English prelates to appear before him at Boulogne.

2. Le continuateur de Mathieu Paris dit : De cujus causa non satis certa diversi varie opinabantur (*op. cit. p.* 671).

momentané que le pieux monarque a fait dans notre ville ne puissent pas être regardés comme un pèlerinage, cependant, personne ne saurait douter que la Vierge de Boulogne n'ait été honorée d'une manière toute spéciale à cette occasion. Si Henri III lui rendait de si dévots hommages, en 1254, assurément le légat apostolique, les prélats anglais venus à cette assemblée qu'on a mise au rang des conciles [1], et le roi de France avec ceux des officiers de sa cour qui durent l'accompagner, n'ont pas négligé de vénérer les saintes reliques qui faisaient la réputation de l'église de Boulogne.

L'évêque de Sabine, élu pape sous le nom de Clément IV, à son retour de la mission dont nous venons de parler, donna en 1268 à cette église une bulle de confirmation que nous avons citée plus haut, souvenir adressé de Viterbe au sanctuaire où il avait commencé d'exercer, au nom d'Urbain IV, sur les royaumes et les rois, cette juridiction paternelle qui lui était maintenant dévolue à lui-même [2].

---

1. Labbe, Concil, t. XI. p. I, col. 829 et 830.
2. Dominus humilitatem nostram super gentes et regna constituens Nobis licet immeritis universorum curam regnorum commisit et regum. Bull. Clem. PP. IV. ap. Rymer, *op. cit.* t. I. p. II. p. 98, 99.

CHAPITRE IV

Concours populaire à la fin du XIIIe siècle; — les chanoines de Senlis; — un bourgeois d'Ipres; — la commune de Courtrai; — les comtes de Saint-Pol; — arrêt du parlement en 1296.

La dévastation de nos archives ne nous permet pas de trouver dans l'histoire de notre église, les documents qui seraient nécessaires pour retracer dans tout son éclat le tableau des gloires de Notre-Dame au XIIIe siècle. Toutefois, les documents généraux qui concernent l'histoire de France nous fournissent de beaux témoignages en faveur de la réputation qu'avait acquise notre pèlerinage. C'est la justification du texte d'Ipérius : *Magnus populi confluxus ex omni parte regni.*

Nous en avons une preuve éclatante dans un règlement du chapitre de Senlis, daté de l'an 1268, qui accorde quinze jours d'exemption de résidence aux chanoines qui iront à Notre-Dame de Boulogne, afin de leur procurer toutes les facilités désirables pour satisfaire leur piété sans manquer à leurs devoirs [1]. Un tel règlement suppose nécessairement des habitudes prises, et une vogue depuis longtemps consacrée.

On peut dire la même chose, à propos d'une sen-

---

[1]. Ce règlement nous est connu par une citation du Cartulaire de N.-D. de Senlis qu'on peut lire dans les Mss de Dom Grenier, à la Bibliothèque Impériale, t. CLXIII, f° 64.

tence de la comtesse Marguerite de Flandre. Vers l'an 1273, un bourgeois d'Ipres, nommé Jehan Ghime, qui en avait frappé un autre avec un couteau à pointe, fut condamné par elle à faire un pèlerinage à *Notre-Dame à Boloigne*. La cérémonie, aux termes de la sentence, fut très-solennelle. A son départ, le condamné dut prendre publiquement dans l'église le bourdon et l'écharpe, et à son retour il dut rapporter des lettres scellées, attestant l'accomplissement de sa peine [1]. C'est, par la date, le premier exemple aujourd'hui connu, des condamnations judiciaires au pèlerinage de Notre-Dame; mais il est impossible qu'il n'y ait pas eu d'autres faits du même genre à une époque antérieure.

L'histoire des miracles de saint Louis, par le confesseur de la reine Marguerite, rapporte qu'en 1275, on conseillait à Fr. Jean de Leigni, de l'ordre des FF. Mineurs du diocèse de Paris, qu'il se vouât à « Nostre-Dame de Bouloigne sus la mer », pour obtenir la guérison d'une maladie qu'il éprouvait. En 1278, une femme de vingt-huit ans, nommée Emmeline ou Emmelot de Chaumont, ayant recouvré la santé devant le tombeau de saint Louis, voulut aller en pèlerinage et visiter par reconnaissance « l'église de Nostre-Dame de Boloigne sus la mer ». En 1282, Robert du Puis, de Grooley (village voisin de Montmorency), guéri, comme la précédente, au tombeau de saint Louis, se rendit avec Guillot du Puis, son frère, « à Nostre-Dame de Boloigne sus la mer », et revint par Saint-Éloi de Noyon et d'autres saints lieux de pèlerinage.

[1]. La charte de Marguerite, d'où nous avons tiré ce fait, est conservée aux archives du département du Nord, et nous a été signalée par feu M. le D^r Le Glay.

On conçoit que le narrateur des miracles de saint Louis ne pouvait parler qu'incidemment des miracles de Notre-Dame de Boulogne : aussi, ne citons-nous ces faits que comme preuves de l'affluence des pèlerins. Dieu dispense ses dons comme il lui plaît : tel qui n'a pas obtenu sa guérison au tombeau de saint Louis, l'obtient à Notre-Dame de Boulogne, ou ailleurs; et tel qui n'a rien obtenu à Notre-Dame de Boulogne, trouve dans un autre sanctuaire le prix de sa persévérante prière. C'est ce qui est arrivé pour « Nichole de Lalaing, de la contée de Hénaut, de la dyocèse d'Arraz, » qui « ala à Nostre-Dame de Boloigne en pèlerinage et riens ne li profita à cele maladie; » aussi bien que pour « Richard Laban, de Lerni, du dyocèse de Soissons, » précédemment forestier du roi en la forêt de Rouen, qui visita les églises de beaucoup de saints et même « l'église Nostre-Dame de Boloigne sus la mer, » et qui ne trouva qu'à Saint-Denis la grâce qu'il sollicitait.

Cinq mentions du pèlerinage de Notre-Dame de Boulogne dans l'histoire des miracles de saint Louis [1], entre 1275 et 1282, démontrent bien évidemment quelle était en France la renommée de cette Vierge de la mer dont les faveurs sont inépuisables. Si déjà, dans les humbles villages du Hainaut, et de l'Ile de France, Notre-Dame de Boulogne était connue du bon peuple chrétien qui bénissait sa main secourable, ne devons-nous pas croire que sa bénigne influence s'étendait plus merveilleusement encore sur les

---

1. Apud *Rerum gallic. et francic. script.* t. XX ; Emmelot de Chaumont, 2ᵉ miracle, p. 125. Nichole de Lalaing, 13ᵉ mir., p. 136. Richard Laban, 28ᵉ mir., p. 151. Robert du Puis, 33ᵉ mir., p. 156. Fr. Jehan de Leigni, prêtre, curé de Torigny, 50ᵉ mir., p. 174.

populations groupées autour du sanctuaire béni?

A la fin de ce XIIIe siècle si riche de foi, de piété et de bons exemples, mais exposé, comme les autres époques, aux séductions du mal, nous trouvons, à côté de grands crimes, de grandes réparations ; et le pèlerinage de Notre-Dame de Boulogne a été plusieurs fois imposé comme pénitence à des criminels par la justice de ce temps. Nous en avons déjà cité un exemple ; mais en voici un autre, d'un caractère tout aussi remarquable.

En 1281, le prévôt, les échevins et la commune de Courtrai (on voit que c'était une expédition populaire en règle et quasi officielle), se portèrent, nous ne savons pour quel motif, sur une maison qui appartenait à la collégiale de Saint-Pierre de Lille, et y mirent le feu. Les chanoines de Saint-Pierre s'en plaignirent à la cour du comte de Flandre et obtinrent justice de cet attentat. On condamna la commune de Courtrai à restaurer « le lieu et la maison bien et suffisamment » et à indemniser le chapitre de Saint-Pierre. Outre ce châtiment pécuniaire, la comtesse Béatrix [1] obligea douze personnes de la commune à faire un pèlerinage à « Nostre-Dame de Bouloingne [2] » et à lui en rapporter certificat (16 novembre 1282).

Nous retrouvons dans la suite de cette histoire plusieurs condamnations à des peines semblables. C'était un spectacle bien digne de la religion que celui

---

1. Béatrix de Brabant épousa Guillaume de Dampierre, fils de Marguerite de Flandre, comtesse de Hainaut, qui fut établi comte du vivant de sa mère, et mourut en 1251. Sa veuve conserva le titre de comtesse, simultanément avec Marguerite, mais sans en partager l'autorité.

2. D^r Le Glay, *Analectes historiques*, 1838, p. 119, 120.

de voir ces pèlerins, venant payer à Dieu et à la divine Vierge le tribut d'expiation que la justice humaine impose au coupable.

La bienheureuse Vierge de Boulogne n'était pas moins connue dans l'Artois que dans la Flandre. En 1286, les comtes de Saint-Pol, vassaux des comtes de Boulogne, fondèrent à perpétuité, pour Dieu et le salut de leur âme, deux cierges destinés à brûler jour et nuit *devant l'image de Notre-Dame*, ANTE IMAGINEM B. MARIÆ BOLONIENSIS [1]. Une concession de vingt livres parisis de revenu annuel, changée plus tard en une donation de huit mesures de terre, fut faite à l'abbé et au couvent de Notre-Dame, pour l'entretien de cette fondation, et pour un obit solennel qui devait être célébré le jour de la mort des fondateurs, le comte Hugues de Chastillon et la comtesse Mahaut de Brabant, sa femme.

Vers le même temps (1287), un boulonnais monta sur le siége épiscopal de Thérouanne, et dans cette haute position il n'oublia pas son église maternelle. En 1293, pour l'utilité de son âme et de celles de ses parents, Jacques de Boulogne établit dans l'église de Notre-Dame une chapellenie, à charge d'une messe chaque semaine, avec un revenu annuel de dix livres dix sous parisis sur ses biens patrimoniaux situés dans la ville de Boulogne, et le produit de quelques dîmes achetées par lui en Artois [2]. Cette chapellenie, connue sous le nom de *Chapelle de l'Évêque*, a été l'objet de

---

1. Ap. Le Roy, jam. cit. *pièces justificatives*, p. 277. — C'est la première fois que la sainte Image est nommée dans les anciens documents historiques.

2. Foppens, *Dipl. belg. nov. coll. sive suppl. ad opp. diplom.* Aub. Miræi, t. IV, pp. 418 et 599.

différentes lettres et chartes que les bornes de cet ouvrage ne nous permettent pas de citer [1].

Un fait qui mérite plus d'attention et qui est autrement important pour constater la réputation du pèlerinage de Notre-Dame de Boulogne, c'est un arrêt, rendu à la Toussaint 1296, par la cour du roi de France. Un seigneur de Harecourt, ayant eu à se plaindre du chambellan de Tancarville, s'était porté à des voies de fait contre ce dernier. Le chambellan, attaqué violemment par son adversaire aidé de quelques amis, avait été blessé à la jambe et frappé au visage au point de perdre un œil. La cour évoqua cette affaire et rendit une sentence qui condamnait le sire de Harecourt à faire amende honorable au chambellan; ensuite elle ajouta le dispositif suivant : « Item, « nous voulons et ordonons que la satisfaction de l'a-« mende soit qu'il aille en pèlerinage, pour la cause « de l'amende, *premièrement à Nostre-Dame de Bo-« loigne;* de Nostre-Dame de Boloigne à Saint-Thi-« baut en Auçois, et de Saint-Thibaut à Nostre-Dame « du Puy [2]. »

Ainsi, par la première cour de justice du royaume de France, qui n'était sur ce point que l'interprète de l'opinion publique, le pèlerinage de Notre-Dame de Boulogne est classé parmi les premiers et les plus célèbres ; et le fait est d'autant plus remarquable que c'est là le seul arrêt de ce genre que la cour ait prononcé, durant les règnes de saint Louis et de ses successeurs, jusqu'à Philippe de Valois.

---

1. Vid. ibid. — Cf. A. Le Roy, *Hist. de N.-D. de B.* éd. cit. p. 82, et *pièces justif.* p. 276.

2. Les OLIM, publiés par M. le comte Beugnot, t. II, p. 404, 405.

CHAPITRE V.

Vœu de Philippe-le-Bel, à la bataille de Mons-en-Puelle;—mariage d'Édouard II, roi d'Angleterre, avec Isabelle de France; — seigneurs français et anglais qui assistent à cette solennité; — le pape Clément V condamne Guillaume de Nogaret au pèlerinage de Notre-Dame de Boulogne-sur-Mer; — dons et pèlerinages divers, 1303—1350.

Le XIVe siècle venait de commencer, sous les auspices d'un roi en qui ne devaient pas revivre toutes les vertus de saint Louis. Philippe-le-Bel, par des guerres injustes, une administration impopulaire, des attentats inouïs contre l'Église et son chef, a laissé une réputation douteuse et de tristes souvenirs. Son règne cependant est un des plus glorieux pour l'histoire de Notre-Dame de Boulogne.

On sait que, pendant cette funeste guerre de Flandre, qui ensanglanta les plaines du Nord durant l'espace de tant d'années, les armes de la France ne furent pas toujours heureuses; mais ce que l'on sait moins, c'est qu'à la célèbre bataille de Mons-en-Puelle, gagnée par les Français, le 18 août 1304, Philippe-le-Bel fut redevable de la vie à la protection de Notre-Dame de Boulogne. « Le roi, dit M. Edward Le Glay, combattait valeureusement. Une troupe compacte de Flamands arriva jusqu'au monarque par une charge terrible, blessa son cheval et le précipita lui-même à terre. Ses écuyers, malgré le poids de son corps et de son armure, le relevèrent pour le monter sur un de leurs chevaux. Philippe se remettait en selle, et les deux braves écuyers tenaient encore le frein du destrier royal, lorsqu'une seconde colonne, fondant avec rage, les écrase à l'instant. Quant au roi, étourdi de sa chute et du fracas dont il était entouré, il ne pouvait manier sa nouvelle monture qui, vigoureuse et fringante, se cabrait dans la mêlée. Il allait infailliblement périr ; mais, *par un hasard providentiel*, un soudoyer flamand blesse le roi et son cheval avec une longue pique. L'animal sentant l'aiguillon se dresse, puis d'un bond fend la presse, et entraîne son cavalier malgré lui à la suite d'autres chevaux [1]. » Le hasard providentiel, dont parle l'historien des comtes de Flandre, c'était la Vierge de Boulogne qui l'envoyait. Un chroniqueur contemporain, longtemps resté manuscrit et ignoré, va nous l'apprendre. « En « ce meisme retour de la bataille », vers la Saint-Michel, « vint le Roy en pellerinaige en l'église « Nostre-Dame de Bouloingne, *qu'il avoit réclamée* « *à son grand besoing*, et s'acquitta gracieusement « de son offrande ;...... et puis il y a fait moult « d'autres biens [2]. »

Ce dut être un bel et touchant spectacle pour les

---

1. Edw. Le Glay, *Histoire des comtes de Flandre*, t. II, pp. 306, 307.

2. *Chronique française*, ms. Fr. 1404 (Bibliothèque Impériale); citée pour la première fois dans le XXIe vol. des *Rer. gallic. et francic. Scriptores*, p. 136. L'auteur, qui est inconnu, paraît avoir rédigé son ouvrage dans notre ville.

De retour à Paris, Philippe-le-Bel se rendit à Notre-Dame et « y « voua dévotement son effigie équestre » que l'on « voyait encore « peu de temps avant la Révolution. »

cœurs français, de voir ce roi victorieux, agenouillé dans le sanctuaire de Notre-Dame, devant la miraculeuse image de Celle qui lui avait conservé la vie et la couronne, « en son grand besoing. » Avec quelle pieuse libéralité ne s'empressa-t-il point de lui en témoigner sa reconnaissance ? Antoine Le Roy nous apprend que Philippe-le-Bel offrit « un beau reliquaire de vermeil doré, où d'un côté était un crucifix et de l'autre un beau cristal, contenant quelques parcelles de la vraie Croix, enchâssé dans un émail d'or, le tout enrichi des armes de France et de Navarre [1] » et qui faisait l'un des ornements de la trésorerie. Le même auteur ajoute que, pour accroître la splendeur du culte divin dans cette église, ce prince en augmenta les revenus, en lui faisant don de plusieurs rentes et portions de terre inféodées jusqu'à l'estimation de neuf-vingt livrées, qu'il avait acquises de Mathieu de Varannes, chevalier, et qui étaient situées dans le comté de Guines et à Saint-Omerglise, à présent Vieille-Église [2], dans le Pays reconquis [3]. » Sa royale munificence contribua ainsi à la splendeur de cette antique église, dont le chevet venait d'être rebâti dans le style de l'époque par le pieux abbé Laurent de Condète [4].

L'historien Le Roy, qui ne connaissait point ces détails, rattache les bienfaits de Philippe-le-Bel à un événement qui n'a qu'un rapport secondaire avec le

---

1. Ant. Le Roy, *Hist. de N.-D. de B.*, édit. 1681, p. 55.
2. Canton d'Audruick, arrond. de Saint-Omer.
3. Ant. Le Roy, sup. cit., p. 55, et *pièces justif.*, p. 266.
4. *Chroniq.* sup. cit. « Mil. iij. c. ij. En cest an fist commencier l'abbé Laurens de Condèce (Condète), le neuf cavech de l'église Nostre-Dame en Boulogne, le xv° jour de may. »

pèlerinage de Notre-Dame ; nous voulons dire le mariage d'Isabelle de France avec Édouard II, roi d'Angleterre. Comme cette imposante cérémonie s'est accomplie dans notre église, il est juste que nous en rapportions quelques détails : « Jamais mariage ne fut célébré d'une manière plus pompeuse ; et jamais église ne se vit remplie à la fois de tant de rois et de princes [1]. »

On était au mois de janvier de l'an 1308 : une animation extraordinaire régnait dans la ville de Boulogne. Les messagers de la cour de France et les courriers des grands seigneurs s'y rendaient en hâte, afin d'organiser les préparatifs du mariage, conclu entre Isabelle, la fille de leur gracieux souverain, et le jeune monarque qui venait de s'asseoir sur le trône de Guillaume-le-Conquérant. De l'autre côté du détroit arrivaient aussi en grand nombre les gens de la maison d'Édouard II, avec un chargement de meubles splendides, et tout ce qui était nécessaire pour dresser confortablement et avec élégance les tentes de leur maître [2].

La royale fiancée d'Édouard, accompagnée d'une escorte magnifique, dans laquelle figuraient les représentants des plus nobles familles de France, fut amenée à Boulogne en grande pompe [3], attirant tous les regards par l'éclat de sa beauté et la délicate fraî-

1. Ant. Le Roy, *Hist.* cit. p. 54.
2. Rymer, *Fœdera*, t. I, p. IV, p. 104. « Quamplures de servientibus suis ad partes transmarinas usque Boloniam cum diversis pannis laneis et de canabo ac etiam cordis necessariis ad quædam tentoria ibidem ad opus nostrum erigenda. »
3. *Mémorial. historic.* Joh. à S. Victore : « Ducta est honorifice, prout decebat, à nobilioribus proceribus usque Boloniam. » (*Rer. gall. et fr. scrip.* t. XXI, p. 650).

CHAPITRE V. — MARIAGE D'ÉDOUARD II, 1308.

cheur de ses douze printemps [1]. Avec elle étaient le roi de France, son père; les deux frères du roi, Charles de France, comte de Valois, et Louis de France, comte d'Évreux; les trois fils du roi, Louis-le-Hutin, déjà investi du titre de roi de Navarre [2], Philippe et Charles, qui tous trois devaient successivement monter sur le trône de leur père, et par un juste châtiment du ciel, voir s'éteindre en leurs personnes la postérité directe de saint Louis. L'histoire cite encore, à côté de ces noms illustres, le duc de Bretagne, Arthur II, Jean II, duc de Brabant, Hugues V, duc de Bourgogne, Robert III, comte de Flandre, Guillaume-le-Bon, comte de Hainaut [3], et Jean II, comte de Dreux [4], sans compter une foule de personnages moins importants. Suivant l'hyperbole du chroniqueur, toute la noblesse de France y était réunie.

Le roi d'Angleterre partit du port de Douvres, le

---

1. *Continuat. chron.* Gir. de Fracheto : « Filiam unicam Regis Franciæ, Philippi pulchri, xij. annorum vel circiter, nomine Isabellam (Ibid. p. 30). » Selon Froissart, la fille du beau roi Philippe de France était une des plus belles dames du monde. (Liv. 1, p. 1, ch. 3.)

2. Froissart, liv. I, part. I, chap. IV. « Louis fut, *au vivant de son père*, roi de Navarre, et l'appelait-on le roi Hutin. » (Edit. Buchon, t. I, p. 5).

3. La *Chroniq. franç.* sup. cit. dit : « Et y furent présens le roy de France et le roy de Navarre, messire Charles et messire Loys, Philippe et Charles, le duc de Bretaigne, le duc de Brabant et le duc de Bourgoingne, le quens Robert de Flandres, le quens de Haynnau (Op. cit. p. 137).—*Memoriale historic.* Joh. à S. Victore, « ubi patre fratribusque suis, fratribusque dictæ Isabellis, Ludovico rege Navarræ, Philippo et Karolo et *tota nobilitate Franciæ* præsentibus, sunt nuptiæ solempniter celebratæ. » (Op. cit. p. 650).

4. Rymer, *Fœdera*, t. I, p. IV, p. 110.—Ant. Le Roy (*Hist.* cit.) donne une liste inexacte (p. 54), d'après une chronique de Flandre.

lundi 22 janvier, de grand matin, conduit par les mariniers John Spyte de Romenee et William de Baggelytel, et dut arriver à Boulogne le même jour. Parmi les nobles personnes qui l'accompagnèrent, nous remarquons la sœur de Philippe-le-Bel, Marguerite de France, reine d'Angleterre, veuve d'Édouard I, Hugues le Despenser, John de Warennes, comte de Surrey, et Adomar de Valentia, comte de Pembroke [1].

Nous ne savons jusqu'à quel point on doit ajouter foi au récit de Thomas Walsingham, historien anglais du XVe siècle, qui nomme, parmi les assistants, Henri de Luxembourg, roi des Romains, et Charles d'Anjou, roi de Sicile, aussi bien que Marie reine de France, veuve de Philippe-le-Hardi, et Marguerite de Bourgogne, femme du jeune roi de Navarre [2]; ce qui ferait un total de cinq rois et quatre reines.

Le mariage fut célébré le jeudi suivant, 25 janvier, fête de la conversion de saint Paul, dans l'église de Notre-Dame de Boulogne, en présence de cette brillante assemblée. Les deux monarques restèrent encore quelques jours dans notre ville, où le roi d'Angleterre

---

1. Rymer, *Fœdera*, t. I, p. IV, pp. 107, 108, 110, passim.—Outre les noms cités, Rymer indique encore : *Elias de Acambe*, chargé des préparatifs, par lettre du 14 décembre précédent ; un clerc nommé *Etienne de Wylmyngton, Richard Foliot, John de Charleton, Pagan Tybotot, John de Bracebrig, John de Haulo*, de la suite du roi ; *Guillot le Santreour*, avec la reine-mère ; *Richard de Walsingham, John de Dymeton, Michel de Ponynghes, Constancius de Mortimer, William Paynel*, avec le comte de Surrey ; et enfin *John Paynel*, avec le comte de Pembroke. Ce n'est là probablement qu'une partie des illustres barons dont s'entoura le roi d'Angleterre.

2. Philippus rex Franciæ, Rex Navarræ filius Regis Franciæ, Rex Almaniæ et Rex Ciciliæ (*sic*), Regina Franciæ Maria.., Regina Navarræ, etc. Thomas Walsingham, *Histor. brev.* Et Londin. 1574, p. 68.

fit personnellement au roi de France, en présence du comte de Dreux, l'hommage qu'il lui devait pour la Guienne et le Ponthieu, conformément aux conclusions et accord du traité de Montreuil. Peu de jours après, Édouard II, accompagné de ses favoris, et la jeune reine escortée de ses dames d'honneur, abordaient au port de Douvres [1]; mais malgré les joies de ces fêtes, ces jours d'allégresse devaient malheureusement être suivis de tristes retours : la barque qui portait Isabelle en Angleterre ne renfermait point le bonheur de ce pays ni celui de la France.

Un lieu de pèlerinage aussi célèbre que l'était l'église de Notre-Dame de Boulogne, donna sans doute à quelques-uns des assistants l'occasion de satisfaire leur piété. Le Roy nous apprend, que plusieurs de cette illustre compagnie firent des présents et des offrandes [2] à la Vierge vénérée; il cite nommément la reine de Navarre, Marguerite de Bourgogne, femme de Louis le Hutin, qui lui offrit un « chef d'argent couronné à la façon de reine [3]. » Au reste, le retentissement que dut avoir par tout le royaume le fait que nous venons de raconter, suffisait à faire connaître de plus en plus le sanctuaire où s'opéraient tant de merveilles.

La renommée en était parvenue jusqu'à la cour

---

1. Rymer, *Fœdera*, t. I, p. III, p. 208 et p. IV, p. 110. — Le roi d'Angleterre était à Wissant le lundi 5 février, et il arriva à Douvres le 7, vers neuf heures du matin, avec Hugues le Despenser et le seigneur de Chastillon de Gascogne. La reine était dans une autre barque. Ils furent couronnés solennellement à Westminster le 26 février : nombre de barons et de seigneurs français assistèrent à cette cérémonie.
2. Ant. Leroy, *Hist. cit.*, p. 54.
3. Ibid. p. 56.

pontificale d'Avignon. En effet, lorsque le trop complaisant ministre des attentats de Philippe le Bel contre le vénérable pontife Boniface VIII, Guillaume de Nogaret, se présenta devant Clément V, pour être absous de ses crimes, le Pape lui enjoignit comme pénitence, de faire personnellement les pèlerinages de Notre-Dame de Vauvert, de Roc-Amadour, du Puy, de *Boulogne-sur-Mer* et de Chartres, la visite des églises de Saint-Éloi (de Noyon), et de Montmayor, et enfin le voyage de Saint-Jacques de Compostelle [1].

Nogaret mourut avant d'avoir accompli les conditions de son pardon ; mais nous n'en devons pas moins noter l'acte pontifical qui a donné à notre pèlerinage la solennelle reconnaissance du chef de l'Église (27 avril 1311).

L'enchaînement des faits nous a fait perdre de vue l'ordre chronologique auquel jusqu'ici nous nous sommes astreints. Il est temps d'y revenir.

En 1303, Robert VI, comte d'Auvergne et de Boulogne, donna à l'église de Notre-Dame quarante-cinq livres de rente, « ce qui n'était pas une petite somme en ce temps-là, à prendre sur la vicomté de Boulogne, avec quelque portion de dîmes dans la paroisse de Wissant et le domaine de Parenty, tout cela en acquit et en compensation de certains droits accordés à l'abbaye de Notre-Dame par les comtes ses prédé-

---

1. Raynaldi, *continuateur de* Baronius, ad ann. 1311, n. 50 : « Volumus etiam quod interim peregrinationes personaliter faciat infrascriptas : videlicet quod visitet B. M. Valle viridi, de Rupe Amatoria, Aniciencis, *de Bolonia supra mare*, Carnotensis, S. Eligii et de Monte Majori ecclesias, ac limina B. Jacobi Compostellani.

cesseurs ; ce qui fut confirmé par Guillaume son fils et son successeur [1]. »

Par son testament, daté du 19 avril 1314, le même comte légua à l'église et au monastère de Notre-Dame de Boulogne cent livres parisis, une fois payées, pour acheter des revenus, afin de faire, chaque année, pendant deux jours consécutifs, l'anniversaire de son décès, au profit de son âme et de celles de ses parents [2].

Blanche de Clermont, petite-fille de saint Louis, par Robert, comte de Clermont, et sire de Bourbon (de qui descendent tous les princes du nom de Bourbon), avait épousé en 1303 le fils du comte Robert VI dont nous venons de parler. Cette illustre princesse mourut vers l'année 1312 et doit être une des bienfaitrices de Notre-Dame de Boulogne. Les ravages du temps n'ont pas permis que nous sachions ce qu'elle a fait pour l'enrichissement de notre sanctuaire ; mais le testament de sa nièce, en 1379, nous apprend que la noble dame avait trouvé la sépulture « en l'église Nostre-Dame de Bouloigne sur la mer, « en la chapelle Sainte-Anne, qui est derrière « l'autel [3]. »

Le 16 janvier 1310, Marguerite de Dampierre, femme de Gaucher IV de Châtillon, fils aîné du connétable de ce nom, seigneur du Tour, de Nesle, de Dampierre, de Sompuis, héritier du comté de Porcean [4],

---

1. Il faut lire Guillaume XII, son petit-fils et second successeur. — Ant. Le Roy, *Hist.* cit. p. 78. V. Baluze, *Hist. Gen. de la M. d'Auvergne*, t. I, p. 109.
2. Baluze, *Hist. cit.* t. II, *preuves*, p. 144.
3. Baluze, *Hist cit.* t. I, p. 114, t. II, *preuves*, p. 771.
4. Maintenant CHATEAU-PORCIEN, arr. de Réthel (Ardennes). Cette maison de Chastillon, dit Expilly (*Dict. géog. de la France*,

laissa par son testament « vingt sous à Nostre-Dame
« de Bouloigne. » En outre, elle inscrivit au nombre
de ses legs une somme de dix livres, « données et
« départis pour Dieu, pour cause de restor [dédom-
« magement] de pèlerinages que elle devoit, si comme
« à *Nostre-Dame de Bouloigne*, à Sainct-Mor des
« Fossez, à Sainct-Fiacre, Sainct-Liénart et en tous
« autres lieus que elle pouvoit avoir promis, d'où il
« ne luy souvenoit. Et voulut que, en chacun de ces
« lieus ci-dessus nommez, on tramist [on fît aller] un
« pèlerin pour elle [1]. »

Vers le même temps, Mahaut, fille de Robert II,
comte d'Artois, mariée à Otton IV, comte de Bourgogne, fonde à perpétuité une messe dans l'église de
Notre-Dame. Voici ce que nous lisons à ce sujet dans
les comptes des baillis de Calais [2], en 1313, 1324 et
1326 : « A l'église Notre-Dame de Bouloingne, pour
« canter à note une messe pardurablement, chascune
« semaine, au samedi, en covent, pour ma Dame, et
« pour ses enfants, et sera dite en chelle messe une
« orison des mors pour les âmes mon seingneur sen
« père et mon seingneur sen mari; à le quelle orison

v. Porcean), a été décorée dans ses premières branches de tant de
grandeurs qu'il ne restait que la royauté au-dessus d'elle.

1. Du Chesne, *Histoire de la maison de Chatillon-sur-Marne*,
Paris, 1621, p. 360. Cf. Ant. Le Roy, *Hist.* cit. p. 66. Le testament
de Marguerite de Dampierre est daté du *vendredi après les 20
jours de Noël*, v. st.; Le Roy se trompe en disant 1308.

2. *Compte de Recette et Dépense des chevaliers Baillis de Calais,
années* 1307-1326, *publié pour la première fois par* H. J. de Rheims,
bibliothécaire-archiviste de la ville de Calais, in-4°, pp. 20, 24
et 30. — Le compte de 1312 ne mentionnant pas encore cette dépense, nous en concluons que la fondation dont il s'agit a été
faite postérieurement, en 1313, suivant toutes les apparences.
— Les archives des comtes d'Artois renferment plusieurs quit-
tances des abbés de Notre-Dame sur cet objet.

« elle et si enfant, quant Dieu plaira que il seront
« departi de chest siècle, seront accompaingnié ; et
« aveuques che les grans 4 chierges que messires
« ses pères establi en le dite église et le chevalier de
« fust qui est en sa remembranche, maintenront li
« abbés et li covens de painture et de chire et de
« toutes autres coses nécessaires, à tous jours mais ;
« et arderont li dit chierge, à toutes festes anuels,
« espécialement as jours Notre-Dame ; pour toutes
« ches coses, au jour de le Candeliers sour le re-
« venue de le boiste de Calais, 15 lb. »

Mahaut d'Artois gouverna son comté depuis 1302 jusqu'à sa mort, arrivée en 1329 [1].

En septembre 1324, Jean, comte de Namur, fils de Gui de Dampierre, comte de Flandre, ayant été assiégé dans sa ville de l'Écluse par les Brugeois, au sujet de certaines rivalités commerciales, fut vaincu et fait prisonnier par ses ennemis. Gardé comme ôtage et captif dans la ville de Bruges, il réussit à s'échapper, et avant de regagner son comté de Namur, il s'empressa d'accourir à Boulogne, pour y visiter la bienheureuse Vierge, à laquelle il pensait être redevable de son salut. De là, il se rendit dans son comté de Namur [2].

L'année suivante, Isabelle de France, dont nous

---

1. *Art de vérifier les dates*, t. II, in-folio, p. 770.
2. *Geneal. Comit. Fland.*, ap. Martenne, *Thes. nov. Anecdo.* t. III, col. 406. Cf. Le Roy, *Hist.* cit. p. 72.

Meyer, dans ses consciencieuses Annales de Flandre, place le fait sous l'an 1323. M. Edw. Le Glay (*Histoire des comtes de Flandre*, t. II, p. 359), semble le reporter avec Le Roy à l'an 1322 ; mais il oublie de dire ce que Jean de Namur est allé faire à Boulogne. Nous avons conservé la date que donne le chroniqueur latin, sans nous prononcer sur la question.

avons raconté plus haut les noces brillantes, s'en vint
« en France voir le roi Charles, son frère, qui encore
« vivoit, et lui conter ses mésaises, » dit Froissart.
Elle « prit voie de venir en pèlerinage à saint Thomas
« de Cantorbie, et s'en vint à Vincelsée, et là entra
« dans une nef appareillée, et fut le lendemain devant
« prime au hâvre de Boulogne. » On peut admettre
que le souvenir de la bonne Vierge qui avait présidé
à son union, ne fut pas étranger à la détermination
que prit Isabelle d'aborder au port de Boulogne,
plutôt qu'à Wissant, passage alors très-fréquenté.
Quoi qu'il en soit, quand la reine Isabelle, continue
le narrateur, fut arrivée à Boulogne, le capitaine de
la ville, l'abbé et les bourgeois vinrent à sa rencontre,
la reçurent très joyeusement et l'emmenèrent loger à
l'abbaye où ils lui firent grand honneur. Elle y demeura deux jours et se mit ensuite en route pour
Paris [1].

Comme une « Vierge puissante, » Notre-Dame de
Boulogne soutenait le courage des chrétiens dans les
combats contre les infidèles. Au commencement du
XIVe siècle, un juif converti occupait un poste honorable à la cour du comte Guillaume de Hainaut. Or il
arriva qu'un jour, dans l'abbaye de Cambron, près
de Chièvres, la vue d'une madone ayant ranimé sa
vieille haine contre la Mère du Christ, il se mit à
frapper l'image sainte de plusieurs coups de halle-
barde, avec une inconcevable fureur. Par un miracle
qui n'est pas sans exemple, le charpentier du couvent, témoin du sacrilége, « vit de l'un des coups yssir
une goutte de sang. » Le juif fut incarcéré sur-le-

---

1. Froissart, *chronique*, l. I, p. I, c. 6, éd. Buchon (Panthéon littéraire), t. I. p. 6 et 7. Cf. t. III, p. 415.

champ; mais son procès traîna quatre ans en longueur. A la fin, suivant la légende, un nommé « Jehan li Flamens », vivant aux Estines, près Binche, vieillard débile et paralytique, eut une vision, dans laquelle un ange, envoyé par la Vierge, lui commandait d'aller venger son image meurtrie et maculée en l'église de Cambron. Un miracle le remet sur ses pieds et lui donne la force de la jeunesse; il invoque le jugement de Dieu entre lui et le juif qui nie son infamie. Le duel est accordé, le champ clos est tracé aux portes de Mons, et les deux champions, après s'être exercés quarante jours, sont mis en présence. Le juif fort est vaincu par le chrétien faible, qui sort triomphant de la lutte, « en l'an de grâce mil cccxxvj, en un mardi viij[e] « jour dedans li mois d'apvril ». Telle est, selon le récit des chroniques, l'origine d'un pèlerinage à la Vierge de Cambron [1]. Les trouvères se sont emparés du fait et l'ont chanté en rimes françaises, en y ajoutant peut-être quelques circonstances. Un poète du temps, dont feu M. Arthur Dinaux a donné quelques extraits dans les archives du Nord, attribue au vieillard des Estines un pèlerinage à Notre-Dame de Boulogne en actions de grâces de sa victoire [2]: Jehan, dit-il,

> ..... Ne veut maille ne denier,
> Ains s'en alla sans attargier
> A Bouloigne en pèlerinage;
> Moult dignement fit son voyage.

Les guerriers chrétiens demandaient aussi à la Vierge de Boulogne son assistance dans les expéditions

---

1. Le miracle de Cambron (*Archives historiques et littéraires du nord de la France et du midi de la Belgique*), par M. A. Dinaux, IIIe série, t. II, pp. 445-449.
2. Ibid. p. 453.

qu'ils entreprenaient pour la bonne cause. En 1327, un gentil chevalier, comme dit Froissart, messire Jean de Haynaut, frère du comte Guillaume, ayant eu grand pitié de la reine Isabelle qui, « moult triste et moult égarée, lui conta, en pleurant moult piteusement, ses douleurs, » avait promis de la remettre en état en Angleterre. Il ne nous appartient pas de raconter les exploits des Hainuyers et la guerre des barons anglais ; on en peut lire les détails dans Froissart. Mais, à leur retour, les Hainuyers s'étant arrêtés deux jours à Wissant, « Messire Jean de Hainaut et « aucuns chevaliers vinrent en pèlerinage à Notre- « Dame de Boulogne, et s'en r'ala ensuite chascun « en son lieu [1]. »

Le roi d'Angleterre Édouard III vint aussi plusieurs fois à Boulogne et y passa même un jour entier au mois de mai de l'an 1329.

Il dut y revenir le 12 avril 1330, lorsque, parti *incognito* d'Angleterre avec John Stratford, évêque de Winchester, et William Montaigu, il passa en France pour accomplir le vœu qu'il avait fait précédemment d'y visiter plusieurs lieux de dévotion. Mais ce ne peut être là de notre part qu'une conjecture [2].

En 1332, par son testament daté du 1er août, Guillaume XII, comte d'Auvergne et de Boulogne, légua à l'église de Notre-Dame cent livres parisis de rente, aux mêmes conditions que son aïeul, mort en 1314 [3].

Le 26 décembre 1346, François de Provins, pro-

---

1. Froissart, *chronique*, l. I, p. I, c. 13, 14 et 44. *Ed. cit.* pp. 11 et 34. Cf. t. III, p. 429.
2. Barnes, *History of Edward III*, Cambridge 1688, p. 42.
3. Baluze, *Hist. généal. de la maison d'Auvergne*, t. II, *preuves*, p. 767. Vid. sup., p. 60, 61.

cureur du chapitre de Reims, inscrivit dans son tesment la clause suivante :

« Item je ordonne et veil que on face faire pour
« moi un voiage ou pèlerinage par un homme à
« cheval et un autre par un homme à pied, à Notre-
« Dame de Boulogne [1]. »

Plus tard, Marguerite d'Évreux, veuve de Guillaume XII, comte d'Auvergne et de Boulogne, légua à l'église de Notre-Dame « quelques terres et censives dans les villages de Wirwignes et de Cremarest, et la déchargea, du consentement de Jeanne sa fille, depuis reine de France, de quelques renvois qu'elle devait à la vicomté ; après quoi elle mourut l'an 1350, et reçut, ainsi qu'elle l'avait désiré, l'honneur de la sépulture devant l'Image miraculeuse [2]. »

Marie d'Espagne, mère de Marguerite d'Évreux, imita sa piété envers Notre-Dame de Boulogne. C'était une princesse de sang illustre : fille de Ferdinand d'Espagne, dit *La Cerda*, deuxième du nom, seigneur de Lara, petite-fille d'Alphonse X, dit l'*Astrologue*, roi de Castille, et arrière-petite-fille de saint Louis ; elle avait épousé en premières noces Charles d'Évreux, comte d'Étampes, petit-fils de Philipe-le-Hardi, et elle se remaria ensuite à Charles II de Valois, surnommé le Magnanime, comte d'Alençon, frère du roi Philippe VI. « Environ l'an 1350, dit Antoine Le Roy, elle donna à la même église, une chasuble et deux tuniques de velours rouge, enrichies des armes des maisons royales de Castille et de Léon, dont elle des-

---

1. P. Varin, *Archives adm. de la ville de Reims*, t. II, 2e P. pp. 1133-34.
2. Ant. Le Roy, op. cit., p. 78. Baluze, *Hist.* cit., t. I, p. 132.

cendait, et de celles de ses deux maris, tous deux du sang royal de France. » La cathédrale possédait encore en 1681 cet ornement sacerdotal, et c'était le plus ancien qui lui restait « du débris de tant de précieux meubles qu'elle possédait autrefois [1]. »

CHAPITRE VI.

Des pèlerinages judiciaires à Notre-Dame de Boulogne; — les Albigeois et l'Inquisition de France; — l'officialité d'Arras; — les chapitres de Reims, de Douai, de Péronne; — le parlement de France; — les villes de Bohain, d'Aire, de Dunkerque, etc.

Nous avons déjà cité plusieurs exemples de condamnations par lesquelles l'autorité judiciaire obligeait les coupables à faire certains pèlerinages déterminés. Les comtesses de Flandre, Marguerite et Béatrix, la cour du parlement de Paris, le Souverain-Pontife Clément V avaient envoyé des pèlerins à Notre-Dame de Boulogne. Cette pratique était entrée dans le droit pénal de la France, pour les tribunaux laïques aussi bien que pour la justice ecclésiastique. Philippe-le-Bel, par le traité d'Achi, conclu entre les Flamands et lui, au mois de juin 1305, s'était réservé pour punir les bourgeois de Bruges, le droit d'en faire partir trois mille pour divers pèlerinages, dont plus tard il leur

1. Ant. Le Roy, op. cit., p. 66.

fit grâce [1]. On pourrait multiplier les citations de ce genre, mais nous devons nous borner à ce qui regarde Notre-Dame de Boulogne.

Un des faits qui démontre le mieux l'importance qu'avait acquis le sanctuaire de Notre-Dame parmi tous les sanctuaires d'Europe, c'est le rang qu'il occupe sur les listes de l'Inquisition de France. Établi pour extirper l'albigéisme des provinces du midi, ce tribunal avait moins à cœur de frapper les coupables que de les ramener aux pratiques de la vraie foi. Aussi voyons-nous, dans ses sentences, un grand nombre de condamnations à des peines religieuses, telles que de se confesser plusieurs fois l'an, d'assister aux messes paroissiales et aux processions en s'y faisant donner la discipline, de faire certaines aumônes aux pauvres, de prendre un malheureux à sa charge pendant un an, de contribuer à la réparation de tel pont ou de telle fontaine, etc [2]. Mais parmi ces châtiments pieux, ou, si l'on veut, ces bonnes œuvres, il est une disposition qui revient, pour ainsi dire invariablement dans tous les actes, c'est l'obligation de faire des pèlerinages. Les plus lointains et les plus célèbres

1. Voici le texte du traité : « Item qu'il pourra punir 3000 hommes de la ville de Bruges, lesquels il voudra eslire à faire pelerinages, lesquieux le roy ou ses successeurs leur enjoindront, tant comme il plaira au roy, c'est asçavoir mil outre mer et deux mil de ça... » (*Mss. de la Biblioth. imp., collect. De Camps*, 39 f° 347.) — Pour la grâce accordée aux Brugeois en 1308. V. *Extrait des Reg. du trésor des chartes. vol. côté* Serilly 429. 6 f° 105. *Ibid*.

2. Les registres de l'inquisition de Carcassonne, copiés au XVIIe siècle par les ordres de l'intendant Doat, forment une des plus curieuses collections de la bibliothèque impériale. On peut consulter à l'appui de nos dires, les vol. XXI, XXVII, XXIX *passim*, et un travail fort intéressant et fort bien fait de M. L. Domairon, dans le *cabinet historique* de M. Louis Paris.

étaient la peine des plus grands crimes. On trouve dans un des registres de l'Inquisition de Carcassonne, le classement officiel des principaux sanctuaires de la chrétienté, par ordre d'importance. Il y avait quatre pèlerinages majeurs, qui étaient les tombeaux des apôtres saint Pierre et saint Paul, Saint-Jacques de Compostelle, Saint-Thomas de Canterbury, les trois Rois de Cologne. Les pèlerinages mineurs étaient Notre-Dame de Boulogne-sur-Mer, de Vauvert, des Tables à Montpellier, de Serignan, de Roc-Amadour, du Puy, de Chartres, de Paris, de Pontoise, de Souillac, Sainte-Marie-Madeleine à Saint-Maximin en Provence, Saint-Gilles en Provence, Saint-Guillaume du Désert, Saint-Antoine de Vienne, Saint-Martial et Saint-Léonard au diocèse de Limoges, Saint-Denis, Saint-Louis en France et Saint-Vincent de Castres [1].

Les hérétiques à qui, en expiation de leurs scandales, on avait enjoint la visite de quelqu'un de ces lieux consacrés, partaient le bourdon à la main et la panetière à la ceinture, munis d'un sauf-conduit délivré par leur évêque. La respectueuse hospitalité du peuple chrétien leur était assurée sur la route, au moyen de la double protection de la foi et du malheur. Ils étaient revêtus de vêtements d'une forme particulière, qui les distinguaient des voyageurs ordinaires, ou du moins ils portaient sur leur tunique une large croix de feutre jaune, qui indiquait à tous leur profession.

---

1. *Reg.* Doat, XXXVII, fol. 111, sous ce titre : Mémoire des grandes et petites pérégrinations auxquelles les inquisiteurs condamnaient les convaincus d'hérésie et qui s'en repentaient, extrait collationné d'un livre en parchemin trouvé aux Archives de l'inquisition de la cité de Carcassonne.

N'y-a-t-il pas une grande idée morale, dans l'injonction faite à ces pauvres hérétiques, d'aller ainsi parcourir la catholicité, pour y voir que partout régnait la même foi, que partout se célébrait le même culte et s'accomplissaient les mêmes cérémonies? Pouvaient-ils, après cela, ne pas mépriser leurs docteurs de mensonge, ne pas s'attacher à cette belle unité de soumission et de doctrine qui fait de tant de cœurs un seul cœur, et de tant d'âmes une seule âme, sous la houlette du successeur de Pierre?

Nous avons feuilleté les nombreux volumes de la collection qui renferme les jugements rendus par l'inquisition du Midi, et nous y avons rencontré trois jugements qui envoient des pèlerins à Notre-Dame de Boulogne. L'un est de l'an 1318, et il a été prononcé par Barthélemy, évêque d'Alet, et par les représentants de l'archevêque de Narbonne et des évêques de Béziers et de Castres. C'est une commutation de la peine d'emprisonnement à laquelle avaient été condamnées vingt-trois personnes des diocèses de Narbonne, de Béziers, de Carcassonne, de Castres, d'Alet, du Puy, de Lodève et de Nîmes [1]. Une sentence de l'an 1324, prononcée par Pierre, évêque de Carcassonne et par Barthélemy, évêque d'Alet, concernant dix personnes [2]; et une autre sentence, de l'an 1329, dans laquelle onze condamnés sont cités nominativement [3], mentionnent le pèlerinage de Notre-Dame de Boulogne parmi ceux qui sont imposés aux coupables.

Nous avons recueilli de toutes parts des faits semblables.

1. Doat, XXVII, fol. 3 à 7.
2. Ibid., XXVIII, fol. 186-189.
3. Ibid., XXVII, fol. 193-196.

En 1333, le chapitre de la Métropole de Reims enjoint au prévôt de l'archevêque d'aller « à Nostre-Dame de Boulogne », avant le 1ᵉʳ février de l'année suivante, en réparation d'une usurpation d'autorité «pour l'em-
« prisonnement d'un coutre clerc [1], sur qui l'arche-
« vêque n'a aucune juridiction spirituelle, ny tem-
« porelle, mais le chapitre seul [2]. »

En 1367, un nommé Martin Blondel, accusé d'avoir « juré vilainement, craché et vilipendé la croix, rompu « par colère deux images, l'une de Dieu et l'autre de la « Vierge Marie, » fut condamné, par la cour de l'échiquier, à jeûner pendant un an tous les vendredis au pain et à l'eau; à jeûner encore, mais d'une manière moins rigoureuse, tous les samedis de l'année qui suivra; à se rendre à pied « à Notre-Dame de Boulogne sur la mer, » en pèlerinage, avec obligation d'en rapporter des lettres testimoniales ; enfin, à payer au roi cinquante livres d'or [3].

En 1369, le maire de Bohain, gravement injurié, condamne le coupable à se rendre en pèlerinage à Boulogne, et à en rapporter certificat, indépendamment de la réparation publique et d'une amende de cinq sols envers la justice [4].

En 1412, le roi Charles VI, accordant à un nommé

---

1. Un *coutre* est un bedeau ou un enfant de chœur.
2. P. Varin, *Archives adm. de la ville de Reims*, t. II, 2e P. pp. 714-715 (Documents inédits). Un écrivain Rémois, cité par M. Varin (Ibid., t. III, 334), dit : « On voit dans le cartulaire de l'échevinage bon nombre de sentences arbitrales de cette façon, où, selon la qualité du délit, on condamnait les déliquans à longs voiages et pour longtemps, les uns à Toulouse, d'autres à Marseille ou à Boulogne. »
3. *Curiosités de l'Histoire de France*, par le bibliophile Jacob. Paris, 1858, p. 248.
4. Document communiqué par M. Ern. Hamy.

CHAPITRE VI. — PÈLERINAGES JUDICIAIRES.

Pierre Corps d'Omme, fermier de la Chaussée de Guise, des lettres de rémission, impose au coupable, en réparation du crime qu'il lui pardonne, l'obligation de faire un pèlerinage « à Nostre-Dame de Boulongne sur la mer », et un autre à Notre-Dame de Liesse, après avoir subi un emprisonnement de deux mois au pain et à l'eau. Cet homme, « par chaude cole, esmeu et courroucié », avait commis un homicide sur la personne d'un habitant de Montigny-sur-Crécy, qu'il avait frappé « d'un petit coustel tranche-pain [1] ». Certes! on se plaît à comparer souvent la justice des temps modernes à celle du Moyen-Age; mais, trouvera-t-on que cette dernière était ici trop rigoureuse? Et puis, le châtiment n'est-il pas de ceux qui améliorent?

En 1424, un chapelain de Saint-Amé de Douai, condamné par ses confrères à un pèlerinage de Boulogne, « pour avoir injurié de parolles messire Robert de Thiennes », fut autorisé par le chapitre à se racheter de ce « voiaige », moyennant une amende de 24 sols [2].

Le chapitre de Saint-Fursy de Péronne, imposa plusieurs fois à ses membres la même pénitence que celui de Douai. On lit en effet, dans les registres de cette église, que le 13 décembre 1445, le chanoine Pierre Plique fut condamné capitulairement à faire le pèlerinage de Boulogne, en réparation de paroles injurieuses proférées contre un chapelain. La même punition fut édictée, le 20 octobre 1452, contre le

---

1. Reg. du Trésor des chartes, JJ. 166, aux Archives de l'Empire.
2. Comptes de S.-Amé de Douai, aux Archives du Nord, renseignement communiqué par M. le baron de la Fons-Mélicocq.

chanoine Bacouel. Le 28 octobre 1460, le chanoine Gabriel d'Estrées, qui faisait, dit-on, la honte de son chapitre et du clergé de la ville, fut soumis par ses confrères à différentes peines, entre autres à celle d'aller à Notre-Dame de Boulogne-sur-Mer, d'y offrir un cierge de huit livres pesant, et d'en rapporter certificat. Semblable injonction fut faite le 8 août 1488 à Adrien Le Fort, maître ès-arts ; mais son offrande ne devait peser qu'une livre [1].

On lit dans les Mémoires de Jacques du Clercq, à la date du 31 octobre 1460, les détails qui suivent sur une sentence de même nature prononcée par l'évêché d'Arras : « Les vicaires de l'évesque d'Arras, « dit-il, eslargirent et mirent hors de prison une « josne femme, nommée Belotte, laquelle estoit une « fille de joie. Cette femme commune, laquelle avoit « esté Vaudoise, avoit esté par plusieurs fois mise à « la torture, et confessé avoir esté en ladite Vauderie. « Lesdits vicaires la délivrèrent franchement, sauf « qu'ils la congièrent hors l'évesquié d'Arras, et lui « enjoignirent d'aller à Nostre-Dame de Boullongne [2]. »

Nous parlerons plus loin des pèlerinages qui furent imposés par les ducs de Bourgogne aux Gantois révoltés, et aux habitants du Haut-Pont ; mais c'est ici le lieu de mentionner encore celui que les maïeur et échevins d'Aire enjoignirent à un bourgeois de leur ville, en 1473 [3], et celui que la *Vierschare*, ou échevinage, de Dunkerque fit faire en 1532 à Jennekin de

---

1. Dom Grenier (Mss. Bib. imp.), t. CLXII, fol. 211, donne tous ces détails, extraits des Archives de S.-Fursy.
2. *Mém. de J. du Clercq, suppl. aux chron. de Monstrelet*, édit. Buchon, 1826, t. XIV, p. 70.
3. F. Morand, *Année historique de Boulogne sur Mer*, p. 106.

Nerbonne, femme de Pierre Vinnocq, laquelle avait excité un grand tumulte dans le marché de cette ville [1].

Comme on le voit, cette pénalité ne tomba que fort tard en désuétude; et même, si nous en croyons le chanoine Le Roy, on en pourrait trouver des exemples postérieurs à la date que nous venons de citer, puisque, d'après cet estimable écrivain, le conseil d'Artois en a aussi usé de même à l'égard de quelques criminels; et que, de son temps, il a vu lui-même des condamnés qui venaient accomplir leur pèlerinage, en exécution des arrêts rendus par cette Cour [2].

Tant que la justice ecclésiastique subsista, et tant que la justice séculière s'occupa d'améliorer les âmes, sans se borner à maintenir l'ordre matériel, la pénalité religieuse put être maintenue dans les codes. Plus tard, il fallut la faire disparaître. Ce n'est pas que nous en blâmions notre époque ; car, en ceci comme en bien d'autres choses, il est juste de dire : autres temps, autres mœurs !

L'insuffisance de ce châtiment, comme moyen de répression, est évidente, si l'on se place en dehors des habitudes chrétiennes, et s'il est possible au coupable de se soustraire à la situation que lui fait sa sentence. Il en est de même de la peine du bannissement, si souvent prononcée par la justice de nos pères. Mais, si la police des villes et des villages était assez bien faite pour que l'étranger n'y pût séjourner sans justifier de son état judiciaire, alors, ces pèlerinages lointains étaient, comme le remarque M. Victor Derode,

---

1. *Registre aux sentences criminelles de l'échevinage* de Dunkerque, f° 52 v°, communiqué par M. V. Derode.
2. Le Roy, *Hist. de Notre-Dame*, p. 39.

une chose sérieuse et pénible, qui pouvait donner aux délinquants les moyens de se repentir et d'expier leur faute [1].

CHAPITRE VII

De l'église et chapelle de Notre-Dame de Boulogne-sur-Seine, bâtie et fondée par les Pèlerins de Notre-Dame de Boulogne-sur-Mer.

« Ne nous étonnons pas, dit le trop célèbre Michelet, si nos aïeux aimèrent tant les pèlerinages, s'ils attribuèrent à la visite des lointains sanctuaires une vertu de régénération. Qui n'aimerait à pouvoir ainsi mettre une pierre sur la route du temps, trouver un point d'arrêt dans sa vie, entre les regrets du passé et les espérances d'un meilleur, d'un moins regrettable avenir ? N'est-ce donc pas quelque chose d'échapper à l'influence des lieux, des habitudes, de se dépayser, de s'orienter à une vie nouvelle » ? Pétrarque a chanté « le vieillard, tout blanc et chenu, qui se sépare des lieux où il a fourni sa carrière, et de sa famille alarmée qui se voit privée d'un père chéri. » — « Vieux, faible et sans haleine, il se traîne comme il peut, s'aidant de bon vouloir, tout rompu qu'il est par les ans, par la fatigue du chemin. » — « Puis il se remet en marche

---

1. *Hist. relig. de la Flandre maritime, études,* par V. Derode, Dunkerque, 1857, in-8, p. 103. — *De la pénalité chez les Flamands de France au XVI*e *siècle,* par le même, in-8, Dunkerque, 1857, pp. 15, 16, 65.

vers la patrie, vers le tombeau natal, mais avec moins de regret, et d'avance tout consolé de mourir [1]. »

La piété des habitants de Paris envers Notre-Dame de Boulogne était, au commencement du XIVe siècle, portée à un point qu'on pourrait appeler extraordinaire. « Ils avaient, dit Antoine Le Roy, une merveilleuse dévotion à cette glorieuse Vierge, et tous les ans régulièrement ils faisaient le voyage de Boulogne, pour lui rendre leurs vœux devant sa sainte Image. Mais, venant à faire réflexion que cette pieuse coutume pourrait à la fin être interrompue, ou par les accidents de la guerre, ou par la nécessité de leurs affaires domestiques, qui ne leur permettraient pas de réitérer si souvent un si long pèlerinage, ils s'avisèrent, par une précaution également sage et religieuse, d'établir dans leur voisinage un nouveau lieu de dévotion, pour servir d'un heureux supplément au premier.

« Ce fut en l'an 1320 [2] que se fit cet établissement dans le village de Menus, proche de Saint-Cloud, qui en a retenu depuis ce temps-là le nom de Boulogne, ainsi que le bois qui en est tout voisin. Ce village, qui n'est distant de Paris que d'environ deux lieues, parut à ces dévots fondateurs, un endroit fort commode et fort propre pour être le terme d'un pèlerinage racourci : la situation leur en plut même assez, en ce que la Seine, sur les bords de laquelle il est situé, leur représentait, comme en petit, ce bras de l'Océan qui arrose le rivage de l'ancienne Boulogne, où ils avaient été tant de fois révérer l'Image de l'illustre Patronne de ce lieu.

1. Michelet. *Hist. de France*, t. III, p. 55, 56, 57.
2. Le texte de Le Roy porte 1319, qui est *vieux style*.

« Au reste, ils ne voulurent point entreprendre cette fondation sans la participation de Philippe-le-Long, roi de France et de Navarre [1], à qui cette ferveur de ses sujets envers Notre-Dame de Boulogne fut d'autant plus agréable, que lui-même se souvenait de l'avoir honorée dans son église de Boulogne, lorsqu'il y vint avec le roi son père et toute la famille royale, au sujet du mariage de sa sœur avec le roi d'Angleterre Édouard II. Il leur accorda donc très-volontiers la permission qu'ils lui demandaient, et leur en fit expédier des lettres fort authentiques, où il témoigne entre autres choses, qu'il est bien aise de contenter, en ce point les pieux désirs de plusieurs notables citoyens de Paris, qui avaient accoutumé d'aller tous les ans à Notre-Dame de Boulogne-sur-mer, et qui en ayant goûté la dévotion, la voulaient conserver, par l'établissement d'une Confrérie, et par l'érection d'une église, à la gloire de Dieu et de la très-sainte Vierge.

« Le fonds où cette église fut bâtie, relevait de l'abbaye de Montmartre, et il était nécessaire d'en obtenir des lettres d'amortissement, ce que l'abbesse et les religieuses accordèrent très-facilement [2], désirant en cela (ce sont leurs propres termes) favoriser les bonnes intentions et les justes requêtes de Girard de la Croix, garde des sceaux du Châtelet de Paris, de Jean son frère, et de ses autres amis, tous confrères

---

1. Lettres de Philippe V, pour la fondation de N.-D. de Boulogne-sur-Seine en 1319. Il faut lire *vieux style*, ou mieux 1320, selon notre manière de compter. Les lettres de Philippe V sont du mois de février, et l'année 1320 ne commençait qu'à Pâques.

2. Lettres d'amortissement de l'abbesse de Montmartre, de l'an 1320, ap. Le Roy, *Hist.* cit., *pièces justif.*, p. 263.

de Notre-Dame de Boulogne-sur-mer, et premiers fondateurs de cette église dans le village de Menus, qui en l'honneur de la sainte Vierge portera désormais le nom de Boulogne [1]. »

Une modeste chapelle en bois avait été érigée sur l'emplacement qu'on avait choisi, afin qu'on pût sans retard y célébrer les saints Mystères ; et, aussitôt que Jeanne de Repenti, abbesse de Montmartre, eut donné l'autorisation nécessaire, la première pierre de l'édifice fut posée solennellement « par Philippe-le-Long, accompagné de Philippe de Valois, son cousin, et d'un grand nombre de seigneurs [2]. »

« Les trois truelles à manche d'argent et parsemées de fleurs de lys, qui servirent à la cérémonie, furent précieusement renfermées dans la trésorerie de l'église ; et deux s'y trouvaient encore le 23 août 1783, ainsi que le constate un inventaire de la même année. Elles ont disparu en 1793 [3]. »

L'église de Boulogne-sur-Seine ne fut pas longtemps à bâtir. Le village de Menus, qui dépendait de la paroisse d'Auteuil, en fut séparé canoniquement le premier dimanche de juillet 1330, et la nouvelle église fut bénite le même jour, avec le cimetière et les fonts baptismaux [4].

1. Ant. Le Roy, *Hist.*, cit., pp. 46, 47.
2. *Précis historique de la fondation de l'église et de l'érection de la grande confrérie de Notre-Dame de Boulogne-la-Petite, près Saint-Cloud, dans le diocèse de Paris,* par J. Le Cot, curé de cette paroisse, chanoine honoraire de Blois, ancien professeur de rhétorique et sous-principal du collége de Sées. — Br. in-18, mai 1853, p. 15.
3. Ibid., *note.*
4. Cf. le *Précis historique* cité, pp. 19, 22. Selon Lebeuf, *Histoire du diocèse de Paris*, t. III, p. 21, la séparation canonique ne fut faite qu'en 1343.

« Cette nouvelle église, dit Le Roy, ayant été ainsi érigée, pour servir d'un éternel monument à notre ancien et célèbre pèlerinage, les papes, les rois, et une infinité d'autres personnes de marque, ont pris à tâche de la combler de grâces, de priviléges et de bienfaits.

« Les papes lui ont dispensé à pleines mains les richesses de ce sacré trésor de l'église, dont ils sont les souverains arbitres, ainsi qu'il paraît par tant de bulles émanées de leur Siége, que les confrères conservent encore aujourd'hui avec tant de soin [1]. Une des plus anciennes est celle de Jean XXII donnée l'an 1329, le 13ᵉ de son pontificat, par laquelle il permet d'ériger en paroisse cette église dont il attribue la fondation au zèle et à la piété des bourgeois de Paris, associés à la confrérie de Notre-Dame de Boulogne [2], qui, outre les aumônes des fidèles, y ont aussi charitablement employé de leurs biens propres : en considération de quoi, et à la prière et recommandation de l'illustre roi de France, Philippe de Valois, son très-cher fils en Jésus-Christ, il leur octroie le droit de présenter à la cure de ce lieu.

« Les rois qui ont tenu à honneur de se faire enrôler dans cette sainte confrérie, comme nous dirons ci-après, se sont aussi estimés glorieux, quand ils ont pu lui faire ressentir quelques effets de leur libéralité. Charles-le-Bel, par ses lettres patentes du mois de

---

1. Bulles de Sixte IV, 1474 et 1481 ; de Léon X, 1520 ; de Jules III, 1550 ; de Paul V, 1612 et 1614 ; d'Urbain VIII, 1631. Note de Le Roy, *Hist.* cit., p. 47.

2. Ant. Le Roy nous a conservé celle de Clément VI, citée plus loin (*pièces justif.*, p. 265). Les Archives de la confrérie ont été à peu près entièrement détruites par la Révolution française. On possède encore néanmoins à Boulogne la charte de Philippe V.

mai 1326, lui relâche la finance, et les droits seigneuriaux qui pouvaient lui appartenir pour les acquisitions de quelques fonds et rentes. Philippe de Valois accorde ses lettres d'amortissement au mois de décembre 1332, pour la dotation d'une chapelle ou autel en la même église, que les confrères y voulaient fonder de nouveau. Charles VI, par la déclaration du 15 février 1403, ordonne qu'il soit délivré deux septiers de sel sans gabelle, aux maîtres et gouverneurs des confrères et pèlerins de Notre-Dame de Boulogne-sur-Mer [1], pour la dépense de l'assemblée et chapitre de la confrérie, qui se tenait tous les ans, le dimanche dans l'octave de l'Assomption de la Vierge, à Saint-Jacques de l'Hôpital, lieu ordinaire pour les assemblées et chapitres des confréries et pèlerinages célèbres.

« Les cardinaux, légats, archevêques et autres prélats, ont aussi témoigné, en plusieurs rencontres, l'estime qu'ils avaient pour cette confrérie, l'ayant enrichie de plusieurs indulgences et de plusieurs pardons très-amples, qu'il serait trop long de rapporter ici [2]. Hymbert, abbé de Cîteaux, chef de tout l'ordre, donna des marques de cette même estime, lorsqu'étant à la tête de son chapitre général, assemblé en l'an 1469, il accorda des lettres de filiation en faveur des confrères, pèlerins, et bienfaiteurs de l'église de Boulogne-la-Petite, c'est ainsi qu'il l'appelle pour la dis-

---

1. C'est le titre que porte constamment la confrérie de Boulogne : « *Confrairie aux pèlerins et pèlerines* de Nostre-Dame de Boulongne sur la mer. » Du Breuil, *Théâtre des Antiquités de Paris*, édit. 1612, p. 1265.
2. *Bulles de Charles d'Estouteville, cardinal-légat en France*, 1452; *de Jean, cardinal d'Alby*, 1471; *de dix cardinaux*, 1474; *de Jean Rolin et Charles de Bourbon, aussi cardinaux-légats*, 1482; Note de Le Roy.

tinguer de celle de Boulogne-sur-Mer, dont elle n'était qu'un ruisseau dérivé. Par ces lettres il les rend participants de toutes les messes, prières, mortifications, et autres bonnes œuvres, qui se font, et qui se feront jamais dans tout ce grand ordre, et il témoigne, au même endroit, qu'il est porté à cela par la part qu'il se sent obligé de prendre aux services que l'on rend en ce lieu à la très-sainte Mère de Dieu [1], où abordent tous les jours une infinité de personnes de l'un et de l'autre sexe, attirées, dit-il, par les grâces singulières qu'on y reçoit.

« En effet, nous lisons qu'il s'est fait dans cette église, un heureux reflux de ces grâces et de ces faveurs, que le ciel versait autrefois si abondamment dans l'ancienne chapelle de Notre-Dame de Boulogne. Un peu après qu'elle fut construite, les miracles commencèrent à y être fort fréquents, ainsi que nous le recueillons d'une lettre de Foulques, évêque de Paris, écrite au mois de mars de l'an 1335 et reprise dans une bulle de Clément VI [2], où il assure que l'on y voyait éclater de jour en jour plusieurs miracles, et le peuple y venir en foule : ce qui contribuait beaucoup à la splendeur du culte divin, et augmentait notablement les revenus et facultés de la paroisse. Ces miracles y ont toujours continué, au grand bien des particuliers et à la plus grande gloire de Dieu et de sa très-sainte Mère. Et d'autant que cette église, placée dans le cœur du royaume, et au milieu des

---

1. Propter singularem quamdam ipsius loci gratiam, innumerus fidelium utriusque sexus confluit populus. — N. de Le Roy.

2. *Bulle de Clément VI du 10 may, l'an 14 de son pontificat :* Ubi per ipsam Dei Genitricem, multa de die in diem panduntur miracula, et in ipsam ecclesiam Deo devotus affluit populus, etc. — Note de Le Roy.

plaisirs de nos rois, plus heureuse en ce point, que celle de Boulogne, où repose la vraie Image de Notre-Dame, a toujours été à couvert des plus fâcheuses disgrâces de la guerre, la mémoire des miracles qui s'y sont faits s'est facilement conservée avec plusieurs beaux et anciens titres, qu'on m'a fait l'honneur de me communiquer.

« J'y ai remarqué plusieurs faveurs signalées, obtenues par divers particuliers qui, dans leurs besoins, ont invoqué Notre-Dame de Boulogne, représentée dans un navire, au milieu du maître-autel de cette église. Les uns ont été garantis du naufrage, tant sur la mer que sur la rivière de Seine ; d'autres ont évité plusieurs sortes de périls sur la terre ; quantité de femmes en travail d'enfant ont été divinement secourues, et quelques-unes mêmes qui avaient accouché d'enfants morts, ont eu la consolation de les voir revivre pour quelques moments, et recevoir la grâce du saint baptême.

« Tous ces miracles ne servent pas peu à rehausser le lustre de cette ancienne confrérie, qui fait profession d'honorer Notre-Dame de Boulogne ; confrérie que je puis appeler tout auguste et toute royale, puisque les rois et les reines ont fait gloire d'y donner leurs noms. On y voit en effet, écrits en lettres d'or, ceux des rois Charles le Bel, et Philippe de Valois, de Jean et de Charles son fils, de Charles VI et VII, d'Élizabeth de Bavière, et de la reine Marguerite. L'inscription du catalogue, où sont couchés tous ces illustres noms, est conçue dans ces termes : *Magna Confratria Dominæ nostræ Boloniensis juxta mare, constans peregrinis utriusque sexus, fundata in Ecclesia Dominæ nostræ Boloniensis Parvæ prope*

Sanctum Clodoaldum. « La grande confrérie de « Notre-Dame de Boulogne-sur-Mer, composée de « pèlerins de l'un et l'autre sexe, fondée en l'église « de Notre-Dame de Boulogne-la-Petite proche Saint- « Cloud ; » ce qui prouve évidemment ce rapport essentiel de dépendance, qu'il y a toujours eu de la dévotion de Boulogne-sur-Seine au fameux pèlerinage de Boulogne-sur-Mer, dont elle tirait son origine ; et ce fut sans doute en vue et en témoignage de cette dépendance que Guillaume de la Chesnel, curé de l'église de Nostre-Dame de Boulogne-la-Petite, c'est ainsi qu'il la nomme lui-même, entre autres legs pieux, portés par son testament du dernier avril 1376, en fait un particulier en argent à la fabrique de Notre-Dame de Boulogne-sur-Mer [1]. »

La dévotion à Notre-Dame de Boulogne-sur-Mer dans l'église paroissiale de ce nom près Paris, resta longtemps célèbre. Un poète tourangeau du XVIe siècle, Guillaume Michel, y avait fait, le 16 septembre 1516, un pèlerinage qui lui donna l'occasion d'un écrit intitulé l'*Ante nouvelle du salut.* Il y rapporte que « le monde va souvent et afflue par dévocion » dans cette église. Du Breul au XVIIe siècle, et Goujet au XVIIIe, disent la même chose : « Ceste église, dit du Breul, a esté fort fréquentée jusques à présent par la dévotion du peuple de Paris [2]. »

Une inscription, qui subsiste encore dans l'église de Boulogne-sur-Seine, nous apprend que l'on y possédait un morceau de la vénérable Image de Notre-Dame de Boulogne-sur-Mer. Cette relique, qui a

1. Ant. Le Roy, *Hist.* pp. 47-51.
2. Du Breul, op. cit.; p. 1265. Goujet, *Bibliothèque fr.*, t. X, p. 315.

disparu dans la tourmente révolutionnaire, était
« sous la protection du roi, comme celle du trésor de
« la Sainte-Chapelle » ; elle ne pouvait sortir de l'église
que « par un arrêt de la chambre des comptes, comme
« appartenant originairement au roi, qui a permis
« qu'on la portât une fois par an, sous un dais, et
« pieds nus, avec flambeaux et encens, à l'abbaye
« de l'Humilité de la sainte Vierge, bâtie par sainte
« Élisabelle, et dite Notre-Dame de Longchamps [1]. »
C'était plus d'honneurs qu'on n'en rendait à l'Image
miraculeuse elle-même, dans son sanctuaire de Boulogne-sur-Mer.

CHAPITRE VIII

Pèlerinages du dauphin Charles et du roi Jean, à Notre-Dame de Boulogne, en 1360 ; — fondation et dotation d'un autel spécial, en l'honneur de la Vierge miraculeuse.

Personne n'ignore les calamités qui fondirent sur le royaume de France, après la bataille de Poitiers et durant la captivité du roi Jean, malgré les efforts généreux du dauphin Charles, son fils. Au mois d'octobre de l'an 1360, le sage dauphin arrivait à Boulogne, pour y attendre le retour de son père et hâter la conclusion de la paix entre la France et l'Angleterre.

Dans les circonstances solennelles, qui décident, en

---

1. *Précis historique*, sup. cit., p. 25.

quelque sorte, de la vie des peuples, les rois chrétiens se font un devoir de recourir à la protection du ciel : ils savent qu'ils ne sont qu'un instrument aux mains de la Providence, et que c'est Dieu qui tient les rênes des empires. Aussi, voyons-nous les princes de la maison de France témoigner hautement leur foi et leur piété envers l'auteur de toutes choses et la glorieuse Vierge, Mère de Dieu, honorée dans l'église de Boulogne. Des lettres, expédiées à cette date par le dauphin, nous apprennent quelles furent ses occupations, pendant son séjour dans notre ville.

Bien que sa démarche ait été motivée principalement par la prochaine délivrance du roi son père, Charles, « duc de Normandie, dauphin de Vienne, régent du « royaume » atteste devant tous « présents et à « venir » que la dévotion l'a conduit au sanctuaire de Boulogne [1]. Il rend ensuite à Marie ce beau témoignage que « par elle Dieu opère de nombreux miracles « à sa louange, dans toutes les parties du monde, « mais principalement dans le royaume de France, « et, entre autres lieux, à Boulogne-sur-Mer, dans « l'église qui y est dédiée en son honneur, et *où se* « *rend à cause de cela, en grande affluence, le con-* « *cours incessant de tous les peuples* [2]. »

Touché du désir de laisser à la divine Vierge un gage de sa piété et une preuve de sa munificence, il s'informa diligemment de tout ce qui se faisait dans l'église de Boulogne pour l'office divin, et, en particulier, pour la célébration quotidienne du Saint-Sacrifice. Le rapport qui lui fut adressé à ce sujet lui

---

1. Cum igitur nos ibidem devotionis causa accessimus.
2. Ob hoc ad eam concursus populorum omnium confluit incessanter.

signala une lacune à combler : dans l'endroit même où était érigée la statue de la glorieuse Vierge, et où se faisaient chaque jour d'innombrables miracles [1], il n'y avait pas d'autel spécial, soit à défaut de fondateur, soit à cause de la pauvreté du lieu. Ce prince en ressentit une grande joie, pensant, ajoute-t-il, que la Providence lui avait réservé l'honneur de cette fondation, « afin qu'un lieu où se faisaient tant et de si « grands miracles, à la louange de la glorieuse Vierge, « fut doté par la munificence d'un roi [2]. »

Le dauphin s'empressa de réaliser le vœu de sa piété. Il voulut assister lui-même à la consécration de cet autel, qui fut faite par Jean de Craon, archevêque de Reims, en présence des fils du roi, Louis, duc d'Anjou, Jean, duc de Berry, et Philippe, dit le Hardi, tige des derniers ducs de Bourgogne. Il s'occupa ensuite de régler l'ordre de l'office divin, que l'on devait célébrer à perpétuité devant l'autel royal dont il dotait l'église de Notre-Dame. Nous croyons devoir citer ici les dispositions spéciales que la charte de fondation nous fait connaître. Ces détails peuvent paraître minutieux ; mais, quand les rois de la terre établissent autour de leur trône éphémère un cérémonial respecté, comment refuserait-on un semblable honneur au Roi des rois dont la majesté est immortelle ?

« Premièrement donc, religieuses personnes, l'abbé « et le couvent de ladite église, et leurs successeurs, « chaque jour de samedi, à l'heure où l'on sonnera

---

1. In eo loco, quo Imago Virginis gloriosæ stabat erecta, et in quo specialiter fiunt quotidie innumerabilia miracula, ipsius Virginis precibus et intercessione.
2. Ut locus in quo tot et tanta miracula fiebant, ad laudem Virginis gloriosæ, regali munificentia dotaretur.

« l'office de prime, toute la communauté étant as-
« semblée dans ladite église, suivant l'usage accou-
« tumé dans les fêtes annuelles, célébreront humble-
« ment et dévotement audit autel une messe à note
« de la bienheureuse et glorieuse Vierge Marie, à
« laquelle assisteront, en ornements convenables et
« décents, un diacre, un sous-diacre, un préchantre
« et un sous-chantre. La sonnerie de prime durera
« sans discontinuer jusqu'à la fin de ladite messe.
« Les autres jours, et en chacun d'iceux, ladite messe
« à note sera célébrée audit autel, à l'aurore, avant
« qu'aucune autre messe ne soit célébrée dans ladite
« église, excepté cependant le jour de Noël et les trois
« jours qui précèdent la résurrection du Seigneur,
« comme il est accoutumé. Cette messe toutefois ne
« sera pas conventuelle et l'on ne sera pas tenu d'y
« employer les personnes désignées ci-dessus, mais
« seulement quatre clercs en surplis, et en habit dé-
« cent, chantant avec les autres.

« Dans chacune de ces messes, on dira et récitera,
« avec la collecte principale de la messe, sous un seul
« *per omnia*, la collecte qui commence par ces mots :
« *Quæsumus, omnipotens Deus*, pour notre seigneur
« [le roi Jehan notre père], pour nous, nos successeurs
« et tous les enfants de France. Et il y aura deux
« formes, ou bancs, pour s'asseoir [1], aux deux côtés
« du susdit autel. De plus, chaque jour, quand les-
« dits religieux auront chanté les vêpres, comme ils

---

1. Jusqu'à la Révolution française, la chapelle de Notre-Dame de Boulogne, en exécution de cette clause, eut une stalle particulière, connue sous le nom de Stalle du roi. C'était là que les rois de France entendaient la messe, quand leur dévotion les amenait dans le sanctuaire où reposait l'Image miraculeuse.

« ont coutume de le faire, ils seront tenus, avant de
« passer à d'autres actions, de chanter devant ledit
« autel, une antienne de la bienheureuse Vierge, sui-
« vant le temps, en y ajoutant, sous un seul *per omnia*,
« la collecte ci-dessus désignée. Dans les cinq fêtes [1]
« de la glorieuse Vierge, outre la messe ordonnée
« ci-dessus, les susdits religieux célébreront perpé-
« tuellement la grand'messe de ladite église devant
« ledit autel, en répétant ladite collecte sous un seul
« *per omnia* avec la collecte principale de ladite
« messe.

« Et lorsque notre seigneur [le roi, notre père],
« sera entré dans la voie de toute chair (que cepen-
« dant le Dieu Très-Haut veuille garder sa vie dans
« une longue prospérité de jours heureux), dans les
« huit jours après que son décès sera parvenu à leur
« connaissance, lesdits religieux seront tenus de célé-
« brer, à leurs frais et dépens, un service solennel et
« une messe *pro defunctis*, avec une représentation
« funéraire convenable et honnête, et ainsi chaque
« année, au jour de son décès. Et quand nous-même,
« par la volonté divine, nous sortirons de cette vie,
« ils seront tenus de célébrer un service pour nous,
« ainsi que cela vient d'être réglé pour notre père. »

Afin d'assurer l'exécution des charges que nous venons de rappeler, le religieux dauphin, après avoir obtenu le consentement du roi, dota l'autel de Notre-Dame d'un revenu évalué à cent livres parisis et reposant sur 123 journaux et demi de terres arables, avec toutes les redevances dont ces terres étaient

---

1. La Conception, la Purification, l'Annonciation, l'Assomption et la Nativité de Notre-Dame.

grevées. Il abandonna, pour le même objet, en faveur de l'Abbaye, tous les droits royaux sur le péage, sur la pêche et la navigation, et tout ce que nous appellerions maintenant les droits de douane, dans le port d'Étaples.

L'acte qui constate l'érection de l'autel et les donations faites pour l'enrichir, est un des plus beaux monuments de la dévotion des rois de France envers la Reine des cieux. « L'on y remarque partout, dit l'historien Le Roy, une espèce de conflit agréable de la piété chrétienne avec la magnificence royale, et ces deux vertus semblent disputer entre elles qui aura l'avantage dans une action si belle et si sainte [1]. »

« Bientôt après, le ciel se rendit propice à des vœux si justes et si fervents. Dieu, qui tient les cœurs des rois entre ses mains pour les tourner et les fléchir comme il veut, rendit celui du roi d'Angleterre plus traitable en faveur de son prisonnier, et l'obligea à se relâcher sur beaucoup de conditions iniques, que la France n'était pas du tout en pouvoir d'accepter. De sorte que, tous les obstacles qui s'opposaient au retour du roi étant levés et toutes les difficultés étant aplanies, cet illustre captif fut remis en liberté. Il partit de Calais, qui était alors sous la domination anglaise, le 25 octobre 1360, et s'en vint à Boulogne. Froissart [2]

---

1. Ant. Le Roy, *Hist.* cit., p. 57, *pièces justif.*, p. 267-272.
2. Voici le texte de Froissart, tel que nous le trouvons dans l'éd. de M. Buchon (Panthéon littéraire), t. I, p. 451 :

« A lendemain, qui fut la veille de S. Simon et S. Jude *, se partit le roi de France de Calais, et tous ceux de son côté qui partir se devaient ; ET SE MIT LE ROI TOUT A PIED, EN INTENTION DE VENIR EN PÈLERINAGE A NOTRE-DAME DE BOULOGNE, et le prince de Galles et ses deux frères en sa compagnie, monseigneur

* La date est inexacte ; il faut lire 25 octobre.

rapporte qu'il fit ce voyage à pied par dévotion, et qu'il arriva dans cet humble équipage, à la façon d'un pèlerin, dans l'église de Notre-Dame de Boulogne, où il s'acquitta de son vœu avec beaucoup de respect. Le prince de Galles, fils aîné du roi d'Angleterre, ajoute le même auteur, et les deux princes ses frères, lui tinrent compagnie en ce voyage, et le firent à pied comme lui. Après quoi le lendemain ils prirent congé de lui, et s'en retournèrent à Calais. Quant au roi, il resta à Boulogne jusqu'au 29, logé dans un appartement de l'abbaye, qu'on lui avait superbement préparé. Il ne prolongea ainsi son séjour en cette ville, que pour s'acquitter à loisir des vœux qu'il avait faits à Notre-Dame de Boulogne, à qui il se sentait obligé du recouvrement de sa liberté. Il ratifia agréablement tout ce que Charles son fils avait fait en son nom. Il y ajouta encore de son propre mouvement, soixante livres parisis, à prendre par chacun an sur le péage [1] ou travers de Nempont, entre Montreuil et Abbeville, pour l'entretènement d'un cierge ardent devant la sainte Image, pendant le sacrifice. Depuis ce temps jusqu'à la fin de ses jours, il conserva une affection singulière envers Notre-Dame de Boulogne. Il en

---

Léonnel et monseigneur Aimon, et ainsi vinrent-ils TOUT DE PIED, et jusques à Boulogne devant dîner, où ils furent reçus à moult grand'joie; et là était le duc de Normandie (le dauphin), qui les attendait. Si vinrent les dessus dits seigneurs tous à pied en l'église Notre-Dame de Boulogne, et firent leurs offrandes moult dévotement, et puis retournèrent en l'abbaye de laiens, qui était appareillée pour le roi recevoir et les enfans du roi d'Angleterre. » Liv. I, part. II, ch. 139.

1. Ce Péage a esté depuis cédé en propriété à l'église de Boulogne par lettres du roy Charles V, données en décembre 1364. — Note de Le Roy, v. Ant. Le Roy, *Hist.* cit., *pièces justif.*, p. 272-274.

donna des marques un peu après qu'il fut retourné en sa cour, se faisant admettre avec Charles son fils en la confrérie de Notre-Dame de Boulogne-sur-Seine ; et cette même affection parut encore dans le dernier voyage qu'il fit à Boulogne-sur-Mer en 1363, pour de là passer en Angleterre, et visiter les ôtages qu'il y avait laissés. Il arriva en cette ville le 28 décembre, accompagné du comte d'Eu, du comte de Dammartin, du grand prieur de France, et de plusieurs autres seigneurs de sa cour, et il y resta jusqu'au 4 janvier [1]. L'abbaye de Notre-Dame eut encore l'honneur de le loger dans son enceinte; et l'église, dans ce second voyage, aussi bien que dans le précédent, se ressentit de ses libéralités ; car il lui accorda des lettres d'amortissement, pour un clos d'environ dix arpents de terre proche de Montdidier, appelé le clos de Boulogne, et lui en relâcha la finance : désirant par là (comme il le témoigne dans ces lettres) participer à jamais au service divin, qui se célèbrerait dans cette église, et espérant par cette reconnaissance envers la Mère de Dieu, arriver plus facilement au bonheur de sa compagnie dans le ciel. Cette dernière patente que nous avons encore dans nos archives [2], fut enregistrée en la chambre des comptes, le 22 novembre 1374, et expédiée sans finance, ainsi que toutes les autres données en faveur de Notre-Dame de Boulogne.

---

1. V. Froissart, éd. cit., p. 469 (an 1364). Avec le roi se trouvaient, outre les personnages cités par Le Roy, « Messire Boucicaut, maréchal de France, messire Tristan de Maigneliers, messire Pierre de Villiers, messire Nicolas Braque et plusieurs autres. »

2. Le Roy ne donne pas cette pièce, qui paraît avoir été détruite avec beaucoup d'autres, à la Révolution française.

CHAPITRE VIII. — BIENFAITS ROYAUX.

« Charles V, surnommé le Sage, fils et successeur de Jean, l'avait ordonné ainsi. C'était un prince fort dévot à la sainte Vierge, et ce fut sous son règne et par ses soins, selon Baronius [1], que l'on commença à célébrer en France la fête de sa Présentation au Temple. Entre tous les lieux consacrés à cette Vierge, l'église de Boulogne fut une de celles qu'il honora davantage. Il ne fut pas plutôt parvenu à la couronne, qu'il confirma toutes les donations que lui et le roi son père avaient faites en faveur de cette église, et lui rendit en toutes rencontres tous les offices d'un insigne et zélé bienfaiteur. Un auteur moderne [2] assure que Charles mit dans les archives de Saint-Victor-lès-Paris, une copie de la fondation qu'il avait faite à Boulogne, en forme de vœu, pendant la captivité du roi Jean ; et il dit que ce fut afin que l'abbé, qui était chef de la congrégation des chanoines de Saint-Augustin, dont l'abbaye de Notre-Dame de Boulogne faisait alors un membre des plus considérables [3], veillât comme supérieur à l'exécution de cette fondation. Une précaution comme celle-là, qui ne partait que d'un zèle enflammé pour le culte de Dieu et de sa glorieuse Mère, ne devait pas être frustrée. Aussi Dieu a permis que cette fondation se soit toujours acquittée, avec beaucoup de fidélité et de religion. Nous voyons encore

---

1. *In Not. Martyr. rom.*, 21 *novemb.* — Note de Le Roy.
2. *Cl. Malingre, Antiq. de Paris*, liv. 2, p. 441.— N. de Le Roy. — Nous n'avons pu vérifier cette citation.
3. Nous ne saurions préciser la date à laquelle l'abbaye de Notre-Dame se détacha de la congrégation d'Arrouaise, pour entrer dans celle de S. Victor de Paris. Le Roy dit ailleurs que ce fut à cause des guerres de Flandre (p. 30). — Le fonds de S. Victor, aux archives de l'Empire, contient peu de renseignements sur Notre-Dame de Boulogne,

aujourd'hui les peuples assister en foule à cette messe royale, qui se dit tous les jours la première ; et toutes les diverses révolutions qui sont arrivées dans l'église de Boulogne, depuis le règne de ces deux augustes fondateurs, et qui ont effacé la mémoire de tant d'autres choses remarquables, n'ont jamais donné la moindre atteinte à ce qu'ils y ont si saintement établi [1]. »

Depuis que ces lignes ont été écrites (1681), une révolution nouvelle a passé, emportant dans son aveugle colère les trônes, les autels, les fondations royales et les mémoriaux populaires. De tant de gloire et de richesses, il ne reste qu'un souvenir.

CHAPITRE IX

Pèlerinage des princes Anglais en 1360 ; — Walleran de Luxembourg ; — le maréchal Boucicaut ; — Gui de la Trémouille, etc.

On a pu voir, dans le chapitre précédent, que le roi Jean fut accompagné dans son pèlerinage par les fils du roi d'Angleterre. Le célèbre vainqueur de Poitiers, avec ses deux frères, Lionel, duc de Clarence, et Edmund, comte de Cambridge, plus tard duc d'York, s'acheminaient pieusement vers notre ville, « tout à pied », durant l'espace des huit lieues qui séparent

---

1. Ant. Le Roy, *Hist.* cit., pp. 57-60.

Calais de Boulogne [1]. Il serait difficile de trouver un plus remarquable témoignage de la vénération que les souverains des deux royaumes professaient pour le sanctuaire où s'étaient accomplis tant de miracles.

« L'Angleterre, comme le fait remarquer Antoine Le Roy, était trop voisine de la France pour ignorer ces grandes merveilles : c'étaient des choses qui se passaient, pour ainsi dire, sous ses yeux [2]. » Les annales de notre église n'ont pas conservé la mémoire des offrandes que les princes Anglais ont faites avec le roi de France, « moult dévotement », suivant le récit de Froissart. Après être restés « ce jour et la nuit en « suivant de lez le roi, en grand revel [fête], le len- « demain, bien matin, ils retournèrent à Calais, devers « le roi leur père qui les attendait [3]. »

Les pèlerinages et les offrandes continuent jusqu'à la fin du XIVe siècle avec la plus grande ardeur. En 1361, le dernier duc de Bourgogne de la descendance du roi Robert, Philippe de Rouvre, qui était aussi comte de Boulogne, légua par testament à l'église de Notre-Dame, vingt livrées de terre [4].

En 1371, Jean de Dormans, cardinal, évêque de Beauvais, chef du conseil du roi Charles V, étant venu à Boulogne en qualité de légat du pape Grégoire XI, avec l'archevêque de Canterbury, aussi cardinal, à

1. Ant. Le Roy (*Hist.* cit., p. 70), attribue ce pèlerinage au prince de Galles et au duc de Lancastre seuls. Froissart nomme à la vérité, le duc de Lancastre parmi les enfants d'Angleterre qui servirent le roi de France dans le royal souper, offert par Edouard III à son hôte « dans le chastel de Calais »; mais il ne le mentionne point parmi les pèlerins, comme on l'a vu plus haut p. 90, note 2.
2. *Hist.* cit., p. 67.
3. Froissart, *chroniques*, sup. cit., p. 451.
4. F. Morand, *Année historique de Boulogne-sur-Mer*, p. 261.

dessein de ménager la paix entre les deux couronnes de France et d'Angleterre, donna à l'église de Notre-Dame un calice de vermeil, que l'on possédait encore au temps où Le Roy écrivait son histoire. On y voyait, gravées sur le pied « les armes de l'église de Beauvais, écartelées de celles de la famille de ce prélat, qui sont d'azur à trois têtes de léopard d'or, avec la croix de légat au-dessus. Il releva ce présent par un autre plus considérable; car il accorda plusieurs pardons [1] à cette église, à laquelle il était d'autant plus affectionné qu'il se souvenait d'avoir été témoin des merveilles qui s'y faisaient, lorsqu'il l'avait tant de fois visitée en la compagnie de Charles V, pour lors régent du royaume, dont il tenait les sceaux [2]. »

En 1374, Walleran de Luxembourg, comte de Saint-Pol, s'étant mis en route pour venir en pèlerinage à Notre-Dame de Boulogne, fut fait prisonnier par le sire de Gominies, capitaine d'Ardres, du parti des Anglais. Froissart, qui nous raconte ce fait, dit que « li jone conte de Saint-Pol, messire Walleran
« estait tout nouvèlement revenu de se terre de Lor-
« raine, et n'avait mie séjourné à Saint-Pol trois jours,
« quant par dévotion il s'était parti pour aler en pèle-
« rinage à Nostre-Dame de Bouloingne [3]. »

---

[1]. Il était d'usage, à cette époque, que les évêques et les cardinaux accordassent des indulgences aux églises qu'ils voulaient favoriser de leur protection. Quelquefois ils se réunissaient en grand nombre pour accorder chacun 100 jours, ou 40 jours d'indulgence suivant l'étendue de leurs pouvoirs. On trouve fréquemment dans les Archives des églises, des lettres de ce genre. Aujourd'hui les évêques ne jouissent plus de ce privilége hors de leur diocèse.
[2]. Ant. Le Roy, *Hist.* cit., pp. 62, 63.
[3]. Froissart, éd. Buchon, 1824, t. VI, p. 261 ; Cf. éd. sup. cit.,

CHAPITRE IX. — FONDATIONS ET PÈLERINAGES. 97

Mais ce n'étaient pas seulement les grands seigneurs qui venaient de loin en pèlerinage dans le sanctuaire de Boulogne; témoin cette femme de Gand, dont parle Froissart, laquelle « toute lassée et échauffée, s'assit « en my le marché » et raconta à ses compatriotes ce qu'elle avait vu en chemin, en revenant « de pèlerinage de Notre-Dame de Boulogne, en 1379 [1]. »

La même année, Jeanne de Clermont, femme de Jean Ier, comte d'Auvergne et de Boulogne, écrivait dans son testament les dispositions suivantes en faveur de l'église de Notre-Dame : « Premiers, nous recom-
« mandons l'âme de Nous à Dieu nostre Sauveur, à la
« benoiste Vierge Marie, sa douce Mère, à toute la
« court de Paradis, et nostre corps à sépulture en
« l'église de Nostre-Dame de Bouloigne sur la mer,
« en la chapelle de sainte Anne, qui est derrière
« l'autel, delez nostre tante [Blanche de Clermont [2]],
« jadis comtesse de Bouloigne. »

« Item, nous laissons et ordonnons à l'abbé et cou-
« vent de ladite église de Bouloingne soixante livres
« parisis, pour acheter rente perpétuèle au profit de
« ladite église, avec et outre la terre de Herlingue-
« bien [3], que nostre dit seigneur de Bouloingne y avait
« ordonné paravant, et pour avoir nostre sépulture
« en ladite église [4]. »

---

t. I, p. 692. — Voyez aussi l'intéressante nouvelle intitulée *les Chevauchées au XIV*e* siècle, par F. Dilly, dans le *Puits artésien*, année 1840, p. 576.
  1. Froissart, liv. II, c. 52, éd. cit., p. 68. Cf. Ant. Le Roy, *Hist.* cit., p. 74.
  2. Vid. sup., p. 61.
  3. Sic, pour Herbinguehen?
  4. Baluze, *Hist. de la M. d'Auvergne*, t. II, 772, 773. Jeanne de Clermont n'a pas été inhumée dans l'église de Boulogne.

En 1383, Louis II, dit de Male, comte de Flandre, fils de Louis I et de Marguerite de France, fille de Philippe le Long, donna un *antependium* de drap d'or à l'église de Notre-Dame de Boulogne. Les religieux de l'abbaye s'engagèrent, par un acte solennel, à ne jamais aliéner ce précieux ornement. Nous croyons devoir citer cette pièce, qui fera connaître plus amplement la piété du prince et la valeur de son offrande.

« A tous ceux qui ces présentes lettres verront ou
« oyront. Simon, par la permission divine, humble
« abbé de Nostre-Dame de Boulogne, et tout ly Con-
« vens de ce lieu, salut en nostre Seigneur. Comme
« très-noble et très-puissant Prince Monseigneur le
« Comte de Flandres, d'Artois et de Boulogne, de
« Nevers et de Réthel, nostre très-redouté Seigneur,
« pour la très-grant affection et dévotion qu'il a à
« nostre dite Église, pour la révérence de la Vierge
« Marie, pour augmentation de ladite Église et des
« biens d'icelle, nous ait présentement donné un très-
« noble et solemnel drap d'or, ouvré de broderie de
« plusieurs images et autres choses, pour icelluy drap
« estre mis au grant Autel de ladite Église, aux jours
« de la Glorieuse Vierge Marie, et aux autres jours
« solemnels : sçavoir faisons que nous avons promis
« et promettons, et avons enconvenu loyaument et
« sous le vœu de nostre Religion, audit Monseigneur
« le Comte, le drap dessusdit garder bien et dévote-
« ment à nos pouvoirs, et que par nous, ne nos Suc-
« cesseurs, il ne sera aliéné, vendu, ou transporté
« hors de nostre dite Église, en quelque manière que
« ce soit; mais demoura en icelle, pour estre mis aux
« jours et par la manière que dessus est dit, et non
« autre part. En témoin de ce, nous avons fait mettre

« nos Scels en ces présentes. Faites et données à Bou-
« logne, le quatorzième jour de décembre, l'an de
« Grâce 1383 [1]. »

Quatre ans après, Jean I*er*, comte d'Auvergne et de Boulogne, mort le 24 mars 1387, ordonna par son testament que son cœur fût transporté à Boulogne-sur-Mer. Ce prince voulut régler lui-même d'avance les cérémonies de ses funérailles, dans lesquelles il réclama le plus de simplicité qu'il était possible. Entre autres dispositions, il défendit qu'on y invitât qui que ce fût, hormis le prélat qui devait faire l'office. Afin qu'on n'attribuât point à une mesquine économie la modestie de ses obsèques, une somme de trois cents livres tournois fut assignée comme dédommagement aux églises.

« Item, voult que à faire son obsèque il ait sus son
« corps un drap de burel seulement, ouquel drap
« aura une croix de vermeille, sans plus. Et voult
« que douze pauvres soient vestus de burel que on
« leur donnera du sien ; lesquiels douze pauvres por-
« teront en son enterrement douse torches de cire,
« chascune torche de quatre livres de cire, sans autre
« ordonnance ne boubant [pompe], quel qu'il soit.
« — Pareillement soit fait à enterrer son cuer à
« Nostre-Dame de Boulongne.

« Item voult que vingt livres, rendables à l'église
« Nostre-Dame de Boulogne, soient assises en lieux
« convenables.

« Item, voult que l'aumosne de dix francs que il a
« accoustumé à donner pour Dieu à chascune des

---

1. Extrait du registre des Chartres commençant 1386 et finissant 1393, reposant en la chambre des comptes du roy à Lille en Flandre, fol. 7, v°. ap. Le Roy. *Hist.* cit., *p. just.*, p. 278.

« cinq festes Nostre-Dame, soit donné pour cinq ans
« après son trespas, c'est assavoir une année en l'église
« Nostre-Dame du Puy, une année à la Chaze-Dieu,
« une année à Vic, en sa terre d'Auvergne, à départir
« aux pauvres; une autre année *à Boulongne* et
« l'autre année à l'hospital Nostre-Dame de Paris.
« Item voult que un pèlerin soit envoyé sur un bon
« cheval à Saint-Jacques de Galice, dedans un an
« après son trespas et luy soit baillez soixante francs
« pour ses dépens [1]. »

Les dernières années du XIVe siècle furent glorieuses pour Notre-Dame. En effet, pendant le cours des longues négociations, commencées entre la France et l'Angleterre, en 1382, pour aboutir à la paix de Leulinghen, en 1393, la ville de Boulogne fut le rendez-vous des hommes les plus célèbres du temps. Il n'est point douteux que le sanctuaire de la Vierge n'ait été honoré de pieuses visites par le roi Charles VI en 1386, par les princes du sang royal, les archevêques, les évêques, les comtes et les chevaliers du royaume, qui sont venus successivement tenter la réconciliation entre les deux puissances rivales [2]. Si les historiens de cette époque ont gardé le silence sur la piété des négociateurs, envers cette douce Vierge, à qui l'on demandait de « rétablir la paix et l'union

---

1. Baluze, *Hist.* sup. cit., t. II, p. 773.
2. Les chroniques de St-Denys (*éd. de M.* Bellaguet, Documents inédits), mentionnent entre autres : le duc de Berri, oncle du roi, l'archevêque de Rouen, l'évêque de Bayeux, Arnaud de Corbie, premier président du parlement du roi, et le comte de Braine, en 1383 ; le comte de Flandre, le duc de Bourgogne, le duc de Bretagne, l'évêque de Laon, le chancelier de France en 1384 ; le roi d'Arménie, Léon VI, de la famille de Lusignan, accompagné de toute sa noblesse, en 1386, etc. V. *Chroniq.* cit., t. I. pp. 125, 299, 342, 417, 427, etc.

entre les royaumes de Gaule et d'Albion [1], » du moins ils nous ont montré la chevalerie française, venant déposer, aux pieds de la patronne de Boulogne, le prix de l'honneur et de la vaillance.

Je ne sais s'il y a, dans l'histoire de notre pays, une page plus belle que le récit du tournois de Saint-Inglevert, où trois chevaliers français, Jean le Meingre de Boucicaut, Renaud de Roye et le sire de Sempy, eurent la gloire de tenir tête, pendant trente jours, à tous les chevaliers d'Angleterre, de Hainaut et de Lorraine, qui se présentèrent pour joûter ou combattre avec eux. Boucicaut avait fait savoir sa résolution « à tous les princes, chevaliers et écuyers; » il l'avait fait proclamer et « crier en plusieurs royaumes et pays « chrétiens, en Angleterre, en Espagne, en Arragon, « en Allemagne, en Italie et ailleurs. » L'entreprise était si belle et le succès couronna si heureusement l'audace, que « à toujours mais en devra être parlé, » dit la chronique. Ces trois chevaliers français, après avoir noblement soutenu la lutte et mis en défaut les meilleures lances d'Angleterre, se montrèrent aussi pieux qu'ils avaient été braves. Jean-Juvénal des Ursins, archevêque de Reims, nous apprend, dans sa chronique, qu'ils vinrent présenter, à la suite de leur victoire, « leurs chevaux et harnois en l'église de Nostre-Dame de Boulogne [3]. » Ceci se passait en 1390.

1. V. notre *Étude sur la légende de Notre-Dame de Boulogne au XVe siècle*, déjà cit.
2. Juvénal des Ursins, cité dans les *observ. sur les Mém. de Boucicaut*, au t. VI de la *Collect. univ. des mém. partic. relatifs à l'Hist. de Fr.* publiée en 1785, p. 429.
Sur le tournois de Saint-Inglevert, Cf. le *Livre des faits de Jean Boucicaut*, ch. XVI, au t. III de Froissart (éd. Buchon), et au

Les anciens inventaires du Trésor de Notre-Dame mentionnent une offrande spéciale du maréchal Boucicaut: c'était « un fermail d'or, en forme de sautoir « au milieu duquel estoit un éléphant portant un « chasteau, le tout enrichy de perles et de pierreries [1]. » Un autre « fermail d'or en façon d'épine, tout parsemé « de perles, au milieu duquel paroissoit un oiseau de « proye, tenant dans ses serres un gros rubis, » était, comme nous l'apprend Antoine Le Roy, « un présent d'un seigneur de Sempy, » peut-être le compagnon de Boucicaut dans ses exploits de Saint-Inglevert [2].

Walleran de Luxembourg, comte de Saint-Pol, dont nous avons déjà parlé, fonda, le 13 avril 1392, une chapelle dans l'église de Notre-Dame de Boulogne, « voulant que l'on y offrît des sacrifices à perpétuité, tant pour lui que pour Mahaut sa première femme. Il est à croire, dit Antoine Le Roy, que ce fut lui encore qui donna les dix livres parisis de rente, mentionnées dans quelques registres du Temporel de l'Abbaye, pour l'entretien d'un cierge ardent, devant l'Image; parce que cette rente est assignée sur la terre de Tingry, qui appartenait, ainsi que celle de Fiennes [4],

---

1. VI, de la coll. sup. cit p. 62 : les *chroniques* de Froissart, liv. IV, ch. 12 ; celles de St-Denys, liv. XI, ch. IV ; Ant. Le Roy, *Hist.* cit. pp. 63, 64.

1. Ant. Le Roy, *Hist.* cit. p. 63.

2. Le Roy l'attribue, avec hésitation, à « Jean de Sempy chevalier banneret, qui fut pourvu du gouvernement de Boulogne, après la mort de Colard d'Isque, le 27 février 1396; » éd. cit. p. 80.

3. Du Chesne, pr. du ch. II, de l'Hist. de Bar. — Nous n'avons pu consulter cet ouvrage.

4. Louis de Luxembourg, évêque de Thérouenne, son neveu, eut en partage cette terre de Tingry et Hucquiliers, avec leurs

à ce seigneur, à cause de Jeanne de Fiennes, son aïeule. L'inventaire des reliques, fait en 1527, parle d'un fermail d'or enrichi de perles, de saphirs, de rubis et de diamants, avec un cerf-volant au milieu, qui était un présent d'une comtesse de Saint-Pol, mais le nom n'en est pas exprimé [1]. »

L'historien Le Roy nous signale encore d'autres offrandes qui paraissent avoir été faites vers la fin du XIVe siècle, sans qu'on puisse autrement en préciser la date, c'étaient :

« L'effigie d'un comte d'Auvergne, sur un cheval bardé, portant les armes de la maison d'Auvergne, le tout en argent;

« Un tableau d'or, enrichi de plusieurs reliques, donné par un seigneur du Plessis;

« Une image de Notre-Dame, faite d'argent, sur un piédestal de même, avec un écusson d'argent à la fasce de gueules, qui sont les armes de la maison de Béthune;

« Un vase d'or, bordé de pierreries, renfermant des cheveux de la sainte Vierge, offert par Jean, seigneur de Nesle;

« Un calice d'or, du poids de quatre marcs, qui fut un présent de Henri de Dampierre, à charge d'une messe par chacun an, que l'on nomma pour cela la messe du calice d'or [2];

« Une image de la sainte Vierge, tenant en sa main un petit reliquaire, et ayant devant elle un homme à genoux sur un piédestal, le tout en argent, avec cette

---

Chastelenies et dépendances, en 1430. *Vigier c. 47, n. 112.* — N. de Le Roy.

1. Ant. Le Roy, *Hist. cit.* p. 90.
2. Ibid. p. 62.

inscription en émail : *Gui de la Trimouille, chevalier, a donné cette image, pesant dix-sept marcs six onces et demie* [1]. »

« Plusieurs personnes considérables de Flandre et d'Artois, ont, à l'exemple de leurs princes et princesses, honoré de leurs présents l'Image et l'autel de Notre-Dame de Boulogne.

« Le Seigneur d'Anthoing [près de Tournai], y a donné une représentation, en argent, d'un homme à genoux, avec sa cotte d'armes ;

« Le fils du seigneur de Rœux [près de Mons], en Hainault (depuis érigé en comté), de l'illustre maison de Croy, y a fait présent d'un cœur d'or émaillé, avec une image de saint Jean-Baptiste ;

« Le prévôt de l'église cathédrale de Cambrai y a fait offrande d'un autre cœur d'or, aussi émaillé.

« De Rome, l'on a envoyé à la trésorerie de Boulogne, une ceinture où étaient enfermées des parcelles de la ceinture et des autres vêtements de la sainte Vierge ;

« D'Espagne, une chasuble de toile d'or, avec les armes de ce royaume ;

« De Chypre, de la part du roi de cette île [2], un morceau de la vraie Croix, enchâssé par Wallerand le Mire, abbé de Notre-Dame.

« Sigismond, duc d'Autriche [3], y a envoyé aussi une

---

1. Ibid. p. 63.
2. Ce roi pourrait bien être Pierre de Lusignan, lequel passa à Boulogne, venant d'Angleterre, l'an 1364, selon Froissart, vol. I. — Note de Le Roy.
3. Est-ce l'empereur Sigismond, si tristement vaincu à Nicopolis, en 1396, ou plutôt Sigismond d'Autriche, dit le *Simple*, comte de Tyrol, 1427-1496 ?

image de la sainte Vierge, avec trois enfants, portant deux écussons derrière eux, le tout fait d'argent;

« Un fils du duc de Savoie, un calice d'or et un navire d'argent, avec tout son équipage;

« Un duc de Lorraine et de Bar y fit offrir son effigie d'argent, posée sur un piédestal de même et représentant un homme à cheval avec un oiseau sur son poing.

« Tous ces vœux si considérables et tous ces présents si riches, de tant de princes étrangers, dont la plupart n'étaient pas fort dans les intérets de la France, montrent évidemment que le doigt de Dieu se faisait respecter dans l'église de Notre-Dame de Boulogne, et que la vertu céleste qui s'y manifestait, était la seule cause de ce concours si merveilleux de tant de personnes de toute sorte d'états et de pays [1]. »

CHAPITRE X

Hôpitaux fondés pour favoriser les pèlerinages; — culte de Notre-Dame en diverses chapelles; — médailles et souvenirs de pèlerinage.

Dans nos temps modernes, avec la rapidité et la sécurité des communications, les pèlerinages les plus lointains n'offrent, pour ainsi dire, aucune difficulté:

---

1. Ibid., p. 74 et 75.

on fait aujourd'hui le tour du monde plus facilement qu'un pèlerin du moyen-âge n'allait de Boulogne à Jérusalem, ou à Compostelle. C'était une expédition hardie et périlleuse que celle d'aller accomplir un vœu dans un sanctuaire éloigné; de traverser des provinces, souvent ennemies, sans avoir d'autre abri, le soir, que la voûte du ciel, ou l'hospitalité douteuse d'une famille étrangère; de cheminer sous la seule protection de sa foi, le bourdon à la main et la panetière à la ceinture, vivant d'aumônes et buvant dans la coquille sainte l'eau du torrent, ou de la fontaine solitaire.

Heureusement la charité chrétienne, à qui rien n'échappe, avait pourvu aux besoins des voyageurs. « Ils inspiraient un si grand intérêt, qu'on vit s'établir pour leur utilité, des chevaliers qui les escortaient, des religieux qui leur donnaient l'hospitalité, et même des dames de haut parage qui leur accordaient un gracieux accueil dans les châteaux [1]. »

Outre l'hôpital de Sainte-Catherine, érigé dans la ville de Boulogne, au commencement du XIIIe siècle, pour le soulagement des pauvres, des malades et des pèlerins, il y en avait un autre au XIVe siècle, « à une lieue et demie de Boulogne, proche le grand chemin d'Audisque, en la paroisse de Saint-Etienne, où l'on recevait les pèlerins qui allaient en cette ville, et particulièrement les femmes enceintes que la nécessité de faire leurs couches surprenait en chemin [2]. »

A la même époque, « quelques vertueuses filles

---

1. *Dictionn. des pèlerinages anciens et modernes*, par L. de Sivry et Champagnac (*Encyclop. théolog.* de M. l'abbé Migne, t. XLIII), p. 46.
2. Ant. Le Roy, *Hist. de N.-D. de B.* cit., p. 40, 41.

d'Abbeville, voyant la grande dévotion qui était pour lors de visiter l'Image miraculeuse de Notre-Dame de Boulogne sur la mer, et que quantité de personnes passaient par Abbeville pour faire ce pèlerinage, donnèrent leurs biens, dit le Père Ignace de Jésus-Maria, pour bâtir un hôpital en l'honneur de Notre-Dame de Boulogne, afin que les pèlerins, pauvres et riches, fussent soulagés durant leur voyage.

« Il y avait autrefois des Frères hospitaliers en cet hôpital, destinés pour y recevoir ceux qui allaient par dévotion demander quelque grâce ou guérison à Notre-Dame de Boulogne, qui y étaient reçus avec grande charité; et ces Frères hospitaliers avaient la permission d'y chanter l'office divin [1]. »

« Ces établissements d'hôpitaux et de lieux de retraite pour les pauvres infirmes et les étrangers, qui venaient en pèlerinage à Boulogne, montrent que cette dévotion était anciennement fort célèbre et fort renommée dans le monde.

« Mais voici, suivant Antoine Le Roy, une autre preuve pour le moins aussi authentique. Je la prends, dit-il, de ces églises et chapelles qui ont été bâties en différents endroits du royaume, sous le nom et sur le modèle de celle de Boulogne, et dont Dieu même a voulu, dans la suite, approuver l'établissement par les grands et fréquents miracles qui s'y sont opérés.

« Les mariniers de la côte Boulonnaise, qui ont

---

1. *L'Hist. ecclés. de la ville d'Abbeville et de l'archid. de Ponthieu*, par le R. P. Ignace-Joseph de Jésus-Maria, 1646, l. I, c. 70, p. 377 et sq. Cf. Ant. Le Roy, *Hist.* cit. p. 42; Louandre, *Hist. d'Abbeville*, t. II, p. 509.

Au XVIIe siècle, cet hôpital fut réuni à la maison des Minimesses, et la confrérie de Notre-Dame de Boulogne, qui y subsistait encore, fut transférée dans l'église Saint-Jacques.

toujours ressenti des effets singuliers de la protection de la sainte Vierge, ainsi que nous le remarquons ailleurs, élevèrent à son honneur une belle chapelle dans l'église de Notre-Dame de Cremarest [1], et y mirent une Image de la même figure que celle de Boulogne, où ils allaient rendre leurs vœux avec beaucoup de religion, et où chaque maître de navire était obligé d'entretenir un cierge. Il y avait dans cette chapelle une célèbre confrérie, et il s'y est fait quantité de miracles, particulièrement en faveur des enfants morts sans baptême, ainsi qu'on peut le voir dans un registre de l'église, qui commence environ l'an 1400, sous le titre d'*Enfans receus à grâce* [2]. Plusieurs personnes de qualité, par une louable émulation, ont donné de leurs biens et de leurs terres à cette chapelle, pour y entretenir le service divin, comme on le voit encore dans un autre registre, où il y a de ces legs pieux dès l'an 1300 [3]. Cette chapelle a subsisté, et la dévotion s'y est maintenue dans toute sa vigueur, jusqu'à la prise de Boulogne par les Anglais, qui ruinèrent la plupart des Lieux saints, et s'efforcèrent, autant qu'ils le purent, d'abolir principalement le culte de la sainte Vierge, dans toute l'étendue de ce pays.

« Il y a, continue toujours le même auteur, à Arras, une église appelée Notre-Dame en Châtel, parce qu'elle est située dans l'ancien château de cette ville, où l'on révère depuis longtemps une image de la Vierge dans

---

1. Canton de Desvres, arr. de Boulogne.
2. Ce Registre paraît avoir été perdu depuis le temps où Le Roy écrivait son histoire.
3. Le *Kartulaire de l'esglise de Nostre-Dame de Cremarès*, commencé en 1436, renferme les donations dont parle Ant. Le Roy. La première charte est de l'an 1352.

un bateau, semblable à celle de Boulogne, à cause de quoi quelques-uns l'appellent aussi l'église de Notre-Dame de Boulogne. C'est une des plus anciennes de la ville, et qui paraît de même construction que celle de Saint-Vaast, dont elle est attenante. Ferry de Locre[1] assure qu'il s'y faisait autrefois quantité de miracles; et les différents vœux que l'on y voit suspendus, témoignent que Dieu n'en a pas retiré sa main toute-puissante, et que les fidèles, qui y ont recours dans leurs besoins, en ressentent encore aujourd'hui les salutaires effets. Comme cette église est bâtie dans l'enceinte du vieux château d'Arras, d'où relevait anciennement le comté de Boulogne, cela nous donne lieu de conjecturer que c'est cette subordination temporelle qui en a fait naître une autre toute spirituelle; et que les anciens comtes d'Artois ont fait gloire d'honorer, dans le centre de leur ville capitale, la patronne d'un comté qui leur était feudataire.

« Il y avait aussi autrefois, à la porte de Montdidier, sur le grand chemin d'Amiens, une chapelle qui portoit le nom de Notre-Dame de Boulogne. Elle fut bâtie proche d'un lieu qu'on appelle encore aujourd'hui le Clos de Boulogne; mais il est arrivé par le malheur des temps qu'elle est tombée en ruine, et qu'à peine il en reste quelques vestiges, pour marquer l'endroit où elle a été : l'on voit seulement dans le chœur de l'église paroissiale du faubourg, dont ce

---

1. *In chron. Belg. ad an.* 1280.
Voici le texte de Ferry de Locre :
« Atrebati, Beatæ virginis Icuncula, quæ intra Vedastini monasterii septa, pervetusto sacello reclusa est (illi Nostræ Dominæ a Castro nomen), signis variis prodigiisque resplendet. Ad ejus præsentiam vel memoriam, energumeni liberati, naufragi salvati, muti, cæci, herniosi sanitati restituti. »

clos dépend, une grande vitre où est peinte l'Image de Notre-Dame de Boulogne, dans un navire flottant, accompagnée de deux anges [1]. »

Ce clos de Montdidier, dont l'église de Boulogne a joui jusqu'à la Révolution française, avait été acquis, en 1360, par Matthieu de Montdidier, abbé de Notre-Dame. Antoine Le Roy nous apprend que ce prélat offrit en outre, « devant l'Image, un reliquaire de grand prix, où il y avait des reliques de saint Augustin [2]. »

Le R. P. Alphonse de Montfort, capucin de Boulogne, auteur d'une Histoire de Notre-Dame, imprimée en 1634, cite encore parmi les lieux de pèlerinage secondaire, érigés en l'honneur de notre Vierge miraculeuse, « à quatre lieues de la ville de Blois-sur-« Loire, un prieuré de l'ordre de Grammont, appellé « Boulongne, où l'église est dédiée à la Vierge qu'on « nomme *Nostre-Dame de Boulongne*. » (Il n'en reste plus que des ruines, et le souvenir de Notre-Dame y est complètement effacé [3]).

Une Image de la Vierge, « faicte sur celle de Boulongne », se trouvait au rapport du même auteur, « en l'église de *Nostre-Dame de Boulongne*, qui est « à deux lieues de Montdidiers, en un village sur-« nommé Boulongne-la-Grasse, pour le distinguer de

---

1. Ant. Le Roy, *Hist. de N.-D. de B.* pp. 42, 44. M. Cauvel de Beauvillé, qui a publié une savante Histoire de Montdidier, nous apprend que, de nos jours, le souvenir de Notre-Dame de Boulogne a complètement disparu du pays. La verrière, dont parle Le Roy, se voyait encore, au siècle dernier, dans l'église de la paroisse de Saint-Martin, sur le territoire de laquelle l'ancienne chapelle était située.
2. *Hist.* cit. p. 82.
3. Lettre de M. Chesné, curé de Chambord, du 14 février 1857.

« Boulongne-sur-Mer... Et ès-environs de Thoulouse,
« il y a une ville qui porte le nom de Boulongne, où
« on dit que l'église est aussi dédiée à la saincte
« Vierge [1]. »

A Saint-Saens, en Normandie, on honore une petite statue de la sainte Vierge à laquelle on donne le nom de Notre-Dame de Boulogne, dont on a perdu le souvenir. Il en est de même à Voreppe, près Grenoble, avec cette particularité que la statue, sauvée en 1793 du pillage d'un couvent, a été rendue au culte, dans l'église paroissiale, après la tourmente révolutionnaire.

Les pèlerins de Notre-Dame de Boulogne ne se contentaient pas d'ériger ainsi, en plusieurs endroits, de pieuses confréries et, en quelque sorte, des succursales du sanctuaire vénéré : ils emportaient avec eux des souvenirs qu'ils pussent conserver au foyer domestique, pour rester toujours sous la protection de Marie. Nous voulons parler des médailles, sur lesquelles était représentée l'Image de leur divine protectrice. « On en fabriquait de toutes sortes de métaux, mais particulièrement d'or et d'argent; et il s'en débitait une telle quantité dans la ville, que la plupart des orfèvres et autres ouvriers n'étaient occupés qu'à ce travail. Plusieurs de ces médailles se sont sauvées du naufrage des temps ; et il s'en voyait encore, dit Antoine Le Roy, en beaucoup de lieux de

1. *Hist. de l'ancienne image de N.-D. de Boulongne* (par le R. P. Alphonce de Montfort), Paris, P. Lamy, 1634, pp. 75, 76.
Ni à Boulogne-la-Grasse (arrondissement de Compiègne), ni à Boulogne-sur-Gesse (arrondissement de Saint-Gaudens) à 85 kilomètres de Toulouse), on n'a conservé le moindre souvenir de Notre Dame de Boulogne-sur-mer. La ville de Boulogne-sur-Gesse possède une belle église, dans le style ogival, et cette église a pour patronne la sainte Vierge. — Lettre de M. Bellac, curé-doyen, 13 février 1857.

Flandre et d'Artois, surtout en la ville de Saint-Omer, laquelle étant la plus voisine de Boulogne, avait avec elle un commerce plus particulier de religion [1]. »

On rencontre çà et là dans les vieux inventaires, ou dans les comptes, des mentions de ces médailles, à une date fort éloignée de nous. Ainsi, en 1457, le duc de Bourgogne, Philippe le Bon, fait acheter, moyennant la somme de 4 livres 6 sols, une certaine quantité d'*ymages* d'argent, dorées et blanches, de Notre-Dame de Boulogne [2]. D'autre part, M. J. Rouyer, dans la *Notice* spéciale qu'il a publiée sur ce sujet, mentionne « trois ymaiges de Notre-Dame de Boullongne », d'argent doré, lesquelles en 1460, faisaient l'ornement d'une cotte de damas dont on parait, à Aire, Notre-Dame Panetière. Il y avait aussi, à la même époque, dans le vestiaire de la confrérie de cette Vierge miraculeuse, une pièce de drap, sur laquelle on voyait « trois grans ymaiges rons de Nostre-Dame de Boullongne [3]. »

Vers la fin du XVe siècle, des comptes que l'on conserve aux archives de Notre-Dame de Noyon, parlent aussi d'*une Notre-Dame de Boulogne*, qui fut employée à la décoration d'une châsse [4].

A tous ces objets viennent se joindre ceux d'une nature moins précieuse, qui faisaient les délices de la dévotion populaire, et qui de nos jours ont été retrouvés dans les ruines de Thérouanne, et à Paris, lors

---

1. Ant. Le Roy, *Hist.* cit. p. 38.
2. Renseignement communiqué par M. de la Fons-Mélicocq.
3. *Notice hist. sur quelques médailles de N.-D. de Boulogne*, par M. Jules Rouyer (*Mém. de la Soc. des Antiq. de la Morinie*, t. IX, 1re partie, p. 238.
4. *Les artistes et les ouvriers du nord de la France*, par Al. de la Fons-Mélicocq, in-8, Béthune, et Paris, Didron, 1848, p. 48.

des travaux de draguage qu'on a exécutés dans la Seine. Les types en sont variés, avec ou sans légende. Quelques-unes sont de figure ronde; d'autres en forme de sachet, ce qui justifierait la dénomination de *Sportules,* sous laquelle on les connaissait dans certains sanctuaires [1]. Les numismates les désignent sous le nom *d'enseignes de pèlerinage.* M. J. Rouyer en décrit une, de la manière suivante, dans les Mémoires de la Société des Antiquaires de la Morinie : « Cette enseigne, dit-il, est faite en forme de sachet; elle était garnie par le haut, de deux anses de suspension, dont l'une a disparu. Elle est creuse, et les bords supérieurs, bien que rapprochés, n'en sont pas soudés, ce qui ne laisse guère douter de l'intention que l'on a eue, en la confectionnant, de ménager ainsi au futur acquéreur les moyens d'insérer dans le corps de l'enseigne, soit un souvenir de pèlerinage, comme quelques gouttes de la cire d'un cierge consumé devant la sainte Image, soit tout autre objet qui dût augmenter à ses yeux le prix de l'enseigne, ou dont l'enseigne devait augmenter le prix. On voit d'un côté de cette pièce la sainte Vierge dans un vaisseau flottant, portant sur le bras droit le plan en relief d'une église. Ce type est entouré d'une légende en caractères gothiques, ainsi conçue : STE-MARIE : DE : BOVLOINGNE. De l'autre côté se trouve la même légende, avec une légère variante : STE: MARIE: DE: BOVL-LONGNE, autour de l'effigie de la sainte Vierge portant l'enfant Jésus sur le bras gauche, et recevant les vœux d'un personnage qui prie à ses pieds [2]. »

1. Cf. A. B. Caillau, *Hist. crit. et relig. de N.-D.* de Roc-Amadour, p. 113.
2. J. Rouyer sup. cit. p. 240.

Un sachet du même genre a été trouvé en Angleterre et publié par M. Roach Smith, dans ses *Collectanea antiqua* [1].

Une plus riche moisson de ces vieux et rares souvenirs de pèlerinage a été recueillie à Paris par les soins de M. Arthur Forgeais. Parmi les types qu'il a dessinés et qui appartiennent aux sanctuaires les plus renommés de France, Notre-Dame de Boulogne ne compte pas moins de treize variétés, toutes différentes de grandeur et de forme, exécutées depuis la fin du XIVe siècle, jusqu'au commencement du XVIe. Il y en a en forme de *sportules*, ou sachets, comme celles dont parle M. Rouyer; et il y en a de plus grandes, en forme de plaques, plus ou moins découpées, propres à être attachées sur les vêtements des pèlerins [2].

Comme le fait remarquer le P. Alphonse, on a gravé les images des princes « dessus la monnoye,
« avec laquelle l'on fait le traficq et l'on se pourvoit
« des biens nécessaires à la conservation de la vie,
« comme si le prince estoit présent partout par sa
« bonté et sa vigilance, pour secourir toutes les né-
« cessitez; selon cette considération, il ne devroit
« point y avoir au monde de lieux ni de personnes
« qui ne portassent l'Image de la saincte Vierge,
« parce qu'elle présente partout le secours de ses
« grâces, et, si on ne les ressent pas, c'est que l'on a
« trop peu de mérite ou trop peu de foy pour les
« recevoir [2]. »

---

1. T. II, 1850-51, cité par M. J. Rouyer, ibid.
2. Arthur Forgeais, collection de plombs historiés trouvés dans la Seine, Enseignes de pèlerinage, 1863, pp. 7-27.
3. *Hist. de l'anc. image de N.-D. de B.*, sup. cit., p. 11.

CHAPITRE XI

Offrande du roi Charles VII ; — de plusieurs seigneurs Français et Anglais ; — de Philippe-le-Bon et de Charles-le-Téméraire, ducs de Bourgogne ; — ex-voto et pèlerinages divers, 1409 — 1475.

Comment pourrions-nous, en ouvrant l'histoire des offrandes et des pèlerinages dont la Vierge de Boulogne a été honorée, pendant le XVe siècle, ne pas metre en première ligne ce roi victorieux, que l'héroïne de Vaucouleurs conduisit miraculeusement à Reims ? Lorsqu'il n'était encore que dauphin, il avait offert à l'Image de Notre-Dame de Boulogne les témoignages de son respect et de sa vénération. « Il lui consacra une grande image de vermeil doré, qui avait sur la tête une couronne enrichie de perles et de pierreries, et qui tenait une relique en sa main. Cette image était posée sur un piédestal d'argent, à six pans, sur l'un desquels étaient gravées les armes du dauphin de France [1]. »

Charles VII ne faisait en cela qu'imiter ses prédécesseurs, et en particulier le duc de Berri son grand-oncle. En effet, ce prince, qui porta le titre de comte de Boulogne, par suite de son mariage avec l'héritière de cette maison, fut l'un des plus célèbres bienfaiteurs de l'église de Notre-Dame. Antoine Le Roy nous ap-

---

1. Ant. Le Roy, *Hist.* cit. p. 60, 61.

prend qu'il fit construire « le grand portail qui regarde le cimetière [1], où il fit élever une grande figure de la Vierge dans un bateau, accompagnée de sa représentation et de celles de la princesse Jeanne, sa femme. Dans l'un des côtés du mur, était taillée l'histoire de l'arrivée de l'Image, et dans l'autre quelques-uns des principaux miracles, le tout entrelacé de fleurs de lys. La Trésorerie se ressentit aussi de ses libéralités ; car il y donna un très-beau reliquaire, où était renfermée quelque partie de la robe de Notre-Seigneur, avec un bourdon d'or garni de grosses perles, et une coquille de même, contenant quelque relique du chef de Saint-Jacques-le Majeur [2]. »

A la mort de Jean de Berri, arrivée en 1415, le comté de Boulogne passa aux mains des ducs de Bourgogne, quoique les comtes d'Auvergne en gardassent le titre. Les nouveaux possesseurs du comté ne se montrèrent pas moins dévoués que les anciens, envers Celle qui présidait aux destinées du pays. Nous en verrons des preuves éclatantes dans le cours de ce récit.

Toute la noblesse de France, de Bourgogne et du Boulonnais s'empressait d'orner les autels de Notre-Dame.

« Le duc de Bourbon lui offrit par dévotion une grande émeraude dans un anneau d'or, qui a servi d'ornement à la principale pièce de la trésorerie, qu'on appelait la belle Croix.

---

1. Ce portail a été détruit à la fin du XVIII° siècle, lorsque Monseigneur de Partz de Pressy fit bâtir le Petit-Séminaire; ce dernier édifice s'appuyait sur la cathédrale, à l'endroit même où se trouvait le portail dont il s'agit.
2. Ant. Le Roy, *Hist.* cit. p. 79.

« Charles de Savoisy, grand échanson de France, voulut immortaliser sa gratitude par un tableau d'or de l'Annociation de la Sainte-Vierge, émaillé et grèneté de saphirs, de rubis et de perles.

« La piété de Witart de Bours, chambellan de Philippe-le-Hardi, duc de Bourgogne, parut dans le présent qu'il fit d'un beau fermail d'or, enrichi de trois saphirs et de douze grosses perles, au milieu duquel paraissait une dame, émaillée de blanc, tenant en sa main un rubis de grand prix.

« Un seigneur de la maison d'Ailly donna un cœur d'argent avec son écusson ;

« Un autre, de la maison de Rambure, un doigt d'argent émaillé, aussi marqué de ses armes.

« Eustache de Mercade, religieux de Saint-Pierre de Corbie, un grand reliquaire de vermeil doré, fermé d'un cristal, et contenant plusieurs reliques de divers saints, entre autres, une côte du martyr saint Symphorien, et une autre de saint Edmond.

« La dame du Pont-Remy suspendit dans la chapelle de Notre-Dame la figure d'un enfant dans les langes, faite d'argent et marquée de ses armes.

« La dame de Ravenstein, nièce de la duchesse de Bourgogne, y mit aussi un enfant d'argent émaillé ;

« Et la dame du Rosoy fit hommage d'un très-beau reliquaire, soutenu par deux anges, avec un crucifix au-dessus, le tout de vermeil doré, du poids de cinq marcs et demi [1]. »

« Plusieurs autres seigneurs et dames de qualité ont fait, dans la suite, divers présents à la Sainte-Vierge, qui étaient ou des gages de la confiance qu'ils

---

1. Ibid. pp. 65, 66.

avaient en sa protection, ou des marques de leur gratitude, quelque faveur reçue.

« On voit, parmi les richesses de la chapelle, une croix d'or, que donna Guy Guillebaut, sieur de Tournes, gouverneur des finances de Philippe-le-Bon, duc de Bourgogne, où pendait un cœur d'or, avec trois chaînons de même, le tout garni de grosses perles et de pierres précieuses ;

« Un reliquaire de vermeil doré, fait en rond, contenant douze sortes de reliques très-précieuses, qui était un vœu de Jean de Norrant, chevalier seigneur de Ront, l'un des principaux chefs du parti de Bourgogne, et capitaine de la ville de Boulogne, en 1412;

« Deux anneaux de grand prix, l'un donné par François de Licques, l'autre par la dame de Hourecq ;

« Deux reliquaires très-riches, l'un fait en croix, avec deux anges à côté, présenté par Jean Blondel, seigneur de Longvillers et grand bailli d'Etaples ; l'autre de figure ronde, où d'un côté était l'image de sainte Agathe, et de l'autre celle de sainte Marguerite, qui était un hommage de Marie de Chastillon, dame de Senarpont, femme de Jean d'Isque [1].

« Entre ceux de la nation Anglaise, qui laissèrent dans l'église de Notre-Dame de Boulogne des marques effectives de leur dévotion, les plus signalés sont :

« Le comte Talbot, qui donna à l'Image une robe de toile d'or, parsemée de têtes de lion d'or en relief, avec ses armes en broderie, de gueules au lion aussi d'or ;

« Le comte de Warwick, ce fameux gouverneur de Calais, qui offrit une belle image de la sainte Vierge,

---

1. Ibid, pp. 79, 80.

faite de vermeil doré, tenant le démon sous ses pieds.

« Les anciens inventaires parlent de plusieurs autres dons de diverses personnes de la même nation, dont les noms sont peu connus : entre autres d'une turquoise de grandeur extraordinaire donnée par un marchand Anglais ; elle servait de principal ornement à cette Croix, qui, pour les grandes richesses qu'elle contenait, était communément appelée la belle Croix [1]. »

Outre les circonstances que nous avons déjà citées, les seigneurs anglais et les souverains eux-mêmes eurent beaucoup d'occasions de faire des offrandes à Notre-Dame de Boulogne. En effet, Henri de Lancastre s'embarqua à Boulogne, en 1399, pour aller conspirer contre le roi Richard ; et en 1401, la reine Isabelle, veuve de ce monarque infortuné, revenant d'Angleterre par Calais et Boulogne, fut accueillie dans cette dernière ville par le clergé et le peuple réunis en procession solennelle [2].

Pierre Salmon, surnommé le Fruictier, secrétaire et confident du roi Charles VI, chargé d'importantes négociations auprès du roi d'Angleterre, promit un pèlerinage à Notre-Dame de Boulogne en 1409, pour échapper à un danger qui le menaçait. Il raconte dans ses mémoires qu'il était « moult dolent, en grand dangier, en pays estrange, loin de tous ses amis, en l'indignation du roi d'Angleterre dont il n'avait pas voulu accomplir la voulenté, » calomnié auprès du roi de France et sur le point d'être disgrâcié. Dans ces conjonctures, que font de nos jours les ambassadeurs ?

---

1. Ibid., pp. 71, 72.
2. Bellaguet, *Chron. de St-Denis*, t. II, p. 707 ; t. III, p. 5.

« Quant j'eus toutes ces choses avisées et bien
« considérées, dit Salmon, je fus en grant perplexité
« et ne trouvai remède en moi, se [si] de la grace
« de Dieu ne venoit. Et lors me pris à prier Dieu et
« requérir la Vierge Marie, en lui vouant et promet-
« tant la servir dévotement toute ma vie et l'aler
« veoir et visiter en ses églises de Boulongne et de
« Halle [1], se Dieu me faisoit celle grace d'estre hors
« de l'inconvénient où j'estoie, et demourer en
« l'amour et grâce du roi de France mon souverain
« seigneur [2].

On conserve aux archives de l'Empire un compte de la ville de Boulogne, pour un an, de 1415 à 1416, où l'on voit que la ville offrait le vin d'honneur aux pèlerins de marque, qui venaient à Notre-Dame. Or, pour cette seule année, nous ne trouvons pas moins de treize pèlerinages, qui ont été l'objet de cette distinction honorifique. Ce sont 1° Jean de Lonroy (2 nov. 1415); 2° le sieur de Himbercourt, bailly d'Hesdin (4 nov.); 3° le sieur de Rambures, maître des arbalétriers de France (28 nov.); 4° la femme de Jehan de France, lieutenant de sénéchal en Boulonnois (9 janvier 1416); 5° madame de Moreul, femme du capitaine général du pays de Picardie (21 fév.); 6° le maieur de Saint-Riquier, et plusieurs gens notables en sa compagnie (28 mai); 7° madame la sénéchale et madame de Brimeu (16 juin); 8° monsieur le gouverneur d'Artois (28 juin); 9° plusieurs compagnons archers de la ville de Douai (16 juillet); 10° le sieur de Rambures (10 août); 11° Robert d'Ausque, de

---

1. N.-D. de Halles, à 16 kil. S.-O. de Bruxelles.
2. *Mém. de Salmon* (*coll. des chron. nat. fr.* par J. A. Buchon, *suppl. à Froissart*, t. XV), p. 16.

Saint-Omer, beau-fils de Bertran de Waudringhem (28 août) ; 12° le prévost d'Hesdin ; 13° Jean de Cran, capitaine d'Amiens. Il est dit expressément dans le compte, que les personnes dont nous avons relevé les noms, sont venues *en pèlerinage à Boulogne.* Qu'on juge donc de l'affluence qui se pressait devant l'autel de Notre-Dame !

Antoine Le Roy nous apprend que Jean d'Isque, lieutenant de la ville de Meaux, fils de Colart d'Isque, capitaine de Boulogne, vint en pèlerinage en cette ville, le 8 octobre 1423 [1].

Nous lisons également dans le même auteur que « Jacques Lescot, abbé de Notre-Dame de Boulogne, qui vivait en 1433, contribua à la décoration de la chapelle par plusieurs riches joyaux, et particulièrement par un fermail d'or, parsemé de pierreries, et par un bras d'argent, où étaient enchâssées quelques parcelles du bras de saint Nicaise [2]. »

La maison de Bourgogne se distinguait par une dévotion toute particulière envers Notre-Dame. Le 28 mai 1426, Philippe le Bon venu en pèlerinage, faisait 48 sous d'offrande aux saintes reliques de l'Église, dépensait une somme de 16 sous pour présenter des « chandeilles » à l'autel de la Vierge, achetait pour la même somme des enseignes d'étain qu'il distribuait à ses gens, et s'en retournait vers Saint-Omer, en donnant à un ermite voisin de Boulogne une aumône de 32 sous pour la construction de sa chapelle [3].

1. Ant. Le Roy, op. cit., p. 80.—« Il y fut, de la part de Philippes, duc de Bourgogne, gratifié à son arrivée, de quelques lapins du pays, qui estoit une manière de présent, avec quoy l'on avait de coutume alors d'accueillir les personnes de qualité. »
2. Ibid. p. 82.
3. Renseignements tirés des comptes de la maison de Bour-

En 1428, le même prince fit offrir, par ordonnance et commandement exprès, un cierge de cent livres de cire à Notre-Dame de Boulogne [1].

Il n'y a pas lieu de nous étonner après cela de l'hommage que fit la chevalerie de Bourgogne à la Vierge patronne des mers, en 1449. Le « bon et vertueux chevalier » Jacques de Lalain, après avoir été chercher des joûtes en tous pays de chevalerie, se proposa de tenir un noble pas, pendant un an entier, à Châlons-sur-Saône, en l'honneur de la dame des pleurs. Les chroniques du temps ont longuement raconté les incidents de ce beau fait d'armes [2]. Lorsque l'entreprise fut à fin, on porta, dit Olivier de la Marche, les mystères (ou, comme s'exprime Le Roy, tout l'appareil d'images et de figures qui avaient servi à ce carousel), dans l'église de « Nostre-Dame de Boulon-
« gne, où on les peut encores veoir, sur l'oratoire du
« duc de Bourgongne [3]. » On y remarquait « la re-
« présentation de la Vierge Marie, tenant le Rédemp-
« teur du monde, son seigneur et son fils ; une dame
« moult honnestement et richement vestue, figurant
« la dame de plours ; » une licorne, qui portait les trois écus qu'on devait toucher pour le combat de la hache, de l'épée ou de la lance, et peut-être quelques-unes des figures allégoriques qu'on fit paraître au

gogne, publiés par M. le baron de la Fons-Mélicocq dans *la Picardie* (mai 1859, pp. 202, 206) reproduits dans la *Revue universelle des Arts* (t. XI, p. 49), et à nous communiqués par lettre du 6 décembre 1860.

1. Ibid.

2. V. entre autres la *Chron. du bon chev. mess. Jacques de Lalain* dans la *Collect*. Buchon.

3. *Mém*. d'Olivier de la Marche, p. I, ch. 21, dans la *Coll. univ. des Mém. part. relat. à l'Hist. de Fr.* 1785, t. VIII, p. 262. Ant. Le Roy, op. cit., p. 94.

banquet, durant lequel furent distribués les prix de la vaillance [1].

Les comptes de la maison de Bourgogne, déjà cités, nous font connaître un autre pèlerinage accompli par Philippe le Bon, en juillet 1450. Ce prince était cette fois accompagné de sa femme, Isabelle de Portugal. On y note le salaire des bateliers qui firent traverser la Canche, près de Montreuil, aux nobles époux qui venaient d'Hesdin, et l'aumône par eux faite à « certains soyeurs d'aiz » qu'ils rencontrèrent « en « passant leur chemin, » le tout montant à 24 sous [2].

L'église de Notre-Dame fut plusieurs fois l'objet des libéralités du duc Philippe. Pour se rendre participant « des prières, oraisons et bienfaits qui sont et seront faits en ladite église à toujours mais, » il y fit l'offrande d'une lampe d'or, dont il assura l'entretien au moyen d'une fondation, par acte du 14 février 1452 [3]. Cette lampe devait à perpétuité brûler jour et nuit « pour servir à Dieu et à sa glorieuse Mère. »

On voyait outre cela, dans la trésorerie, deux magnifiques présents qui étaient attribués au même prince : « le premier était une grande image de la sainte Vierge, du poids de trente-six marcs, appelée communément la grande Notre-Dame de Bourgogne, qui était de vermeil doré, à la couronne d'or parsemée de pierreries, tenant en sa main un reliquaire aussi

---

1. Cf. l'*Hist. des ducs de Bourgogne*, par M. de Barante, liv. VII, *in fine*. Nous ne savons sur quel fondement M. de Barante s'est appuyé, pour dire que « le tableau, la figure et la licorne furent portés dans l'église de Châlons. »

2. Renseignements communiqués par M. le baron de La Fons-Mélicocq.

3. Ibid., *pièces justif.*, pp. 279, 280 ; il faut remarquer que la date est *vieux style*. Voir aussi notre première édit., p. 95.

d'or ; l'autre était un grand vase d'or, bordé de cinq rubis, de six saphirs, de deux améthistes et de cinquante grosses perles, au milieu de quoi l'on voyait, au travers d'un beau cristal, des cheveux de la sainte Vierge, le tout posé sous un arbre de vermeil doré, en façon de créquier, soutenu par deux anges de même matière [1]. »

Une autre preuve de la dévotion que ce duc ressentait pour Notre-Dame de Boulogne, c'est que, après la bataille de Gavre, dans laquelle il réduisit à son obéissance les Gantois révoltés, les bannières des corps de métiers de Gand furent portées, « la moitié devant « Nostre-Dame de Boulongne, et l'autre moitié devant « Nostre-Dame de Halles, » où l'on pouvait encore les voir, au temps d'Olivier la Marche, qui rapporte le fait dans ses mémoires [2].

Le fait est rendu d'ailleurs incontestable par la mention suivante, que M. de la Fons-Mélicocq a trouvée dans les comptes de la maison de Bourgogne, à Lille : « A certaines personnes de la ville de Boulongne sur « la mer, 4 livres, pour leur peine et sallaire d'avoir « miz et assis en l'église Nostre-Dame dudict lieu « certain nombre de bannières qui, au jour de l'obéis- « sance faite à ycelui seigneur par ceulx de sa ville « de Gand, de la rébellion en quoy ilz avoient esté « envers luy, lui furent par eulx baillées, et lesquelles « il a envoyées par Thoison d'or, roi d'armes de son « ordre, en ladicte église, pour mémoire perpétuel [3]. » Philippe le Bon revint à Boulogne en 1463 [4] ; et il semble

1. Ibid., pp. 92, 93.
2. Oliv. de la Marche, *Mém.* sup. cit., p. 405. Ant. Le Roy, op. cit., p. 94, 95.
3. Renseignements cités.
4. F. Morand, l'*Année historique de Boulogne-sur-Mer*, p. 196.

qu'il n'ait voulu partir de ce monde qu'après avoir recommandé son âme à la Vierge sa patronne, car on cite de lui un nouveau pèlerinage qu'il fit l'année de sa mort, en 1466 [1].

Charles le Téméraire, fils et successeur de Philippe le Bon, imita la piété de son père envers la patronne du Boulonnais. On voyait dans la chapelle de Notre-Dame, « devant la sainte Image, leurs effigies d'or massif, qui les représentaient tous deux à cheval. Celle de Charles le Hardy (c'est ainsi que l'appelle Antoine Le Roy), était la plus remarquable : elle exprimait un homme armé, tenant d'une main son épée, où pendait l'écu des armes de Bourgogne, et, de l'autre, les rênes de son cheval, qui était émaillé de gris et pommelé d'or sur un piédestal de vermeil doré [2]. »

Ce même duc Charles, suivant le même auteur, « laissa à la trésorerie son anneau ducal, à quatre tables de diamants, que l'on posa, avec son écusson et sa devise, au pied de la croix d'or appelée la belle Croix [3]. »

« Ces deux grands princes ne bornèrent point là leur générosité. Ils firent encore don à l'église de quantité d'ornements fort précieux, tant pour la décoration de l'autel, que pour l'usage de la sainte Image ; entre lesquels était remarquable une robe aux armes de Bourgogne, ayant sur une colline tissue de fil d'or, un arbre chargé de pommes de pin d'argent. » Cette église conservait encore au XVIIe siècle une chasuble

---

1. *Memorie Boek der Stad Ghent*, t. I, p. 267-268. — Communication de M. A. Bonvarlet de Dunkerque.
2. Ant. Le Roy, op. cit., p. 92.
3. Ibid., p. 93.

et deux tuniques servant aux messes solennelles, dont l'étoffe était à fond d'or parsemé de grandes roses de velours cramoisi, avec plusieurs figures d'Apôtres aussi relevées en or, qui étaient un don de l'un de ces deux ducs. « Cet ornement, après plus de deux cents ans, dit Le Roy, est encore fort entier et fort riche : les armes de Bourgogne y sont en broderie accompagnées des quartiers de Brabant et de Limbourg et de celui de Flandre sur le tout, avec les deux fers de fusil entrelacés et étincelants, que les chevaliers de la Toison d'or portaient pour corps de leur devise [1]. »

Sous le duc Charles, les bannières des corps de métiers de Gand furent encore une fois confisquées e renvoyées à Notre-Dame de Boulogne. « Ces peuples, dit Antoine Le Roy, s'étant mutinés de nouveau en 1467, lorsqu'il fit sa première entrée dans leur ville, et l'ayant forcé de leur accorder que chaque métier pût avoir sa bannière, comme autrefois ; il les força à son tour, après la défaite des Liégeois, de venir, dans un équipage lugubre, lui faire satisfaction dans sa ville de Bruxelles, où il parut sur un superbe tribunal, et d'apporter à ses pieds tous ces étendards de sédition. Ils étaient au nombre de soixante-douze. Charles les envoya tous à Notre-Dame de Boulogne, pour y faire compagnie à ceux que son père y avait arborés [2]. C'était là comme autant d'avertissements

---

1. Ibid., pp. 93, 94.
2. Le Roy cite G. Paradin, *Annales de Bourgogne*, que nous n'avons pu consulter ; et la *continuation de* Du Haillant, l. 25. Voici ce qu'on trouve dans ce dernier ouvrage : « Et furent toutes [les dites bannières] envoyées à Nostre-Dame de Boulongne-sur-la-mer, où estoient encores celles qui leur furent ostées durant le temps de son père le duc Philippes. » — M. de

publics de la soumission que les sujets doivent à leurs princes légitimes, et de la reconnaissance que les princes doivent à Dieu et à ses saints, dans toutes les occasions de prospérité [1]. »

En 1468, une émeute populaire ayant eu lieu entre les habitants de Saint-Omer et ceux du Haut-Pont, le duc de Bourgogne condamna les coupables à faire un pèlerinage à Notre-Dame de Boulogne [2].

La lettre suivante, que nous avons copiée dans les archives de la ville de Saint-Omer, fait foi de l'accomplissement de la sentence.

« Nous Jehan, par le permission divine, humble
« Abbé de l'église Nostre-Dame de Boullongne et tout
« le convent de ce meisme lieu, Salut.

« Certiffions, à tous qu'il appartient, que, au jour
« dui, dernier jour de juillet, sont venus en nostre
« dicte église, en pèlerinage, Jehan Stas, Raus de le
« Taverne, Denis de Wissoc, Leuran Zeitem, Wille
« Robin, Hervet Ernoult, Martin Weitrezune, Chres-
« tien Wedemaire, tous de Saint-Omer, sy qu'ils
« dyent ; lesquels ont fait oblation à la Vierge Marie,
« réclamée en icelle église, de chacun ung cierge
« pesant chacun trois livres de chire, en signe de
« oblacion, en accomplissant certaine sentence, contre
« eulx prononchié par le conseil de nostre très-re-
« douté seigneur, Monseigneur le duc, en fournis-

Barante, dans son *Hist. des ducs de Bourgogne*, ne mentionne point ces détails.

1. Ant. Le Roy, *Hist.* cit., p. 95.
2. « Et au regard des personnes de delà, ledit Haut-Pont, ils seront tenus de porter leursdits cierges, en leurs personnes, en nostre ville de Boulongne, et les offrir à l'image Nostre-Dame illec, dont ils seront tenus de rapporter certiffication à nos commis. » — 29 mars 1467, *v. st.*

« sant (?) et acomplissant icelle sentence, dont pour
« le acquit il nous ont requis ceste présente certiffi-
« cacion, pour leur valoir ainsi qu'il apartiendra.

« En tesmoing de ce, nous avons faict mettre le
« seel, du quel nous avons acoustumé user entre
« tous pèlerins, venans en pèlerinaige en nostre dicte
« église.

« Faitte et donnée le jour dessus dit mil cccc.
lxviij. »

Scellé d'un sceau, pendant sur queue de parchemin[1].

Il paraît qu'après la bataille de Montlhéry (1465), Charles le Téméraire fit à pied le pèlerinage de Notre-Dame de Boulogne, en actions de grâces des imminents périls auxquels il avait échappé dans cette journée mémorable [2]. Nous n'avons pu constater ce fait d'une manière précise. Tout ce que nous savons, c'est que la présence de ce prince à Boulogne est indiquée dans quelques anciens documents pour les dates des 25 juillet 1470 et 17 décembre 1472 [3].

Quoi qu'il en soit, c'est aux pèlerins bourguignons du XVe siècle, et peut-être à ceux qui ont accompagné le duc Charles, que nous devons la jolie pièce suivante, publiée par M. Kervyn de Lettenhove, d'après un manuscrit de la bibliothèque de Bourgogne, à Bruxelles [4]. Nous conservons le texte de la pièce

---

1. Archives communales de Saint-Omer, boîte cxxvii, n. 2.
2. Kervyn de Lettenhove, *Notes sur quelques manuscrits de la Bibliothèque de Bourgogne*, p. 57, extrait du tome XI, n. 2, deuxième série, des bulletins de la commission royale d'histoire.
3. F. Morand, *Année historique de Boulogne-sur-Mer*, pp. 165, 292, d'après un document publié dans l'édition Foppens des Mémoires de Commines.
4. Kervyn de Lettenhove, opusc. cit., pp. 57-60. Le manuscrit d'où ces vers sont tirés porte le n° 11,066.

originale, en mettant en note la traduction, nécessaire pour l'intelligence des mots et des tournures qui ont vieilli.

>
> Roine qui fustes mise
>   Et assize
> Là sus ou thron' divin,
> A Boulongne vostre église
>   Sans faintise
> Sui venus ce matin
> Comme vostre pèlerin ;
>   Chief enclin
> Humblement je vous présente
> Mon âme et mon corps, affin
>   Qu'à ma fin
> Vous veuilliés (estre) présente.
>
> Vierge doulce, débonnaire,
>   Exemplaire
> De parfaite charité,
> Vers vous je me vieng retraire ;
>   Car soubtraire
> Vueil mon cœur de vanité.
> Hélas, Vierge, j'ay esté
>   Maint esté
> Et maint yver sans bien faire.

Reine, qui avez été placée et établie, au ciel, sur le trône de Dieu, je suis venu, ce matin, sans dissimulation, comme votre pèlerin à Boulogne dans votre église. La tête inclinée, humblement je vous présente mon âme et mon corps, afin qu'à ma dernière heure vous veuilliez bien m'assister.

Vierge douce, miséricordieuse, modèle de charité parfaite, je viens me réfugier auprès de vous, car je veux retirer mon cœur de la vanité. Hélas ! ô Vierge, j'ai passé maint été et maint hiver

6.

L'ennemy m'a enorté
    Et tempté
Pour moy en enfer attraire.

J'ai suiy gieux et amours,
    Où mes jours
Ay emploié et mon temps,
Es ces complaintes de plours,
    En dolours,
Comme font les folz amans.
Vierge, je suis repentans,
    Très dolans,
Pour ce vous offre mon lay,
En priant que confortans
    Et aidans
Me soiés quant je morray.

Très souveraine princesse,
    Je confesse
Que dès que j'eus congnoissance,
J'ay sievy fole jeunesse
    Par simplesse
Et toute vaine plaisance :

sans rien faire de bien. L'ennemi m'a exhorté et m'a tenté de mal faire, afin de m'attirer en enfer.

    J'ai suivi les jeux et les amours, auxquels j'ai employé mes jours et mon temps, le passant en complaintes de pleurs, en douleurs, comme font les fols amants. Vierge, j'en suis repentant, très-dolent, et pour cela je vous offre ce lai, en vous priant que vous soyez ma force et mon aide, quand je mourrai.

    Très-souveraine princesse, je confesse que dès que j'ai eu connaissance, simple que j'étais, j'ai suivi folle jeunesse, et recherché tous les vains plaisirs. Il est bien juste qu'animé d'une véritable

CHAPITRE XI. — CHANT DES PÈLERINS.

Bien doy, en vraie espérance,
  Sans doubtance,
Requérir votre confort ;
  Par effort
Que j'ai de repentance
  Habundance
Avant que je soie mort.

Très précieuse fontaine
  Clère et saine,
Espérance très certaine
  D'amour plaine
Pour pescheurs resconforter,
Où me poiray-je bouter
  Ne sauver
Quand Dieux jugier nous vendra ?
Qui me porra conforter,
  N'assurer,
Vierge, quand ce jour vendra ?

Hélas, Vierge, que feront,
  Que diront
Pescheurs à ceste journée ?

espérance, je fasse quelque effort pour réclamer votre appui sans hésitation, afin que j'aie le plus grand repentir avant l'heure de ma mort.

Fontaine très-précieuse, limpide et saine, espérance très-certaine, pleine d'amour pour réconforter les pécheurs, dites-moi, où pourrai-je me mettre ou me sauver, quand Dieu nous viendra juger ? Qui me pourra fortifier, où rassurer, ô Vierge, quand ce jour viendra ?

Hélas ! ô Vierge, que feront, que diront les pécheurs, en cette journée ? Car les anges trembleront, quand ils ouïront la sen-

Car les angels trambleront,
    Quand orront
La sentence redoubtée.
Lors seras, Vierge honnorée
    Aprestée
Devant Dieu à jointes mains
En disant : Doulce portée,
    Très amée,
Aiés mercy des humains.

Hélas, Vierge, que feray,
    Jou iray,
A ce jour horrible et fier ;
A vous du tout me renderay,
    Lors diray
Que suy vostre prisonnier ;
Je m'y doy bien ralyer
    Et fyer,
Car vous estes tant benigne
Que ne porriés oublier
    Ne laissier
Cellui qui vers vous s'incline.

Tels étaient les sentiments des pèlerins du XVe siècle, à cette époque agitée où se commettaient de

---

tence redoutée. Alors, Vierge honorée, tu seras présente devant Dieu, lui disant, à mains jointes : Mon doux Fils bien aimé, ayez pitié des humains.

Hélas ! ô Vierge, que ferai-je ? Où irai-je, en ce jour horrible et redoutable ? Je me rendrai entièrement à votre discrétion ; alors, je dirai que je suis votre prisonnier. Je dois bien prendre ce parti et m'y fier ; car vous êtes si bonne que vous ne pourriez jamais oublier ni délaisser celui qui s'incline vers vous.

grands crimes et où régnaient assurément de grands désordres, mais où, d'autre part, l'esprit de foi réparait les scandales et faisait presque toujours faire bonne fin.

Le sanctuaire de Notre-Dame voyait arriver chaque jour dans son enceinte toute la noblesse du temps, non-seulement les hauts et puissants barons du duc Charles, mais encore les seigneurs de nos villages et de nos humbles hameaux. Le chanoine Le Roy cite en particulier Jeanne de Sempy, veuve de Jean de Bournonville, seigneur de Hourecq; le seigneur de Bellebrune, capitaine de la ville de Boulogne; les seigneurs de Hodicq, de Hardenthun, d'Esprez, de Bédouatre, de Huplandre, des Marquets, etc [1].

Les dons et les offrandes les plus considérables ne cessaient pas non plus d'enrichir la trésorerie. Jehan du Poul, abbé de Notre-Dame, donna en 1468, « une couronne d'argent doré, où estoit enchâssées plusieurs reliques, que le trésorier donnait à baiser aux pèlerins, et leur mettait sur la tête [2]. »

De son côté, le comte d'Escalles, frère d'Élisabeth, femme d'Édouard IV, roi d'Angleterre, « consacra à la décoration de la chapelle de Notre-Dame un petit tableau d'or massif, à quatre manteaux. Il y a apparence que ce fut en 1475 qu'il fit ce présent, quand le roi son beau-frère, étant débarqué à Calais, vint avec l'élite de la noblesse en la ville de Boulogne, accompagné de Charles, duc de Bourgogne, qui l'était venu joindre à la descente du vaisseau [3]. »

1. Ant. Le Roy, Hist. cit., p. 81.
2. Ant. Le Roy, op. cit., pp. 82, 83.
3. Ibid., p. 71.

CHAPITRE XII.

Dévotion de Louis XI envers Notre-Dame de Boulogne; — inféodation du comté de Boulogne entre les mains de la Vierge.

Le roi Louis XI eut toute sa vie une grande dévotion à Notre-Dame de Boulogne. Lorsqu'il n'était encore que dauphin, et qu'il vivait retiré dans les états du duc de Bourgogne, il vint faire mystérieusement un pèlerinage à la patronne du Boulonnais, après qu'on eut lancé des espions vers les rivières de Somme, d'Authie et de Canche, par crainte du roi de France, et du côté de Marquise par crainte des Anglais. Il était en outre escorté par quinze hommes et par quarante-huit archers que commandait le bâtard de Renty [1] (24-30 novembre 1459).

---

1. On lit dans les comptes de la maison de Bourgogne, que nous a communiqués M. de la Fons-Mélicocq : « A messire Jehan, bastard de Renty, sieur d'Eule et de Cléty, chevalier, conseillier, premier mestre d'ostel de sa maison et cappitaine de ses archers de corps, pour avoir mis sus quinze hommes d'armes et quarante-huit archiers, pour aller le xxiiij jour de novembre an lix, au devant de monsieur le Dauphin sur le chemin de Saint-Omer, pour le conduire jusques à Boullongue et le ramener et conduire jusques auprès dudit lieu de Saint-Omer, en quoy lui et ses gens ont vacqué jusques au derrain jour dudit mois de novembre, où sont lesdits jours inclux, sept jours, durant lesquels yl a aussi entretenu huit des archiers de corps de mon dit seigneur, non comptez pour ce temps. Et, avec ça, envoia, quant il sceut l'alée de mondit seigneur le Dauphin audit lieu de Boullongne, huit hommes, les quatre vers les rivières de Somme, d'Authie et de Canche et autres, et les autres quatre aux *trueaulx*? de Houlbronne (commune de Wacquinghen), et auprès des mectes des Anglois, afin que nul ne passast que l'on n'en fut adverty. »

CHAPITRE XII. — FONDATIONS FAITES PAR LOUIS XI. 135

Monté sur le trône, il n'oublia pas celle qu'il regardait comme sa protectrice. Le 3 novembre 1461, étant à Amboise, il « donna et aumosna » à l'église de Notre-Dame une somme de six cents écus d'or neufs, dont l'abbé, Jehan du Poul, donna quittance le 26 mars de l'année suivante [1].

En 1464, ce monarque, étant à Abbeville, donna en outre à l'église de Notre-Dame de Boulogne des lettres de protection et de sauvegarde, « considérant, dit-il, la continuelle occupacion que noz bien amez, les religieux, abbé et convent de Nostre-Dame de Boulongne-sur-la-mer, estant de fondation royal, ont chascun jour à faire le divin service en leur église, et à ce que [afin que] plus dévotement ils puissent icelluy service mieulx faire et continuer, et prier Dieu pour nous et les trépassez [2]. »

Après que le vaillant duc de Bourgogne, Charles le Téméraire, eut été vaincu et tué sous les murs de Nancy, Louis XI s'empressa de mettre la main sur la plus grande partie de son héritage. En peu de jours il se rendit maître de la Picardie et de l'Artois : Abbeville, Péronne, Arras lui ouvrirent successivement leurs portes. Boulogne, qui était alors, suivant le récit de Molinet, à qui nous laissons la parole, une ville « merveilleusement forte de murailles et de fossés « couverts, fut sommée, et le chasteau pareillement, « de faire obéissance au roy, à quoy ne voulurent « entendre les capitaines et habitants d'icelle. Le roy « y fist mettre le siége et affuster son artillerie, « tellement qu'ils lui rendirent tant la ville que le

---

[1]. Quittance originale, dans Gaignères 258, pièce 133, à la Bibliothèque impériale.
[2]. *Ordonnances des rois de France*, t. XVI, pp. 224-225.

« chasteau. Le roy entra ens (le 20 avril 1477), et
« déclara que jà-soit ce que la ville de Boulongne
« fuist appartenant à messire Bertrand de la Thour,
« comte d'Auvergne [1], toutesfois il la vouloit avoir
« en ses mains, pour la seureté du royaulme [2], parmi
« rendant audict seigneur de la Thour suffisante ré-
« compense [3]. »

« Dès que Louis fut entré dans Boulogne, dit
l'historien Le Roy, il appliqua ses premiers soins à
remercier Dieu de ce qu'il avait béni ses armes, non-
seulement dans cette dernière occasion, mais encore
en de plus importantes. C'est pourquoi il ordonna
qu'on dirait tous les jours à perpétuité deux messes,
l'une à l'honneur de cette Vierge, devant son Image,
dans son église et abbaye de Boulogne ; l'autre à

---

[1]. Les *Lettres d'échange* (données au Plessis du Parc-lès-Tours, en janvier 1477, v. st. c. à. d. 1478), laissent croire que Bertrand de la Tour, héritier du comté de Boulogne, ayant appris la mort de Charles-le-Téméraire, vint faire hommage au roi de France, pour ce comté que les ducs de Bourgogne avaient, dit-on, pris par force et usurpé injustement. Ensuite, quand le roi, avec l'aide de Dieu et de la très-sainte Vierge Marie sa mère, par puissance d'armes, à grand frais et dépens eut repris « lesdits pays et comtés de Boulenoys, » Bertrand de la Tour, aurait « supplié très-hum-blement » Louis XI « de prendre et acquérir de lui la dicte comté, par traicté, consentemens de récompenser » etc.; — Nous préfé-rons le récit de Molinet, que tous les historiens ont adopté. Il est difficile de croire que la pensée d'échange ne soit pas venue de Louis XI plutôt que du comte d'Auvergne.

[2]. « Boulogne, ce vis-à-vis des dunes, qui regarde l'Angleterre et l'envahit jadis, Boulogne (dit Chastelain, avec un profond sen-timent des intérêts du temps), Boulogne, le plus précieux anglet (*angulus*) de la chrestienté, c'était la chose au monde que Louis XI ayant une fois prise, eût le moins rendue. » Michelet, *Hist. de Fr.* t. VI, p. 438.

[3]. *Chroniques* de Jean Molinet, édition Buchon, 1828, liv. 40 (*Chron. nat. fr.* t. XLIV), p. 22.

l'honneur de saint Martin, dans l'église paroissiale de son nom, qui était hors des murs de la ville, et qui dépendait de cette abbaye. Il fonda, outre cela, cinq messes hautes, aux cinq fêtes de la sainte Vierge, et deux autres aux deux fêtes que l'Église célèbre tous les ans en l'honneur de saint Martin [1]. Ces fondations étaient grandes et la dot en fut aussi très-considérable. Car il céda à cet effet, et amortit au profit des abbé et religieux de Notre-Dame, la terre et châtellenie de Brunembert avec toutes ses dépendances, dont Renault de Girème, chevalier et chambellan du roi, avait alors l'usufruit.

« Ce ne fut qu'en 1479, que se fit cette belle donation, le roi étant pour lors à Montargis, quoique les fondations eussent été disposées dès sa première entrée dans Boulogne, qui fut en avril 1477, comme nous avons dit, et que les messes eussent été, depuis ce temps-là, très-fidèlement acquittées [2]. »

Louis XI appréciait mieux que personne l'importance de sa nouvelle conquête. Il savait que « la comté « et pays de Boulongne estoient et sont, d'un costé, « assis ès limites et frontières des Anglois, anciens « ennemys de son royaume et de la couronne de « France, et d'autre part, sur les limites d'aucuns « pays que tenaient alors Marie de Bourgogne et « Maximilien son mary. » Il avait calculé les merveilleux inconvénients, pertes et dommages qui

1. La fête de saint Martin d'hiver, le 11 novembre, et celle de la translation de saint Martin, célébrée en France le 4 juillet. — Après la destruction de l'église de Saint-Martin, en 1550, et sa translation sur la colline de Dringhen, où elle vient encore d'être réédifiée, les messes fondées par Louis XI ont été acquittées dans l'église cathédrale.
2. Ant. Le Roy, op. cit., p. 97 et 98.

pourraient advenir pour la chose publique de son royaume, si ce pays tombait ès mains des ennemys et rebelles. Aussi, pensant bien que Bertrand de la Tour ne pourrait pas aisément faire face à la nécessité d'y entretenir continuellement « grosses et puissantes « garnisons, pour la garde, tucion et défense des « chasteaulx, places et forteresses qui y sont (ce qui « ne se pourroit faire que à très-grans fraiz et « despens) », il préféra d'y régner seul et donna au comte d'Auvergne le comté de Lauraguais [1], en échange de celui de Boulogne (janvier 1478).

Aussitôt que Louis XI eut ainsi réuni le Boulonnais aux domaines de la couronne, il résolut de s'affranchir de la suzeraineté du comté d'Artois, dans la crainte que Marie de Bourgogne ou ses héritiers ne réclamassent un jour contre l'envahissement de leurs droits. Ce motif politique, joint à la dévotion qu'il professait pour la sainte Vierge, le détermina à transporter, de son autorité royale, l'hommage du comté de Boulogne à l'Image de Notre-Dame.

« La dite comté de Boulongne, dit Molinet [2], estoit
« paravant tenue en fief de la comté d'Arthois ; mais
« le roy, à ceste heure, s'en fist nouvel seigneur, et
« en fist hommage, deschaint et à genoux, à la glo-
« rieuse Vierge-Mère, en l'église d'icelle, présent
« l'abbé, les religieux, mayeur, eschevins et ha-
« bitants ; et donna, pour avoir ce droit, devant
« l'Image de ladite Vierge, un cœur de fin or, pesant
« deux mille escus ; et ordonna que tous ses suc-
« cesseurs roys de France tiendroient d'ores-en-

---

1. *Ordonnances des rois de France de la IIIe race*, t. XVIII, pp. 350 et 351.
2. Auteur contemporain, né à Desvres, mort en 1507.

« avant ladite comté de la Vierge Marie et feroient
« oblation pareillement [1]. »

Nous ne saurions dire si cette consécration du comté
à Notre-Dame de Boulogne ne fut point faite, en 1477,
lorsque le roi entra pour la première fois dans la ville.
Toujours est-il qu'il en accomplit solennellement la
cérémonie, au commencement du mois d'avril de l'an
1478, dans un voyage qu'il fit à Boulogne, pour
prendre possession réelle et actuelle du comté, ainsi
qu'il nous l'apprend lui-même [2].

Nous devons citer ici les lettres patentes, par lesquelles Louis XI fait don à l'église de Boulogne « du
« droit, titre, fief et hommage du comté de Boulogne :

« LOYS PAR LA GRACE DE DIEU, ROY DE FRANCE ;
« savoir faisons à tous présens et advenir, comme
« puis naguères Nous ayons acquis, par titre d'é-
« change, de notre cher et féal cousin Bertrand de la
« Tour, comte d'Auvergne, la comté de Boulongne
« avec toutes ses appartenances et appendances
« quelsconques, plus à plein contenues, spécifiées et
« déclarées ès-lettres de ladite acquisition, et icelle
« comté de Boulongne ayons jointe et incorporée à

---

1. *Chroniq.* sup. cit., p. 23. « On sait, dit Michelet, que Notre-
Dame de Boulogne était un lieu de pèlerinage, comblé d'offrande,
de drapeaux et d'armes consacrés, *d'ex voto* mémorables, qu'on
pendait aux murs, aux autels. Le roi imagina de faire une offrande de la ville elle-même, de la mettre aux mains de la Vierge.
Il déclara que Boulogne n'appartiendrait jamais qu'à Notre-Dame
de Boulogne. Il l'en nomma comtesse, puis la reçut d'elle comme
son homme lige.... (*Hist. de Fr.* t. VI, p. 439). Cf. P. Mathieu,
Hist de Loys XI (1610), p. 322, Nicole Gilles, cit. par Le Roy, *aux
preuves*, p. 281. Hall, *chronicles*, édit. Londres 1809, p. 325, etc.

2. Et pour en prendre réelle et actuelle possession, soyons présentement venus en notre ville de Boulongne. *Ordonn. des rois
de France*, t. XVIII, p. 391 et sqq.

« notre domaine pour estre d'ores en avant le propre
« héritage de Nous et de nos successeurs Rois de
« France, et pour en prendre la réelle et actuelle
« possession, soyons présentement venus en notre
« ville de Boulongne :

« Pour la grande et singulière dévotion que Nous
« avons à la glorieuse Vierge Marie, Mère de Dieu
« notre créateur, et à son église collégialle fondée en
« ladite ville de Boulongne, *en laquelle, par l'inter-
« cession de ladite Dame, se font chascun jour de
« beaux et grands miracles;* considérans aussi les
« très-grandes et singulières grâces que Notre-Sei-
« gneur Nous a fait, le temps passé, à l'intercession
« de sadite glorieuse Mère, laquelle, en la conduite
« de nos plus grands faits et affaires, Nous a toujours
« imparti son intercession envers Dieu son fils, telle-
« ment que, par ses moyen et ayde, nos royaumes et
« seigneuries sont, grâces à Dieu, entièrement de-
« mourés en leur entier soubs Nous et notre vraye
« obéissance, quelsconques guerres, divisions et con-
« troverses qui ayent eu cours durant notre temps
« en notre royaume, et quelsconques entreprises,
« machinations, conspirations qui aient esté faites
« depuis notre advénement à la couronne, à l'encontre
« de nous et de notre royaume et seigneurie, par nos
« adversaires, rebelles et désobéissans subjets, leurs
« adhérens et complices, et sont toujours, grâces
« à Dieu, leurs dites entreprises tournées à leur con-
« fusion ;

« Désirant de tout notre cœur, en reconnaissance
« de ce, révérer, eslever, augmenter en honneurs,
« prérogatives et dignité ladite église de Notre-Dame
« de Boulongne, et afin que Nous et nosdits succes-

« seurs soyons d'ores en avant participans aux prières
« et oraisons et bienfaits qui se font et se feront en
« ladite église, et que les religieux, abbé et couvent
« d'icelle église soient plus tenus et astraints de prier
« Dieu et sadite Mère pour la santé et la prospérité
« de Nous et de nos successeurs.

« Nous avons, et de notre certaine science, propre
« mouvement, grâce espéciale, pleine puissance et
« auctorité royale, donné, cédé, transporté et délaissé,
« donnons, cédons, transportons et délaissons, à la-
« dite Dame révérée en ladite église de Boulongne,
« le droit et titre de fief et hommage de ladite comté
« de Boulongne, qui nous compétait et appartenait
« pour raison et à cause de notre comté d'Artois.

« Lequel fief et hommage de ladite comté de Bou-
« longne Nous et nosdits successeurs Rois de France
« et comtes d'icelle comté seront tenus de faire d'ores
« en avant perpétuellement, quand le cas y écherra
« de rendre ledit hommage, devant l'image de ladite
« Dame en ladite église, ès mains de l'abbé d'icelle
« église, comme procureur, abbé et administrateur
« de son église, et de payer les reliefs, tiers de cham-
« berlage, et autres droits seigneuriaux pour ce
« deubs à muance de vassal ; et outre, pour l'honneur
« et révérence de ladite Dame, Nous et nosdits suc-
« cesseurs seront tenus, en faisant ledit hommage,
« d'offrir et présenter devant ladite Dame notre cœur
« en espèce et figure de métal d'or fin, de la pesan-
« teur de treize marcs d'or, qui sera employé au bien
« et entretènement de ladite église.

« Toutesfois, Nous n'entendons pas, pour occasion
« desdits fief et hommage qui seront ainsy faits que
« dit est, aucunement déroger ne préjudicier à nos

« droits de ressort et justice de ladite comté ; mais
« demoureront iceux droits de ressort et justice à
« Nous et à nosdits successeurs, réservés toutesfois les
« deniers qui istront [proviendront] des amendes, des
« exploits de justice au-dedans du ressort de ladite
« comté, lesquels exploits, à quelque valeur qu'ils
« puissent monter, avec les amendes de soixante livres
« parisis en quoy les subjets de ladite comté de Bou-
« longne seront condamnés par arrest de notre cour
« de parlement pour les frivoles appellations qu'ils
« interjecteront et qui jà sont interjettés, nous voulons
« estre prins et perceus par ledit abbé et ses succes-
« seurs en ladite église du nom que dessus, c'est
« assavoir, les exploits et amendes de justice au-
« dedans de ladite comté, par les mains du trésorier
« d'icelle comté, qui à présent est ou autre qui pour
« le temps avenir sera, et les dites amendes de
« soixante livres parisis qui seront adjugées par notre
« dite cour de parlement sur les subjets d'icelle comté
« pour raison d'icelles frivolles appellations par eux
« interjettées, par les mains du receveur des exploits
« et amendes de notre dite cour de parlement, par la
« simple quittance d'icelui abbé et sans ce qu'il lui
« soit besoin d'en lever descharge du changeur du
« trésor ne autre acquit.

« Si donnons en mandement, etc.....

« Et, afin que ce soit chose ferme et estable à tou-
« jours, nous avons fait mettre notre scel à cesdites
« présentes, sauf en autres choses notre droit et
« l'autrui en toutes. Donné à Hesdin, au mois d'avril,
« l'an de grâce mil quatre cent soixante-dix-huit et
« de nostre règne le dix-septième. *Signé* LOYS, *et*
« *sur le repli* M. Picot.

« C'était, dit Antoine Le Roy, faire connaître à tous ceux qui aborderaient désormais en cette place, qui est une des portes de la France, que ce royaume est acquis à Marie d'une façon toute particulière et qu'elle possède les cœurs de tous les sujets dans celui du prince, qui en est le centre : c'était hautement la déclarer Dame souveraine d'un pays qu'elle avait elle même choisi pour y faire profusion de ses plus grandes faveurs ; c'était enfin lui mettre sur la tête un des fleurons de cette première couronne du monde, qui ne reconnaît au-dessus de soi aucune domination temporelle [1]. »

Le vœu de Louis XI ne fut pas, comme plus tard celui de Louis XIII, une consécration à Marie : ce fut une véritable investiture féodale. Notre-Dame de Boulogne fut nommée suzeraine et comtesse du pays, ayant droit à l'hommage du roi, comme vassal. C'était à elle que devaient être payées toutes les amendes, confiscations et exploits de justice, tous les profits et émoluments des greffes, etc., « par toute la dite « comté, ressort et enclavemens d'icelle, par quel- « conque juge, siége et auditoire que ce soit, ou puisse « être, à quelque valeur et estimation qu'elles puis- « sent monter [2]. »

C'était une magnifique donation, puisque ces amendes pouvaient s'élever annuellement à une somme de dix mille livres; mais les clauses n'en furent pas longtemps exécutées. Les hommes de jus-

---

1. Ant. Le Roy, op. cit., pp. 101 et 102.
2. V. les lettres cit. plus haut, et celles qui furent expédiées de Montargis, en mai 1479, et du Parc-lès-Tours, en janvier (1479, v. st. c.-à-d.) 1480. — *Ordonnances* cit., t. XVIII, pp. 485 et sq., 524 et sq.

tice aimaient mieux relever du roi que de la Vierge : ils préféraient faire entrer les amendes dans le trésor royal, plutôt que de les verser entre les mains des gens d'église.

Quant à Louis XI, le bizarre mélange de politique et d'astuce, de religion et d'hypocrisie, dont il a donné trop souvent le spectacle, est odieux, sans doute ; mais, à tout prendre, ce roi, fût-il hypocrite autant qu'on veut bien le dire, ne manquait pas de bonnes qualités dont on doit lui tenir compte. Une vertu sans nuages, non plus que des vices sans voiles, telle n'est pas la condition ordinaire de l'humanité. Quoi qu'il en soit, l'hommage que Louis XI a fait à Notre-Dame de Boulogne, restera comme un des faits les plus remarquables de ce règne si diversement apprécié.

CHAPITRE XIII.

Hôpital d'Audisque pour les pèlerins, 1484 ; — vœu de Charles VIII, 1493 ; — le maréchal Philippe d'Esquerdes ; — les gouverneurs de Picardie et du Boulonnais, au XVe siècle ; — entrée de Marie d'Angleterre en 1514 ; — richesses de la trésorerie.

Couronnée du diadème royal, suzeraine des rois de France, dont elle tenait le cœur en sa main, la Vierge de Boulogne vit augmenter sa puissance et la gloire de son nom. L'action de Louis XI dont nous venons de parler, avait fait trop d'éclat pour ne pas animer d'une sainte émulation les premières personnes de sa cour et de celle des rois ses successeurs. Le peuple redoubla l'hommage de sa dévotion. Nous en avons une preuve dans les efforts qui furent tentés pour relever de ses ruines l'hôpital de Saint-Nicolas d'Audisque, dévasté par les malheurs de la guerre.

Le 13 décembre 1484, Pierre, IIIe du nom, abbé de Saint-Wulmer-de-Boulogne, fit un appel à la piété des fidèles chrétiens, pour la réparation de cette maison hospitalière, dans laquelle, dit-il, les pauvres mendiants de Boulogne et des environs trouvaient, chaque nuit, un abri tutélaire, pour eux, leurs femmes et leurs petits enfants [1]. Depuis les dernières guerres il n'y restait plus un lit; tous les linges, meubles et ustensiles avaient disparu; ce qui était « un très-« grand inconvénient, ajoute-t-il, pour les pèlerins, « et surtout les pauvres, qui vont à Boulogne par « dévotion, offrir leurs vœux et leurs prières à la « glorieuse Vierge Notre-Dame de Boulogne, ou qui « en reviennent [2] ».

En 1492, pendant que le roi d'Angleterre, Henri VII, assiégeait Boulogne, le comte d'Arundel, tué dans

---

[1]. Cum etiam quotidie multi pauperes, qui in die vitam quærunt in ipsa civitate Boloniæ et in locis vicinis, in nocte ibidem habitare veniunt ac plures uxores illic parturiunt, ac toto tempore partus hujusmodi commorantur per multos dies.

[2]. Post enim bella, certe nec lectus, neque linteamina, aliave utensilia remanserint, quod inconveniens maximum est peregrinis, præcipue pauperibus, euntibus et redeuntibus, causa devotionis ac voti in civitatem Boloniæ, ad gloriosissimam Virginem Dominam nostram Boloniensem. — Une copie de cette lettre se trouve dans les notes msstes de Le Roy (Bibliothèque de M. Abot de Bazinghen).

une sortie faite par les assiégés, fut enterré dans l'église de Notre-Dame [1].

L'année suivante, le roi Charles VIII fit un voyage à Boulogne, « accompagné de plusieurs grands seigneurs, entre les autres, Monsieur le maressal d'Esquerdes ». Il se trouvait dans cette ville, le samedi 15 du mois de juin [2]; et M. Louandre, dans son Histoire d'Abbeville, rapporte qu'il était venu « présenter à la Vierge un cœur d'or du poids de treize marcs [3] ».

Nous devons à Molinet le récit des derniers moments et des funérailles du maréchal de Crèvecœur. Comme cet événement intéresse grandement l'histoire de Notre-Dame, nous mettons le passage entier sous les yeux du lecteur :

« Messire Philippe de Crèvecœur, dit-il, seigneur des Querdes et de Lannoy, conseiller et chambellan du roy Charles VIII, marissal de France, lieutenant et capitaine général dudit roy ès marches de Picardie et d'Arthois, etc.; après ce qu'il eut grandement gouverné soubs les roys Loys et Charles de France, en recepvant plusieurs honneurs et accumulant grans offices, et menant estat de prince; fort atténué de santé et débilité par griefve et longue maladie, tellement qu'il vesquit ung an entier par bénéfice et subside de médecine, termina ses jours, rendant son âme à Nostre-Seigneur le vingt deuxiesme d'apvril,

---

[1] *Journal de Dom. Gérard Robert, relig. de l'abb. de St-Vaast d'Arras*, publié par M. Godin, archiviste du Pas-de-Calais, in-8, 1852, p. 86.

[2] Ibid. pp. 122, 123.

[3] *Histoire d'Abbeville et du comté de Ponthieu*, t. II, p. 2. — Nous n'avons pu constater avec plus de précision le pèlerinage du roi Charles VIII.

à une petite ville ou bourgade, nommée Bresle, à trois lieues près de Lion, sur la Rosne, où estoit le roy Charles son maistre, préparant son armée pour faire son voiaige à Naples.

« Le corps dudit seigneur, accompaignié de soixante nobles hommes à cheval, en parure de doeil, fut honnorablement amené dudit lieu où il trespassa, jusques à Nostre-Dame de Bouloingne sur la mer, où il avoit choisi sa sépulture ; et à chacune ville où il fit station, luy fut faict ung solempnel service. Les seigneurs d'Amyens allèrent au devant de luy, et, pour le conduire oultre, luy donnèrent une charette de torses ou flambeaulx [1]. »

« On lui érigea, dans l'église de Boulogne, un mausolée, qui est demeuré en son entier jusqu'au siége des Anglais, qui le démolirent avec plusieurs autres, et qui emportèrent même son effigie en marbre », dit Antoine Le Roy [2]. On lisait sur sa tombe [3] :

> Philippes de Crévecœur fut appelé par mon nom,
> Seigneur je fus d'Esquerdes par mon bruit et renom ;
> En mes vielx jours j'ay eu du labeur grosse somme ;
> J'ay perdu maint repas et dormy petit somme.
> De quinze cens, les six, s'il vous plaist, ostez-les,
> Et l'an de mon trespas en nombre trouverez

---

1. *Chroniq. de* J. Molinet, Coll. Buchon, édit. 1828, t. XLVII, pp. 1 et 2.

2. Ant. Le Roy, *Hist.* cit. p. 110.

3. Notes msstes d'Ant. Le Roy, sup. cit. Le P. Alphonse cite deux vers de cette inscription, dans son *Hist. de l'anc. image de N.-D.* p. 57. Un chroniqueur de Saint-Vaast, D. Gérard Robert, consacre au maréchal une inscription latine, recommandée à l'attention des amis de Crévecœur (*Crepicordius*), qui commence par ce vers :

Orbis honor, non improbitatis Cordiger auctor.

(*Journal de D. Gérard Robert,* sup. cit., p. 148).

Que la mort me frappa de son dart tant subtile,
A soixante-quatre ans, ès kalendes d'Avrile.
Mon corps est inhumé à Boulogne-sur-mer,
Devant la belle Dame qu'ay voulu réclamer ;
Si à tous n'ay compleu, que je sois excusé
Priant Dieu par sa grâce qu'il me soit pardonné.

« Par un trait de libéralité qui approche beaucoup de la magnificence royale, » dit Le Roy, le maréchal de Crévecœur donna à l'église de Notre-Dame « quatre grandes lampes d'argent, qui pesaient autant que lui tout armé ; et, afin qu'elles brûlassent continuellement devant la sainte Image, il légua à l'église quatre-vingts livres de rente, à prendre sur tous ses biens. Il montrait par là, que son cœur brûlait d'une flamme plus pure encore et plus belle pour la Sainte-Vierge [1]. »

« Louis Mallet, seigneur de Graville, admiral de France, un des principaux favoris de Charles VIII, succédant au maréchal de Crévecœur, dans le Gouvernement de Picardie, succéda aussi à son affection pour Notre-Dame de Boulogne. Un calice de vermeil doré, du poids de six marcs, et un chef d'argent à demi-corps, où étaient enchâssées des reliques, qu'il donna à la chapelle, en furent des preuves convaincantes.

« Louis d'Halluin, seigneur de Piennes, aussi Gouverneur de Picardie sous Louis XII, offrit à la sainte Vierge son effigie d'argent, à genoux, comme le prix de son vœu, et le témoignage de sa vénération.

« Antoine de la Fayette, Gouverneur et troisième sénéchal du Boulonnais, depuis sa réunion à la couronne, entre autres marques de piété qu'il laissa à l'église de Notre-Dame de Boulogne, donna une cha-

---

1. Ant. Le Roy, op. cit., p. 109.

suble et deux tuniques de velours violet à fleurs relevées en broderie, qui accompagnent quelques chapes de don royal et de même couleur, parsemées de fleurs de lys d'or.

« Oudard du Biez, maréchal de France, qui succéda aux deux mêmes charges, se signala aussi, dans les mêmes occasions de piété; car il donna à la Trésorerie une double croix fleurdelisée, contenant, sous un cristal, du bois de la vraie Croix; et il joignit à ce présent, celui d'une crosse abbatiale, émaillée d'or, et enrichie de plusieurs figures, le tout de vermeil doré.

« François de Melun, comte d'Épinoy, neveu de l'évêque de Thérouanne, de ce même nom, et chevalier de la Toison d'or, en reconnaissance de quelque grâce obtenue par l'invocation de Notre-Dame de Boulogne, fit mettre devant son Image deux lampes d'argent et une d'or au milieu, avec divers écussons chargés des principaux quartiers d'alliance de sa maison. »

Outre les vœux des sujets, la sainte Vierge reçut aussi ceux des rois et des têtes couronnées. Après Charles VIII, les rois Louis XII, et François I, qui parvinrent successivement à la couronne, relevèrent, comme Louis XI, de Celle qu'il avait établie la Dame souveraine du Boulonnais, en lui payant chacun leur hommage d'un cœur d'or de treize marcs.

L'an 1514, les habitants de Boulogne virent une autre majesté prosternée aux pieds des autels de leur auguste Patronne : ce fut Marie d'Angleterre, sœur de Henri VIII, pour lors promise en mariage au roi Louis XII. Cette princesse [1], accompagnée de plusieurs

---

1. *Histoire de la Maison de France*, par Messieurs de Sainte-Marthe, l. 25, c. 9. — N. de Le Roy.

personnes de la première noblesse d'Angleterre, débarqua au mois d'octobre, au port de cette ville, où elle fut reçue par François, pour lors duc de Valois, et depuis roi de France, suivi des ducs d'Alençon et de Bourbon, et des comtes de Vendôme, de Saint-Pol et de Guise ; et la première chose qu'elle fit, fut d'aller droit à l'église, pour offrir ses prières à Jésus-Christ, devant l'Image de sa sainte Mère. Elle y fut conduite par les Abbés de Notre-Dame et de Saint-Wulmer, qui étaient venus au devant d'elle en cérémonie, l'un lui ayant présenté à baiser le reliquaire du lait de la sainte Vierge, et l'autre le chef de saint Wulmer richement enchâssé. Après que la princesse eut achevé ses prières, elle fut quelque temps agréablement occupée à admirer tous les riches présents et toutes les offrandes royales, qui faisaient le principal ornement de l'église. Son admiration ne fut pas stérile, puisqu'elle laissa dans cet auguste sanctuaire, pour marque effective de sa piété, un grand bras d'argent, émaillé des armes de France et d'Angleterre, pesant huit marcs.

La réception que les Boulonnais avaient faite à la jeune épouse de leur roi fut des plus splendides. L'abbé de Saint-Wulmer, Jacques Leest, qui y prît avec ses religieux une part fort active, nous en a conservé le récit dans le *Terrier* de son église [1].

Suivant l'usage de ce temps-là, on prépara pour complimenter la princesse une sorte de composition scénique, d'une invention naïve et pieuse, dont les détails ne manquent pas de charme. Au dessus du pont-levis de la Porte des Dunes, un bateau, décoré

---

1. Terrier de St-Wulmer (Archives de Boulogne), fol. 74 et 75.

de peintures où les roses d'Angleterre se voyaient mêlées aux lys de France, était suspendu par un mécanisme ingénieux. On y lisait cette inscription, qui résume l'histoire de notre vieille monarchie:

UN DIEU, UN ROY, UNE FOY, UNE LOY.

Dans le bateau se tenait une jeune fille, habillée comme la Vierge Marie, et deux jeunes enfants qui figuraient des anges. C'était la représentation vivante de Notre-Dame de Boulogne. La Vierge, suzeraine et comtesse du pays, se trouvait officiellement chargée de faire à la fille de Henri VII les honneurs de la cité. Elle tenait dans sa main le présent que la ville destinait à la princesse, et qui était un cygne d'argent dont le cou s'ouvrait, et dans lequel pendait un cœur d'or du poids de soixante écus.

Lorsque le cortége processionnel qui était allé chercher au port la fiancée du souverain, fut arrivé devant le pont-levis, le bateau descendit soudain à fleur du sol, et la Vierge Marie se prit à dire, en ce vieux langage, dont nous ne changeons que l'orthographe:

> Qui est la belle et triomphant pucelle
> Pleine d'honneur, de beauté et de sens,
> Que nous voyons monter comme l'encens
> Par devant nous, ô noble jouvencelle?

Et le premier ange répondit:

> C'est de beauté la rosette fleurie,
> La souveraine et illustre princesse,
> Votre filleule appelée Marie,
> Par qui la guerre et discorde a prins cesse.
> Comme de paix vous fûtes la déesse,
> Fille et épouse au roi célestien [1],

1. Le roi *célestien,* le roi du ciel.

Pareillement cette fleur de noblesse.
Est fondement de paix et de liesse
Et chère épouse au roi très-chrétien.

Et le second ange dit à son tour :

Comme là haut vous êtes adornée [1]
De beaux fleurons, vertueux et jolis,
Semblablement elle est environnée
De bruit d'honneur, et de gens anoblis.
Ici voyons roses et fleurs de lis
Tout d'un accord, à sa noble venue :
Louange à Dieu, le roi de paradis,
Au nom duquel, Madame, je vous dis,
Que vous soyez ici la bienvenue.

Ensuite, la jeune fille qui figurait la Vierge Marie remit à la princesse le présent de la ville, en lui disant :

Fleur de beauté, princesse noble et gente,
Prenez en gré, douce bénignité,
Ce petit don, que la communauté
De cette ville humblement vous présente.

« Peu de temps après, dit le chanoine Le Roy, la reine Claude, fille aînée et héritière d'Anne de Bretagne et de Louis XII, et épouse de François Ier, y fit à son tour une riche offrande, qui consistait en une robe de drap d'or, et un manteau de même, pour servir à l'Image de Notre-Dame, avec une semblable robe pour l'Enfant Jésus. »

Les pèlerins de ce temps, en entrant dans l'église de Notre-Dame, y lisaient une inscription en vers latins, placée sur le pilier le plus rapproché de la porte, et contenant le récit de l'arrivée de la Vierge. Nous en devons la connaissance à une lettre écrite par un

---

1. *Adornée*, c'est-à-dire *ornée*.

CHAPITRE XIII. — UNE INSCRIPTION.

religieux de Saint-Sauve, de Montreuil, le 24 juin 1520, actuellement conservée à la Bibliothèque du Vatican [1]. En voici la traduction :

« Vous qui de loin, vers ce rivage, tournez votre
« barque voyageuse, pour visiter la Mère de Dieu
« dans son temple vénérable ; — et vous qui, par
« routes de terre, portez vers ce lieu vos pas dévots,
« lisez les vers que contient cet écrit :

« L'an du Seigneur 634, le noble sanctuaire qui
« s'élevait ici depuis déjà longtemps, fut dévoré par
« des flammes et s'écroula tout en ruines. — Mais,
« de peur qu'il ne restât toujours désert et abandonné,
« voici qu'il est bientôt réparé par ordre de la Vierge.

---

1. Quisquis ad hæc vertis peregrinam littora puppim
   Visurus sacræ templa colenda Deæ,
Attulit aut quem pes devotus limite plano,
   Quos tenet hæc versus parvula charta lege.
      Anno Domini VIe XXXIIII
Nobilis hic locus est quem flammeus ignis adussit
   Quo domus hic quondam structa furente ruit ;
Sed quo non semper vidua aut deserta jaceret,
   Virgineo nutu stat reparata modo.
Angelicis remis portum hunc intrasse Mariam
   Advectam huc vulgus fama vetusque probat.
Umbilicum Domini hic, simul et lac ab ubere liquit
   Dulce suo, et quicquid pagina sacra tenet.
Hæc docuit nummisma sub hoc reperire pilari,
   Quo sibi sacra domus hæc renovata foret.
Plebs vetus hoc cuprea signavit imagine cunctis,
   Ut sua jam nullo tempore mira cadant ;
Quare illi laudes propera, devote viator,
   Reddere nam cunctis ipsa favere solet.

Bibliothèque de l'école des Chartes, t. III, 4e sér., 1857, p. 458, tiré du ms. n° 1502 du fonds de la reine de Suède, de la bibliothèque du Vatican à Rome, avec notice par G. Servois. — Je ne sais sur quoi se fonde M. Servois pour dire que ces vers peuvent dater du XIe siècle ; je les crois beaucoup plus modernes, à la facture.

7.

« — En effet, la croyance populaire et de vieilles tra-
« ditions nous assurent que Marie vint un jour aborder
« dans ce port, sur un vaisseau conduit par des anges.
« — Elle y laissa une relique de Notre-Seigneur, avec
« du lait de ses mamelles et le livre des saintes Écri-
« tures. — Puis, afin qu'on pût rebâtir en son hon-
« neur ce temple béni, Elle fit découvrir un trésor
« sous la base de ce pilier. — Les anciens ont pris
« soin de représenter ces merveilles sur des images de
« cuivre, afin que le souvenir n'en fût jamais perdu.
« — Hâtez-vous donc, pieux voyageur, de lui rendre
« vos hommages, car Elle se plaît à exaucer ceux
« qui l'invoquent. »

Tout, dans cet édifice, proclamait la puissance de Celle qu'on y révérait avec confiance. Partout sur les murs étincelaient de magnifiques *ex-voto*, témoignages non équivoques de la gratitude des peuples. Les inventaires qui furent faits quelque temps avant le siége de Boulogne par les Anglais, et que Le Roy a pu consulter, mentionnaient une infinité de richesses qu'il eut été, selon lui, trop long de déduire en détail. « Je me contenterai, écrivait-il en 1681, de dire, en général, qu'outre tous les présents offerts par divers particuliers, dont les noms se sont conservés, et dont j'ai rapporté jusqu'ici la meilleure partie, l'on comptait, dans la Trésorerie, près de cent reliquaires, tant en or qu'en argent, dix-huit grandes Images d'argent, la plupart garnies de très-belles reliques ; onze cœurs et un grand nombre de bras et de jambes, tant en or qu'en argent ; vingt robes et douze manteaux d'étoffes très-précieuses, à l'usage de la sainte Image ; et, pour ce qui est des diamants, des rubis, des saphirs et des autres pierreries qui rehaussaient le prix et l'éclat de la plus grande partie des joyaux de la trésorerie, il serait bien mal aisé d'en dire le nombre au juste. Tout cela était placé en ordre, sous treize arcades, soutenues par autant de piliers, et renfermé dans des armoires destinées à cet usage. Il y avait, outre cela, deux layettes, qui n'étaient remplies que de Lettres d'Indulgences et de Pardons accordés par divers Papes, légats, archevêques et évêques. Voilà quel était alors l'état et la disposition de la trésorerie.

« Pour la Chapelle, elle n'était pas moins somptueuse et magnifique. Arnoul le Ferron, conseiller au Parlement de Bordeaux, qui écrivait un peu après ce temps-là, nous en fait une belle description, dans son supplément de l'Histoire de Paul Émile [1]. « C'était
« un lieu, dit-il, des plus saints et des plus augustes.
« Sept lampes, dont quatre étaient d'argent, et les
« trois autres d'or, brûlaient incessamment devant
« l'Image de la sainte Vierge. Cette Image montrait
« d'une main un cœur d'or, et de l'autre, elle embras-
« sait son Enfant, qui tenait des fleurs d'or, où se
« voyait une escarboucle d'une prodigieuse grosseur;
« les piliers et les colonnes, qui environnaient l'autel,
« étaient revêtues de lames d'argent : enfin tout ce
« qui était dans cette Chapelle, le pouvait disputer

---

1. Arnold. Ferron, *de Rebus gestis Gallorum sub Francisco I.* l. 9, *impress.* 1550. — N. de Le Roy.
Voici le texte d'Arnoul le Féron : Ibi lampades iv argenteæ prope Imaginem Virginis, tres aureæ. Simulachrum divæ Mariæ altera manu ostentans cor aureum, altera infantem complexa, ostentans flores aureos ubi carbunculus eximiæ magnitudinis visitur. Pilæ quæ ante altare erant opertæ argento : multa alia certantia cum veterum quamlibet eximio splendore et apparatu : quæ ita spoliata Angli reliquerunt ornamenta ut vix fani pristina extent, etc. (Edit. 1554, p. 173.)

« avec ce que l'antiquité a jamais eu de riche et
« d'éclatant.

« Mais comme il n'est rien de constant dans le
monde, et que souvent il arrive de grandes révolutions
dans les choses qui paraissent les mieux établies, l'é-
glise de Boulogne, ainsi que la dévotion à Notre-Dame,
ne demeura pas longtemps dans ce haut point de
gloire; et nous l'allons voir tomber par deux fois
dans une affreuse désolation, qu'il me serait bien plus
aisé de pleurer, que de décrire. Nous allons voir un
prince voisin et un peuple entier, dont les ancêtres
étaient si zélés pour le culte de la sainte Vierge, dépouiller son Image et sa chapelle de ce que la piété
des fidèles y avait amassé depuis tant de siècles, et
faire tous les efforts possibles pour en exterminer tout
à fait la mémoire. Nous verrons ensuite des ennemis
domestiques succéder à ces étrangers, je veux dire des
enfants de la France, apporter une seconde fois le fer
et la flamme dans ce sanctuaire de dévotion, et y
exercer tous les maux dont l'hérésie et la sédition
peuvent être capables. J'ai regret de me voir obligé
de rapporter des événements si tragiques, et de trem-
per, pour ainsi dire, ma plume dans le sang. Ce qui
me console néanmoins, c'est qu'après des objets si
tristes, il s'en présentera de plus agréables. Le calme
succédera pour toujours [1] à ces orages passagers, et
nous verrons, avec autant de joie que d'admiration,
la nacelle de Notre-Dame de Boulogne, semblable à

1. L'homme est ainsi fait: l'avenir se présente à lui comme
devant être toujours pur et sans nuage. Moins d'un siècle après
la mort de celui qui écrivait ces lignes, une tempête plus effroyable
a battu la nacelle de Notre-Dame et celle de l'Église; il est vrai
que le calme s'est fait de nouveau; mais durera-t-il? *Militia vita
hominis.*

celle de l'Église universelle, triompher heureusement de toutes les tempêtes que la fureur de l'enfer aura suscitées contre elle [1]. »

CHAPITRE XIV.

Conférences tenues à Boulogne en 1532; — *Henri VIII et François Ier vénèrent Notre-Dame de Boulogne;* — *siége de Boulogne par Henri VIII, en* 1544; — *pillages et ruines.*

Nicolas Camuzat, chanoine de Troyes, nous a conservé dans ses *Meslanges historiques*[1], le récit des fêtes qui eurent lieu à Boulogne, en 1532, lors du séjour qu'Henri VIII et François Ier firent dans cette ville, pour y tenir des conférences. L'abbaye de Notre-Dame, « où il y a une grande cour, environnée de deux corps de bâtiments » fut disposée avec magnificence pour recevoir les deux rois et leur suite. Au milieu était « le réfectouër des moynes » dont le plafond était tendu de « taffetas incarnat, encornetté de taffetas des couleurs du Roy », et dont les murs étaient tapissés de quatre pièces de tapisserie, qui représentaient les victoires de Scipion l'Africain. Ces tapisseries étaient « de haulte lice, tout de fil d'or et de fil de soye; » les personnages en étaient « les mieux faicts « et au naturel qu'on pourroit faire, et n'est possible

---

1. Ant. Le Roy, op. cit., pp. 111-116.
2. Lettre contenant le récit des fêtes, pp. 106, 107 et 108.

« à painctre du monde, dit Camuzat, de les faire
« mieux sur tableaux de boys, et dit-on que l'aulne
« en couste cinquante escus. » A un des bouts de la
salle était « un buffet de six degrez chargé de vaisselle
« d'or et d'argent doré, avec grandes couppes d'or
« enrichies de pierres précieuses, et en grande quan-
« tité, qu'il faict merveilleusement bon veoir, et dessus
« ledit buffet est tendu un ciel de satin cramoysi,
« semé de lyons et autres bestions faicts de perles. »
A l'autre bout, était la table à manger, sur laquelle
était tendu un autre ciel de haute lice, où l'on voyait
« dame charité, faicte au naturel et toute de fil d'or et
de soye. »

Les appartements particuliers des deux rois, situés
dans les deux ailes de l'édifice, n'étaient pas moins
somptueusement ornés. L'historien anglais Hall nous
dit que le roi d'Angleterre avait plusieurs chambres,
dont la dernière était tendue de *beaux Arras*; une
autre était tapissée de velours vert, rehaussé d'or,
d'argent et de broderies, avec une scène des Métamor-
phoses d'Ovide dans chaque panneau [1].

Ces magnificences se retrouvaient dans la cathédrale. On y voyait, « près du grand autel de Nostre-
Dame de Boulongne », deux espèces de trônes, que
Camuzat appelle des oratoires, l'un à gauche pour le
roi de France, l'autre à droite pour le roi d'Angleterre.
Celui de François Ier était ouvert de tous les côtés,
avec un ciel de velours bleu semé de fleurs de lys
d'or. Celui de Henri VIII était tendu de drap d'or et
d'argent frisé, avec le ciel de même.

---

1. Hall's *Chronicles*, containing the history of England during the reign of Henry the fourth... to the end of the reign of Henry the eighth, Londres 1809, p. 791.

CHAPITRE XIV. — CONFÉRENCES DE 1532.

Le roi de France arriva à Boulogne le samedi 19 octobre, accompagné du roi de Navarre, du Dauphin, des ducs d'Orléans, d'Angoulême, de Vendôme, de Guise, de Longueville, des comtes de Nevers, d'Estampes, de Laval, du prince de Melffe, du maréchal de Fleuranges et de beaucoup d'autres seigneurs de moindre renommée. Il s'y trouvait aussi onze évêques et quatre cardinaux. Le lundi suivant, cette noble escorte fit cortége à son souverain jusqu'à Marquise et même jusqu'à Saint-Inglevert, où les deux rois se rencontrèrent. Henri VIII avait amené avec lui les ducs de Norfolk et de Suffolk, les marquis de Dorset et d'Exeter, les comtes d'Arundel, d'Oxford, de Surrey, d'Essex, de Derby, de Ruthlande, de Huntingdon, de Sussex, l'évêque de Winchester et beaucoup d'autres gentilshommes. La suite de tous ces personnages était fort nombreuse; aussi l'historien Hall nous dit-il que la plus grande partie des hommes d'armes furent obligés de rester à Calais parce que la ville de Boulogne était trop petite pour les recevoir. D'un autre côté, la noblesse française n'avait pas avec elle en cette circonstance moins de vingt mille chevaux.

Quand les deux rois firent leur entrée dans la ville, ils furent salués de plus de mille coups de canons. Mais au milieu de ces honneurs ils n'oublièrent pas de se conduire en monarques chrétiens; et, avant de descendre au logis qui leur avait été préparé, ils se rendirent à l'église de Notre-Dame, où ils firent leur offrande à la Vierge de Boulogne [1]. Chaque jour [2] ils assistèrent à la messe devant son autel. Camuzat

---

1. THEN THE TWO PRINCES OFFERED AT OUR LADY OF BULLEYNE (Hall, p. 791).
2. *Daily*, dit Hall, loc. cit.

rapporte même que, le premier jour, Henri VIII, ayant déjà ouï une messe basse, en fit recommencer une autre, en attendant le roi de France, « lequel vint à « l'église vers le commencement de l'Évangille de la « seconde messe dudict roy d'Angleterre, accompagné « de tous les princes de France, cardinaux et gen- « tilshommes, ayans robbes la pluspart bordées de fin « or. » Les deux rois se témoignèrent, en cette circonstance, beaucoup d'amitié. « Ainsi que le Roy estoit « au milieu du chœur, devant le grand autel, dit Ca- « muzat, le roy d'Angleterre sortit de son monastère « et vint embrasser le Roy en lui donnant le bonjour « et à messieurs les enfans et princes, et s'en retourna « avec M. le cardinal de Lorraine en son oratoire, « pour achever d'ouyr sa messe, et le roy au sien « pour ouyr la sienne, pendant laquelle les chantres « chantoient des motez. »

Le 25 octobre, François Ier tint dans l'église de Notre-Dame un chapitre de l'ordre de Saint-Michel, dans lequel il donna le collier aux ducs de Norfolk et de Suffolk, puis il alla reconduire ce jour même à Calais le roi d'Angleterre [1].

Les anglais furent longtemps émerveillés de tout ce qu'ils avaient vu dans cette fête splendide qui rappelait les profusions du camp du drap d'or; et ils vantèrent particulièrement la grande chère qui leur fut faite à tous, aux dépens du roi de France, sans rien épargner, ayant eu à leur disposition les viandes les plus succulentes et le meilleur vin [2].

---

1. Annals, or a generall chronicle of England, begun by John Stow, continued by Edmund Howes, Londini, Meighen, 1631, fol. 559.

2. And great chere was made to all Englishmen ; the poultrees,

CHAPITRE XIV. — SIÉGE DE BOULOGNE.

Malgré toutes ces démonstrations extérieures d'amitié, l'entente ne fut jamais parfaite entre les deux princes rivaux. La guerre se ralluma. Boulogne, frontière de France, si près de Calais, avait souvent tenté la nation Anglaise ; mais on s'était toujours brisé contre ses murs, réputés imprenables [1]. « *La ville « Nostre-Dame de Boulogne est bien forte*, tant de « bonnes grosses doulves [fossés et murailles], qui « sont tout à l'entour d'icelle ville, comme de gens ; « *c'est le quartier de pays où l'on fait les meilleurs « gens d'armes de France* [2], » écrivait l'empereur Maximilien Ier à sa fille Marguerite, gouvernante des Pays-Bas, le 25 mai 1513. Henri VIII la crut à sa convenance et y vint mettre le siége, à la tête de cinquante mille combattants, le 18 juillet 1544. Il n'entre pas dans le plan de cet ouvrage, de raconter les divers incidents de ce siége mémorable, l'ardeur des assaillants, le dévouement des assiégés, la lâcheté du gouverneur et l'héroïque résolution que prit le maïeur, Antoine Eurvin, au nom de tous les habitants, de s'ensevelir, jusqu'au dernier, sous les ruines de la place, plutôt que de se rendre au roi d'Angleterre [3].

---

larders, spiceries, and sellars of wine were all open (Hall, *loc. cit.*) Un état des fournitures, conservé à la bibl. impériale parmi les *Mém. du règne de François I* (Ms. fr. 3052, fol. 59), constate qu'il fallait chaque jour, pour la nourriture des officiers seulement, 5 bœufs, 50 moutons, 10 veaux, de la graisse de bœuf, 80 livres de suif, etc. On y comptait 42 seigneurs, 80 gentilshommes, 73 officiers de la maison du roi, 40 archers de la garde, 365 serviteurs des seigneurs nobles, soit un total de 600 personnes, plus 240 palfreniers et autres valets.

1. Boulogne fut attaqué par les Anglais en 1436, 1465 et 1492.
2. *Correspondance de l'empereur Maximilien Ier et de Marguerite d'Autriche sa fille* (Publ. de la Soc. de l'Hist. de France, par M. Le Glay), t. II, p. 152.
3. Cf. Le *Siége de Boulogne*, poëme, par M. le Baron d'Ordre

L'église de Notre-Dame fut extrêmement maltraitée par l'artillerie anglaise. L'armée de Henri VIII semblait croire que c'était là le principal rempart de la ville. De leur côté, les assiégés mettaient toute leur espérance « en Dieu et en la Vierge Marie. » Le journal du siége, écrit en rimes françaises par le prêtre Antoine Morin, frère de l'argentier de la ville, en fournit plus d'une preuve. Ainsi, à la date du 27 août, après un mois de tranchée ouverte, le chroniqueur s'écrie :

> Nostre fianche estoit en la Vierge Marie ;
> Chascun la réclamoit. De ce nul ne varie,
> Par la bénigne grace de celle que je chante,
> De leur artillerye, n'estoit mort que quarante.

Le succès des sorties faites par la garnison, l'inutilité des efforts et des assauts tentés par les assaillants, tout est attribué à la « benoiste Image : »

> La Vierge qu'on réclame prouveut à cette affaire.
> . . . .
> Miracle lors fut fait par la très-digne Vierge.
> . . . .
> Miracles évidents furent faits à ce siége.
> Qui ne sont cy escripts, par la benoiste Vierge ;
> Sans elle, point de doute que la pluspart du lieu
> N'y eust perdu la vie ; louange en soit à Dieu !

Le 4 septembre on dit une grand'messe en actions de grâces d'éclatants succès obtenus dans une sortie. La garnison avait perdu trois cents hommes, mais elle avait couché dans la poussière plus de quinze cents ennemis [1].

---

avec les notes de M. Al. Marmin, in-8, 1824 ; L. Bénard, *Une page de la vie d'Eurvin*, br. in-8, 1855, et *Hist. de Boulogne*, 1860.

[1]. Arnoldi Ferronii Burdigalensis, *de Rebus gestis gallorum lib. IX ad historiam Pauli Æmilii addit.* éd. Paris, 1554, p. 174, r°.

Tout le peuple s'en vint devant la bonne Dame
Priant sauver la ville et nous, de corps et d'âme [1].

Cependant la garnison, composée en grande partie de mercenaires italiens, ou de troupes mal commandées, ouvrit les portes aux Anglais le 14 septembre 1544, sans tenir compte des représentations du corps de ville, de la noblesse et du clergé.

« Il est aisé de se figurer, dit Antoine Le Roy, de quelle manière Henri VIII, se voyant maître de la place, s'y comporta envers les choses saintes. Après la sanglante persécution qu'il venait d'exécuter dans toute l'Angleterre contre la religion de ses ancêtres, et après les horribles sacriléges qu'il venait de commettre dans la plupart des lieux saints de son royaume, il ne fallait pas attendre de lui un meilleur traitement pour l'église de Notre-Dame de Boulogne. Ce temple si auguste, qui avait été inviolable jusqu'alors, fut abandonné par ce victorieux à la discrétion d'une soldatesque insolente, qui satisfit son impiété et son avarice par le pillage d'une infinité de richesses, que l'on y conservait depuis tant de siècles.

« Entre les articles de la capitulation, il y en avait un, qui portait que tous ceux de la ville, tant ecclésiastiques que séculiers, en pourraient sortir avec leurs meubles, sous de bons et fidèles sauf-conduits ; et les Anglais s'étaient même obligés de leur fournir certain nombre de chariots pour cela. Mais quelle foi doit-on attendre de ceux qui l'ont faussée envers Dieu ? Ils ne tinrent parole ni aux bourgeois, sur qui

---

1. *Chroniques en brief* par Ant. Morin, Ms. de la Biblioth. de Boulogne, passim.

ils exercèrent les dernières violences, ni moins encore aux ecclésiastiques qui se virent impunément dépouillés de tout ce qu'ils avaient cru pouvoir enlever en toute sûreté. Quatre-vingts chariots, que l'on fit venir, en apparence pour servir aux habitants, ne servirent en effet qu'aux gens de guerre, qui les chargèrent pour eux-mêmes des meilleures dépouilles de cette ville désolée. L'abbé de Notre-Dame, qui avait obtenu avec peine un de ces chariots, et qui avait mis dessus tout ce qu'il avait pu sauver de la sacristie et d'ailleurs, eut le déplaisir de voir tout cela volé sur les chemins pendant la nuit [1]. »

Ces tristes détails sont donnés en ces termes par un contemporain : « Le roy d'Angleterre, dit Guillaume Paradin, estant demouré maître de la Haulte et Basse-Boulongne, donna congé aux habitans de pouvoir s'en aller avec leurs biens et ce qu'ilz pouvoient emporter, lesquelz, se confians en ce sauf-conduit, et se retirans à la file sans aucune doute, estoient desvalisez et mis en chemises par les Anglois qui les attendoient aux passages, en quoy receurent les povres Boulonnois dommages inestimables tant en leurs biens qu'en leurs personnes : car ceux qui vouloient ou faisoient semblant de résister estoient taillez en pièces. C'estoit grand pitié de voir les povres dames et damoiselles eschappées de ces cruelz chiens, se sauver nuds pieds et despouillez de leurs habits et aornemens, traînant leurs petis enfans. Et ne fault pas dire si les povres filles à marier eurent à souffrir en ce tumultuaire département, ès personnes desquelles

---

1. Ant. Le Roy, op. cit. pp. 123-124.

furent commis plusieurs cruelz exemples et excès de tyrannie intollérable [1]. »

Le Roy compare la conduite d'Henri VIII à celle des anciens barbares. « Nous lisons, dit-il, que lorsqu'Alaric, roi des Goths, força la ville de Rome, il ne mit au pillage que les choses profanes, et qu'il épargna surtout la basilique des saints Apôtres, où il fit même reporter quantité de vases sacrés, que l'on avait trouvés cachés dans une maison particulière. Les Anglais, plus impies que ce prince arien, n'en usèrent pas avec la même modération : non contents de sacrifier à leur avarice tout ce qu'ils trouvèrent de joyaux, de reliquaires et d'autres meubles précieux, dans l'église et dans la trésorerie de Boulogne, ils portèrent même leur rage et leur fureur jusque sur l'Image miraculeuse : diverses égratignures qui lui restèrent en quelques endroits du visage, et surtout une fraction au nez, furent les tristes marques des outrages qu'elle reçut dans cette occasion. Il faut croire qu'elle ne fut pas mieux traitée en Angleterre, après que ces insulaires, soit pour l'outrager plus à loisir, soit pour donner quelque chose à la curiosité de leurs compatriotes, l'y eurent transportée, avec plusieurs meubles sacrés, du nombre desquels étaient les belles orgues, qui font aujourd'hui le principal ornement de l'église de Cantorbéry [2].

« Certes, ce fut le comble pour l'affliction de Boulogne, de voir enlever l'Image qui avait été de tout temps l'objet de sa plus tendre dévotion, et le gage le plus assuré de la protection du ciel; mais ce ne fut

---

1. *Histoire de notre temps faite en latin par M° Guillaume Paradin, et par luy mise en françois*, Lyon, 1550, in-fol. p. 137.
2. Nous n'avons pu vérifier ce fait, qui est affirmé par plusieurs historiens. — Note de l'auteur.

pas encore assez pour contenter l'impiété des Anglais. Comme s'ils eussent eu dessein d'abolir pour jamais la mémoire d'une dévotion si ancienne, ils renversèrent de fond en comble la chapelle, où s'étaient faits tant de pèlerinages, et où s'étaient opérés tant de miracles ; et ils élevèrent sur les ruines une espèce de boulevard, tandis que le reste de l'église leur servait d'arsenal : changeant ainsi en MAGAZIN DE VULCAN ET SANGUINAIRE OFFICINE DE MARS (ce sont les termes d'un auteur [1] de ce temps-là), L'ÉGLISE NOSTRE-DAME, LAQUELLE SOULOIT ESTRE UN LIEU DE GRAND APPORT, SAINTETÉ ET DÉVOTION, ET CÉLÉBRÉ PAR GRANDS ET MIRACULEUX PRODIGES EN TOUTE CHRESTIENTÉ [2]. »

« Après être resté cinq ans et demi au pouvoir des Anglais, Boulogne fut enfin rendu à la France par le traité de Capécure, signé au fort d'Outreau, le 24 mars 1550. La conservation de cette ville était devenue impossible pour les Anglais, en présence des forces dont la France pouvait disposer. Elle leur avait du reste coûté assez cher, à cause d'une peste effroyable, qui décima plusieurs fois la garnison, et qui fut regardée par les historiens comme une punition du ciel. Guillaume Paradin, cité par Le Roy, dit positivement que Notre-Dame vengeait ainsi la ruine et la profanation du temple auguste, où elle avait opéré tant de merveilles [3]. »

1. Guil. Paradin, de quo infra.
2. Ant. Leroy, op. cit., pp. 124-136. Il cite Guillaume Paradin, *De rebus memoriæ nostræ*, l. IV, c. 6, imprimé en 1548, et son *Histoire par luy mise en françois* ; puis Arnoul Le Féron, *in supp. ad Hist. Paul Æmil.* l. 9, etc., tous auteurs dont il nous a fallu rétablir le texte après confrontation.
3. V. Le Roy, op. cit., aux *preuves*, p. 288.
On lit dans l'édit. franç. de Paradin (*Hist. de nostre temps*, Lyon 1550, in-fol.) p. 137 : « Bientost après s'engendra en la ville une

CHAPITRE XV.

Henri II rentre en possession de Boulogne; — vœu du roi; — bulle du pape Jules III; — offrandes diverses, 1550.

Le roi Henri II avait mis la plus grande importance à rentrer en possession de la ville de Boulogne. Dès son avénement à la couronne, il avait fait un vœu à Notre-Dame, pour le recouvrement du pays sur lequel cette divine Vierge exerçait un patronage tout spécial de suzeraineté.

La noblesse française frémissait de douleur et d'impatience à la vue des malheurs qui étaient venus fondre sur la malheureuse cité. Un acte du temps retrace avec amertume comment, sous le règne « de « très-hault très-chrétien et begnin roy de France et « des François, par la permission de Dieu et non « congnue des humains, la ville et le païs de Boulle- « nois furent usurpés par les Angloix, anchiens en- « nemys du royaulme de France, aussy ennemys de « la très-saincte foy catholicque, qui, entre autres « désolations destruirent et prophanèrent toutes les « églises dudict païs de Boullenois, et entre aultres

si grande pestilence que l'on ne pouvoit fournir à les enterrer : tellement que le roy d'Angleterre ne pouvoit trouver en Angleterre gens qui y voulsissent aller, sinon qu'ils y fussent menez par force et liez, chargez de coups comme forsaires (forçats) : car tant qu'on y en menoit, plus en mouroit : comme par vengeance divine.

« villainement prophanèrent le beau temple de l'ab-
« baye de Boullongne, auquel de grande anchienneté
« avoit esté révéré une ymaige de la Vierge Marie,
« oùquel temple plusieurs bons Chrestiens venoient
« en grand nombre, prier la saincte Vierge leur être
« advocate devers la Saincte-Trinité, pour estre se-
« courus en leurs nécessités, de quoy plusieurs se
« sont bien trouvés [1].

« Ce fut, dit l'historien de Notre-Dame, François
de Montmorency, seigneur de la Rochepot, lieutenant-
général de Picardie, qui prit possession de Boulogne,
au nom du roi son maître. Le Milord qui commandait
dans la place vint au devant de lui et lui remit les
clefs en cérémonie, tous les officiers Anglais étant
rangés en haie, des deux côtés de la rue, et la garnison
filant par une des portes, tandis que les Français
entraient par l'autre. Cela se fit le 25 avril, fête de
saint Marc, de l'an 1550 ; et le 15 mai en suivant,
jour de l'Ascension de Notre-Seigneur, le Roi y entra
en personne, suivi d'une cour très-nombreuse et très-
leste. L'abbé Jean de Rebinghes, qui avait su que le
roi devait faire son entrée dans cette ville, l'y avait
précédé de quelques jours, pour disposer les choses
nécessaires à sa réception. Ses principaux soins furent
employés à purifier l'église qui avait été profanée en
tant de manières, à la parer de quelques ornements
et reliquaires, qu'il avait sauvés avant le siége ; et à
y rétablir le culte divin. Et d'autant que la chapelle,
où était l'Image, avait été renversée, comme nous

---

1. Préambule d'un acte de donation fait par le seigneur de la
Hargerye, daté du Tilloloy, le 8 mai 1551.— Reg. du Roi, de la
sénéchaussée de Boulogne (Archives du tribunal civil), vol. I,
f° 208 et 209.

avons dit, et changée en une espèce de terrasse, ou boulevard, ce bon abbé en fit dresser une dans le lieu même, avec de la toile et des cordages en forme de tentes, suspendues sur six piliers de bois, la nécessité présente ne lui permettant point d'en faire davantage. Le roi y alla, aussitôt qu'il fut entré dans la ville; il y fit ses actions de grâces à la sainte Vierge, pour le recouvrement d'un pays dont il la reconnaissait pour souveraine; et, se souvenant qu'il avait fait un vœu pour cela deux ans auparavant [1], il y satisfit d'une manière vraiment royale, donnant une grande Image de Notre-Dame dans un bateau, faite d'argent massif, du poids d'environ six-vingts marcs, pour être mise en la place de l'Image miraculeuse qui avait été emportée en Angleterre. Notre église conserve encore aujourd'hui cette Image comme une éternelle marque de la piété d'Henri. On y lit cette inscription sur une lame d'argent: *Henricus secundus, Rex Franc. Christianiss. Bononia ab hoste recepta, divæ Mariæ Virgini Deiparæ suos honores restituit anno* 1550, c'est-à-dire: « Henri second, roi de France très-chrétien,
« après avoir retiré Boulogne des mains de l'ennemi,
« a rétabli la Vierge Marie, Mère de Dieu, dans ses
« premiers et anciens honneurs, l'an 1550 [2]. »

1. *Pacificatione cum Anglis facta, et Bononia tradita, rex Eid. maii urbem ingreditur, et appenso ædi primariæ donario, voti ante biennium nuncupati religione se exsolvit.* — De Thou, *Hist. mei temporis*, lib. VI, n° 13, edit. Londin. 1733, p. 219.

Le traducteur (t. 1, in-4, 1734, p. 407) s'est rendu coupable de la phrase suivante : « Après la conclusion de la paix avec l'Angleterre, et la reddition de Boulogne, le roi fit solennellement son entrée DANS PARIS le 15 de mai, et son offrande à l'église de Notre-Dame, pour accomplir un vœu qu'il avoit fait deux ans auparavant. » *Traduttore traditore !!*

2. L'inventaire « des effets mobiliers de la cy-devant cathédrale »

« Il ne manquait plus à la gloire de la sainte Vierge et au bonheur des peuples de Boulogne, que de revoir l'ancienne et véritable Image. Ceux-ci comptaient pour rien de se voir de retour dans leur chère patrie, et d'être rentrés dans la jouissance de leurs biens, tandis qu'ils étaient privés de ce précieux gage du ciel, qui faisait autrefois leur plus solide richesse. Mais ils reçurent bientôt ce dernier accomplissement de leurs désirs ; car comme l'on sut que cette sainte Image avait été jusqu'alors conservée en Angleterre, parmi les malheureux débris de la ville de Boulogne, que la curiosité ou l'orgueil de ces insulaires leur avaient fait garder comme les trophées de leur victoire, le roi se crut obligé d'en poursuivre instamment la restitution. Louis de la Trimouille, prince de Talmond, et depuis premier duc de Thouars, était un des ôtages envoyés en Angleterre pour la sûreté du traité : ce fut lui que le roi chargea de redemander l'Image, et de faire en sorte auprès d'Édouard, qu'elle fût ramenée à Boulogne. Il fut heureux dans sa commission, et il y réussit au gré de son maître et à la satisfaction des Boulonnais : comme les deux rois étaient alors en assez bonne intelligence, jusque là même qu'ils s'étaient depuis peu envoyé l'un à l'autre le collier de leurs Ordres, celui d'Angleterre n'eut pas de peine à consentir que l'Image fût remise entre ses mains.

« C'étaient des Philistins qui renvoyaient l'Arche, et qui la rendaient aux enfants d'Israël, d'autant plus

(14 janvier 1791), mentionne « une vierge avec l'Enfant-Jésus, dans un bateau, avec une voile tendue, portant de hauteur, non compris la baze en bois, trois pieds quatre pouces ; la dite vierge en argent pezant cent marcs, argent de Paris. »

volontiers qu'ils la regardaient comme la cause fatale de tous les maux qui leur venaient d'arriver. Le même vaisseau qui ramena les seigneurs français, rapporta cette précieuse dépouille sur le rivage même, où le ciel l'avait amenée. Le clergé l'y fut recevoir en procession, et la porta comme en triomphe dans son ancienne demeure. Le peuple assista en foule à cette cérémonie, et par mille démonstrations extérieures fit éclater la joie extrême qu'il avait de revoir briller son étoile, après une éclipse d'environ sept années.

« Il ne fut pas longtemps sans en ressentir de favorables influences; car la grâce des miracles se renouvela dans l'église de Boulogne, aussitôt que la sainte Image y fut rétablie, ce qui fut cause qu'on y vit bientôt recommencer les pèlerinages et refleurir l'ancienne dévotion.

« Au reste, personne n'en donna pour lors de plus magnifiques preuves qu'Henri II. Outre le beau présent de l'Image d'argent, dont nous venons de parler, il en fit un autre de quatre grandes lampes du même métal : et comme il ne pouvait souffrir plus longtemps la désolation d'une église que les rois, ses prédécesseurs, avaient tant chérie, il accorda cent chênes de ses forêts du Boulonnais, pour être employés aux plus pressantes réparations, avec une somme de mille écus sols, et une autre de douze cents livres *tournois*, qu'il fit toucher à l'abbé de Notre-Dame, ainsi qu'il est rapporté au compte de l'épargne de l'an 1550 [1].

« Ces œuvres de pure libéralité, ou, pour ainsi dire, de surérogation, furent accompagnées d'une autre,

---

[1]. Extrait du compte de l'épargne, rendu par M. André Blondet, trésorier, pour 1550. — N. de Le Roy. Cf. l'*Hist.* du même auteur, aux pièces justif. p. 289.

que nous pouvons appeler d'obligation et de justice. Ce fut l'hommage du cœur d'or que fit ce pieux prince, à l'imitation des rois, ses prédécesseurs, y ajoutant, comme pour se distinguer des autres, une couronne impériale avec une chaîne de dix-sept anneaux d'or, et ces mots gravés à l'entour : *Henricus II, Rex cliens, patrocinio Dei Matris Virginis hoc oppido recepto à Deo, 7 Calendas Maij, an.* 1550.

« Par là il se déclarait homme lige et vassal de la sainte Vierge, et il avouait par reconnaissance, que la reprise de Boulogne sur les Anglais n'était due qu'aux secours de cette Patronne toute-puissante.

« Le roi Henri ne fut pas seul à témoigner les obligations qu'il avait au ciel, d'avoir remis la ville de Boulogne sous son obéissance : les Boulonnais, qui n'étaient pas moins joyeux de se voir sortis des mains d'un roi étranger et hérétique, pour retourner sous la domination de leur prince légitime, donnèrent aussi de publics témoignages de leur reconnaissance, ordonnant qu'il se ferait tous les ans, le 25 d'avril, fête de saint Marc, une procession générale avec sermon en actions de grâces de la sortie des Anglais à pareil jour, et de l'heureux rétablissement du culte de leur sainte Patronne [1].

Le Souverain-Pontife, à qui est confiée la sollicitude de toutes les églises, s'empressa de contribuer aussi, pour sa part, à la restauration du culte dans l'église de Notre-Dame. Jules III, qui venait de monter sur le siége de saint Pierre, accorda une indulgence plénière à ceux qui visiteraient dévotement cette église, les jours de Noël et de Pâques, pendant trois ans.

---

1. Ant. Le Roy, op. cit., pp. 129-134.

Voici, d'après le Père Alphonse, « quelque partie de sa bulle [1] : »

« Jules, Pape, ayant eu certaine cognoissance qu'au
« temps que les Anglois ont pris et possédé Bou-
« longne, ils en ont violé, prophané et ruiné toutes
« les églises, mais principalement celle de Nostre-
« Dame, très-somptueusement bastie, et ont aboly
« tant qu'ils ont peû l'honneur et la dévotion qu'on
« y portoit à la très-saincte Vierge; et voyant qu'elle
« est remise souz le domaine et l'empire de nostre
« bien-aymé Fils en JÉSUS-CHRIST, le très-chrestien
« Roy de France Henry II, comme elle estoit aupa-
« ravant; Désirant remettre en estat, et en son ancien
« lustre, l'honneur et la vénération qu'on portoit à
« ces églises, et surtout pour animer les fidelles à
« présenter souvent leurs vœux et leurs services à Dieu
« et à sa très-saincte Mère en son Église, à laquelle
« nous avons appris que ledit Roy Henry portoit une
« singulière et très-grande vénération ; Et, afin qu'un
« chacun des fidelles cognoisse les grâces et les fa-
« veurs qu'ils en peuvent recevoir, Nous, confians en
« la miséricorde divine, donnons pleine indulgence
« et rémission de tous les péchez à toutes personnes
« de l'un et de l'autre sexe, de quelque part qu'elles
« puissent venir, qui, confessez et contrits, visiteront
« l'Église de Nostre-Dame aux jours et festes de Noël
« et de Pasques, par l'espace de trois ans. »

Catherine de Médicis, femme de Henri II, imita la piété du roi son époux, envers Notre-Dame de Boulogne. Cette princesse, qui se glorifiait d'appartenir

---

[1]. *Hist.* cit., p. 136-138. — L'auteur donne en marge un fragment latin correspondant à sa traduction. Le Roy (p. 130) est plus bref encore.

par sa mère à l'ancienne famille des comtes de Boulogne [1], donna pour offrande « une chapelle d'or complète, avec une lampe d'argent d'une pesanteur excessive; et outre cela plusieurs chapes, chasubles, tuniques et parements d'autel de diverses couleurs, tissus d'or et d'argent, et damassés en relief, avec ses armes en broderie, à l'écusson de Boulogne sur le tout, dont une partie sert encore aujourd'hui, après un usage de plus de six-vingts ans. Plusieurs dames de sa cour furent libérales à son imitation : entre autres, la duchesse de Valentinois et la marquise d'Elbeuf, dont l'une fit présent d'une grande lampe d'argent, et l'autre d'un riche tableau aussi d'argent massif.

« Les hommes en cette occasion ne le voulurent point céder aux dames. Il y en avait trois, alors très-considérés à la cour; c'étaient Jacques d'Albon-Saint-André, maréchal de France, Anne de Montmorency, connétable, et François de Lorraine, duc de Guise. L'on disait du premier, que le roi le traitait comme son favori, du second, qu'il le respectait comme son père, et du troisième, qu'il le chérissait comme son frère. Ces trois puissants seigneurs, qui avaient le plus de part aux bonnes grâces du roi leur maître, en voulurent avoir à celles de la Mère de Dieu, et lui offrirent chacun une belle lampe d'argent, marquée de leurs armes. On croit que la lampe présentée par le duc de Guise fut un vœu qu'il fit à Notre-Dame, en action de grâces d'un bienfait signalé qu'il en avait reçu, quelques années auparavant. Il était encore duc d'Aumale

1. La mère de Catherine était Madeleine de la Tour, dite de *Boulogne*, fille de Jean de la Tour, IIIe du nom, comte d'Auvergne : Madeleine de la Tour avait épousé en 1513, Laurent de Médicis, IIe du nom, qui fut fait duc d'Urbin par le pape Léon X, son oncle.

CHAPITRE XV. — OFFRANDE DU CARDINAL DE GUISE. 175

pour lors : s'étant trouvé dans une rude escarmouche qui se donna contre les Anglais, pendant qu'ils tenaient Boulogne, il fut atteint d'un coup de lance, dont le fer, avec un tronçon de bois, lui entrait par l'angle d'entre l'œil droit et le nez, et lui sortait par derrière, entre la nuque et l'oreille : il n'en perdit pourtant ni les arçons, ni l'entendement ; et ce qui est plus surprenant, il en guérit en très-peu de temps. Comme la blessure était jugée mortelle, la guérison en parut miraculeuse, et tous les historiens de ce temps l'attribuent à quelque puissance céleste : ce qui fait croire que l'ayant attribuée lui-même à la sainte Vierge, il l'en a remerciée par le présent de la lampe, dont je viens de parler. Elle fait encore aujourd'hui, disait Antoine Le Roy en 1681, partie des richesses de notre église, et tient compagnie à une autre de même figure et de même métal, présentée par le cardinal de Guise, son frère, depuis si connu au concile de Trente et ailleurs, sous le nom de cardinal de Lorraine. Cette dernière lampe porte sur une plaque l'écu des armes du donateur, et ces mots gravés sur une autre : *Charles de Lorraine, Cardinal de Guise, Archevesque de Reims, premier Pair et Légat-né du Saint-Siége Apostolique, l'an* 1550.

« Notre sacristie conserve encore, ajoute le même auteur, un présent du même temps fait par un autre prélat de notre France. C'est un calice de vermeil doré, que donna Robert Cenalis ou Cenault, évêque d'Avranches, doyen de la sacrée faculté de Paris, et l'un des plus grands fléaux des hérétiques de son temps : les armes du bienfaiteur sont gravées sur le pied, avec ces paroles au dessous : *Ex dono R. Domini Roberti Cenalis Abrincensis Episcopi* 1550.

« Environ ce même temps, il se fit quantité d'autres présents repris dans l'inventaire que l'on fit alors des reliquaires et joyaux, qui avaient été cachés pendant le siége des Anglais ; mais parce que les noms des auteurs n'y sont pas exprimés en particulier, je ne m'arrêterai pas à en faire ici le dénombrement. Je me contenterai de remarquer seulement, que cinq ou six ans après le rétablissement de la sainte Image, les richesses de la trésorerie montèrent à une valeur de deux cent mille livres, selon le rapport qu'en fit l'Abbé de Notre-Dame au roi qui en témoigna de l'étonnement.

« Outre les offrandes en lampes, en reliquaires, ornements et autres meubles d'église, il y eut plusieurs autres dons pieux, que firent diverses personnes, pour en réparer les ruines. Antoine de Bourbon, duc de Vendôme, pour lors Gouverneur général de la Picardie, et des Comtés du Boulonnais et d'Artois, qui, avec les deux princes ses frères, avait accompagné Sa Majesté dans ses voyages pour le recouvrement de Boulogne, fit faire une vitre vers le milieu du chœur, où se voyait son nom et celui de Jeanne d'Albret sa femme, mère du roi Henri-le-Grand.

« Le seigneur de Créquy fit don d'une semblable vitre, où étaient quatre écussons, tant de ses armes que de celles de sa femme, en quoi ils se rendirent tous deux imitateurs de la piété du roi, qui avait donné la maîtresse vitre au dessus de l'autel du chœur, où était sa représentation et celle de la reine sa femme, en peinture fort délicate.

« Je finirai le détail de toutes ces pieuses libéralités, par celle de François de Raisse, seigneur de la Hargerie, qui en reconnaissance de plusieurs grâces reçues de la Sainte-Vierge, dans ce second avénement de son

CHAP. XV. — DONATION DU SIEUR DE LA HARGERIE. 177

Image, donna une somme de six mille livres, pour réparer la couverture de son église [1]. L'abbé et les religieux de Notre-Dame, en considération de ce bienfait, s'obligèrent de lui faire dire tous les jours une messe. Voici un extrait de l'acte qui en fut passé, et je ne l'insère ici, ajoute Le Roy, que parce qu'il fait preuve du retour de l'Image miraculeuse [2].

« Nous, Jehan de Rebinghes, par la permission
« divine, humble abbé de l'Église et Abbaye de
« Nostre-Dame en ceste ville de Boullongne, bache-
« lier formé en théologie et aulmosnier de la Royne,
« congrégé et appellé nostre Chapitre et convent,
« assavoir sire Rogier de la Broye, prieur, sire Ber-
« thèlemy Quinquet, chantre, sire Pierre Eurwin,
« chèvecier, sire Baudrain de Nielles, trésorier, sire
« François de Gouy, sourchantre, sire Jehan Roussel,
« chappellain dudit abbé, et tous aultres religieux
« et profectz de la ditte abbaye, représentans tous le
« corps dudit Chapitre et convent dudit lieu, et capi-
« teullairement congrégés et assemblés pour délibérer
« ensemble et unanimement de l'affaire cy-après
« mentionnée ;
« Aians receu le propos de très-hault et très-puis-
« sant seigneur Messire François de Raisse, chevalier
« seigneur de Hargerye, conseiller du Roy et son
« mestre d'ostel ordinaire, seigneur usufructuaire de

1. Les armes de ce seigneur furent apposées aux plus hautes voûtes de la nef, dans la dernière réédification ; elles étaient d'or à trois chevrons de sable. — N. de Le Roy.
2. Ant. Le Roy, op. cit., pp. 135-138. — Pour la citation de la pièce suivante, nous avons abandonné notre guide. Le texte qu'il a donné étant inexact, nous avons suivi la copie officielle que nous fournit le *Registre du Roi de la Sénéchaussée de Boulogne*, vol. I, f° 205 et suiv. (Archives du tribunal civil).

8.

« Crévecœur, Arleux, Rumilly et Saint-Soupplet en
« Cambrésis, par don de trois roys successivement,
« c'est assavoir de très-pieux, victorieux et benins
« Roys de France, Loys XIIe, François, premier de ce
« nom, et Henry, second de ce nom, tendans par
« ledit sieur de Hargerye, donner et aulmosner, au
« prouffict et réparation de la couverture de [ladite]
« église, la somme de six mille livres tournois, soubz
« les charges et conditions cy-après déclairées, pour
« faire dire et célébrer, par chacun jour de l'an, devant
« l'Imaige Nostre-Dame, une messe perpétuelle, la-
« quelle ymaige a esté raportée d'Angleterre, à la
« poursuite du seigneur de la Trimouille, lequel lors
« estoit hostaigier oudict Angleterre, par le comman-
« dement dudit très-chrestien Roy et victorieux,
« Henry, Roy de France, second de ce nom, et lequel,
« par ses récens (?) et victorieuses emprinses, a ré-
« duict et remys en ses mains la ville et comté de
« Boullongne, laquelle auparavant estoit possédée
« et usurpée par les Angloix, à la grande désolation
« du posvre pœuple et du païs de Boullenois, et,
« entre aultres désolations, auroient prophané, des-
« truict et adnichilé [1] la dite église et abbaye de
« Nostre-Dame dudit Boullongne, ésquelles victoires
« le dessusdict très chrestien roy Henry, avecq ses
« princes, cardinaulx et seigneurs, vint visiter sadicte
« ville de Boullongne, et principalement remerchier
« Dieu et sa saincte Mère en ladite église, des grandes
« victoires et grâces que Dieu luy avoit donné en la
« réduction de ladite ville et conté de Boullongne, à
« laquelle église il feit lors plusieurs dons, pour la

---

1. Annihilé, anéanti.

« réparation d'icelle, et, entre aultres choses, donna
« une imaige d'argent de la Vierge Marye, que l'on
« voit encores à présent ;

« Sy feirent plusieurs princes, cardinaulx et sei-
« gneurs, quy donnèrent plusieurs lampes d'argent que
« l'on voyt encores à présent devant ladicte ymaige,
« et en considération des grandes miséricordes et
« grâces que ledict sieur de la Hargerye confesse et
« croyt que Dieu, par les dignes intercessions de sa
« très-saincte Mère et Vierge Marie, a eu, et en foy
« qu'il croyt fermement que ladicte Saincte-Vierge a
« accez devant la Saincte-Trinité et que ses sainctes
« prières sont tous jours exaulcées, quand il luy plaist
« prier pour les nécessités, quy pœuvent venir aux
« bons chrestiens ses dévotieulx ; pour ces causes,
« ledit sieur de Hargerye vœult et entend ladite somme
« de six mil livres tournois estre employés en ardoise
« et ouvriers pour fournyr ladite couverture,..... à
« condition que, moiennant ladicte aulmosne, et adfin
« de estre comprins ès prières et oraisons qui se font
« en ladicte église, ledict seigneur a voullu et vœult
« que nous nous submetons et obleigeons, et les abbé
« et religieulx successeurs, pour l'advenir, à faire
« dire et célébrer perpétuellement, par chacun jour
« de l'an, une basse [messe], à l'hostel qui est ou
« sera devant ladicte ymaige de la benoiste Vierge
« Marye, rapportée, comme dessus est dict, en ce
« roiaulme de France, à l'ayde et poursuite dudict
« sieur de la Trymouille, laquelle messe se nommera
« la messe de la Hargerye [3], etc.

1. On a frappé un mereau spécial pour cette fondation : d'un
côté sont les armes, blasonnées ci-dessus, avec cette inscription :

. . . .

« En tesmoings de ce, nous avons faict mettre les
« sceaulx de nous abbé et convent à ces dictes pré-
« sentes, qui furent faictes et acordées en nostre dict
« chapitre, le xxiiij jour de janvier de l'an M. V. C.
« et cinquante [1], et scellées de deux sceaulx en chire
« verte. »

CHAPITRE XVI

Destruction de la ville de Thérouanne ; — le Chapitre de cette église est transféré à Boulogne, 1553 ; — immense concours de pèlerins ; — S. Pie V érige le siége épiscopal de Boulogne, 1567.

Tandis que l'église de Notre-Dame de Boulogne se relevait glorieusement de ses ruines, une lamentable affliction écrasait le diocèse de Thérouanne, dont Boulogne faisait alors partie. La vieille cité des Morins, prise d'assaut le 20 juin 1553, subissait la colère du vainqueur. Charles-Quint n'y voulut pas laisser pierre sur pierre : il fit passer la charrue et semer le sel sur l'emplacement de cette ville infortunée, qui avait été

---

† MES[R]. FRANCOYS. D. RAISSE. S[R]. D. LA HARGERIE ; de l'autre, un personnage debout, avec ces mots du psaume XL : * BEAT[9]. QVI. ITELLIGIT. SVP. EGENV. ET. PAVPERE ; dans le champ, les deux lettres L. D. *loco distributionis.* Ce mereau, qui a été trouvé à Wimille, fait partie de notre collection.

1. *Vieux style,* c'est-à-dire 1551.

CHAP. XVI. — RUINE DE L'ÉVÊCHÉ DE THÉROUANNE.

l'un des boulevards de la France et le siége d'un illustre évêché.

Les chanoines de l'insigne cathédrale, ne pouvant rester au milieu des ruines de leur église désolée, demandèrent à leur supérieur immédiat, l'archevêque de Reims, de leur assigner, en France, un asile provisoire, pour y vaquer à la prière et à la célébration de l'office divin, en attendant que le Saint-Siége, d'accord avec le roi de France, eût pourvu à l'érection d'une nouvelle cité épiscopale. Par ses lettres, en date du 14 juillet suivant, l'archevêque transféra le Chapitre à Boulogne-sur-Mer, dans l'église abbatiale de Saint-Wulmer. C'est là que, depuis la veille de la Toussaint 1553 jusqu'au 15 janvier 1557, le collége sacerdotal de l'antique Morinie put trouver un abri passager.

Charles-Quint, maître de la ville de Thérouanne, avait espéré conserver l'évêché de cette ville sous sa domination temporelle ; mais le Chapitre, composé en très-grande partie de sujets français, prétendit rester fidèle à son roi et ne voulut pas se ranger sous l'autorité du vainqueur [1].

Henri II appuyait leur résolution. Il écrivit en effet au cardinal de Bellay et sieur de Lansac, son ambassadeur à Rome, la lettre suivante, datée de Compiègne, le 30 juillet 1553 :

« Il y a aussi une autre requeste que j'ay à faire à

---

1. On a conservé, jusqu'à la Révolution française, dans les archives du Chapitre, un « Mémoire d'instructions pour faire des représentations au roy, au sujet de la prétention de l'empereur Charles V, qui voulait se rendre maître de l'évêché de Térouanne, ou le diviser. » — Cette pièce a disparu des archives, où elle figurait sous la cote C 3, n° 2.

nostre dit Saint-Père, pour les pauvres chanoines de l'église cathédrale de Thérouenne, qui se sont retirez devers moy, comme à leur prince, protecteur et conservateur, afin de leur donner et assigner lieu certain en leur diocèse, sous mon obéissance, où ils se puissent retirer pour faire leur devoir de célébrer et continuer le service divin ; sur quoy je leur ay accordé ma ville de Boulogne, pour leur retraite, en l'une des églises d'icelle ville, qui est du diocèse dudit Thérouenne ; ayant délibéré et résolu de leur aider et pourveoir à leur entretènement, en attendant qu'ils puissent jouir de quelque portion de leur bien et revenu, situé et assis au pays de l'empereur, mon ennemi. Parquoy vous supplierez nostre dit Saint-Père de ma part, à ce que son bon plaisir soit d'accorder *la translation du Siége épiscopal dudit Thérouenne en ma dite ville de Boulogne.* A quoy ledit empereur, ny autre, ne peut prétendre intérest, attendu que c'est le lieu du diocèse dudit évêché, qui est en la disposition de mon indult, comme estant des anciennes limites de mon royaume, car la pitié est grande en cet endroit [1]. »

Nous sommes obligés de passer rapidement sur ces détails, qui trouveront leur place dans un autre ouvrage ; il faut ici nous borner au nécessaire.

Six chanoines de Thérouanne, réfugiés à Saint-Omer, sous la protection de Charles-Quint, malgré les protestations de leurs confrères et les ordres de leur supérieur, s'obstinaient à représenter le Chapitre entier, dont ils s'appropriaient à eux seuls les revenus. Henri II, de son côté, confisquait, à titre de repré-

---

1. G. Ribier, *Lettres et mémoires d'Estat, servant à l'histoire de François I, Henri II et François II*, t. II, p. 471.

sailles, les biens que les communautés étrangères possédaient dans ses états ; et, comme il le dit avec une énergique vérité, « la pitié était grande en cet endroit. »

Le diocèse de Thérouanne, comme plus tard celui de Boulogne, était assis sur un territoire qui était loin d'appartenir tout entier à la France. Cette frontière du Nord, le grand chemin des invasions, peuplé d'une race mixte, a été, jusqu'à la paix de Nimègue, un perpétuel champ de bataille. Pouvait-on espérer d'y maintenir un seul évêque français, ayant juridiction sur une population dont les trois quarts obéissaient à un souverain étranger ?

On résolut de diviser le diocèse en deux parties égales sous le rapport du territoire, des charges et des revenus. Le traité de Cateau-Cambrésis (3 avril 1559), arrêta en principe cette division, qui fut effectuée dans la *partition* d'Aire, signée le 29 juin suivant.

Depuis quelque temps, Charles-Quint travaillait à augmenter considérablement le nombre des évêchés, dans les Pays-Bas Espagnols. Cette contrée, pleine de villes opulentes, regorgeant de population, avait en effet bien peu d'églises cathédrales ; et, suivant la remarque du pape Pie IV, il était difficile que les évêques pussent administrer, avec tout le soin convenable, la grande multitude d'âmes confiées à leur sollicitude [1]. En conséquence, les grands évêchés de

---

1. Pro tanta oppidorum celeberrimorum frequentia, locorumque suorum multitudine, adeo paucas ecclesias cathedrales habebat, ut earum episcopi ea qua opus erat diligentia tantam animarum multitudinem minime regere poterant. — *Bulle d'érection de l'évêché de St-Omer*, dans le *Gallia Christiana*, t. III. *Instrum.*, p. 99.

Liége, de Tournai, de Cambrai, etc., furent démembrés successivement; et, en outre, deux siéges, au lieu d'un, furent créés dans la partie du diocèse de Thérouanne qui échut à l'empereur. Saint-Omer et Ypres se partagèrent cet honneur, en conséquence des bulles du pape Pie IV, du 11 mars 1560.

Pendant ce temps, les vicaires-généraux de Thérouanne (le siége vacant) et les vingt-deux chanoines retirés à Boulogne attendaient que le Saint-Siége rétablît leur évêché, pour la partie française. A la mort de Jean de Rebinghes, abbé de Notre-Dame de Boulogne (1557), il fut arrêté que cette abbaye serait supprimée, réunie aux possessions du chapitre et du nouveau siége, pour servir de résidence à l'évêque, et d'église cathédrale au diocèse, conformément aux suppliques qui avaient été adressées au Saint-Père. Les chanoines y furent, en conséquence, transférés par lettres-patentes du 31 décembre 1557 et entrèrent en possession le 16 février suivant.

L'Image de Notre-Dame était alors, dit Antoine Le Roy, « visitée d'un concours de peuple si extraordinaire, que les pèlerins trouvaient à peine où se loger, quoiqu'en ce temps presque toutes les maisons servissent d'hôtellerie. Aussi l'église fut-elle honorée de grand nombre de vœux et d'offrandes, dont les inventaires, qui furent faits alors, se trouvent chargés, et particulièrement ceux des années 1561 et 1564, par Pierre Eurvin, trésorier, et Jean de Maillefeu, depuis prieur de Beussent et grand vicaire de l'évêché, tous deux chanoines réguliers de l'abbaye de Notre-Dame. Les registres du chapitre [1] parlent aussi d'une somme

---

1. Archiv. Capit. D. n° 1, 3, f° 35.

considérable que le roi Charles IX et le jeune duc de Guise, Henry de Lorraine, depuis si puissant dans l'État, avaient aumônée et dont on préparait les comptes d'emploi, pour l'arrivée prochaine de Sa Majesté en cette ville [1] », le 29 juillet 1566.

Le concours des pèlerins étrangers qui se rendaient à Notre-Dame de Boulogne était tel qu'on affectait d'y voir un danger pour la France. Les réformés de ce pays s'en alarmèrent. On lit dans les mémoires du temps que le roi de France aurait bien dû mettre « hors de ses villes et frontières les images ausquelles « y a si grand apport, comme de Nostre-Dame à « Boulongne, de Saint-Esprit à Rue, et autres. » Comme on reprochait aux Flamands de venir quelquefois en France afin d'y assister aux conventicules des Huguenots, ils ajoutent : « Pour un Flamand qui « vient en France pour ouïr les presches de la re- « ligion réformée, il y en vient ordinairement plus « de cent en ces pèlerinages, avec chariots et grands « chevaux ; voire que, depuis les troubles, plus que « jamais, *on les y a veu venir plusieurs chariots à la* « *fois, et de grans seigneurs dedans ;* qui n'est pas « sans donner quelque chose à penser à ceux qui « prévoyent de loin ; attendu les beaux coups qui se « sont faits en divers lieux, sous ombre de telles « allées et venues à de tels chariages [2]. »

La mort imprévue de Henri II, le règne si court de son successeur et les tristes complications des guerres religieuses apportèrent quelque retard à l'érection du

1. Ant. Le Roy. op. cit., pp. 149 et 150.
2. Discours sur les bruits contraires à l'observation de l'édit de pacification de 1555, au t. V. des Mém. de Condé, p. 270, ap. Lefebvre *Les Huguenots et la Ligue au diocèse de Boulogne*, p. 82.

siége épiscopal de Boulogne. Du reste, le gouvernement espagnol fit encore quelque opposition : l'évêque de Saint-Omer, Gérard d'Hamericourt, en fut l'organe, intéressé ou officieux. En 1566, nous voyons l'official de Thérouanne, maître Sulpice Charlemagne, député vers le vice-roi, à Bruxelles, pour y prendre des informations et y porter des mémoires relativement aux difficultés qui s'étaient élevées depuis peu [1]. Le président Dormy, dont le neveu et le fils ont été successivement évêques de Boulogne, paraît avoir pris une très-grande part à la solution de ces difficultés. Il entretenait avec le chapitre une correspondance active ; et, par son crédit, ses efforts et ses soins, il obtint du Siége apostolique une décision favorable à l'érection de l'évêché de Boulogne-sur-Mer.

Le 5 des nones de mars 1566 (c'est-à-dire le 3 mars 1567, suivant notre manière de compter [2]), le grand Pape saint Pie V, amené à cela, dit-il, par les prières de son très-cher fils en Jésus-Christ, Charles IX, roi

---

1. Une délibération du 4 septembre 1566 est ainsi conçue : « Perlectis literis Domini præsidis Dormy certisque literarum regis copiis et aliorum de impedimentis per episcopum Audomarensem factis super partitione episcopatus Morniensis Boloniæ aut alibi erigendi, Domini mei, capitulariter congregati, deputarunt officialem Morinensem ad proficiscendum Bruxellas, cui tradendum concluserunt omnes copias articulorum et memoriarum, jam ad legatum regis ibidem missas. » Le 5 novembre suivant et le 16 avril 1567, on s'occupait encore de cette affaire et des lettres de l'évêque de Saint-Omer. *Regist. conclusionum Capit. Morin. Boloniam translati* (Archives capitulaires, D. n° 1, 3).

2. L'année commençait alors, à Rome, le 25 mars. Saint Pie V ayant été intrônisé le 17 janvier 1566, la première année de son pontificat finit le 17 janvier 1567 ; or, la bulle étant datée de la DEUXIÈME année (*Pontificatus nostri anno secundo*), il est évident que 1566 doit être *vieux style*, et qu'il faut, pour être d'accord avec le comput moderne, lire 1567.

de France très-chrétien, voulant, pour la gloire de Dieu et l'exaltation de l'Église catholique, accomplir cette œuvre insigne, considérant LA POPULATION ET LA CÉLÉBRITÉ DE LA VILLE DE BOULOGNE, LA FERTILITÉ DE SES CAMPAGNES, L'ÉTENDUE DE SON COMMERCE ET LA FACILITÉ DE SES COMMUNICATIONS [1], invoquant l'autorité des apôtres saint Pierre et saint Paul, supprima l'abbaye de Notre-Dame, érigea la ville en cité, et l'église en cathédrale, sous le nom de Boulogne et l'invocation de la bienheureuse Vierge Marie [2].

Ainsi fut rétabli, comme une sentinelle avancée de la foi catholique, cet évêché des Boulonnais, *Civitas Bononensium*, dont on retrouve le nom sur les anciens diptiques du IVe ou du Ve siècle. Il avait été fondé pour faciliter la conversion de la Grande-Bretagne au christianisme; et, dans les desseins de Dieu, son rétablissement devait contribuer à ramener dans le sein de la véritable Église les enfants de cette même île, égarés dans les sentiers de l'erreur. Sur la montagne de Boulogne, aux pieds de la Vierge qui règne sur les flots, il se trouvera donc désormais un prélat, tenant en main le sceptre du pouvoir ecclésiastique, avec mission de consoler, de bénir, de corriger et de reprendre, au nom du Seigneur ! C'était un immense honneur et un bienfait inappréciable pour la ville de Boulogne.

---

1. OPPIDUM POPULOSUM QUIPPE ET CELEBRE, AGRO ET ANNONA FŒCUNDUM COMMEATUQUE COMMODUM.
2. *Bulla erectionis cathedralis ecclesiæ Boloniensis*, Gallia Christiana, t. X, *instrument.* col. 420.

CHAPITRE XVII.

La Michelade à Boulogne, 1567; — disparition de l'Image miraculeuse de Notre-Dame; — massacres, ruines et pillages; — restauration du culte, 1568; — dons, offrandes et pèlerinages.

Il y avait déjà quelques temps que les doctrines du protestantisme, malgré les efforts persévérants de l'Église catholique, circulaient en France et gagnaient chaque jour du terrain. Tout ce qui avait un dégoût secret de l'autorité, les esprits inquiets, turbulents, ambitieux, cherchaient de ce côté, avec l'indépendance religieuse, une arme contre le pouvoir, ou bien un piédestal pour leur vanité. La réforme était, tout à la fois, une secte religieuse et une faction politique [1]. Aspirant à la domination exclusive, les protestants travaillaient à imposer leurs croyances par tous les moyens dont ils pouvaient disposer; maîtres du pouvoir, et n'ayant jamais vu sur le trône de France que des enfants de l'Église, les catholiques se défendaient en employant les mêmes armes; de là, les guerres de religion. « Un homme, dit M. Audin, court au martyre sans se plaindre; mais un culte a une autre mission, c'est de vivre [2]. » On a trop longtemps représenté les calvinistes français du XVIe siècle comme

---

1. Un écrivain du temps, Michel de Castelnau, le constate dans ses *Mémoires* (liv. I, chap. 7), quand il dit: « Aussi ne s'assemblaient-ils pas seulement pour l'exercice de leur religion, mais aussi pour les affaires de l'État. »
2. *Hist. de Luther*, 1re édit. in-8, t. II, pp. 113-114.

les tristes victimes de l'intolérance catholique : c'est le contrepied de l'histoire. A Boulogne, nous allons les voir à l'œuvre, et nous pourrons les juger.

Une conspiration formidable, tramée dans les consistoires, et dont le projet n'allait à rien moins qu'au renversement du trône, éclata sur tous les points du royaume, à la fin du mois de septembre 1567. Cinquante villes tombèrent en un instant au pouvoir de la faction, et furent traitées en pays conquis. Dépouiller ou chasser les habitants, massacrer les prêtres et les religieux, profaner tous les objets du culte, saccager les églises et brûler les reliques des saints ; tel fut le mot d'ordre de la *Michelade* [1].

Dès le mois de juin de la même année, arrivèrent à Boulogne quatre ou cinq ministres de la religion nouvelle, accompagnés de nombreux étrangers [2]. Le Chapitre s'en émut, craignant que ces prédicants ne fussent venus entreprendre quelque chose de mal contre l'Église et ses ministres [3]. Les appréhensions des catholiques n'étaient que trop fondées. Louis de Lannoy, seigneur de Morvilliers, gouverneur de la ville, y rentra le 26 septembre suivant, après quelques mois d'absence. Avec lui, disent les registres capitulaires, débarquèrent plusieurs étrangers, tant cavaliers que fantassins, sectateurs zélés de la nouvelle religion ; et, chaque jour, comme dans un asile sacré, une foule

---

1. Cf. Réflexions sur l'histoire religieuse des Français et recherches sur le protestantisme, par le R. P. Charles Verdière S. J., art. XIV, pp. 87 et sqq.

2. Quatuor aut quinque ministros novæ religionis, alias prædicantes, una cum pluribus alienigenis (*Regist. conclusionum capit. Morin. sup. cit.*)

3. Timentes ne aliquid mali contra Ecclesiam et ipsius ministros moliantur. Ibid.

immense de huguenots, ennemis très-acharnés des hommes d'église, venait de toutes parts prendre possession de la ville [1].

A ce spectacle, plusieurs des chanoines, ne croyant pas leur vie en sûreté [2], se réfugièrent à Montreuil ; les autres se fiant aux mielleuses paroles du gouverneur [3], crurent devoir rester pour ne pas interrompre la célébration des offices divins. Quelques années auparavant, dans une circonstance semblable, quoique moins grave, ils avaient fait transporter à Montreuil, ou caché dans des souterrains, leurs ornements les plus riches et les plus précieux objets de la Trésorerie. Cette fois, ils eurent l'imprudence d'en confier la plus grande partie au sieur de Morvilliers. Ils ne tardèrent pas à reconnaître quelle était leur erreur.

Le matin du dimanche 12 octobre, en entrant dans l'église, on s'aperçut que l'Image miraculeuse de Notre-Dame avait été enlevée de son autel. Les plus minutieuses perquisitions, faites sur-le-champ par le lieutenant-général, Antoine Chinot, n'amenèrent aucun résultat [4] ; et l'on dut se borner à attendre que la Providence fît connaître l'auteur de ce vol sacrilége. Consternés et tremblants, les catholiques n'osaient se confier qu'en secret leurs soupçons et leurs craintes. La disparition de l'Image, qui était regardée comme

---

1. Et illuc in dies, tanquam ad sacram anchoram, confluebat undique maxima Hugotorum viris ecclesiasticis præsertim inimicorum infestissimorum turba. — Ibid.

2. Videntes ibidem non sine suæ vitæ maximo periculo residere posse. Ibid.

3. Blandis verbis et mellifluis pollicitationibus ejusdem domini de Morvilliers. Ibid.

4. Procès-verbal rédigé *touchant la vieille Image Nostre-Dame, quy a esté desrobée* ; original ms. de la Biblioth. de M. Eug. de Rosny, de Lozembrune.

le palladium de la cité, faisait redouter les plus grands malheurs.

Bientôt l'orage se déclara dans toute sa violence. Le jour des morts, pendant que le vénérable Pierre Darques, doyen du chapitre de Thérouanne, et ses confrères qui étaient restés à Boulogne, chantaient l'office des trépassés, de nombreuses décharges d'arquebuses éclatèrent tout à coup ; une grêle de pierres fut lancée à travers les fenêtres de l'église ; le service divin fut interrompu, et les chanoines durent chercher leur salut dans la fuite [1].

Les huguenots levèrent alors le masque : ils se ruèrent sur la cathédrale et sur l'abbaye de Notre-Dame, comme sur une proie. L'inventaire des « desgats et desmollitions » relate que :

« Les fonds à baptizer ont été rompuz et abaptuz ; grande quantité de pavemens, tant de carreaux que tombes, levez, rompuz et mis en plusieurs pièces ; onze autels, rompus et desmollies, avecq grandes tables d'austelz d'une pièce, tant de marbre que d'aultre sorte de pierres ; le pepitre (jubé), abattus et desmollis, en la devanture duquel estoit entretaillée la Passion de Nostre-Seigneur Jésus-Christ, assis sur six colonnes de pierre d'Anvers, quasy semblables à pierre de marbre ; quatre grosses collonnes de pierre noire, avec enrichissemens de vassemens et soubvassemens, à moderne et anticque, lesquelles estoient devant ledict Autel de Nostre-Dame ; treize estanficques (meneaux) de pierre de taille et maçonnerie,

---

1. Quam plurimis cathapultarum et lapidum ictibus misere et impie trans vitra ecclesiæ beatæ Mariæ Boloniensis à præfatis Hugotis tractis et emissis dum divinum celebraretur officium. *Regist. Conclus.* sup. cit.

aussy rompues et desmolies ; les galeries plommées et pied-droicts qui portoient les combles ruinez, et vaultes (voûtes) atteintes du feu ; tous les combles de l'église, ruinés et brullés ; toutes les plombmées ostées et emportées ; tous les gonds des portes et des fenêtres, levez et pris ; toutes les verrières brisées, notamment une qui avoit esté donnée par le feu roi Henry, en laquelle estoit emprainte son portraict et celuy de la Royne après, toutte peinte, et une autre de vœrre paincte en histoire ; » enfin tout l'ameublement intérieur, portes, châssis, grilles et clôtures du chœur et des chapelles, retables, pupitres et chaires, tout disparut dans le pillage [1].

On fit plus. Il y eut un massacre de prêtres dans l'église de Saint-Nicolas [2], où la célébration du culte fut interrompue pendant six mois [3]. Un pauvre Cordelier, que la vieillesse et les infirmités retinrent dans

1. Procès-verbal du 15 mai 1568, rédigé par Antoine Chinot, lieutenant-général en la sénéchaussée ; copie mste de la Bibliothèque de M. Eug. de Rosny, de Lozembrune.
2. Déposition juridique d'Estienne Le Bancq, devant le maïeur de Boulogne, le 15 décembre 1611. — Id. de Katherine Le Febvre.
3. Le Registre « des baptesmes des petits enfans » de la paroisse de Saint-Nicolas, 1553-1594, conservé aux Archives du tribunal civil, semble indiquer que les désordres dont nous parlons ont eu lieu à une époque un peu plus ancienne ; on y lit en effet : « Augst. 1567 — 12 —. Depuis ce temps Boullonne a esté occupé par les Huguenotz, lesquelz ont démoly les églises et ne ont permis estre administrez aulcuns sacrementz selon l'ordonnance de l'Église chrestienne et catholicque. On a recommenchiet à administrer les sacrementz ecclésiasticques aud. Boullonne et y célébrer la saincte Messe, le samedi du dimence *In ramis palmarum*, dixiesme jour d'apvril, an 1568.

Pour nous, ayant à parler de la cathédrale, nous avons dû nous en rapporter au procès-verbal officiel rédigé par le secrétaire du chapitre, au mois de janvier 1568 et transcrit sur le registre aux délibérations.

son couvent, fut inhumainement égorgé [1]; on poussa même l'acharnement au point de poursuivre, jusqu'aux communes de Leuringhen, un prêtre qui fuyait pour tâcher de se dérober aux coups des assassins [2].

Veut-on savoir si la faction n'en voulait qu'aux prêtres? Qu'on lise les comptes aux deniers communs, octrois et revenus patrimoniaux de la ville de Boulogne, pour l'année 1568; on y verra que les « catho- « licques ont esté contrainctz soy absenter et eulx re- « tirer, tant ès villes de Monstreul et Calais, que « aultres lieux » ; et qu'en conséquence les finances de la ville ont été dilapidées. Qu'on ouvre le registre aux délibérations du Corps de ville; on y lira que des remises considérables ont dû être faites aux fermiers des octrois, à cause des pertes par eux éprouvées « à « l'occasion des troubles et séditions..... à raison « aussy du désastre, sacq et pillaige du Bourg [la « Basse-Ville], retraite et absence de la pluspart des « habitans de ceste dicte ville et bourg, quy, durant « ledit temps et lesdits troubles, s'estoient retirez ès « villes de Monstrœul et Callais, *pour les insolences* « *et cruaultez des Huguenotz et aultres séditieulx et* « *gens de la nouvelle oppignyon*, qui lors s'estoient « emparez de ceste dicte ville [3] ».

1. Floruit in dicto conventu quidam Pater nomine Ludovicus, qui jam omnino decrepitus ab hæreticis Boloniam grassantibus occisus est anno Domini 1567. De quo Gonzaga, Piquetus et alii ; quod etiam seniores civitatis testantur.» *Déclaration du gardien et des religieux des Cordeliers de Boulogne, sur l'époque de leur établissement et sur les autres faits y relatifs*, 2 mars 1647. — Original ms., de la Biblioth. de M. Ed. Latteux, du Denacre.

2. Déposition juridique de Katherine Le Febvre, *jam. cit.*

3. Délibération du 3 sept. 1569, à propos de la ferme de la Brasserie.— Cf. le compte aux deniers communs de 1568.

Les Huguenots restèrent maîtres de Boulogne jusqu'au 25 avril 1568, et gardèrent même plus longtemps encore le château. Lorsque les catholiques purent y rentrer, on s'occupa de chercher l'Image miraculeuse de Notre-Dame : les fouilles qu'on fit en divers endroits, sur les indications fournies par la rumeur publique, n'amenèrent aucune découverte. Les uns disaient que les réformés l'avaient réduite en cendres, avec toutes les statues des saints; d'autres prétendaient qu'on l'avait jetée dans un puits [1], ou dans quelque immonde cloaque ; les bonnes âmes espéraient qu'un jour la bénigne Vierge sortirait de son obscure retraite, pour être replacée sur son autel.

Le chapitre de Thérouanne put enfin se réunir à Boulogne, le 1er mai ; et l'office divin fut chanté de nouveau dans l'église de Saint-Wulmer, jusqu'à ce que la cathédrale pût être rouverte au culte, 18 juillet. L'année suivante, au mois de septembre, le doyen des chanoines, Pierre Darques, mourut victime d'un lâche assassinat, qui fut attribué aux Huguenots. Enfin, le 3 avril 1570, Claude-André Dormy, premier évêque de Boulogne, depuis l'érection du siége par S. Pie V, fit son entrée solennelle dans sa ville épiscopale. Il venait y réparer des ruines.

Grâces aux efforts réunis des chanoines et des religieux de l'abbaye, dont les biens étaient encore soumis

---

1. Le 12 octobre 1567, on l'avait fait rechercher par tous les sergents et autres personnes « tant ès maisons, courts, jardins, caves,..... fossez, puytz et tous autres lieux où l'on pouvoit suspecter ladite Imaige avoir pu estre portée » ; plus tard, on avait fait des fouilles, « entre aultres lieux, dans un puids estant vers la court de l'évesché, sans que l'on l'eust pu recouvrer, sinon un bonnet qui estoit posé sur la teste de l'Image ».

à une administration distincte, l'église et les bâtiments claustraux reprenaient peu à peu une forme plus décente. « Mais, dit Antoine Le Roy, le travail surpassait de beaucoup les forces du chapitre, et ce qui restait à faire était encore plus considérable que ce qui était déjà fait. La libéralité de nos rois, comme premiers fondateurs de cette église, eût été d'un grand secours dans cette occasion, comme celle d'Henri II l'avait été, après la ruine causée par les Anglais; mais les guerres civiles, qui épuisaient alors leurs finances, ne leur permettaient point de faire de semblables profusions. Tout ce que purent faire Charles IX et la reine sa mère, nonobstant la confusion de leurs affaires, ce fut d'accorder quelques arpents de bois des forêts du Boulonnais, pour la réédification des combles de l'église, et particulièrement de celui du chœur, auquel on travailla d'abord. La maîtresse-vitre qui est au-dessus du grand autel, fut un effet de la piété de ce roi. On y voyait encore en 1681 son effigie à genoux, avec celle d'Élisabeth d'Autriche son épouse, aussi à genoux, devant la figure de Notre-Dame de Boulogne dans un bateau, le tout orné de divers écussons de France, d'Autriche et de Médicis, miparti de Boulogne.

« Henri III, frère et successeur de Charles, à son avénement à la couronne, fit une considérable donation de chênes pour la continuation des ouvrages commencés; mais, comme il arrive souvent, par la lenteur des officiers délégués, que les intentions des princes en matière de grâces n'ont pas tout leur effet, celle d'Henri fut limitée à cinquante pieds d'arbres, qu'on eut même assez de peine à obtenir.

« Plusieurs particuliers contribuèrent aussi du leur,

pour un si digne sujet. François de Chaumeil, seigneur de Caillacq, successeur de Morvilliers au gouvernement du Boulonnais [1], fit paraître un zèle pour la maison de Dieu, qui lui acquit autant d'estime et d'affection, que son prédécesseur, par une conduite toute contraire, s'était attiré de mépris et de haine. Non content d'appuyer les intérêts de l'Église en tout ce qui dépendit de son pouvoir, il y laissa même des marques de libéralité. La vitre, ornée de sa représentation et de ses armes avec celles de sa femme, qui est à côté du chœur au-dessus de la chapelle de Saint-Nicolas, en est une qui a longtemps subsisté [2]. Antoine d'Estrées, qui fut gouverneur après lui, ne fit pas moins de bien à l'église de Notre-Dame. Les registres du chapitre, sous l'an 1581, font mention de parements, courtines, et dais pour le grand autel, qui furent achetés des deniers qu'il avait donnés.

« Diverses autres personnes voulurent dans la suite avoir quelque part à l'achèvement de ce grand ouvrage, que le malheur des temps faisait traîner si fort en longueur. Messire Claude-André Dormy fut un des premiers à y exciter les autres par son exemple, comme le témoigne encore la grande vitre qui suit celle du roi Charles IX. L'autre immédiatement après fut un don de maître Adrien Bertrand, maïeur, et de demoiselle Jeanne du Wicquet, sa femme. Quelques-uns tournèrent les effets de leur libéralité à la réparation des voûtes et autres ouvrages de la nef, qui fut

---

1. Les registres du chapitre lui donnent la qualité de gouverneur de Boulogne, au commencement d'août 1568. — N. de Le Roy.
2. Il choisit sa sépulture devant cette chapelle en 1576. — N. de Le Roy.

la dernière à être mise en état [1]. D'autres enfin étendirent leur dévotion jusqu'à l'entier rétablissement des chapelles qui étaient demeurées en ruine. L'autel de sainte Anne, depuis converti en chapelle de la Vierge, fut élevé par Claude de Vendôme, seigneur de Ligny-sur-Canche, gouverneur de Doullens. La chapelle de Saint-Nicolas fut réparée par les seigneurs de Blondel-Joigny, barons de Bellebrune; celles de Saint-Jean et de Saint-Jacques, autrement du Saint-Sacrement, par les sieurs Guillaume Mouton et Robert de Parenty, tous deux maïeurs de Boulogne. »

Dans cette énumération il eût été juste de ne pas oublier la ville de Boulogne, qui, à ses frais, répara la grande vitre du portail, du côté de la paroisse, et qui s'associa autant qu'elle le put, malgré le pauvre état de ses finances, à toutes les mesures prises pour rehausser l'éclat du culte divin.

« Pendant que l'on travaillait ainsi, continue Le Roy, à réparer les brèches de ce temple désolé, quoique les choses y fussent en assez mauvais ordre, et que l'Image en fût absente, on ne laissa pas d'y venir offrir des vœux ; et, ce qui est plus étonnant, on y vit même de temps en temps éclater quelques miracles. Il faut bien dire qu'il y était resté une je ne sais quelle impression de vertu céleste, et que comme le soleil dans sa plus forte éclipse envoie toujours quelque espèce de lueur, dont l'air est pénétré, aussi Celle dont l'Image miraculeuse était plongée dans les ténèbres, attirait encore une bénigne influence sur son église.

1. On lit de grandes et fréquentes plaintes à ce sujet, contre l'évêque et le chapitre, dans le registre aux délibérations communales de ce temps.

« Il se trouve encore dans notre trésorerie, quelques-uns de ces vœux dont je viens de parler : il y en a un entre autres, qui, pour la qualité de son auteur, mérite d'avoir place dans cette histoire : il est du cardinal Antoine de Créquy, évêque d'Amiens, neveu du dernier évêque de Thérouanne de même nom : c'est ce grand cardinal qui passa pour un des plus illustres prélats de son siècle, plus par son insigne piété que par son grand crédit auprès de Charles IX et les grands biens de sa famille, dont il devint l'unique héritier du côté de la branche des aînés. Il exprime les tendres sentiments de son cœur, envers Notre-Dame de Boulogne, par ces vers gravés sur une plaque d'argent, qu'il laissa en témoignage du vœu et du pèlerinage qu'il fit à Boulogne, au retour de son voyage de Rome [1].

DIVÆ VIRGINI MARIÆ

BONONIENSI SACRUM.

Postquam ego sum Patrijs, comites quoque, redditus oris,
    Urbe ex Romulea, salvus et incolumis;
Hic pia vota tibi, meritasque exsolvere grates
    Tandem aliquando datum est, Virgo sacrata mihi.
Hoc ego te his lachrymis exposco: suscipe Christi
    Nominis et causæ mite patrocinium.
Sanet is inflictum Sponsæ miserabile vulnus,
    Vitricique regat Gallica sceptra manu.
Commissumque gregem, liberos, charamque sororem
    Familiamque oculis comibus aspiciat.
Obtrectatorum lacerer si morsibus, in me hæc
    Turba tamen valeat juris habere nihil.

---

1. Antoine Le Roy, *Hist.* cit. pp. 166-170.

CHAPITRE XVII. — VŒU DU CARDINAL DE CRÉQUY.

Fœlix, ô fœlix, Virgo sanctissima, votis
Si facili omnipotens annuat ore Deus.
Quod superest vitæ, tibi pendam : te Theotocon,
Te Dominam Cœli dicere non vereor.

Ponebat A. Cardinalis DE CRÉQUY
13 Cal. Jun. 1571.

C'est-à-dire :

EX VOTO,

Offert à la divine Vierge Marie,
dans son sanctuaire de Boulogne,
par le cardinal Antoine de Créquy,
le 20 mai 1571.

« Après être revenu de la ville de Romulus, avec
« mes compagnons, sain et sauf dans ma patrie, il
« m'est enfin donné, Vierge sainte, de vous offrir ici
« les vœux de ma piété et le tribut de ma reconnais-
« sance. Je vous en prie avec larmes, prenez en main
« la défense du nom de votre fils, étendez votre doux
« patronage sur la cause chrétienne. Que le Seigneur
« daigne enfin guérir les maux cruels de l'Église
« son épouse, et de sa main victorieuse, soutenir et
« diriger le sceptre de la France. Qu'il jette un re-
« gard de bonté sur le troupeau dont je suis le pas-
« teur, sur mes enfants, ma sœur bien-aimée et sur
« ma maison tout entière. Si les calomnies de mes
« détracteurs s'attaquent à ma réputation, faites que
« je n'en sois point accablé. Ah ! si le Dieu tout-puis-
« sant vous accorde au plus tôt l'effet de ces prières,
« heureux, oh ! oui, heureux alors, ô Vierge très-
« sainte, je vous consacrerai ce qui me reste de vie ;
« car je ne crains point de vous appeler la Mère de
« mon Dieu, la Reine du Ciel. »

« Quelques années après, un chanoine écolâtre de l'église d'Amiens fit aussi un vœu à la Sainte-Vierge, qui était gravé sur une plaque d'argent en ces termes :

Deo O. M. et integræ Virgini Mariæ Boloniensi, voti religione ac pietate obstrictus, Thomas Obry, *Ambianensis Ecclesiæ Scholasticus ac Canonicus, Anathema hoc posuit 9 cal. Jun.* 1584 [1].

« Au Dieu très-bon, très-grand, et à l'immaculée
« Vierge Marie de Boulogne, Thomas Obry, écolâtre
« et chanoine de l'Église d'Amiens, a offert cet
« *ex voto*, en exécution religieuse d'un vœu, le 24
« mai 1584. »

Au mois de juin de l'an 1604, Anne de Caumont, marquise de Fronsac, vint en pèlerinage à Notre-Dame de Boulogne, afin d'obtenir la grâce d'avoir un fils de son mariage, contracté, en 1595, avec François d'Orléans, comte de Saint-Pol, duc de Fronsac et de Château-Thierry, pair de France de l'illustre maison de Longueville. Ce bonheur fut accordé à ses instantes prières, et, le 9 mars 1605, elle mit au monde Léonor d'Orléans, duc de Fronsac, en compagnie duquel elle revint à Boulogne, en 1616, pour y rendre de solennelles actions de grâces à sa divine bienfaitrice. Le jeune duc embrassa la carrière des armes et ne tarda pas à donner de grandes espérances ; mais Dieu le retira de ce monde avant qu'il eût atteint sa dix-huitième année. « Cette fleur que nous avons vue s'épanouir, dit un chroniqueur, perdit la vie heureusement sans la flétrir, en réduisant les Huguenots sous

---

1. Ant. Le Roy, *Abrégé de l'Histoire de N.-D. de Boulogne,* édit. 1686, p. 89.

l'obéissance du roi, au siége de Montpellier, le 3 septembre 1622[1]. »

CHAPITRE XVIII

On retrouve l'ancienne Image miraculeuse, que les Huguenots avaient en vain cherché à détruire; — informations juridiques à ce sujet; — miracles et pèlerinages, 1607—1617.

La piété populaire ne s'était point trompée dans ses espérances : on allait voir réapparaître l'antique statue miraculeuse de Notre-Dame de Boulogne. Quelques personnes se préoccupaient vivement des bruits qui couraient à cet égard. Un laboureur de Bellebrune, Jacques De Wismes, étant allé à la guerre, vers la fin de l'année 1588, avait entendu, pendant une veillée militaire, dans le village d'Inxent, une conversation qui l'avait fortement intéressé. Parmi les soudarts qui se racontaient leurs exploits des années passées, afin de charmer les ennuis du corps de garde, se trouvait un sergent, nommé Bertrand Brillart, homme d'un certain âge, appartenant à la religion réformée. Les vingt ou trente années de service qu'il comptait alors lui donnaient l'occasion de rapporter maints faits d'armes et mille piquantes aventures.

---

1. *Anonyme*, dans les notes msstes d'Ant. Le Roy, sup. cit., p. 141. — Cf. le P. Daniel, *Hist. de Fr.* édit. in-4, 1756, t. XIII, p. 382 ; Moréri, *Dict. hist.*

Ce soir-là, lisons-nous dans le procès-verbal d'enquête, Brillart se mit « à parler et discourir des ruines et massacres faictes en la ville de Boullongne, tant par luy que ceux de sa religion ; disant entre aultres choses qu'ilz avoient tuez et massacrez plusieurs prebstres, ruinez les églises, mis le feu en icelles, rompus et brisés les images, et que ce fut luy avec aultres, qui prirent et eslevèrent l'Image de la glorieuse Vierge Marie, du lieu où elle estoit posée en l'église de Nostre-Dame ». Ces révélations frappaient de terreur le jeune soldat catholique, à qui sa mère avait inspiré un saint respect pour « la bonne Notre-Dame ».

Brillart ne borna point là ses confidences : il est rare que le méchant puisse garder longtemps le secret de ses crimes. On sut que les Huguenots avaient essayé de brûler l'Image, sans pouvoir y réussir ; après quoi, « ils prindrent quelque coignée pour la rompre et briser par morceaux ». Ce moyen n'ayant pas eu plus d'efficacité que le premier, ils avaient pris le parti de l'enfouir sous un tas de fumier, où ils l'avaient laissée, disait-on, près de trois ans. « Plus tard, estant allés voir sy ladite Image estoit pourrye et gastée, et aiant trouvé qu'elle n'estoit endommagée, ils la jetèrent dans un puids », d'où ils se flattaient qu'elle ne serait jamais retirée. Brillart ne dit pas où était ce puits, mais De Wismes, qui était né à Watrezelle, dans la paroisse de Wimille, put comprendre, à certains indices, que ce n'était pas loin de sa maison paternelle.

Une femme de Wimille, nommée Catherine Le Febvre, avait entendu aussi quelques récits à ce sujet. Brillart avait logé dans sa maison, pendant une tournée qu'il avait faite, afin de recueillir des hommes pour la montre. Dans ses vanteries sacriléges, le huguenot disait avoir fait allumer quinze ou seize fagots, au milieu desquels l'Image avait été mise ; mais la flamme ne l'avait point atteinte, au grand étonnement de l'iconoclaste, qui disait en son langage de soldat : « Je ne sçay de quel d..... de bois elle est faicte. »

Il y a, sur la paroisse de Wimille, à peu de distance de Boulogne, un château, bâti au XVIe siècle, et qu'on appelle le château de Honvault [1]. C'était là que vivait encore, en 1607, un vieux gentilhomme, nommé Jehan de Frohart, qui avait pris une part active aux guerres de religion. On l'accusait d'avoir versé le sang des prêtres, et on l'avait vu courir, l'épée à la main, à la poursuite des catholiques qui fuyaient de toutes parts, en 1567. Depuis quelque temps, il ne sortait guère de sa retraite, où, après avoir abjuré les erreurs de sa jeunesse, il se préparait doucement à la mort, entouré de la vénération de sa famille, mais toujours craint et redouté.

Le sieur de Honvault recevait quelquefois la visite d'un de ses parents, qui vivait en solitaire dans la forêt de Desvrenne. C'était un homme vénérable, appartenant à une noble famille [2]. Il s'était fait construire un petit ermitage, où il s'occupait à la prière et à la mortification. Jehan de Frohart, édifié des vertus du pieux ermite, lui fit un jour une mystérieuse confidence. — « Seriez-vous bien heureux, frère Vespasien,

---

1. Voir dans l'*Histoire de Boulogne* de MM. d'Hauttefeuille et Bénard, une note historique sur la famille et le château de Honvault, t. II, p. 324.

2. Il fut enterré dans la cathédrale, après un service solennel célébré par le chapitre.

lui dit-il, si je vous donnais, pour la mettre dans votre humble chapelle de feuillage, une précieuse relique dont je suis le possesseur ? La vieille Image de Notre-Dame de Boulogne, enlevée de son autel par mes anciens compagnons d'armes, a été, du temps des malheureuses guerres passées, jetée dans le puits de mon château, où ma femme l'a retrouvée. Nous n'osons le dire à personne, de crainte qu'on ne nous accuse d'avoir recélé le trésor de l'église, dont vous savez que Morvilliers a dépouillé les chanoines ; mais je ne puis mourir sans avoir remis ce précieux dépôt entre les mains d'un homme de religion et de piété. »

— Vespasien de Fonteynes, c'était le nom de l'ermite, accepta joyeusement la proposition. Il en conféra aussitôt avec un prêtre de Boulogne, nommé Antoine Gillot, en qui il avait pleine confiance ; et, de concert avec ce respectable ecclésiastique, il résolut de rendre l'Image à la ville de Boulogne, afin qu'elle pût y être rétablie dans ses anciens honneurs [1].

Antoine Gillot, que l'historien Le Roy appelle « un homme d'une piété reconnue et d'une singulière dévotion envers la sainte Vierge », se rendit avec l'ermite au château de Honvault. Là, on lui raconta comment l'Image avait été autrefois retirée du puits, dans lequel, depuis ce fait, une goutte d'eau, perlant à travers la muraille, tombe de minute en minute, comme une larme, pour pleurer le sacrilége des Hu-

---

[1]. On lit à ce sujet dans Gonon (*Chronicon. Deiparæ*) sous l'an 633 :

« Mansit autem ibidem hæc imago per spatium quadraginta annorum, usque ad annum 1609, cum opera cujusdam boni eremitæ, nomine fratris Vespasiani de Fonte, divinitus inspirati, nec non et alterius cujusdam sacerdotis in urbem fuit reportata. »

guenots [1]. La dame de Honvault avait fait transporter la bonne Vierge dans une des salles de son antique demeure ; chaque jour elle y avait fait ses prières, avec beaucoup de dévotion ; des grâces abondantes étaient alors descendues sur sa famille ; son mari s'était converti à la vraie foi catholique ; la guerre avait respecté le petit domaine sur lequel régnait le vieux seigneur. Nicolas de Frohart et ses sœurs, à qui leur mère avait fait prendre la pieuse habitude de regarder la sainte Image comme la bénédiction de leur maison, se joignaient à leur père pour affirmer, sur leur âme et conscience, l'authenticité de la vénérable relique dont Boulogne pleurait la perte.

Transporté de joie, Antoine Gillot s'empara de la sainte Image, la chargea sur ses épaules et prit le chemin de Boulogne.

« Ce fardeau, dit le P. Alphonse, excédoit ses forces ; néantmoins l'affection, qui donne du courage pour ne point plier aisément souz les plus pesantes charges, luy en donna ce qu'il en falloit pour la porter, quoy qu'avec reprise d'haleine et de repos, jusqu'à une petite montagne d'où il apperceut le clocher de l'église de Nostre-Dame de Boulongne, où, posant l'Image, il fleschit les genouils devant elle, suppliant très-humblement la Vierge de luy donner assez de courage et de forces pour la porter jusqu'à la ville. » L'ermite qui était resté en arrière, « pour chercher de l'aide à porter ce fardeau », ne tarda pas à le rejoindre. Il unit, au rapport du naïf auteur, « sa voix à celle du bon prestre, et chantèrent tous deux ensemble plusieurs hymnes et antiennes à la louange de

---

1. Tradition locale.

la très-sainte Vierge. » Réconforté par la prière, le digne prêtre ne sentit plus le poids de la sainte Image « qu'il porta depuis légèrement jusqu'à la ville et sans se reposer, quoyqu'il restât plus de chemin à faire qu'il n'avait déjà fait [1]. »

« Ce fut, dit Le Roy, le mercredi vingt-sixième de septembre de l'an 1607, qu'ils entrèrent dans la ville avec cette charge précieuse, qu'ils déposèrent d'abord chez le sieur Guillaume Mouton [2], ancien maïeur, dont la maison était tout proche des portes. Tout le monde, au bruit de cette nouvelle, y accourut en foule, et les personnes les plus considérables se piquèrent d'y venir rendre à la sainte Vierge les premiers respects. On y vit entre autres M. Adam Le Vasseur [3], autrefois conseiller au parlement de Paris, et pour lors lieutenant général en la sénéchaussée du Boulonnais, venir, plusieurs jours de suite, faire sa prière devant cette Image; et depuis on lui a souvent ouï dire qu'il en sortait une odeur agréable, dont l'air était tout embaumé. Plusieurs autres particuliers, qui ont fait la même expérience, ont rendu aussi le même témoignage [4]. »

L'arrivée de la sainte Image fut un événement accueilli avec joie par les fidèles, mais avec quelque défiance de la part de l'autorité ecclésiastique. Dès le

---

1. *Hist. de l'ancienne Image de N.-D. de B.* sup. cit., pp. 165-167.
2. Il est entré ensuite plusieurs fois dans le maiorat, et y est mort enfin en grande réputation de probité et de prudence. — N. de Le Roy.
3. C'est celui qui a fondé cinq saluts solennels devant cette Image, aux cinq principales fêtes de l'année. — Ibid.
4. Ant. Le Roy, op. cit., p. 171, 172.

jeudi 27 septembre, le chapitre prit une délibération conçue en ces termes :

« Messieurs s'étant capitulairement assemblés, au
« sujet d'une nouvelle qui s'est répandue par toute
« la ville, touchant une Image de Notre-Dame, en
« bois fort antique, apportée du château de Honvaut
« dans la maison de l'honorable homme, Guillaume
« Mouton, naguères à son tour maïeur de cette ville,
« laquelle image on dit être celle qui, au temps passé,
« est arrivée en cette ville, par divine puissance,
« dans un bateau sans pilote, et a été honorée par
« de si fréquents pèlerinages et vœux du peuple,
« laquelle aussi on croyait perdue depuis l'époque
« des troubles de 1567, lorsque les hérétiques se sont
« emparés de cette ville de Boulogne, ont député
« vénérables et discrètes personnes, maître Anthoine
« Clugnet, archidiacre, et François Le Vasseur, cha-
« noine, à l'effet de se rendre auprès des gens du
« roi, des maïeur et échevins de cette ville, pour
« les prier de se réunir au chapitre, afin de tenir
« conseil sur les voies et moyens convenables, pour
« faire information de l'authenticité de ladite image,
« de manière à éviter toute erreur [1]. »

Ces précautions étaient sages : elles sont, du reste, dans les habitudes constantes de l'Église.

Bientôt les informations commencèrent. On se transporta au château de Honvault, pour entendre la déposition de Jehan de Frohart et de sa famille. Ce

[1]. Die Jovis xxvj. septembris 1607.
« Domini mei, habito capitulo ad famam, quæ passim tota urbe increbruerat de quadam Imagine Dominæ nostræ lignea, veteri,.... eam scilicet esse Imaginem quæ divinitus quondam navi absque gubernatore hancce in urbem advecta frequentibus populi peregrinationibus et votis colebatur..... »

vieillard, âgé de soixante-quinze ans, raconta les circonstances qu'il savait, touchant la découverte et la conservation de la sainte Image dans son château. On entendit ensuite successivement Richard Du Somerard, ancien échevin de Boulogne, âgé de quatre-vingt-deux ans, et demoiselle Antoinette Brisse, veuve de François de Pouques, sieur Gadimets, lieutenant pour le roi en la ville de Montreuil, âgée pour lors d'environ quatre-vingt-dix ans.

« Toutes leurs dépositions au jugement du chanoine Le Roy, justifiaient assez clairement que l'Image nouvellement rapportée de Honvault était la même qui avait été anciennement révérée à Boulogne. Mais comme celle de la demoiselle Brisse était une des plus formelles et des mieux circonstanciées, j'ai cru la devoir ici rapporter tout au long. Elle déclarait que, demeurant à Boulogne, l'an 1550, elle avait eu le bonheur d'assister à la procession solennelle qui s'était faite au rivage, lorsqu'on fut reprendre en cérémonie l'Image de Notre-Dame, qui avait été renvoyée d'Angleterre, et qu'elle se souvenait d'avoir ouï dire pour lors, et d'avoir remarqué elle-même, avec tout le monde, que les Anglais lui avaient donné un coup d'épée au milieu du visage, dont il était resté une fraction au nez. Elle déclarait en outre que, l'an 1567, comme elle demeurait à Calais, du temps de son premier mariage avec M. de Martines, procureur du roi, et depuis trésorier du Boulonnais, le sieur d'Escaut, gentilhomme huguenot, venant de Boulogne, lui avait raconté entre autres nouvelles de Boulogne, qu'il s'y était élevé de grands troubles au sujet de la religion, pendant lesquels lui et plusieurs autres de son parti avaient fait un grand feu, où ils avaient jeté l'Image de la Vierge, croyant la réduire en cendres, mais qu'après y avoir été un temps fort considérable, on l'en avait retirée, sans être aucunement endommagée, ce qu'il confessait lui avoir donné quelque admiration ; sur quoi, la déposante disait qu'elle avait pris occasion de lui reprocher son impiété, et de le menacer de la justice divine, s'il ne se convertissait. Elle ajoutait que cette Image ayant été cachée depuis par les hérétiques, et demeurée perdue pendant plusieurs années ; comme le bruit courut en 1607 (auquel temps elle demeurait à Boulogne), qu'on l'avait trouvée à Honvault, et rapportée en la ville, elle avait protesté hautement qu'elle ne voulait point la voir que d'autres ne l'eussent vue avant elle, et n'eussent observé si elle avait une partie du nez emporté ; que si cela s'y remarquait effectivement, elle ne ferait point de difficulté de reconnaître que c'était celle-là même qui aurait été rapportée d'Angleterre, et qu'elle avait vu rétablir dans ses premiers honneurs, avant les troubles causés par les hérétiques. Elle concluait enfin que, puisque cette marque et cette fraction s'était trouvée dans le visage de celle qu'on avait rapportée de Honvault, ainsi qu'elle même l'avait vu et reconnu depuis, il fallait tenir pour certain que c'était l'ancienne et véritable Image de Notre-Dame de Boulogne [1].

En attendant le résultat de ces informations qui durèrent plusieurs années, Antoine Gillot fit déposer la sainte Image dans une chapelle de l'abbaye de Saint-Wulmer, appartenant pour lors à la ville. Peut-être le maïeur, Guillaume Mouton, réélu en 1609,

---

1. Ant. Le Roy, op. cit., p. 173-174.

fut-il le promoteur de cette mesure trop précipitée [1]. Quoi qu'il en soit, les informations continuèrent sous son maïorat pendant les années 1609, 1610, 1611 et 1612. Une copie des procès-verbaux, qui furent rédigés à cette époque, « par devant mayeur et eschevins », a été conservée dans la bibliothèque de M. Eugène de Rosny, de Lozembrune, parmi beaucoup de documents ayant appartenu à l'archidiacre Le Roy. C'est à cette source officielle que nous avons emprunté scrupuleusement tous les détails de l'affaire qui nous occupe.

On fit comparaître, tour à tour, Nicolas Andrieu, laboureur, demeurant à Menneville, âgé de 65 ans; Pierre Hamerel, marchand cloutier, demeurant en la Basse-Ville, âgé de 60 ans; Nicolas de Frohart, sieur de Honvault, âgé de 50 ans; Jacques De Wismes, laboureur, demeurant à Bellebrune, âgé de 43 ans; Catherine Le Febvre, âgée de 60 ans, dont les dépositions nous ont déjà servi. Puis vinrent Gabriel Du Sart, arpenteur juré des forêts du Boulenois, âgé de 60 ans; Estienne Le Bancq, manouvrier, demeurant à Boulogne, âgé de 55 ans; Foursy Vasseur, sergent royal en la sénéchaussée de Boulogne, âgé de 57 ans, et Anthoinette Prevost, âgée de 80 ans. Parmi ces témoignages, qui tous sont d'accord, celui d'Estienne Le Bancq est le plus remarquable. Abandonné à l'âge de dix ans dans la ville de Boulogne par ses parents (lesquels voyant le massacre fait par ceux de la religion réformée dans l'église de Saint-Nicolas, avaient quitté précipitamment leur demeure), Estienne Le Bancq,

---

1. Ant. Le Roy nous apprend dans ses *Notes msstes*, sup. cit. que l'Image resta 13 mois dans la maison de ce maïeur, avant d'être portée à Saint-Wulmer.

CHAPITRE XVIII. — DÉPOSITIONS DES TÉMOINS.

« pour gagner sa vie », hantait avec ceux de ladite religion. « Il entra avec eux dans l'église cathédrale, vit rompre et briser les images étant en icelle, descendre et prendre l'image de la très-glorieuse Vierge Marie qui était dans ladite église. » Témoin oculaire des faits, il rapporte que les Huguenots « traînèrent la sainte Image au corps-de-garde flamand, par le moyen d'une corde qu'ils avaient attachée au col d'icelle; puis ils se seraient efforcés, avec une coignée, de la rompre et briser, ce qu'ils n'auraient pu faire; ce que voyant, ils auraient par plusieurs fois allumé du feu avec des fagots et des bûches, pour la brûler, ce qu'ils n'auraient pu faire : au contraire, le feu s'esteignait noir. De quoi étant fâchés, faisant la ronde autour des remparts, l'appelant la Rousse [1], en la présence dudit déposant, auquel ils faisaient porter la lanterne,..... sans que depuis il ait su ce que serait devenue l'image. Au surplus, il affirme qu'il a vu l'Image dont il est question, qui a esté posée dans l'une des chapelles de Saint-Wulmer, icelle bien considérée, et être celle que ceux de ladite religion tirèrent de l'église; ce qu'il sait, pour l'avoir vu descendre du lieu où elle était posée. »

De son côté, Antoine Gillot s'efforçait de dissiper, suivant les moyens en son pouvoir, les obscurités qui planaient encore sur l'authenticité de l'Image. Il l'avait rapportée de Honvault, dans l'espérance de la voir bientôt rendue à la vénération du peuple; la solennelle lenteur des informations officielles lui était odieuse. Persuadé de la vérité que les autres cher-

---

[1]. Ex ore *blasphemantium* perfecisti laudem : « Nolite me considerare quod fusca sim,..,. filii matris meæ pugnaverunt contra me ; nigra sum, sed formosa....

chaient encore, il inaugura avec pompe le culte de sa Vierge bien-aimée, dans la chapelle où on l'avait déposée, comme nous l'avons dit, au sortir de la maison du maïeur ; mais le chapitre crut devoir arrêter l'élan de la dévotion populaire, qui se manifestait de toutes parts. On ne saurait l'en blâmer. Le vicaire-général de l'évêque Claude Dormy, messire Fursy Vaillant, accompagné de quelques-uns de ses confrères les chanoines, se rendit à Saint-Wulmer, dépouilla l'Image de ses ornements et fit fermer la chapelle, le 29 septembre 1610.

Ce fait causa un profond chagrin au pieux Antoine Gillot. Il s'en plaignit plus tard avec amertume dans un rapport qu'il envoya en Sorbonne. De nos jours, on a indignement abusé ou bien l'on a mal interprêté ses doléances respectueuses, et l'on a avancé de très-regrettables erreurs sur ce qui s'est passé dans toute cette affaire. Nos modernes historiens s'y sont tous fourvoyés [1].

---

1. M. J.-F. Henry (*Essai historique, topographique et statistique sur l'arrond. comm. de Boulogne*, in-4, 1810), a supposé que les chanoines de la cathédrale et *les prêtres de St-Wulmer* (sic) avaient élevé autel contre autel, en 1607, à propos de l'Image de Notre-Dame. Le Mémoire d'Antoine Gillot est le seul document sur lequel Henry paraisse s'être appuyé : or ce mémoire, comparé aux récits des témoins qui ont déposé devant la justice mayorale, ainsi qu'à l'histoire imprimée en 1634 par un contemporain, le P. Alphonse, cité plus haut, n'est pas susceptible de l'interprétation forcée et téméraire à l'aide de laquelle Henry a composé les phrases inexactes qu'on lit sous les années 1607 et 1610, dans son ouvrage. Le Dr Bertrand, dans son Histoire de Boulogne (t. I, p. 149 et suiv.), est malheureusement plus explicite encore. Il nous paraît superflu de prouver plus longuement la fausseté de l'accusation qui pèse sur les prétendus prêtres de Saint-Wulmer, et qui devrait retomber sur Antoine Gillot seul ; puisqu'il n'y avait plus de prêtre ni de moines à St-Wulmer, de-

Les humbles fidèles, dont l'instinctive piété devance, quelquefois si sûrement, la décision des docteurs, continuèrent d'invoquer la miraculeuse Vierge de Boulologne. « Le 15 décembre 1611, Marie Des Portes, femme de Laurent Tuvenart, maître toilier, demeurant en la Basse-Ville de Boulogne, déposa juridiquement, devant la justice maïorale, que Pierre Tuvenart, son fils, étant demeuré perclu de tous ses membres, en suite d'une grande maladie ; et ayant été un an entier sans pouvoir remuer, il était revenu dans une parfaite santé, en suite d'une neuvaine qu'elle avait été conseillée de faire pour lui devant la sainte Image [1]. » Le manuscrit des informations constate que la chapelle était alors fermée par le commandement du chapitre, et que Marie Des Portes dut se contenter de faire ses prières « à la porte de ladite chapelle ».

L'année suivante, 1612, un autre fait du même genre vint encore augmenter la confiance qu'on avait dans la puissance de la Reine des anges. « Un navire de Calais, appelé le Rossignol, étant sorti de la rivière de Bordeaux, et continuant sa route le long de la côte de France, fut surpris d'une horrible tempête, le premier jour de janvier, à l'endroit du Casque, autrement dit Carnèse. Les matelots étonnés, employèrent en vain, pendant près de deux jours, tout ce que leur art leur pouvait suggérer dans un si extrême péril ; les voiles commençaient à leur manquer ; une obscurité profonde leur dérobait la vue du soleil et des étoiles, et il ne leur restait plus d'autre ressource que de couper les cables, et de se jeter, à la merci des vagues, aux

---

puis longtemps. Qu'il nous suffise de signaler la méprise de Henry et l'imprudence de ses copistes.

1. Ant. Le Roy, op. cit., p. 221.

côtes d'Angleterre ; ce fut pour lors qu'il leur vint en pensée de réclamer l'assistance de Notre-Dame de Boulogne, avec promesse, s'ils échappaient, de lui en faire des remerciements solennels dans la chapelle, où son Image était alors honorée, et où quelques-uns d'eux l'étaient allés depuis peu visiter [1]. Ils s'avisèrent même, suivant la coutume de quelques mariniers en pareilles occasions, d'attacher dans un endroit du vaisseau, quelques pièces d'argent en forme d'offrande. Leur piété fut à l'heure même récompensée : la mer devint calme, les vents s'apaisèrent, et, comme si quelque main céleste avait tiré le rideau de devant le soleil, il se montra tout à coup, contre toute espérance, et réjouit par sa lumière les conducteurs du vaisseau, qui continuèrent de voguer et arrivèrent heureusement au port de Calais. Peu de jours après, ils vinrent à Boulogne s'acquitter de leur vœu aux pieds de l'Image de Celle à qui ils se sentaient obligés de la conservation de leurs biens et de leurs vies, certifièrent tout ceci, et en donnèrent leur déposition par écrit [2]. »

Les pieux pèlerins firent chanter une messe dans la chapelle de saint Wulmer, où personne ne les empêcha

---

1. Voici les termes du procès-verbal (*informations* citées) : « Promirent, instamment la dite dellivrance, d'aller servir et remercier la dite glorieuse vierge Marie en l'église St-Vulmer, en ceste dicte ville de Boullongne auquel lieu ledit déposant avait veu une image que l'on disoit estre celle quy avoit esté prise par ceux de la religion prétendue réformée, et depuis recouvrée. »

2. Ant. Le Roy, op. cit., p. 203, 204. « La déposition, dit le même auteur (appuyé sur les *informations* citées), est du 29 janvier 1612 et signée de Nicolas Gallot [fils de Denis Gallot, maistre du navire], de Jean de Leau, contre-maître, de Jean-le-Jeusne et de Jean Bruce, compagnons du mesme vaisseau. »

de « dédier leurs prières à la glorieuse Vierge », en accomplissement de leur vœu [1].

Antoine Gillot rapporte, dans ses Mémoires, qu'une femme de Lorraine vint aussi, vers le même temps, en pèlerinage à Boulogne, pour chercher la délivrance des cruelles obsessions auxquelles elle était en proie, depuis plusieurs années [2].

Une dame catholique d'Angleterre, revenant de faire un pèlerinage à Sainte-Catherine de Rouen, fut assaillie d'une affreuse tempête, au milieu de laquelle les matelots désespéraient de pouvoir maintenir le vaisseau. « Elle, étant seule catholique, se souvint en cette grande extrémité qu'elle avait ouï les hérétiques de Londres se moquer de l'Image de Notre-Dame de Boulogne » ; elle songea en conséquence à réclamer l'appui tutélaire de cette Vierge des mers, et aussitôt « la tempête cessa, et les vents se tournant, les fit prendre voile au rivage et port de Boulogne, où étant débarquée, elle vint remercier Dieu et Notre-Dame de Boulogne, en l'église de Saint-Wulmer, où était l'Image [3]. »

« Jean Bertoul, prieur d'un couvent de la Trinité ou de la Rédemption des Captifs, proche d'Arras, personnage fort affectionné à Notre-Dame de Boulogne

---

[1]. Ce fait prouve à l'évidence, combien Henry a eu tort de dire que les chanoines avaient enlevé l'image dès l'année 1610. La date qu'il donne est précise. Pourquoi le Dr Bertrand s'est-il permis, lui, de reculer cette scène, jusqu'à l'an 1630 ? Il est vrai que le tableau y gagne en couleur.

[2]. Le Roy, dans ses *Notes msstes*, sup. cit., donne pour ce fait, la date 1610 ; pour le fait suivant, il écrit 1609 ou 1610.

[3]. Mém. adressé à la Sorbonne en 1618, par Ant. Gillot, copie mste de la Bibliothèque de Boulogne, faite sur un ms. de J.-F. Henry.

qu'il avait souvent honorée dans le cours de ses visites de commissaire en Picardie et Artois, en fut divinement secouru, au milieu des eaux, ainsi qu'il l'a lui-même témoigné depuis par une attestation signée de sa main. Comme il revenait d'un voyage de Hongrie, où il était allé pour les affaires de son Ordre et pour le rachat des chrétiens, il tomba tout à cheval dans un fleuve, où se voyant sans secours et sentant son cheval manquer sous lui, comme il était prêt d'être submergé, il fut inspiré d'appeler Notre-Dame de Boulogne à son aide ; et il ne l'eut pas plutôt fait, qu'il se vit hors du péril, sans savoir de quelle manière cela était arrivé, sinon que cette Mère de bonté lui avait invisiblement prêté la main [1]. »

Le fait que nous venons de citer se rapporte à l'année 1617. On lit encore à la même date que Marguerite du Belloy-Landrethun, femme du marquis de Courtebourne, lieutenant pour le roi en la ville de Calais et pays reconquis, « affligée de se voir sans enfants, se souvint que son mari avait été obtenu après plusieurs années de stérilité, ensuite d'un vœu que ses parents avaient fait à Notre-Dame de Boulogne. Elle eut recours, dit Antoine Le Roy, à cette même source de bénédictions, et en remporta une pareille faveur, dont elle vint rendre de solennelles actions de grâces [2]. »

1. Ant. Le Roy, op. cit. p. 208.
2. Ibid. p. 215 et 216.

CHAPITRE XIX

Restauration de la Cathédrale ; — lettre pastorale de l'évêque, Claude Dormy, pour la reconstruction de la chapelle de Notre-Dame ; — dons, offrandes, guérison miraculeuse ; — statue de Notre-Dame posée sur le portail de l'église ; — affiliation du Chapitre de Boulogne avec celui de l'Eglise apostolique de Saint-Jacques de Compostelle, 1618 — 1628.

La vieille basilique romane, dans laquelle les générations précédentes avaient vu se presser la foule des pèlerins, s'était considérablement transformée. On avait greffé partout l'architecture ogivale du XVIe siècle au dessus des piliers trapus, sur les chapiteaux desquels rampaient les monstres mystiques du XIIe. Des verrières historiées scintillaient de toutes parts. Chacun avait mis la main à l'œuvre, pendant cinquante ans, travaillant pour Dieu, « la bonne Vierge et les saints du Paradis »; les évêques, les chanoines, les particuliers s'étaient mutuellement entre-aidés et stimulés, avec l'espoir de réussir : le succès couronna leurs efforts.

Outre les personnages cités plus haut, nous devons une mention spéciale à Pierre de Parenty, ancien procureur et notaire royal en la sénéchaussée du Boulonnais, qui voulut que son cœur fût enterré dans la chapelle du Saint-Sacrement. Il avait, avec d'autres membres de sa famille, « exposé de grand frais » pour faire rétablir cette chapelle, à laquelle il fit plusieurs legs considérables. Nous ne pouvons nous défendre de donner ici quelques extraits de son testament, daté du 5 mars 1614 [1].

« Premièrement, je donne et laisse à la gloire et
« pour l'honneur de mon Dieu la somme de trente-
« cinq livres tournois de rente..., pour l'entretène-
« ment d'une lampe, laquelle bruslera nuict et jour,
« et qui sera placée devant le repositoire du Saint-
« Sacrement ; pour laquelle lampe, que je désire estre
« d'argent de la plus belle façon quy se pourra faire,
« où seront mises mes armes et mon nom en quelque
« endroict, je laisse trois cens livres...

« Plus je laisse à la gloire de la Sainte-Trinité de
« Paradis la somme de douze cents livres tournois,
« pour employer à rédiffier ce quy sera de plus néces-
« saire en l'église cathédrale de ceste ville de Bou-
« longne, dédiée à la sacrée Vierge Marie mon ad-
« vocate... »

Le 4 juin 1620, Claude Dormy, évêque de Boulogne, eut la consolation de bénir la chapelle de Saint-Jean, qui avait été réparée par le maïeur de la ville, Guillaume Mouton. La chapelle de Notre-Dame était la seule, à laquelle on n'eût pas songé jusqu'à ce moment. Depuis le siége de 1544, l'herbe poussait à loisir sur cette terre de miracles. Le pèlerin lui-même en avait perdu le souvenir.

Il y avait à l'extrémité de l'église, derrière le chœur, un autel de Sainte-Anne, dont on avait changé le vocable et qu'on appelait l'autel de la Sainte-Vierge.

1. Le testament de P. de Parenty a été enregistré le 17 janvier 1618, dans le registre aux Insinuations de la sénéchaussée, n. III, f. 223 et suiv. (Archives du tribunal civil de Boulogne).

CHAPITRE XIX. — RECONSTRUCTION DE LA CHAPELLE.

Bien que la sainte Image fût absente, on ne laissait pas de s'y porter avec une grande dévotion. Les registres de la paroisse témoignent que beaucoup de pieux fidèles y venaient faire bénir leur mariage, afin d'attirer sur leurs familles la protection de la Mère de Dieu [1]. Louis XIII y communia de la main du cardinal de Retz, le jour de Noël de l'an 1620 [2]. L'évêque de Boulogne, justement affligé de voir que l'ancienne chapelle de la Vierge de Boulogne n'avait pas encore été relevée de ses ruines, résolut de faire un appel à la piété de ses diocésains. Nous avons été assez heureux pour rencontrer une copie de la Lettre pastorale qui fut publiée à cette occasion. On y trouvera, suivant la remarque d'un vieil auteur [3], « l'Histoire de Nostre-Dame scellée du sceau épiscopal ».

« Claude Dormy, par la grâce et miséricorde di-
« vine, évêque de Boulogne, à tous les fidèles qui
« ouïront et liront ces présentes, salut en Nostre-
« Seigneur.

« Voyant à présent et ressentant nous-même une
« grande joie et contentement que l'église de Nostre-
« Dame, qui est régie et gouvernée sous nostre au-
« thorité et puissance, de passé presque détruite par
« les estranges événemens des guerres, se va petit

---

1. Archives communales de Boulogne.
2. Ant. Le Roy, *Hist.* cit. p. 183. *Mémoires mss.* de P. Maslebranche, chapelain de N.-D. de Boulogne (copie de F. Abot, doyen du Chapitre), dans la Bibliothèque de M. Abot de Bazinghen.
3. Anonyme (peut-être Charles Féramus, auteur d'une Histoire ecclésiastique du Boulonnais, perdue depuis 1790), ap. Ant. Le Roy, *Notes msstes* pp. 155, 156 et 157 (dans la bibliothèque de M. Abot de Bazinghen). — Le Roy a extrait la lettre pastorale et la réflexion que nous venons de citer, d'un ouvrage qu'il n'indique pas, mais dont il donne la page « 96 versâ et 97 rectâ. »

« à petit restablissant, et que de jour en jour elle est
« décorée et embellie par la libéralité des gens pieux
« et dévots à la sainte Vierge, ce qui donne espérance
« qu'en bref elle aura recouvré son lustre et sa pre-
« mière splendeur ; Nous, zélans d'une affection par-
« ticulière avec le roi David la maison de Dieu et son
« honneur, comme le lieu de sa gloire, Nous avons
« cru estre de nostre debvoir et cure pastorale d'ex-
« citer par nos lettres, monitoires et exhortations
« pastorales, les peuples à nous commis, à ce qu'ils
« veillent [veuillent] aider par leurs aumosnes et bien-
« faits à la réparation de l'ancienne chapelle de Nostre-
« Dame, Patronne de la mesme église, et la protec-
« trice de Boulogne ;

« Ce que Nous faisons à bon droit, puisque c'est la
« chapelle où reposoit, du passé, l'Image miraculeuse
« de la Vierge qui, sous Dagobert, roy de France, est
« arrivée dans un navire au port Boulenois, par le
« ministère et la conduite des anges ; où elle fut ré-
« vérée de nos anciens avec une foy incroyable et une
« révérence fort grande ; qu'ayant lors un siége épis-
« copal dans Boulogne, ainsi qu'il est porté dans nos
« vieux tiltres ; que Dieu a daigné illustrer par infinis
« et continuels miracles, en l'honneur de sa Mère,
« pour augmenter sa gloire, au soulagement et con-
« solation des pauvres malades et affligez, avec une
« quantité de pèlerins qui sont venus icy par troupes
« de tous les endroits de l'Europe ; laquelle chapelle
« les rois et les princes, en actions de grâces des bien-
« faits qu'ils ont receus par les prières de la Vierge,
« ont ornée et enrichie de plusieurs dons et de présens
« très-prétieux.

« Car ça esté dans ce lieu sacré que le roy Jean,

« venant d'Angleterre, où il avoit esté mené prison-
« nier, accompagné de ses quatre fils qui furent à
« Calais au devant de luy, rendit ses vœux à Dieu et
« à la Vierge Marie, et, par reconnoissance de sa li-
« berté et délivrance receue par les intercessions et
« mérites de la mesme Dame, laissa plusieurs rentes
« et possessions moiennant une messe qu'il fonda à
« perpétuité et qui se doit célébrer devant ladite
« Image pour la conservation de Sa Majesté, de ses
« enfants, et pour la paix du Royaume de France.

« Nous obmettons icy diverses autres marques de
« l'ardente dévotion et la ferveur des anciens à venir
« visitter ce temple, pour honorer la Vierge, devant
« son Image, jusqu'à l'an 1544; car les choses dé-
« diées au culte divin, aussi bien que les prophanes,
« s'envieillissent avec le temps. C'est pourquoi Nous
« voyons encore ce lieu destruit, depuis les Anglois,
« qui prirent cette ville après avoir mis le siége de-
« vant, estant déjà infectez de l'hérésie luthérienne ;
« lequel n'a pu estre réparé jusqu'à cette heure par
« la vicissitude estrange des temps et des affaires,
« etc.

« Donné à Boulongne, l'an 1621, le 21 avril. »

Trois ans après, le jeudi 25 avril 1624, jour cher aux Boulonnais, parce qu'il était l'anniversaire de la reddition de la ville par les troupes Anglaises, « Mon-
« seigneur de Boulogne dédia l'autel et chapelle de
« la Sainte-Vierge Marie, avec Messe et Vespres en
« musique [1]. »

Parmi les nobles et généreux bienfaiteurs qui contribuèrent le plus à la réparation de l'ancienne cha-

---

1. *Mém.* de P. Maslebranche, déjà cit.

pelle, Antoine Le Roy cite Honoré d'Albert, duc de Chaulne [1], maréchal de France, et lieutenant pour le roi au gouvernement de Picardie. Il envoya « par forme de vœu, la somme de neuf cents livres, pour être employée aux ouvrages les plus nécessaires de ce nouveau bâtiment; et il ajouta à ce don celui de deux chandeliers d'argent du poids de neuf marcs [2] ».

La noblesse de France n'a jamais failli à ce devoir de payer ainsi à Dieu et à sa très-sainte Mère la dîme de ses biens, l'hommage de sa fidélité, le tribut de sa vénération et l'humble aveu de sa dépendance. Tous les dépositaires du pouvoir y gagnaient en autorité : le peuple obéissait plus facilement à ses chefs, quand il les voyait obéir à Dieu.

En ces temps de foi, tout conspirait à populariser le culte de Notre-Dame de Boulogne. Les magistrats de la ville, aussi bien que les religieux de l'abbaye et le chapitre de la cathédrale, offraient aux personnages de distinction, comme souvenirs de voyage, ou comme marque de reconnaissance, des statuettes de Notre-Dame. Ainsi, en 1551, on en présenta une, richement façonnée, à Marie de Lorraine, femme de Jacques Stuart, V[e] du nom, roi d'Écosse et mère de la fameuse Marie Stuart [3]. Peu après, lorsqu'on s'attendait à l'arrivée de Catherine de Médicis dans notre ville (1567), les maïeur et échevins firent exécuter à Paris une image d'or de Notre-Dame, afin de l'offrir à cette prin-

---

1. « Ce duc de Chaulne était frère de Charles d'Albert, duc de Luynes, connétable de France, que Louis XIII établit gouverneur de Boulogne, le 2 janvier 1621, pendant son séjour en cette ville. — N. de Le Roy.
2. Ant. Le Roy, op. cit., p. 188.
3. Ant. Le Roy, *Abrégé* cit., édit., 1686, p. 98.

cesse [1]. La statuette resta, faute d'emploi, dans le trésor de la ville, jusqu'au 6 septembre 1623. On en fit alors présent à la marquise de Tréfort, femme du connétable de Lesdiguières, comme l'atteste la délibération suivante [2] :

« Du vj^e jour de septembre 1623.

« Il a esté délibéré et arresté que, pour recon-
« gnoistre Monseigneur le connestable [3] et luy donner
« occasion de se ressouvenir des affaires de ladite
« ville, suivant le placet et mémoires quy luy ont esté
« présentés et délivrés, il sera faict présent à madame
« sa femme de l'Image d'or où est figurée une Nostre-
« Dame, qui estoit dès y a longtemps au coffre de la-
« dite ville. Ce quy a esté faict et effectué ledit jour. »

Signé : Monet (maïeur), Carpentier, F. Hibon, A. Le Roy, J. Caillette (échevins).

Les hommages que la terre offrait à la Reine du ciel attiraient chaque jour de nouvelles bénédictions sur les fidèles chrétiens. Antoine Le Roy nous a conservé le récit de ce qui arriva, en cette même année 1623, à Péronne Caillette, âgée de 55 ans, demeurant à Boulogne. « Une longue et fâcheuse maladie l'ayant réduite à l'extrémité, l'avait laissée dans une si grande langueur et débilité de tous ses membres, qu'elle en

---

1. *Registre aux délibérations*, n° 1 (9 juin et 24 juillet 1567, 24 nov. 1570); *Comptes* de 1567 (Archives communales).
2. *Registre aux délibérations*, n° 2 (Ibid).
3. Le connétable dont il s'agit est bien le célèbre François de Bonne, duc de Lesdiguières, mort à quatre-vingt-quatre ans, le 28 septembre 1626, avec la réputation d'invincible. Les Mémoires de P. Maslebranche (où il est appelé « Monseigneur Desdiguier (sic), conestable de France », nous apprennent qu'il arriva à Boulogne le 2 septembre 1623, et qu'après un voyage rapide dans les villes de Calais et d'Ardres, il repartit pour Montreuil le 8 du même mois.

était demeurée toute percluse, sans pouvoir aucunement s'en aider. Un prêtre l'étant venu visiter dans cet état pour la consoler, tourna le discours sur l'ancienne dévotion, et l'admirable concours des pèlerins vers Notre-Dame de Boulogne; ce qui ralluma dans le cœur de la malade un désir si grand de visiter encore une fois son Image, et une confiance si ferme d'en obtenir sa guérison, que l'ardeur de son zèle passant de son esprit dans son corps, elle en reçut sur-le-champ une notable et sensible augmentation de forces : en effet, peu de jours après, elle quitta le lit, où elle était auparavant comme attachée, et s'en alla appuyée sur deux bâtons saluer la sainte Image dans le lieu où elle était alors honorée, où après avoir été quelque temps en prières, elle laissa les faibles soutiens qui l'avaient aidée à s'y conduire, et s'en retourna tout à fait saine et sans aucune aide, publiant partout dans le transport de sa joie, la grande merveille que Dieu, par l'entremise de sa sainte Mère, venait d'opérer en sa personne [1]. »

Le maïeur Guillaume Mouton, mort en charge le 29 juin 1622, n'avait pas eu la consolation de voir l'Image miraculeuse rétablie dans ses anciens honneurs. Les suppliques, adressées par Antoine Gillot à la Sorbonne, n'ayant pas encore obtenu leur effet, le chapitre hésitait toujours, et l'évêque, Claude Dormy, ne voulait pas se prononcer. Cependant l'un des chanoines, Gilles Follie, curé de Notre-Dame, poussait activement le procès de vérification qui durait depuis 1607. Il avait ardemment sollicité la réparation de la chapelle de la sainte Vierge, à laquelle il avait donné

---

1. Ant. Le Roy. op. cit., p. 122.

CHAPITRE XIX. — STATUE PLACÉE SUR LE PORTAIL.

des vitraux sur lesquels étaient peints les principaux détails de la légende ; enfin, en 1627, il avait fait placer, sur le portail de l'église, une Image de Notre-Dame en pierre sculptée, qu'on venait de retrouver dans le jardin des Capucins. C'était, d'après l'opinion commune de nos historiens [1], un monument qu'on avait dressé à l'endroit même, où l'Image aborda sur nos rives. Les Anglais, ayant abattu ce mémorial de nos traditions, l'avaient jeté dans les fondements d'un boulevard, parmi les pierres et le ciment, d'où on l'avait retiré intact et sans mutilation.

L'Image miraculeuse reposait alors dans la trésorerie de la cathédrale [2]. Pendant la vacance du siége, Gilles Follie l'avait fait transporter à l'évêché, d'où le chapitre ordonna qu'on la fît revenir pour être remise dans la trésorerie. Le culte que les pieux fidèles s'empressaient de rendre à l'Image de leur Patronne, alarmait les chanoines, qui, n'étant pas encore persuadés sur la question d'authenticité, y voyaient de la superstition et même de l'idolâtrie [3].

Quelles que fussent les raisons qui retenaient encore l'autorité ecclésiastique dans un doute prudent

---

1. Ant. Le Roy, Ibid, p. 190 ; Le P. Alphonse, op. cit., p. 120.
2. Quelques auteurs ont dit à tort la sacristie. La trésorerie était une chapelle; on y célébrait la sainte messe, et c'était là qu'on gardait les joyaux et les reliques de l'église.
3. Die lunæ undecimo januarii 1627. Exposuit dominis meis dominus syndicus se rescire certo multas superstitiones et idolatriam etiam committi in imagine quadam divæ Virginis extracta ex gazophylacio et asportata in domum episcopalem opera domini Follie, super qua monitione ordinatum et statutum quod prædicta imago in pristinum locum referetur et recondetur. *Reg. concl. capit.* D. n° 2. 1 (Archives communales). Il est bon de dire que ce jour-là le syndic était en verve de plaintes contre le chanoine Follie : c'est une circonstance atténuante.

sur l'authenticité de l'Image rapportée de Honvault, les traditions anciennes de notre ville sur l'arrivée de la Vierge n'en reçurent jamais aucune atteinte. On a vu plus haut le témoignage explicite de Claude Dormy. Les chanoines tiennent le même langage. Bien que se prévalant toujours des usages, des priviléges et des gloires de l'église de Thérouanne, ils étaient loin d'oublier que l'église de Boulogne avait aussi un passé plein de grandeur et d'illustration, et ils acceptaient cet héritage avec un filial amour. En voici une preuve incontestable.

Dès les temps les plus reculés le chapitre de Thérouanne, avait été affilié au chapitre de l'église apostolique et métropolitaine de Saint-Jacques de Compostelle. Plusieurs documents, conservés dans les archives, attestaient cette confraternité, déjà renouvelée en 1339, et dont l'origine se perdait dans l'obscurité des premiers temps. Le chapitre de Boulogne, héritier des traditions de l'antique Morinie, trouva, en 1627, une occasion favorable pour resserrer les liens de pieuse et sainte amitié qui unissaient les deux églises.

François de Mamez, protonotaire apostolique et chanoine gradué d'Ypres, allant accomplir un vœu qu'il avait fait à Dieu et au bienheureux apôtre saint Jacques, s'était arrêté quelques jours dans notre ville : le chapitre de Boulogne le chargea de porter aux doyen et chanoines de Compostelle une demande en rénovation de l'ancienne confraternité.

Les registres capitulaires nous ont conservé la supplique qui fut écrite à cette occasion et qui est datée du 15 octobre 1627. On y voit le plus bel éloge de « cette antique église de la bienheureuse Vierge

Marie, très-célèbre par toute la terre, d'abord à cause de l'Image de la Reine des anges et des hommes, arrivée dans notre port, sur une nacelle conduite et gouvernée par les anges, il y a plus de mille ans ; puis, à cause des innombrables miracles qui s'y sont opérés depuis les temps anciens jusqu'au siècle présent, par l'intercession de cette divine Vierge appelée Notre-Dame de Boulogne [1]. »

Le Chapitre de Saint-Jacques de Compostelle répondit, le 18 avril 1628, à la lettre des chanoines de Boulogne. La confraternité séculaire, qui établissait entre les deux églises une communauté intime de prières et de bonnes œuvres, aussi bien que de prérogatives et de priviléges, fut confirmée et renouvelée. L'église d'Ypres, sœur de l'église de Boulogne, partagea cet honneur ; et les anges se réjouirent, dans le ciel, en voyant les prêtres de l'Église de Jésus-Christ se procurer plus abondamment par ces pieuses alliances les fruits de la communion des Saints.

---

1. Antiquissima Beatæ Virginis Deiparæ ecclesia, ubique terrarum celeberrima, tum propter adventitiam angelorum hominumque Reginæ Imaginem, navigiolo in portum nostrum, angelis comitibus gubernatoribusque, ante mille annos advectam, tum propter innumera miracula ab antiquis temporibus ad præsens tempus usque, ope et opera præfatæ Virginis, Boloniensis nuncupatæ, in eadem divinitus patrata. *Reg. conclus. capit. Bolon.* D. n° 2. 1 (Archives communales).

CHAPITRE XX.

Rétablissement de l'Image de Notre-Dame dans ses anciens honneurs par l'évêque Victor le Bouthillier, le 30 mars 1630 ; — miracles, guérisons, pèlerinages divers, 1630—1632.

Victor le Bouthillier, troisième évêque de Boulogne, prélat recommandable par son zèle pour la discipline ecclésiastique, sa vigilance dans l'administration de son diocèse, le soin qu'il prit d'y publier plusieurs décrets importants du concile de Trente et d'y établir la liturgie romaine, fut l'homme dont Dieu se servit pour rendre l'Image de Notre-Dame à la vénération des fidèles.

Laissons parler un témoin oculaire, le père Alphonse de Montfort :

« Par un secret du ciel qui nous est incogneu, vingt-deux ans se sont escoulez, pendant lesquels la saincte Image a esté moins honorée qu'il ne fallait, quoyqu'en tout temps et en tous lieux elle se soit tousjours rendue recommandable par des effets miraculeux.

« Mais enfin le calme et la bonace succédèrent aux tempestes et aux orages, et l'heureux temps arriva que l'Image de Nostre-Dame de Boulongne fut exposée publiquement à la vénération de tout le monde, dans sa chapelle, où nous la voyons maintenant. Cela fut fait le samedy-sainct de l'an mil six cens trente, par *Illustrissime et Révérendissime Père en Dieu Messire Victor Bouthillier, lors évesque de Boulongne, et à présent archevesque de Tours*. Dieu luy ayant réservé cet honneur de surmonter les empeschemens, de vaincre les difficultez qu'on y avoit apportées jusqu'à son temps, en récompense de sa dévotion particulière envers la très-saincte Mère de Dieu. A ce restablissement assistèrent les principaux du Chapitre et de la ville, avec une extrême dévotion et actions de grâces au sieur évesque, d'un si pieux dessein et d'une si saincte résolution qu'il avoit prise, qui fut suivie d'une joye et contentement indicible de tout le peuple de Boulongne.

« Ce qu'il fit après avoir quelques jours auparavant fait encore une nouvelle assemblée, pour y procéder avec toute la prudence qu'on pouvoit désirer, où avec les principaux du Chapitre, les premiers de la ville, et autres gens doctes et pieux, voyant de nouveau les dépositions du procès-verbal qui en avoit esté fait, prenant les voix et les opinions de toute l'assemblée. Après avoir entendu les raisons qu'on apportoit pour et contre, trouvant que la pluspart concluoit justement à la vérité et à la remise de l'Image, outre l'inspiration particulière qu'il en ressentoit puissamment en luy-mesme, l'ayant béniste de nouveau, pour une

---

1. Voici la note que le chapelain P. Maslebranche, déjà cité, a consignée dans ces mémoires.

« Le Samedy-Saint (30 mars), fut remise et posée l'Image miraculeuse de la sainte Vierge, assez brune, que l'on voit à présent dans un navire, au-dessus de l'autel de sa chapelle; et ce par bon advis et meure délibération de messire Victor Bouthillier, évêque de Boulogne, et de messieurs du Chapitre, ayant recognus que c'est l'Image mesme qui y estoit cy-devant, lorsque s'y sont faits plusieurs miracles, laquelle avoit esté en quelques endroits mutilée par les hérétiques, etc.

plus grande vénération ; maintenant elle reçoit le respect et la dévotion de tous ceux qui veulent recognoistre que Dieu l'a choisie pour estre le sujet de quantité de miracles, qui ont esté en très-grand nombre aux siècles passez, et mesme depuis son restablissement [1]. »

On ne s'était pas contenté des informations et des lumières qu'on pouvait trouver dans la ville de Boulogne. La Sorbonne, consultée, répondit par l'organe de ses docteurs [2] « qu'il fallait rendre ses premiers honneurs à cette vénérable relique de l'antiquité et la reconnaître pour l'ancienne et miraculeuse Image de Notre-Dame de Boulogne. Ce fut aussi, ajoute Le Roy, à qui nous devons ces détails, l'avis des Pères Jésuites d'Amiens et de toutes les autres personnes de piété et de doctrine que l'on consulta là-dessus [3] ».

« Le ciel même, s'intéressant en cette cause, continue le même auteur, sembla en vouloir prendre la défense en main par des témoignages sensibles et extérieurs qu'il lui plut d'en rendre. Car, comme on fut obligé de retoucher à certains endroits l'Image, pour quelques difformités qui étaient restées des mauvais traitements tant des Anglais que des hérétiques ; et, comme la piété, qui est toujours ingénieuse, inspira à quelques particuliers de faire faire d'autres petites Images avec les petits éclats et les parcelles qu'on tira de la grande, Dieu qui voulait convaincre les incrédules de la vertu miraculeuse qu'il avait attachée à celle-ci, l'étendit même sur celles qui en avaient été

---

1. His*t*. de l'ancienne Image de N.-D. de Boulongne, imprimée en 1634, pp. 174-177.
2. De Gamache, Du Val et autres. — N. de Le Roy.
3. Ant. Le Roy, op. cit., p. 175,

CHAPITRE XI. — MIRACLES DE N.-D. DE BOULOGNE.

tirées. Ainsi l'on remarquait dans ce bois quelque chose de semblable à ce que les Pères ont admiré dans celui de la vraie Croix, dont la vertu solitaire se communique indivisiblement à toutes ses moindres parcelles [1]. Trois de ces petites Images sont encore aujourd'hui gardées avec une grande vénération dans trois maisons religieuses, et confirment par leurs opérations merveilleuses la vérité de celle dont elles sont émanées. L'église du monastère de Picpus-lès-Paris en possède encore une, qui fut donnée, dit l'auteur de la Triple-Couronne [2], par le prêtre même qui avait aidé à rapporter l'Image en la ville de Boulogne, comme nous venons de dire. Elle est posée sur l'autel de la chapelle de Notre-Dame-de-Grâce, dans un beau navire d'argent, où deux anges servent de pilotes. Le couvent des Ursulines de Bourges en conserve une autre, qui leur a été cédée par une religieuse Ursuline de Paris, originaire d'une famille de Boulogne. L'attouchement de cette Image, qui est de la grandeur du petit doigt, opère tous les jours de très-puissants effets envers toutes sortes de personnes affligées de maladies ; en sorte que le bruit de tant de merveilles a fait souhaiter à diverses autres maisons religieuses d'avoir de semblables Images, et les a fait adresser pour cela à celle de Paris, qui regrette elle-même aujourd'hui de ne pas avoir gardé pour soi une relique si précieuse. La troisième petite Image du même bois miraculeux est révérée au couvent des Sœurs noires de

---

1. Magnum in modico munus, et in segmento pene atomo hastulæ brevis, munimentum præsentis et pignus æternæ salutis *Saint-Paulin. Nol. Ep. II, ad Sever. ubi de ligno Crucis.* — Note de Le Roy.
2. François Poiré, traité I, ch. 12, n° 55. — N. de Le Roy.

Saint-Omer, et c'est un don que fit M. François Le Vasseur, trésorier de l'église de Boulogne, à une de ses nièces, religieuse en ce couvent. Il ne faut que voir la quantité de vœux et d'offrandes, dont elle est environnée, pour juger dans quelle vénération elle est parmi ces peuples, et combien de différentes grâces ont été accordées à ceux qui y ont eu recours dans leurs nécessités [1]. »

Dans le cours de cet ouvrage, nous avons souvent fait mention des miracles que les anciens documents attribuent à la Patronne spéciale du Boulonnais ; mais nous n'avons guère eu de faits particuliers à citer. Le texte de Jean d'Ypres, les lettres de Charles V et de Louis XI, les extraits du mandement de Claude Dormy et des Registres Capitulaires, enfin le concours empressé des pèlerins, tout prouve que la Reine des anges et des saints avait choisi le sanctuaire de Boulogne pour y faire éclater sa puissance. Que de malades consolés et guéris ! Quel poids de chagrins et de peines, apporté de bien loin, et déposé au pied de la Consolatrice des affligés ! Tout le triste et long cortège des infirmités humaines s'est acheminé vers Boulogne,

> Lieu très-dévot, qui se fait réclamer
> Par mainte gent, qui pour ce est consolée [2].

Qui nous dira les larmes séchées aux yeux des veuves et des orphelins ? Qui saura le nombre des enfants

---

1. Ant. Le Roy, op. cit., pp. 175-176.
2. Jehan Maillart, poème ms. sur les ports de mer, composé vers 1530 ; cité par M. Dufaitelle dans les *Mémoires de la Société d'Agricult. de Calais*, année 1839-40, p. 353.

rendus à leurs mères, des pères conservés à leurs enfants ? Combien de genoux ont plié sur ces dalles, combien de fronts se sont inclinés sous ces voûtes, et se sont relevés plus fermes et plus sereins ; combien de cœurs brisés se sont ouverts à l'espérance ; combien de grâces et de faveurs, pour cette vie et pour l'autre, sont descendues d'En-Haut, à la prière toute puissante de la Mère de Jésus ?

Toutes ces merveilles, nous savons qu'elles ont illustré notre église ; mais nous en ignorons le détail. « Les ennemis de la religion catholique, dit Le Roy, ayant mêlé et confondu les cendres de nos archives avec celles de nos pères, nous ont caché, autant qu'ils ont pu, ce qui faisait l'admiration de l'antiquité [1]. » Au reste, Dieu n'a jamais voulu nous laisser connaître toute l'étendue de ses bienfaits envers l'humanité. On lit dans les saints Évangiles, que les miracles du Sauveur lui-même n'ont pas tous été écrits par ses disciples [2] : il fallait qu'il restât encore un peu d'ombre, afin de donner du mérite à notre foi : *Beati qui non viderunt et crediderunt* [3].

L'historien de Notre-Dame signale « quelques vieux vestiges de ces anciennes merveilles », que ni la malice des hérétiques ni l'injure des temps n'avaient pu entièrement effacer.

« L'on voit dit-il sur les murailles de notre église cathédrale, autour du grand portail qui regarde le cimetière, plus de quarante figures d'enfants morts,

---

1. Ant. Le Roy, op. cit., p. 200.
2. Multa quidem et alia signa fecit Jesus in conspectu discipulorum ejus, quæ non sunt scripta in libro hoc. Joann. XX, 30 ; cf. XXI, 25.
3. Ibid. XX, 29.

qui ont reçu miraculeusement la vie du corps, et ensuite celle de l'âme par le baptême ; des personnes divinement préservées du naufrage, des paralytiques, et autres personnes affligées de différentes maladies, qui ont trouvé le remède à leurs maux dans l'invocation de Notre-Dame de Boulogne, dont la représentation paraît encore distinctement dans chacune de ces figures à demi usées.

« Ce sont là presque les seuls monuments des anciens miracles de Notre-Dame, qui nous soient restés de devant la guerre des Anglais et les troubles des Huguenots. Mais le calme qui a succédé enfin à tant d'orages, à fait que la mémoire des merveilles opérées dans ces derniers temps s'est mieux conservée, et est heureusement venue jusqu'à nous. Cette multitude confuse de figures d'or, d'argent et de cire, et ce grand amas de potences et autres semblables trophées de maladies vaincues, que l'on voyait il y a quelques années, dans la chapelle, avant que l'on y eût fait la belle table d'autel, dont elle est présentement ornée; et d'ailleurs, ce nombre prodigieux de messes qui s'y sont dites en actions de grâces, seulement depuis 1630 jusqu'à présent, tout cela ne nous permet point de douter, que la vertu de Dieu n'ait toujours résidé dans ce sanctuaire, et que les miracles qui l'ont rendu si célèbre dans les siècles passés, ne le doivent rendre aussi recommandable dans celui-ci.

« Ce n'est pas, au reste, que je veuille faire passer pour des effets absolument miraculeux toutes les grâces et faveurs corporelles que je trouve avoir été obtenues, dans ces derniers temps, par les mérites de Notre-Dame de Boulogne, et que je vois couchées dans nos registres. Je sais, comme l'a très-bien défini un savant docteur de la Faculté de théologie de Louvain [1] sur un semblable sujet, que l'on doit regarder pieusement la plupart de ces grâces comme des bienfaits singuliers de la bonté de Dieu, et des assistances extraordinaires de sa main toute-puissante, qui fait agir les causes secondes pour les besoins des hommes, quand et comme il lui plaît : *Quædam Dei beneficia et opitulationes, quibus ipsas causas secundas modis sibi beneplacitis, movendo, et dirigendo, hominum necessitatibus, sicut vult, subvenit.* Mais je sais aussi, que toutes ces choses ne doivent point être publiées comme de vrais miracles sans l'approbation de l'Ordinaire, ou du Saint-Siége Apostolique. Ainsi, si la plupart des événements, que je dois rapporter dans les chapitres suivants, n'ont été reconnus miraculeux que par la seule voix publique, et non pas par l'autorité de l'Église, qui ne s'est pas encore donné la peine de les examiner juridiquement, je déclare que j'en soumets avec respect le jugement à qui il appartient. Que si je leur donne place dans mon Histoire, ce n'est que pour conserver le souvenir de tant de grâces sensibles, dont la manifestation ne peut tourner qu'à l'accroissement de la gloire de Dieu et de sa très-sainte Mère. Je n'oserais me flatter, que le récit que j'en ferai soit au goût de tout le monde : mais je suis assuré du moins, que ceux qui ne cherchent dans ces sortes de narrations historiques que la pure et sincère vérité, auront la satisfaction d'y trouver

---

1. *Iac. Pontanus, professeur en théologie, doyen de l'église collégiale de Saint-Pierre, conservateur apostolique des priviléges de l'Université de Louvain, et censeur royal des Livres, dans l'approbation du livre intitulé : Abrégé des miracles, des grâces et merveilles advenus par l'intercession de la glorieuse Vierge honorée à Montaigu, imprimé à Bruxelles en 1664.* — N. de Le Roy.

ce qu'ils cherchent, puisque je n'y avance rien que sur des mémoires fidèles, et qui méritent quelque créance. Je suis trop éloigné de vouloir abuser de la foi publique, en quelque occasion que ce puisse être, mais surtout dans celle-ci, où j'aurais très-mauvaise grâce d'emprunter les vains ornements du mensonge, ou de la flatterie, pour donner de faux brillants à une Image, dont la gloire est si solidement établie depuis tant de siècles, qui tous l'ont reconnue pour une Image vraiment miraculeuse [1]. »

Ces sentiments du pieux écrivain sont aussi les nôtres. Témoin oculaire de la plupart des faits qu'il rapporte, bachelier en théologie de la Faculté de Paris, chanoine de la cathédrale, official, puis archidiacre du diocèse, ayant à sa disposition les archives de l'église, le témoignage et le contrôle des générations contemporaines, il rapporte ce qu'il a vu, étudié, apprécié, mûrement examiné : quel meilleur guide pouvions-nous suivre? De quel droit un impertinent déclamateur viendra-t-il l'accuser de crédulité, et dire que, sous le règne de Louis XIV, dans un siècle qui n'était pas, croyons-nous, du moyen-âge, on ne connaissait pas encore « la saine dévotion, celle qui éclaire et console ? »

Nous allons suivre chronologiquement le récit des consolations que la Vierge de Boulogne apporta, pendant le XVIIe siècle, aux affligés qui recoururent à sa clémente intercession. Toutefois, dans la crainte de fatiguer le lecteur par des détails trop étendus, nous emprunterons souvent nos extraits aux diverses éditions de l'*Abrégé*, publiées par le même auteur.

---

1. Ant. Le Roy, *Hist.* cit., édit. 1681, pp. 200-202.

CHAPITRE XX. — GUÉRISON DE LOUIS FONTAINE.

En 1630, pendant l'octave de Pâques, peu de jours après le rétablissement de l'Image, Louis Fontaine, fils d'Adrien, et de Diane Colombel, fut guéri d'une paralysie, à la suite d'un vœu de sa mère. « Il était tombé depuis trois ans dans une paralysie générale de tous ses membres, qui avait cela de particulier, que quelquefois les parties de son corps étaient molles et flexibles comme si elles eussent été sans os, et quelquefois elles devenaient si raides et si engourdies, qu'elles ne pouvaient pas plier. Il avait même sur la fin, tout à fait perdu l'usage de la parole. Sa mère, qui avait évité autrefois, par la protection de la sainte Vierge, les accidents d'une chute qu'elle avait faite dans le septième mois de sa grossesse, implora la même protection pour son fils. Elle promit que, s'il recouvrait la santé par les mérites de cette divine Mère, elle le mènerait dans sa chapelle, vêtu de blanc, nu-pieds et un cierge à la main. A peine eut-elle formé ce vœu que l'enfant recommença à parler. Le lendemain il se leva, et en fort peu de temps il se vit en état d'accomplir le vœu en la manière que sa mère l'avait conçu, avec cette circonstance néanmoins que, marchant avec elle, et étant prêt d'entrer dans l'église, il sentit une faiblesse universelle dans tous ses membres qui le rendit comme immobile ; mais ayant répété par trois fois, après sa mère : *Sainte Vierge, priez votre fils* JÉSUS *qu'il me donne la force d'accomplir mon vœu*, il s'échappa de ses mains, et la devança dans l'église, sans avoir depuis ressenti aucun reste d'infirmité [1].

---

1. Ant. Le Roy, *Abrégé de l'Hist. de N.-D. de Boulogne*, édit. 1686, pp. 119-120 ; édit. 1704, p. 137 ; 1764, pp. 153-154 ; édit. in-8

« Le 20 avril 1631 [1], un navire de Calais fut divinement conservé au milieu d'une longue et rude tempête, par les mérites de la même Vierge, ainsi que nous le colligeons d'un acte authentique, signé de Jean de Calais, marchand de la même ville, à qui appartenait le vaisseau, et de Louis Fourmentin, son pilote. Ils témoignèrent dans leur déclaration qu'étant partis de Rouen avec leur charge de vin, et qu'ayant passé par Honfleur, environ six heures après être sortis de ce port ils furent attaqués d'un vent effroyable mêlé de pluie et de grêle, qui causa un des plus furieux orages qu'ils eussent encore vu. Leurs voiles étant emportées par l'impétuosité des vents, et leur vaisseau presque accablé par l'abondance des flots, ils voguaient au gré des uns et des autres, incertains du lieu où ils allaient, parce que l'air était tout couvert de ténèbres, et certains de rencontrer la mort, dont ils ne voyaient partout qu'une affreuse image. Ils passèrent plus d'un jour dans cette fâcheuse extrémité, pendant laquelle ils se souvinrent d'implorer l'assistance de Notre-Dame de Boulogne, récitant diverses prières qu'ils savaient en son honneur, et la conjurant de tout leur cœur de leur faire connaître l'endroit où ils étaient, et de les préserver du naufrage. Chose admirable ! ils n'eurent pas sitôt achevé que l'orage cessa, et que la mer reprit sa première tranquillité. Un rayon de soleil,

---

(de M. Hédouin), 1839, p. 125. Nous continuerons de citer cette édition qui est la plus répandue et qui reproduit les précédentes.

Cf. le récit plus détaillé de cette guérison dans l'édit. de 1681, pp. 222-224.

1. L'édit. 1681 porte le 20 *février*, date corrigée par l'auteur dans celle de 1686 et de 1704.

qui perça le nuage obscur dont le ciel était tout environné, leur découvrit la Tour d'Ordre qui est au-dessus du port de Boulogne, et fit paraître à leurs yeux la montagne sainte d'où leur était venu le secours qu'ils avaient désiré. Aussi se crurent-ils entièrement redevables de leur salut à la Vierge tutélaire de ce lieu, et ils publièrent partout ses merveilles, après lui être venus rendre leurs actions de grâces dans sa chapelle [1]. »

Peu après, « Jean Maréchal, natif du village d'Hidrequen [2], en Boulonnais, tomba, à l'âge de vingt-cinq ans, dans une défaillance générale de tous ses membres, après une maladie compliquée qu'on attribuait à quelque maléfice. Un an entier s'écoula sans qu'il pût sortir du lit, ni même remuer les jambes, lesquelles, par succession de temps, se collèrent tellement ensemble qu'il fut impossible de les séparer; pour surcroît d'affliction, il ressentit les douleurs aiguës de la pierre, dont il avait été jusqu'alors exempt. Ce fut inutilement qu'il employa toutes sortes de remèdes naturels : ils ne servirent qu'à lui faire connaître qu'il avait besoin d'un secours extraordinaire pour sortir du triste état où il était réduit. Il le trouva dans la confiance qu'il eut au pouvoir de Notre-Dame de Boulogne. Dès le troisième jour d'une neuvaine qu'il voua, et qu'il accomplit en personne, ses jambes se séparèrent et reprirent tellement leurs forces qu'au moyen de deux potences il put se soutenir dessus. Il n'en eut plus besoin dans la suite, et il les suspendit avec joie devant l'image de sa bienfaitrice, en témoignage de

1. Ant. Le Roy, édit. 1681, p. 204-205.
2. Hydrequent, village réuni à la commune de Rinxent, canton de Marquise.

sa reconnaissance, le 8 de juin, jour de la Pentecôte de l'année 1631 [1]. »

Le 12 décembre suivant, François Fricot et Marie Drinquebierre, demeurant au bourg de Samer, assistés du doyen et du chapelain de ce bourg, signèrent une attestation constatant la guérison du jeune Antoine Fricot, leur fils, atteint de paralysie à l'âge de douze ans. La mère de l'enfant, ayant appris la guérison de Louis Fontaine, résolut de faire faire une neuvaine à Notre-Dame de Boulogne. Ce pieux exercice ne fut pas plutôt commencé « que le malade se trouva dans une meilleure disposition, laquelle, s'augmentant de jour en jour, devint parfaite, au bout d'une seconde neuvaine qu'il accomplit lui-même, en montant tous les jours à pied de la ville-basse en la chapelle de la sainte Vierge [2]. »

A la même époque, « le père Alphonse de Montfort, religieux capucin, vicaire du couvent de Boulogne, fut guéri d'une rupture dont il était affligé depuis six ans, et qui avait été jugée incurable par les chirurgiens les plus experts ; et, par un surcroît de faveur, il se trouva en même temps délivré d'une autre incommodité dont il était travaillé depuis près de vingt ans. Il reçut ce double bienfait par l'intercession de Notre-Dame de Boulogne, dans le temps même, dit Le Roy, qu'il en composait l'ancienne histoire, qui nous a servi de modèle dans la composition de la nôtre. Il méritait bien, ce me semble, de recevoir cette récompense de Celle à qui il consacrait ainsi ses plus précieux moments. Messire Victor Le Bouthillier, pour lors

1. *Abrégé* cit., édit. 1839, p. 130-131.
2. *Hist.* cit. édit., 1681, pp. 224-225.

évêque de Boulogne, voulut en célébrer lui-même une messe solennelle d'actions de grâces, le samedi 13 décembre 1631 [1]. »

En 1632 « Isabelle Mennin, femme de Jacques Briffault, de la basse-ville de Boulogne, était accouchée, après un long travail, d'un enfant qui n'avait ni mouvement, ni respiration, ni aucun signe de vie. Ce petit corps fut vu d'un chacun, dans cet état, l'espace d'une heure entière. Cependant la sage-femme, ayant été inspirée de faire un vœu à Notre-Dame de Boulogne, et le vœu ayant été ratifié sur-le-champ par la mère désolée, l'enfant ouvrit les yeux, pleura et donna toutes les autres marques de vie, au grand étonnement des assistants qui en firent leur déposition [2]. »

Nous rencontrerons plusieurs fois, dans le cours de cette histoire, la mention de semblables faveurs obtenues par l'intercession de Notre-Dame de Boulogne. Pour qui sait apprécier la grâce insigne du baptême, il n'y a pas lieu de s'étonner que Dieu rende la vie à ces petits êtres, afin que la sainte Église les fasse enfants de Jésus-Christ. Quel que soit le sort réservé aux enfants morts sans baptême, il est certain qu'ils ne jouiront jamais de la vue du Père céleste. Une mère chrétienne peut-elle se résigner sans tristesse à la pensée de ne pas procurer la vie de l'âme à ceux qui ont reçu d'elle, ne fût-ce que pour un instant, la vie du corps? De nos jours, malheureusement, on y songe bien peu !

---

1. *Abrégé* cit., édit. 1839, p. 132. Cf. édit. 1681, pp. 237 et 238 ; Cf. aussi les mém. de P. Maslebranche.
2. Ibid. pp. 121-122.

CHAPITRE XXI.

Diverses marques de la protection de Notre-Dame de Boulogne dans les plus grands dangers sur les eaux; — grâces et faveurs accordées à plusieurs personnes qui ont invoqué son secours dans leurs maladies; — guérisons miraculeuses, 1633—1641.

Sur la fin de janvier 1633, « un navire de Saint-Valery-sur-Somme, qui revenait de Middelbourg, chargé de marchandises pour Dieppe, étant à la hauteur de Dunkerque, fut tout à coup agité par les tourbillons d'une tempête très-violente. Le maître du navire, appelé Antoine Lamy, se mit aussitôt à sonder l'eau, pour reconnaître s'il y avait quelque danger de toucher terre, et comme il était occupé à cet exercice, une vague qui passa par dessus le vaisseau, l'emporta et l'ensevelit dans la mer. La même disgrâce arriva à deux autres compagnons de l'équipage, que les flots redoublés emportèrent pareillement. Il ne restait plus que Pierre Lamy, fils d'Antoine, avec un autre garçon, et il ne s'attendait pas à un meilleur sort, lorsqu'une nouvelle vague, que le vent poussa sur le tillac, le précipita aussi dans la mer; mais s'étant écrié en ces mots: *Notre-Dame de Boulogne, ayez pitié de moi, priez Dieu pour moi*, à l'instant même une autre vague le rejeta sur le vaisseau entre les cordages; après quoi le calme revint, avec un petit vent favorable, qui le porta devant Boulogne, où il entra à l'aide de quelques barques. Ce qu'il a déclaré être véritable, et assuré par serment solennel devant les maïeur et échevins de Saint-Valery, qui en ont ici envoyé l'acte en parchemin, signé d'eux et du déposant, et scellé de leur sceau ordinaire [1].

« Le 15 d'avril de la même année, la sainte Vierge protégea aussi le sieur Fontaine Le Fèvre, écuyer du roi, dans un extrême danger sur la mer, comme il repassait d'Angleterre en France [2].

« Le 3 juin suivant, le marquis de Fontenai, ambassadeur de France en Angleterre, comme il revenait de son ambassade, reçut de la sainte Vierge une semblable protection, dont il lui rendit le lendemain ses actions de grâces, et il fit présent, par reconnaissance, d'une somme d'argent à sa chapelle [3]. »

La marquise de Fontenai, sa femme, « ne se reconnut pas seulement obligée à la sainte Vierge pour avoir échappé aux dangers de la mer, mais encore pour avoir obtenu un enfant, contre toute apparence, après plus de seize années de stérilité ; en reconnaissance de quoi, elle fit célébrer devant l'Image miraculeuse dix-sept messes, comme pour marquer le nombre des années sur la fin desquelles ce bienfait lui avait été accordé [4]. »

Pareille grâce fut obtenue, vers le même temps, par Catherine Flahault, femme du sieur de Guersant de Calais. Après de longues et cruelles maladies, espérant contre toute espérance, elle obtint du Ciel, par un

---

1. Ant. Le Roy, édit. 1681, pp. 207. Cf. *Abrégé* 1839, pp. 110-111.
2. *Abrégé* cit., p. 111.
3. Ibid. Cf. édit., 1681, p. 208.
4. Edit. 1681, p. 216.

vœu à Notre-Dame de Boulogne, le bonheur d'être mère. Lorsque son enfant fut âgé de six mois, « elle le fit apporter dans la chapelle, pour l'offrir en actions de grâces à Celle de qui elle croyait le tenir, et, en mémoire de cette consécration, elle le tint vêtu de blanc pendant trois ans entiers.

« Vers ce même temps encore, une bourgeoise de Lille, appelée Jeanne Clerbaut, obtint une faveur presque de même nature, en suite d'un vœu fait à la même intention. La lampe d'argent qu'elle envoya d'Ypres, où elle faisait alors sa résidence, et qui fut présentée à la Vierge, le premier dimanche d'octobre, fête du Saint-Rosaire, fut le témoignage de sa reconnaissance.

« Le 5 juillet de la même année 1633, Gratienne Desmarests, femme de Guillaume Ambroise, habitant de la ville de Montreuil, fut attaquée, vers le terme de sa grossesse, de douleurs très-véhémentes, qui la travaillèrent sans relâche pendant quatre jours, et la réduisirent à un tel point de faiblesse que ceux qui étaient présents la voyant sans pouls et sans sentiment la tinrent pour morte [1]. Elle revint à elle tout à coup et se délivra heureusement de son fruit, aussitôt que son mari lui eut appliqué sur l'estomac une parcelle du bois de l'Image de Notre-Dame de Boulogne et qu'il eut voué un pèlerinage en son église. Ils s'en acquittèrent tous deux le 15 octobre, accompagnés de quelques-uns de leurs parents et du sieur Laisné, curé d'Ecuires-lès-Montreuil, et laissèrent une déclaration signée d'eux et de quelques témoins [2].

1. Edit. 1681, p. 217.
2. *Abrégé* cit., p. 121.

Un homme du pays de Vimeux, Jean Fournier, demeurant au village de Feuquières, souffrait d'une maladie très-violente, depuis plus d'un an et demi. Ayant eu la pensée de faire un vœu à Notre-Dame de Boulogne, « il fut entièrement délivré de tous ses maux. C'est ce qu'il a certifié lui-même par acte public, le 18 de juin 1633, lorsqu'il est venu à Boulogne s'acquitter de son vœu [1]. »

On a dit que les procès-verbaux de ces guérisons attestent la crédulité de ceux qui les ont signés ; heureux les malades qui peuvent être crédules de cette façon !

« Barthélemy Rose, matelot du hâvre de Boulogne, ayant perdu l'usage de ses jambes depuis deux ans, et ne pouvant se soutenir qu'avec deux potences, se trouva tout d'un coup délivré de cette fâcheuse incommodité, dans le temps qu'il accomplissait son vœu dans la chapelle de Notre-Dame, où il laissa les potences avec lesquelles il s'y était transporté, et s'en retourna d'un pas libre et assuré dans sa maison. De quoi l'on dressa, le 8 octobre 1633, un procès-verbal, signé de lui, en présence de M. Le Vasseur, chanoine et trésorier de l'église cathédrale, et de quelques autres personnes ecclésiastiques et séculières, qui confirmèrent les témoignages par leurs propres souscriptions [2].

« Une fille de ce pays [du Boulonnais], appelée Péronne Bouchard, dont nous lisons souvent le nom dans les anciens registres des messes qui se sont dites dans la chapelle, fut guérie, en décembre 1633, d'un chancre qu'elle avait à la bouche ; et elle regarda

1. Edit. 1681, p. 236.
2. Ibid., p. 225.

cette guérison comme un effet de sa dévotion envers Notre-Dame de Boulogne, devant laquelle elle fit célébrer la messe en actions de grâces [1].

La même année, « Isabeau de La Rue, femme de François Ferbet, fourbisseur, demeurant à Calais, vint à Boulogne rendre ses actions de grâces de la guérison d'un ulcère très-dangereux survenu au bras de sa petite fille, âgée d'environ quatre ans. Elle en avait extrêmement souffert pendant deux mois et n'en avait pu être guérie qu'après qu'on eut fait pour elle une neuvaine devant Notre-Dame et qu'on eut offert en sa chapelle un bras de cire blanche [2].

« En décembre 1633, un matelot de Boulogne, appelé Jean de Deurne, fut délivré d'un grand péril de mer par la même intercession. Comme il revenait de Bordeaux, une tempête soudaine l'accueillit et menaça son vaisseau, ainsi que plusieurs autres de sa compagnie, d'une perte inévitable. Tous périrent en effet, à la réserve du sien, parce qu'il eut soin d'en recommander la conduite à la sainte Patronne du Boulonnais, à qui il ne manqua d'en témoigner sa reconnaissance à la fin de janvier suivant [3]. »

Au mois de février de l'année 1634, « un jeune homme de ce pays de Boulonnais, nommé César Meignot, du village de Wirwignes, étant subitement attaqué d'une maladie qui lui ôta le jugement et la parole, et le mit dans une entière impuissance de songer à l'affaire du salut, ses parents ne crurent pas lui pouvoir rendre un meilleur office, que de faire au plus tôt célébrer la messe devant l'Image de cette Mère

1. Edit 1681, p. 229.
2. Ibid., p. 231.
3. Ibid., p. 205-206.

de miséricorde, afin qu'il plût à Dieu par les mérites de son intercession, accorder à ce pauvre moribond la grâce de pouvoir faire sa confession avant de mourir. L'effet suivit leur attente ; le malade, contre toutes les conjectures de la médecine, se vit, incontinent après, en état de songer à la plus importante affaire du chrétien et eut la consolation de ne partir de ce monde, qu'après s'être muni des sacrements de l'Église [1].

« Marguerite De Lattre, fille de Dominique, sieur d'Ausque, et de damoiselle Jacqueline Le Clerc, demeurant à Boulogne, fut guérie d'un ulcère invétéré, après une neuvaine de messes célébrées à son intention devant la sainte Image [2] (février 1634).

« Ce qui arriva au mois de juin de la même année, en la personne de Guillaume Thiembronne, procureur et greffier en la sénéchaussée du Boulonnais, est encore plus digne de considération. Il avait souffert pendant trois ans et demi de grands maux aux jambes, auxquelles il s'élevait de jour en jour des pustules chancreuses, suivies d'inflammations et ouvertures très-cuisantes. Il n'y eut point de remèdes qu'il n'employât pendant tout ce temps-là, pour adoucir la violence du mal qui le tourmentait jour et nuit : mais comme tout cela ne lui servit de rien, il aima mieux enfin mettre toute sa confiance en Notre-Dame de Boulogne; il lui adressa ses ferventes prières, et fit plusieurs neuvaines en sa chapelle : après quoi il se trouva parfaitement guéri, au grand étonnement de tous ceux qui avaient eu connaissance de son mal, et particulièrement du médecin et du chirurgien dont

1. Édit 1681, p. 236.
2. Ibid., 212-213.

j'ai cru devoir ici joindre le témoignage, pour plus grande preuve de la vérité du miracle.

« Nous Antoine Balhan, médecin ordinaire de cette
« ville de Boulogne, et Daniel Malval, chirurgien en
« ladite ville, certifions à qui il appartiendra que
« maistre Guillaume de Thiembronne âgé de 48 ans,
« procureur et greffier en la sénéchaussée de Bou-
« lenois, auroit esté affligé, l'espace de trois ans et
« demi, de plusieurs ulcères virulentes, chancreuses
« et malignes, ès deux jambes, lesquelles n'auroient
« pu estre guéries par aucuns remèdes que les chi-
« rurgiens et plusieurs autres personnes faisant pro-
« fession de traiter, panser et guérir tels et semblables
« maux ou maladies, y ayent pu appliquer, soit em-
« plâtres, onguens et baumes de plusieurs sortes :
« tous lesquels remèdes estant inutiles, et n'ayant de
« rien profité, ledit de Thiembronne aurait eu recours
« aux prières et oraisons, par lesquelles il auroit
« réclamé la faveur, secours et intercession de la bien-
« heureuse Vierge Nostre-Dame de Boulogne, par le
« moyen et assistance de laquelle, Dieu, souverain
« médecin, auroit parfaitement guéri l'une et l'autre
« jambe, comme il appert manifestement : ce que
« nous avons considéré, visité, palpé, et exactement
« examiné, ce qu'avons jugé estre divinement et mi-
« raculeusement arrivé à l'honneur de Dieu par les
« prières et intercessions de sa bienheureuse Mère :
« en foy et témoignage de quoy, avons signé cette
« attestation. Fait ce neufvième juin 1634. Signé
« BALHAN, médecin, D. MALVAL [1]. »

En 1636, la peste ayant éclaté dans le Boulonnais,

---

1. Édit 1681, pp. 229-231.

« diverses familles reçurent à cette occasion de très-notables assistances de la Sainte-Vierge, dont elles vinrent faire leurs déclarations à Boulogne, et leurs remerciements tout ensemble. Le sieur Obacq, de Calais, fut un de ceux qui en eurent en ce temps-là plus de sujet. Sa petite fille ayant conversé avec un autre enfant qui était malade de la peste, sans qu'on le sût, et qui en mourut peu après, fut aussi attaquée d'un grand accès de fièvre, jugée pestilentielle par les médecins. Le père, touché au point que l'on le peut être en semblables accidents, la voua aussitôt à Notre-Dame de Boulogne, et promit un pèlerinage à son intention. A peine le vœu fut-il formé, que l'enfant retourna en parfaite santé et leva toute crainte de l'esprit des parents, qui en vinrent faire leurs actions de grâces et leurs dépositions.

« Le 12 de mai de l'année suivante (1637), les confrères de Saint-Pierre de la paroisse de Marck-lès-Calais, dont la charité est principalement occupée à la sépulture des personnes mortes de maladies contagieuses, vinrent en pèlerinage à Boulogne pour remercier Notre-Dame, des grâces qu'ils croyaient en avoir reçues dans une infinité d'occasions très périlleuses, où leur emploi les avait engagés pendant tout le cours de la peste.

« Le 9 de septembre de la même année, un habitant de la ville d'Ardres, Jean Plouvion, attesta par un acte signé de lui, que son fils âgé d'environ dix-huit mois, étant à l'extrémité, et lui sur le point d'être enfermé avec toute sa famille, par ordre du magistrat, sur le rapport qu'on lui fit que la maladie de l'enfant était contagieuse, il se sentit inspiré de vouer un pèlerinage à Notre-Dame de Boulogne, et qu'aussitôt son fils fut vu amender avec un si prompt et si extraordinaire changement en sa personne, que sa mère le leva le jour même.

« Peu de temps auparavant, un habitant de Calais, Charles Thiembronne, frappé de peste, et déjà atteint d'un charbon à la cuisse, avait trouvé sa guérison dans un vœu qu'il avait fait à Notre-Dame de Boulogne, et dont il s'était acquitté le dimanche 25 octobre 1637, donnant un cœur d'argent enflammé, pour être mis dans la main de l'Image [1].

« Le vœu de Jean Blondel, marchand, demeurant à Samer, fut aussi promptement exaucé. Il était extrêmement incommodé d'une rupture, et il y avait longtemps qu'il en souffrait ; mais s'étant avisé un jour d'invoquer l'assistance de Notre-Dame de Boulogne, il s'en trouva incontinent guéri, ainsi qu'il l'a témoigné lui-même, souscrivant à l'acte qui en fut dressé, le 2 d'octobre 1639, lorsqu'il vint accomplir son pèlerinage [2]. »

Enfin, l'an 1641, « Marguerite Fromentin demeurant en la ville basse, impétra la guérison de Jeanne Evrard, sa fille, paralytique depuis longtemps. Elle en vint rendre grâces à la Sainte-Vierge, le 7 juillet [3]. »

C'est ainsi que la Vierge, secours des chrétiens, exauçait la prière que lui adresse l'Église : *Sentiant* OMNES *tuum juvamen, quicumque tuum sanctum implorant auxilium.*

1. Édit 1681, pp. 212-213.
2. Ibid., p. 237.
3. Ibid., p. 225.

CHAPITRE XXII.

*Hommage du cœur d'or, au nom de Louis XIII et de Louis XIV, 1647; — dons et offrandes des particuliers, au milieu du XVII*e *siècle; — guérisons diverses, 1655—1658.*

Les rois François II, Charles IX, Henri III et Henri IV avaient négligé de payer à la Vierge de Boulogne l'hommage qu'ils lui devaient, à leur avénement. Louis XIII était mort aussi, sans que les promesses qu'il avait faites à ce sujet eussent été réalisées. Ce n'était pas faute de démarches de la part du chapitre, mais plutôt, comme dit Antoine Le Roy, « une négligence affectée de la part des officiers mal disposés à cet égard ». Un arrêt du conseil d'État, rendu le 10 mars 1615, avait reconnu formellement le droit de l'église de Boulogne. On déclarait expressément que « le Roi, en son dit conseil, voulait accomplir ce qui était des bonnes et saintes intentions des rois ses prédécesseurs » ; mais, malgré l'ordonnance, par laquelle Louis XIII enjoignait à l'intendant des eaux et forêts de faire faire une coupe de bois extraordinaire dans les forêts du comté, afin de réunir la somme due, l'affaire resta toujours à l'état de promesse [1].

L'historien de Notre-Dame fait remarquer avec amertume que ce qui arriva, sous Louis XIII, *est assez ordinaire en ces sortes d'occasions :* il est toujours

---

1. Cf. Le Roy, op. cit., pp. 180-182.

vrai de dire avec le Prophète : *Bonum est sperare in Domino quam sperare in principibus.*

Le roi Louis XIII, lorsqu'il vint à Boulogne, en 1620, se montra digne du nom de très-chrétien porté par ses ancêtres. Il assista aux matines de Noël dans la cathédrale, et, le lendemain il communia dans la chapelle de Notre-Dame, puis il entendit la grand'-messe, où, suivant le cérémonial de la cour, « il fut seul à l'offrande ». Dans ce même voyage, le 1ᵉʳ janvier 1621, après avoir de nouveau fait ses dévotions à l'autel de la Vierge, il toucha les écrouelles à quantité de malades, dans le transsept de l'église, en disant : « Le roi te touche, Dieu te guérisse ». Après avoir exercé, sous les yeux de Notre-Dame, ce merveilleux privilége des rois de la vieille race, il partit le lendemain pour Montreuil [1].

En 1632, il donna de nouvelles marques spéciales de sa vénération pour la Suzeraine du comté. Un chroniqueur du temps rapporte qu'il « demanda luy-mesme d'aller dans la chapelle, encore qu'on luy eust préparé son siége dans le chœur des chanoines ; il y vit l'ancienne Image quy estoit remise à sa place [2] ». Trois ans après (24 janvier 1635), le conseil d'état rendit un second arrêt qui n'eut pas plus d'effet que le premier. C'était en vain que le R. P. Alphonse de Montfort, capucin de Boulogne, avait rappelé au roi dans l'épître dédicatoire de son *Histoire de Notre-Dame*, l'obligation où il était de ne pas refuser ce qui était dû. « C'est le dessein de cette *Histoire*, disait-il,

---

1. *Mém.* de P. Maslebranche, déjà cit. V. l'*Histoire de Boulogne* de MM. Hautefeuille et Bénard, et l'*Année historique* de M. F. Morand.

2. *Notes msstes* d'Ant. Le Roy, jam. cit., p. 141.

où Vostre Majesté verra qu'elle tient un des fleurons de sa couronne à certaine charge, et comme un fief de la saincte Vierge, Mère de Dieu. »

A l'avénement de Louis XIV, les instances redoublèrent. Anne d'Autriche, qui avait obtenu de la sainte Vierge, après vingt-trois ans de stérilité, un héritier direct de la couronne, se montra plus empressée d'acquitter les dettes de religion contractées par la Maison de France. Après des négociations qui durèrent trois ans, l'hommage du cœur d'or fut enfin définitivement accordé, par le roi en conseil de régence, tant en son nom qu'en celui de Louis XIII, à condition que la somme de douze mille livres, assignée à cet effet, serait employée à la construction d'un autel et d'une clôture de marbre, pour le chœur de la cathédrale (1647). Ce résultat fut l'œuvre de « messire Antoine d'Aumont, pour lors gouverneur du Boulonnais, et depuis maréchal, duc et pair de France et gouverneur de Paris, qui, par son grand crédit, ses puissantes sollicitations et ses vigoureuses poursuites, devait mettre l'heureuse conclusion à cette affaire [1]. »

L'autel du chœur, commencé en 1653 et achevé en 1656, formait, avec sa clôture, « une des plus riches décorations de la cathédrale ». Outre les fleurs de lys et les chiffres de Leurs Majestés, dont l'ouvrage était parsemé, suivant le témoignage d'Antoine Le Roy, « on y voyait représentés derrière l'autel, ces deux princes (Louis XIII et Louis XIV), à genoux, offrant chacun un cœur à Notre-Dame de Boulogne [2], » avec une inscription commémorative.

1. Ant. Le Roy, op. cit., p. 184 ; *pièces justif.*, p. 291-292.
2. Ibid. Un fragment de sculpture sur marbre blanc représentant un des deux rois, à genoux, offrant un cœur, subsiste encore dans le musée de Boulogne, où M. P. Hédouin l'a déposé.

La piété des fidèles se montrait aussi, comme par le passé, généreuse et libérale envers la puissante Vierge qui rendait la santé aux malades.

En 1626, une dame de Lille, à la fois noble et pieuse offrit par « vœu de dévotion » deux rosaires de grand prix qu'elle destinait à être conservés dans la chapelle et suspendus à l'Image de Notre-Dame [1].

L'année suivante, le duc de Bassompierre, ambassadeur de France en Angleterre, donna une somme de soixante livres pour les besoins de l'église [2].

Le 14 août 1630, « le comte de Croy et la comtesse sa femme, envoyèrent du pays d'Artois où ils demeuraient, une robe de soie, brochée d'or et d'argent, un fin voile avec des fleurs d'argent et deux couronnes de même, l'une pour la Vierge et l'autre pour l'Enfant Jésus [3]. » Ces objets furent présentés, au nom des donateurs, par un chanoine de Bruges, nommé Martin de Poix, député à cet effet [4].

Vers 1635, « Louise-Isabelle d'Angennes-Maintenon, femme du marquis d'Aumont, chevalier des ordres du roi et gouverneur du Boulonnais, s'acquit la qualité de bienfaitrice de Notre-Dame par le don qu'elle fit de deux parements d'autel, de satin blanc, avec le pavillon du tabernacle, la chasuble et les deux tuniques marquées de ses armes et de celles de son époux.

« Anne d'Aumont, leur nièce, qui avait épousé le comte de Lannoy, gouverneur de Montreuil, fut encore une des illustres bienfaitrices de la chapelle, y ayant fait, en 1635, divers présents, qui obligèrent

---

1. *Regist. concl. capit.* D. n° 2. 1, f° 37, v°.
2. Ibid., f° 45.
3. *Notes msstes* d'Ant. Le Roy, jam. cit., 32.
4. Cf. *Hist.* cit., p. 189.

le chapitre à lui chanter un obit solennel après son décès.

« Trois autres dames de qualité, la duchesse de Chevreuse, gouvernante de Picardie, Charlotte Cécile de Monchy, abbesse du royal monastère de Sainte-Austreberthe de Montreuil, et la dame de Créquy d'Offeu, honorèrent la sainte Image par un même genre de présent, lui donnant chacune une robe de grand prix [1]. »

Le duc de Chaulne, dont nous avons déjà parlé, envoya plusieurs sommes importantes pour être employées à l'entretien et à la décoration de la chapelle, « ce qui lui en fit à bon droit mériter le titre de bienfaiteur, dit Antoine Le Roy, aussi bien qu'à la duchesse Charlotte d'Ailly, dame de Picquigny, son épouse, laquelle, en cette qualité de bienfaitrice, fut depuis gratifiée par le chapitre d'une Image de Notre-Dame de Boulogne, enchâssée en argent [2]. »

Notre-Dame de Boulogne n'a pas été moins honorée par les chanoines de son église, ou, comme les appelle Le Roy, « les fidèles gardiens de son Image. »

« Nicolas de Lespaut se porta avec ferveur à la décoration de la chapelle, à laquelle il laissa par testament une chasuble de toile d'or avec quelques revenus annuels pour fondation de messes.

« Plusieurs autres chanoines, pour accroître la vénération de ce saint lieu, y ont pareillement légué leurs meilleurs ornements et leurs plus riches meubles d'église ; entre lesquels est une belle chasuble de satin cramoisi, rehaussée de grandes fleurs en broderie

---

1. Ant. Le Roy, op. cit., pp. 188-189.
2. Ibid., p. 188. — An 1636.

d'or, qui un est don de M. Noël Gantois, doyen et official ;

« Un calice d'argent ciselé, qui est un legs de M. Jean de la Planche, archidiacre, official, et grand-vicaire ;

« Une autre chasuble de satin, à fleurs en broderie, avec un grand calice d'argent doré et ciselé, et deux burettes de même, qui est de la donation de M. Jean Moucque, aussi doyen. Ce dernier avait une dévotion admirable à l'Image de Notre-Dame, dont il a pendant plus de quarante ans avancé le culte autant qu'il lui a été possible ; et pour s'acquitter d'un vœu qu'il lui avait fait, il a laissé en mourant à la fabrique sa maison, située rue du Château, et constitué la chapelle légataire universelle du reste de ses biens.

« Et, comme les bons exemples des personnes ecclésiastiques sont d'une grande force pour établir la piété parmi les peuples, plusieurs laïques de l'un et l'autre sexe, et surtout de celui à qui la dévotion est comme naturelle, ont pris à tâche de les imiter en ce point. De ce nombre sont :

« La dame de Saint-Martin, présidente de Calais, qui a fait don à l'Image d'une robe de satin cramoisi, garnie de passements d'argent ;

« Marie de Poucques, damoiselle de La Cour, qui a légué une chaîne d'or, employée depuis par la damoiselle d'Alingtun, sa mère, en l'achat d'un devant-d'autel, d'une chasuble et d'une robe pour l'Image, le tout d'un velours figuré.

« Antoinette Le Roy, damoiselle de Berghette, qui a donné un ornement de satin blanc enrichi de dentelle d'or, avec plusieurs beaux linges d'autel ; et qui, pour se montrer en mourant aussi libérale qu'elle l'avait été durant sa vie, a laissé, entre autres dons pieux, une chaîne et un chaînon d'or, avec un reliquaire de valeur notable, pour servir, ou le prix d'iceux, à la décoration de la chapelle, lieu de sa sépulture, et non à un autre usage. Sa dévotion envers la Sainte-Vierge semble avoir depuis été récompensée, en la personne d'une nièce du même nom, laquelle, dans l'extrémité de maladie, ayant été vouée à Notre-Dame de Boulogne, en reçut la guérison dans le temps qu'on la croyait morte, et qu'on se disposait même à lui couvrir la face pour l'ensevelir ; de quoi Antoine Le Roy, président et lieutenant-général de Boulogne, son père, et Magdeleine Scotté de Velinghen, sa mère, rendirent de publiques actions de grâces à Dieu, par l'offrande d'un tableau, en acquit de leur vœu.

« Marguerite Destailleur, fille du sieur de Questrèques, procureur du roi en la sénéchaussée de Boulogne, en reconnaissance aussi de quelque faveur obtenue par la même intercession, donna un parement d'autel de velours orangé.

« Dame Antoinette Monet de la Salle, femme de Henri de Boyvin du Vaurouy, conseiller au parlement de Paris, fit présent d'un autre devant d'autel de moire verte à fonds d'argent, et d'une robe de même, pour servir à la sainte Image.

« Je passe sous silence plusieurs autres présents de moindre considération, que divers particuliers de ce pays ont offert à la Sainte-Vierge [1]. »

Nous voudrions pouvoir citer, à côté de ces noms illustres, l'humble offrande du pauvre, le denier de la veuve, l'obole de l'orphelin ; mais Dieu seul en a tenu registre sur le grand-livre éternel. Combien n'y en

---

1. Ant. Le Roy, op. cit., pp. 190-192.

a-t-il pas qui ont donné quelques sous de rente annuelle, à charge de messes devant la sainte Image, « pour le grand zèle et dévotion qu'ilz avoient tou- « jours eu et porté à la chapelle Nostre-Dame, et affin « de participer aux prières quy se font dans ladite « chapelle » [1] ? Combien dont le sacrifice a été plus minime encore aux yeux des hommes, mais plus grand et plus méritoire aux yeux du Très-Haut ?

C'est que, parmi le peuple, la foi et la confiance dans le pouvoir de la Vierge fidèle étaient assez fortes pour obtenir une continuelle effusion des grâces les plus abondantes.

En 1655, « un pauvre homme de la ville de Calais, nommé Pierre Plet, incommodé d'une hanche, ayant entrepris de faire le pèlerinage de Boulogne avec deux potences, fut tout surpris de ce qu'arrivant à Wimille, village distant de cette ville d'environ une lieue, il n'en avait plus besoin, et de ce que Celle dont il venait réclamer le secours dans son église l'avait exaucé avant même qu'il y fût arrivé; il ne laissa pas de poursuivre son chemin, et portant entre ses mains ce qui avait servi à le porter, il entra joyeux dans la chapelle, où il fit ses actions de grâces, et attesta cette merveille en présence de plusieurs témoins dignes de foi, le 1er jour du mois d'avril.

« En la même année, et le 29 du même mois, Josse Cucheval, marchand de la ville de Montreuil, vint remercier Notre-Dame de Boulogne de ce qu'après lui avoir intérieurement adressé un vœu, il avait à l'ins-

---

1. Préambule d'une donation de 70 sols tournois de rente annuelle, faite par Marye Pruvost, veuve de Jacques Guilbert, 10 janvier 1640, insinuée au Bailliage de Desvrene (Reg. 1637 — 1646, fo 115 et 116). (Archives du tribunal civil).

CHAPITRE XXII. — DON DE LA REINE D'ANGLETERRE.

tant recouvré l'usage de la langue et la liberté d'un bras, dont il était demeuré perclus par une indisposition subite que tous les remèdes n'avaient pu guérir. Il signa l'acte de reconnaissance avec la main dont il venait de recouvrer l'usage [1]. »

« On regarda aussi comme un effet extraordinaire de l'intercession de la Sainte-Vierge ce qui arriva l'an 1655, à Robert Pennier, âgé de 12 ans, fils de Gilles Pennier, matelot de la ville de Calais. Ayant perdu l'usage de ses jambes par une engelure invétérée, où tout l'art de la chirurgie avait été employé, il fit vœu d'aller en pèlerinage à Boulogne. Pour l'exécuter, il se mit en marche, soutenu sur des potences, ce qu'il n'avait pu faire jusqu'alors. Étant arrivé sur une éminence d'où l'on commence à découvrir le clocher de l'église de Notre-Dame, il y fit sa prière, et aussitôt il reconnut qu'il n'avait plus besoin de ses béquilles ; c'est pourquoi il en chargea sa mère, et d'un pas leste il acheva son pèlerinage. On en dressa, le 6 juin de la même année, un procès-verbal en bonne forme, signé de lui, de sa mère et de quelques autres témoins dignes de foi, après visite faite des jambes du malade guéri, et l'attestation des sieurs Bénard et Harpalain, chirurgiens de la ville de Calais, qui l'avaient traité dans sa maladie [2]. »

Pour que rien ne manque à la gloire de cette Vierge des mers, de cette consolatrice de toutes les infortunes, il nous est donné de faire paraître la mémoire d'une grande reine, fille, femme et mère de rois puissants ; de citer parmi les bienfaitrices de Notre-Dame

---

1. Ant. Le Roy, *Abrégé* cit. édition 1839, p. 127. Cf. *Hist.* cit. édit. 1681, p. 225, 226 et 240.
2. *Abrégé* cit., pp. 129-130. Cf. *Hist.* pp. 231-233.

de Boulogne, Henriette-Marie de France, dont les malheurs ont été si éloquemment racontés par Bossuet. Cette princesse donna, en 1657, « un beau et grand ciboire de vermeil doré, ciselé, en reconnaissance de quelques grâces reçues du ciel par les mérites de Notre-Dame de Boulogne, qu'elle n'a jamais manqué de visiter, avec une grande dévotion, toutes les fois qu'elle a passé par cette ville [1]. »

« Le 26 septembre 1658, demoiselle Suzanne Le Camus, de cette ville de Boulogne, affligée depuis longtemps d'une douleur à la hanche, qui l'empêchait de marcher autrement qu'à l'aide de deux potences, se trouva heureusement guérie en faisant ses prières devant l'Image miraculeuse. Elle y laissa ses potences et retourna chez elle d'un pas libre et assuré. Peu de jours après on chanta une messe solennelle pour remercier la Sainte-Vierge de cette faveur insigne, dont tout le monde était instruit [2]. »

« En 1659, le marquis de Geralde, gouverneur des ville et citadelle d'Anvers, envoya une grande lampe d'argent de la valeur de mille francs, pour être suspendue dans la chapelle, comme une marque visible de sa gratitude envers la Sainte-Vierge, de qui il avait reçu quelque faveur particulière [3] ».

1. Ant. Le Roy, *Hist.* cit., p. 189.
2. *Abrégé* cit., p. 134. Cf. *Hist.* p. 22.
3. *Hist.* cit., p. 180.

CHAPITRE XXIII.

On place une Image de Notre-Dame, au-dessus des portes de la ville; — le duc d'Aumont fait construire un jubé de marbre à l'entrée du chœur; — miracle constaté par l'autorité épiscopale; — marins sauvés du naufrage; — guérisons et faveurs diverses.

Depuis longtemps, la ville de Boulogne, reconnaissante pour toutes les faveurs dont la Vierge daignait la combler, avait placé son Image au-dessus de l'une de ses portes. Le compte aux deniers patrimoniaux de l'an 1610-1611, mentionne une dépense de douze livres quinze sols employée à faire peindre « l'Image « Nostre-Dame estant sur la porte de la ville, comme « aussi la châsse pour mettre ladite image dedans. » Plus tard, en 1659, au rapport d'Antoine Le Roy, les maïeur et échevins en firent faire une autre, exprimée en relief, tenant un cœur dans la main droite, et posée dans un bateau, où plusieurs anges servent de pilotes. Elle fut bénie solennellement par le doyen de la cathédrale, au retour d'une procession des Rogations, et saluée ensuite à trois diverses reprises par le chant de tout le clergé, sous le nom de Notre Patronne Singulière [1]. Cette cérémonie est passée depuis en cou-

---

[1] L'invocation spéciale à l'église de Boulogne, PATRONA NOSTRA SINGULARIS, *ora pro nobis*, a été tout récemment approuvée par la Sacrée Congrégation des Rites, avec permission de l'insérer dans les litanies de la sainte Vierge.

tume, et, toutes les fois que l'on rentre processionnellement par cette porte, on ne manque pas de saluer, en la même manière, l'Image de celle que l'on reconnaît pour vraie Souveraine du pays : de même en quelque façon que ceux qui arrivaient autrefois à Babylone, étaient obligés de saluer l'Image du prince, qu'on leur présentait à la porte [1].

« Mais rien de tout ce que j'ai remarqué jusqu'ici, n'a encore égalé la magnificence du seigneur maréchal d'Aumont. Non content d'avoir donné à l'église Notre-Dame, un ornement complet de drap d'or à grandes roses de velours cramoisi, avec un excellent tableau de l'Assomptiom, il voulut, avant de mourir, couronner tous ses bienfaits par un superbe jubé de marbre qui forme l'entrée du chœur, et qui en fait une des plus grandes beautés. Quelques-uns croient qu'un vœu qu'il fit à Notre-Dame de Boulogne, en quelque dangereuse occasion de guerre, a donné lieu à ce grand ouvrage ; mais tout le monde sait aussi, que la généreuse inclination qu'il avait pour cette église y a eu la principale part ; c'est pour cela que le chapitre lui a témoigné tant de reconnaissance, et que, pour rendre la mémoire de son auguste bienfaiteur vénérable à la postérité, il a fait graver en lettres d'or cette inscription, qui en contient un assez grand panégyrique :

Antonius d'Aumont, Dux, Par et Mareschallus Franciæ, Parisiorum ac Urbis hujus et Comitatus Prorex, hanc domus Dei sanctuario frontem P. et DD. Anno Domini 1667.

« Et, comme si la piété envers Notre-Dame de Bou-

---

[1]. Philostrat, in *vita Apollinii*, l. I, c. 8. — N. de Le Roy.

logne était une qualité héréditaire dans la maison d'Aumont, et une vertu attachée aux gouverneurs de ce pays, de même qu'elle a toujours été inséparable de la personne de nos rois, nous voyons encore aujourd'hui monseigneur le duc d'Aumont, fils et successeur du maréchal en ce gouvernement, et madame la duchesse, son épouse, de l'illustre maison de La Mothe-Houdancourt, imiter cette même piété ; l'un s'appliquant avec soin à tout ce qui regarde l'embellissement de cette église, l'autre s'attachant avec zèle à revêtir les autels d'ornements précieux. La chapelle de la Vierge en possède deux, et le chœur un autre, tous trois estimés très-riches ; mais j'oserai dire que ce n'est pas tant à cause de leurs prix qu'ils sont recommandables, que parce qu'ils sont faits en partie de la main de la donatrice, qui fait gloire de consumer ses plus beaux jours, ainsi que ses biens, au service de Jésus-Christ et de sa sainte Mère [1]. »

Ces sentiments étaient partagés par les membres de la famille royale. Lorsque Louis XIV tomba subitement malade à Calais, en 1658, la reine-mère s'empressa de recourir à l'intercession de Notre-Dame de Boulogne ; et si, dans cette occasion, l'on ne crut pas devoir attribuer la guérison du monarque à l'efficacité des prières qui furent faites devant la sainte Image, on fit remarquer du moins « la prompte confiance » de la pieuse Anne d'Autriche.

« Aussi, dit à ce sujet l'historien de Notre-Dame, dans les divers voyages que la Cour a faits depuis ce temps-là à Boulogne [2], avons-nous pu remarquer dans

1. Ant. Le Roy, *Hist. cit.*, pp. 193-194.
2. Voyages de la Cour par Boulogne, le 2 juin 1670, le 1 may 1672 et le 20 juillet 1680. — N. de Le Roy.

Leurs Majestés et dans la famille royale des sentiments extraordinaires de dévotion à cette sainte Image. Ces longues et respectueuses prières que nous avons vu faire en sa chapelle à la reine-mère, et à la reine à présent régnante, tant à leur arrivée, qu'à leur départ; ces pieuses libéralités qu'elles y ont faites, toutes les fois qu'elles y ont passé; ce zèle de toute la Cour à se pourvoir de boîtes et de médailles [1], pour conserver le souvenir de cette sainte Image miraculeuse; le désir empressé que Monsieur, frère unique du Roi, et le Roi lui-même, ont témoigné de vouloir être instruits des particularités de son histoire, en ayant même emporté un livre avec eux, pour s'en entretenir le long du voyage, tout cela, dis-je, nous a pu faire assez remarquer la haute estime et la tendre affection que la première Cour de l'Europe avait (comme elle a encore) pour Notre-Dame de Boulogne [2]. »

Reprenons le récit des faveurs miraculeuses que la foi des pieux fidèles obtenait chaque jour, par l'intercession de sa Patronne bien-aimée.

« Le 15 juin 1671, une pauvre femme de la ville de Calais, Anne Sire, vint faire dire la messe devant Notre-Dame de Boulogne et assura qu'ayant été paralytique pendant six mois, et n'ayant pu tirer aucun

---

[1]. Ces boîtes étaient une sorte de petit reliquaire, contenant un modèle de l'Image miraculeuse; elles étaient décorées intérieurement avec plus ou moins de richesse, suivant leur valeur, et fermées par un cristal, comme le sont encore aujourd'hui les reliquaires. Une délibération capitulaire du 6 octobre 1670, commande au trésorier de faire faire pour M. Cointrel, procureur du chapitre au parlement de Paris, et pour madame sa femme, « de présent à Boulongne, chacun *une boîte d'or émaillée, garnie d'une image de Notre-Dame de Boulongne,* » du prix de neuf à dix livres. (Reg. capit. D. *bis.* n° 2. 2.)

[2]. Ant. Le Roy, *Hist.* cit., pp. 186 et 187.

soulagement des remèdes que les médecins lui avaient ordonnés, elle avait trouvé tout d'un coup sa guérison dans l'invocation de cette Vierge, à qui elle en venait faire ses remerciements [1]. »

Le 12 juin 1672, au passage du Rhin près du fort de Tolhuis, un cavalier français, sur le point de périr, appelle à son secours Notre-Dame de Boulogne. Aussitôt, dit l'historien, il croit entendre une voix qui l'exhorte à prendre courage, en l'assurant que bientôt il abordera heureusement à terre. « Il s'y trouva en effet peu après, et, depuis, il est venu en personne en rendre ses actions de grâces devant l'Image de sa libératrice [2]. »

Tous ces faits, attestés par ceux qui en ont été les heureux témoins, et recueillis par l'historien Le Roy, du vivant même des personnes intéressées à réclamer s'il y avait eu quelque inexactitude dans son récit, n'ont pas été toutefois l'objet d'une information régulière et canonique. « Mais voici, au rapport du même auteur, une guérison qui a fait plus de bruit dans le pays : aussi renferme-t-elle plusieurs miracles, et c'est un exemple des plus mémorables et des plus avérés du soin maternel de la Sainte-Vierge, pour les personnes voisines du lieu où elle ne cesse de faire ressentir la grandeur de son crédit à ceux qui y recourent dans leurs besoins. »

« Marie Sergeant, fille de Philippe Sergeant, ancien échevin et juge-consul de la ville de Calais, et d'Alix du Rosel, travaillée depuis cinq ans de plusieurs maux compliqués que tous les remèdes hu-

---

1. Ant. Le Roy. *Hist.* cit. p. 227.
2. Ibid., 209. Ce cavalier s'appelait Louis Le Vel, et demeurait à Etaples en 1680.

mains ne faisaient qu'aigrir, mit enfin toute sa confiance en Notre-Dame de Boulogne, à qui elle se sentait déjà obligée de quelque faveur qu'elle en avait reçue dès son enfance. Elle voua une neuvaine de messes devant l'Image miraculeuse, et elle voulut même y assister, contre l'avis des médecins, qui ne la jugeaient point en état d'entreprendre ce voyage. Le huitième jour de la neuvaine, qui était le 13 septembre 1674, comme elle se disposait à communier dans la chapelle où elle s'était fait porter, elle fut tout étonnée qu'après un tremblement soudain et des douleurs aiguës, suivie d'une sueur et d'une faiblesse extraordinaires, toutes ses infirmités la quittèrent en un instant. Les nerfs et les muscles de la hanche, dont elle souffrait depuis longtemps une fâcheuse contraction, devinrent souples, et la jambe, qui en était diminuée d'un demi-pied, se trouva égale à l'autre. L'œil droit, qui était tout rétréci et retourné par la violence des mouvements convulsifs qu'elle avait essuyés, reprit sa figure ordinaire; tous les autres membres reprirent leur situation naturelle et recouvrèrent leur première force; les vomissements presque continuels dont la malade était tourmentée, cessèrent depuis ce jour-là; et, ce qui a paru plus singulier à ceux qui ont examiné les circonstances de cette guérison, un cautère qu'elle avait actuellement à la jambe se sécha et se referma tout à coup, sans laisser d'autre vestige que la cicatrice. Personne ne douta qu'une guérison si soudaine et si parfaite ne fût l'effet d'une vertu surnaturelle. Néanmoins, pour ôter aux ennemis de notre religion tout soupçon d'une créance trop légère, messire François Perrochel, alors évêque de Boulogne, dont la mémoire est en bénédiction, en fit faire une information exacte par M. Oudard Hache, chanoine et trésorier, depuis archidiacre de cette église; et, de l'avis de messieurs Porcher, Grandin, Dumetz, de La Planche et de Boulogne, docteurs en théologie de la faculté de Paris, à qui l'information fut envoyée, avec la déclaration des médecins et chirurgiens, il fit publier cette guérison par tout son diocèse, comme un vrai et incontestable miracle obtenu par l'intercession de Notre-Dame de Boulogne; ordonnant même qu'il s'en fît une solennelle action de grâces dans la cathédrale par le chant du *Te Deum*, précédé d'une procession générale, où devait assister et assista tout le clergé séculier et régulier de la ville de Boulogne.

« Ce fut le premier jour de décembre de l'an 1675 que se fit cette pieuse cérémonie; et, comme souvent la reconnaissance d'un bienfait en attire un autre, Jacqueline Courtois, veuve de Toussaint Descamps, du village d'Echinghen, crut que son enfant, qu'elle y avait apporté, pourrait recevoir une pareille grâce par la même intercession, qu'elle implora humblement. C'était une petite fille âgée de huit à neuf ans, percluse de tous ses membres depuis le jour de sa naissance. La vertueuse veuve reçut sur-le-champ la récompense de la simplicité de sa foi : elle eut la joie de voir qu'ayant mis sa fille à terre, elle marcha jusqu'au balustre, et suivit la procession d'un pas fort libre, après quoi elle la reconduisit du même pas dans sa maison, en la tenant simplement par la main. C'est ce qu'elle a attesté pardevant nous, le 19 novembre 1678 [1].

1. Ant. Le Roy, *Abrégé* cit., pp. 135-138. Cf. *Hist*. pp. 241-252.

Ce qui est arrivé au sieur Nicolas de Roberty, secrétaire de monsieur le comte d'Estrées, vice-amiral de France, était de plus fraîche date, lorsque Le Roy publia son *Histoire*. « Il se trouva dit-il, engagé dans ce malheureux naufrage qu'une partie de notre flotte fit, le onzième de mai de l'année 1678, proche de l'île des Oiseaux, à la hauteur de Colossol et Bonnaire, dans l'Amérique, où nous perdîmes douze gros vaisseaux, et où périrent neuf cents hommes. Au milieu de cette consternation presque générale, où chacun s'abandonnait à la merci des eaux, sans espérer de ressource, il fut inspiré, avant que de se jeter en mer, de faire un vœu à Notre-Dame de Boulogne, qui lui était fort connue, à cause du voisinage de Montreuil, lieu de sa naissance, et promit de visiter dévotement son église, s'il plaisait à Dieu, par son intercession, de lui donner les moyens de gagner terre. Ayant achevé de former son vœu, il se jeta avec confiance au milieu des eaux, et s'attacha, l'espace de huit heures entières, à un bout de planche de la longueur d'un bras; il fit, avec ce faible support, deux grandes lieues de mer, jusqu'à ce qu'enfin il fut secouru et mené à bord par quelques-uns de ceux qui s'étaient sauvés du naufrage. Il vint à Boulogne six mois après, remercier Celle à qui il se croyait redevable de la vie, et fit une déclaration de tout ceci, en présence de M. Samson de la Planche, docteur en théologie, chanoine de l'église cathédrale, vicaire général de l'évêché, et M. Matthias Morlet, aussi chanoine et pénitencier de la même église; nous, étant alors official, en avons reçu l'acte le neuf novembre de la même année [1].

1. *Abrégé* cit., pp. 111-112. Cf. *Hist.* p. 210.

« Un an après, Michel Colombel, de la ville de Calais, maître d'un navire nommé *le Saint-Jean de Dieppe*, et cinq matelots avec lui, furent garantis du naufrage d'une manière qui leur donna autant d'admiration que de reconnaissance. Ils ont solennellement attesté qu'au mois de mai 1679, faisant voile pour La Rochelle, ils furent assaillis d'une effroyable tempête, au travers des rochers de Glenan, sur la côte de Bretagne. L'orage dura près de deux jours, et le vaisseau ayant été démâté dès le commencement, le pilote se vit contraint de le laisser aller au gré des vents, et de s'abandonner à la merci des flots. Dépourvu de tout secours du côté de la terre, il crut qu'il fallait uniquement l'attendre du ciel : il le demanda avec instance à Celle qui en est la Reine, et il promit que s'il le recevait par son crédit auprès de Dieu, il irait l'en remercier dans sa chapelle de Boulogne, et lui présenterait un tableau en actions de grâces. Sa prière fut exaucée : le vent, jusqu'alors contraire, changea tout à coup, et servit à leur faire doubler la roche nommée *les juments*, qu'ils appréhendaient le plus, et où ils ne pouvaient manquer de périr, sans ce changement de vent, qui se remit ensuite comme auparavant, jusqu'à ce que, venant à se calmer le soir, il leur donna le moyen d'aborder au port de Quimperlé. Le vœu fut accompli, quoique longtemps après, par celui qui l'avait fait : il est venu avec Pierre Brimont, autre maître de navire de Calais, suspendre, à l'entrée de l'église de sa libératrice, la peinture du péril qu'il avait encouru.

« Nous avons divers autres témoignages, et beaucoup plus récents, de l'efficacité des vœux de ceux qui, dans de semblables disgrâces sur la mer, ont eu recours à la Sainte-Vierge et promis de venir honorer son Image miraculeuse à Boulogne ; et nous nous croyons d'autant plus obligés d'en faire ici le récit, que des exemples de protection visible si connus sont capables d'inspirer la même confiance aux gens de mer du pays, qui courent les mêmes hasards sur ce terrible élément.

« En 1694, le sieur Herpin, capitaine d'une frégate du roi nommée l'*Audacieuse*, se trouva dans un danger imminent de périr de faim et de misère avec son équipage vers le Togreban ; la tempête et le mauvais temps, qui avaient duré plus de vingt-cinq jours, avaient causé plusieurs maladies dans son vaisseau ; il manquait de vivres et de remèdes, et il n'y avait plus à attendre qu'une longue et triste mort pour sortir d'un si pitoyable état. Se voyant réduit à la dernière nécessité, il prit le parti de s'adresser à Notre-Dame de Boulogne, et de lui faire un vœu. Aussitôt après il fut joint d'une autre frégate qui lui donna tous les rafraîchissements dont il avait besoin ; ensuite de quoi son vaisseau ayant encore essuyé quelques risques, il aborda heureusement à Dunkerque le 8 septembre, jour de la Nativité de la Sainte-Vierge. Ce capitaine et la meilleure partie de son équipage vinrent à Boulogne, le 19 du même mois, honorer la puissante protectrice à laquelle ils se sentaient obligés de leur conservation, et certifièrent tout ce que dessus.

« Le sieur Augustin Le Roi, lieutenant de vaisseau, rendit les mêmes devoirs à la Sainte-Vierge, le 15 juillet de l'année suivante. Il rapporta qu'étant dans le Nord, au mois de mars 1695, il s'était trouvé, lui et son équipage, dans le dernier péril, ce qui l'avait

CHAPITRE XXIII. — MARINS SAUVÉS DU NAUFRAGE.

porté à faire un vœu à Notre-Dame de Boulogne. Il en obtint tout ce qu'il désirait, et il ne fut pas plutôt arrivé à bon port, qu'il se mit en devoir de s'acquitter de son vœu, ayant fait ses dévotions dans la chapelle, et signé ensuite sa déposition.

« Le 21 septembre 1696, le sieur de Bassemesson, capitaine, et tout son équipage, après avoir été délivrés d'un très-grand danger de la mer par le même moyen, y vinrent aussi donner des témoignages de leur reconnaissance. Celle de Jean Poulet, capitaine d'une petite barque de Calais, fut rendue publique par l'offrande d'un grand cœur d'argent, qu'il vint faire dans la même chapelle, accompagné de neuf à dix matelots, pour l'acquit de leur vœu commun, et en actions de grâces de l'heureux succès de leur course sur mer.

« Il y a quelque chose de remarquable pour sa singularité, en ce qui arriva à Jean Formentin, capitaine d'un petit navire du Hâvre-de-Grâce. Il en était parti le 11 février 1700, et approchait de la côte de Dannes, à quatre lieues de Boulogne, quand il fut surpris d'une si rude tempête, qu'après avoir employé tout ce que l'expérience de la marine lui put suggérer, il crut ne pouvoir échapper au naufrage sans quelque assistance extraordinaire. Il implora celle de Notre-Dame de Boulogne, et il en éprouva les effets, lorsque lui et ses compagnons effrayés ne savaient plus ce qu'ils en devaient espérer. Ayant été contraints de se jeter à la côte, le vaisseau fut renversé en touchant terre, et tous ceux qui étaient dedans se trouvèrent couverts des vagues et du bâtiment, sans qu'il leur fût possible de rien voir, jusqu'à ce qu'un coup de vent favorable remit le navire sur sa quille; et les matelots avec leur capitaine s'étant jetés à la nage, arrivèrent tous heureusement au rivage. Incontinent après, ils accoururent à Boulogne dans le même état où ils étaient en se sauvant, visitèrent la montagne sainte, d'où ils croyaient que le secours leur était venu, et y signèrent l'acte qui en fut dressé le 16 du même mois [1].

« Les anciens inventaires de la Trésorerie font mention de figures d'enfants, d'argent émaillé, offertes par des personnes de qualité ; et dans ces dernières années on en a aussi apporté plusieurs dans la chapelle, tant en cire qu'en argent ; ce qui montre que de tout temps Notre-Dame de Boulogne s'est plu à assister extraordinairement les femmes mariées, soit dans la disgrâce de la stérilité, soit dans les dangers de la grossesse, soit dans les difficultés de l'enfantement.

« Au mois de juin 1693, il fut présenté un enfant de fin or, de la part de Barthélemy de Meleun, chevalier, seigneur d'Illy et de Domicour, demeurant à Amettes, en Artois, pour lequel fut en même temps célébrée une messe en accomplissement de son vœu.

« L'offrande du sieur Faulconnier est une des plus récentes, et l'événement qui y a donné occasion mérite d'être ici détaillé. C'était un négociant de la ville de Dunkerque, [honoré plus tard du titre de] conseiller de la Chambre de Commerce, et de commissaire du roi de Danemarck [2]. Il avait épousé Marguerite Cardon,

1. Ant. Le Roy, *Hist.* cit., pp. 112-116.
2. La chambre de commerce de Dunkerque n'ayant été instituée qu'en 1700, Faulconnier n'en pouvait pas être conseiller en 1696, comme nous l'avons dit dans notre première édition d'après notre

d'une famille honorable de Saint-Omer, et depuis six ans qu'il vivait avec elle, le ciel n'avait pas encore favorisé leur mariage de ses bénédictions. Son emploi l'ayant obligé de voyager souvent en cette ville, il était instruit du culte particulier qu'on y rend à la Sainte-Vierge. Il avait même visité plusieurs fois sa chapelle avec édification, et les monuments de piété qu'il y avait remarqués lui avaient inspiré une dévotion des plus tendres pour Notre-Dame de Boulogne. Étant donc plein de confiance dans le crédit de cette puissante thaumaturge, il s'adressa à elle pour obtenir la fécondité de son épouse. Il lui promit, s'il était exaucé, d'aller nu-pieds depuis le pont de Marquise jusqu'à sa chapelle (ainsi que le pratiquaient la plupart des pèlerins de Flandre), d'y faire célébrer une messe solennelle, et d'y offrir un enfant d'argent. L'humble prière du zélé serviteur de Marie ne manqua point de pénétrer les cieux. Son épouse conçut et mit heureusement au monde un garçon. Néanmoins la joie que causa sa naissance fut bientôt troublée par la crainte de le perdre. Peu de temps après, cet enfant de grâce parut toucher à sa fin. Il était violemment agité par de fréquentes convulsions. A peine lui restait-il quelques signes de vie, et l'on n'attendait plus de lui qu'un dernier soupir. Dans cette fâcheuse extrémité, son triste père, qui le tenait entre ses bras, espéra contre toute espérance. Il s'adressa de rechef à Notre-Dame de Boulogne, et lui demanda avec empressement la conservation de son fils dont il était

---

guide habituel. Nous rectifions donc aujourd'hui le texte de Le Roy sur une indication que nous devons à la bienveillance particulière de feu M. A. de Bertrand, membre de la société Dunkerquoise.

12.

redevable à son intercession. Sa généreuse bienfaitrice ne voulut pas l'obliger à demi. Elle mit le comble à la première faveur qu'il en avait reçue, en sauvant de la mort celui à qui elle avait d'abord procuré la vie. En peu de jours il fut parfaitement guéri, et ses parents, pour en témoigner leur reconnaissance, non contents d'acquitter leur premier vœu, firent chanter devant l'Image de la Sainte-Vierge une seconde messe en actions de grâces. Ce fils si cher et si précieux à sa famille a joui longtemps d'une ferme santé, et sa naissance a été suivie de celle de deux filles. En acquit du vœu dont nous venons de parler l'on a donné, et l'on voyait encore dans la chapelle en 1704, une plaque d'argent où était la représentation d'un enfant au naturel, couché dans son berceau, avec cette inscription :

D. O. M.

Et beatissimæ Virgini Matri Boloniæ cultæ, Dionysius Petrus Faulconnier, et Maria Margarita Cardon conjuges, se se ejusque intercessione datum filium Joachim Benedictum non ingrati offerunt, dedicant, et consecrant, Anno Domini 1696 [1]. »

---

1. Ibid., pp. 122-124.

CHAPITRE XXIV

Protection de Notre-Dame de Boulogne contre la peste; — pèlerinages accomplis par les paroisses de Sangatte, de Licques, de Saint-Pierre-lès-Calais, de N.-D. de Calais, de Samer, de Wissant, de Guînes, d'Oye, de Preures, d'Hucqueliers, de Wimille, de Courset et autres, 1697 — 1702.

Bossuet a dit quelque part que « les grandes prospérités nous aveuglent, nous transportent, nous égarent, nous font oublier Dieu, nous-mêmes et les sentiments de la foi ». Aussi, est-ce principalement dans les grandes calamités que la foi des peuples se réveille. Lorsque la main de Dieu s'appesantit sur la terre ; quand on désespère de tous les secours humains, c'est alors qu'on lève les yeux en haut, pour demander avec larmes au Dieu de miséricorde et à la Vierge clémente, le pardon, l'indulgence et la paix.

De tous les fléaux que Dieu emploie pour ramener à Lui les peuples égarés, il n'en est point de plus redoutable que la peste, sous les différentes formes avec lesquelles elle promène ses ravages dans l'humanité. Nos temps modernes l'ont vue disparaître, momentanément du moins, pour faire place à une autre épidémie dont l'action n'est pas moins cruelle : mais, au moyen-âge, et dans les derniers siècles, elle se montrait à de fréquents intervalles ; et, suivant l'expression du poète, elle répandait partout la terreur. Notre ville a souvent payé un tribut fatal à cette terrible messagère du courroux céleste. Les populations consternées s'enfuyaient à son approche : en 1625 et en 1636, de nombreuses familles sortirent des murs, pour aller camper sous des tentes, aux environs de la ville [1].

Notre-Dame de Boulogne, comme on a pu le voir dans les chapitres précédents, a plusieurs fois adouci, en faveur de son peuple, les rigueurs de ces effrayantes calamités. Le Roy nous apprend que « cette dangereuse maladie, qui frappe indistinctement toutes sortes de personnes, a su quelquefois distinguer ceux qui s'étaient réfugiées entre les bras de cette Vierge, et n'a pas osé les attaquer. Ayant fait, dit-il, de grands ravages dans la ville de Boulogne, l'an 1625, elle s'apaisa tout à coup, en suite d'une neuvaine que l'on fit à cet effet devant l'Image miraculeuse. L'an 1636, la même maladie ayant reparu dans le pays, diverses personnes eurent encore recours à son intercession, et en ressentirent les effets salutaires, ainsi qu'il est attesté par les déclarations qu'elles firent en venant lui rendre leurs très-humbles actions de grâces.

« On a toujours cru devoir attribuer à un effet visible de la même protection un événement arrivé en 1666. Lorsque la peste infectait toutes les places voisines de Boulogne, celle-ci en fut heureusement préservée, à l'exception d'une seule maison de la Basse-Ville, que plusieurs personnes fréquentèrent habituellement, sans qu'aucune y prît le mauvais air. Il n'y a personne qui ne se souvienne qu'en ce temps-là les habitants ne se précautionnaient pas assez contre un mal si dangereux et si prochain, et qu'ils gardaient

---

1. Voir les registres de catholicité des paroisses de Boulogne, ann. cit. (Archives communales).

peu soigneusement les avenues de leur ville ; mais l'intercession de Celle qui a établi son trône dans l'enceinte de ses murailles, et dont l'image orne toutes ses portes, valait mieux que toutes les précautions humaines ; d'ailleurs les prières publiques que l'on faisait tous les jours dans l'église cathédrale étaient encore un puissant préservatif contre cette maladie.

« Dans ces temps de calamités publiques, au milieu des maladies contagieuses de différentes espèces, plusieurs paroisses du diocèse de Boulogne avaient fait au ciel des vœux et des promesses. Ç'a été pour s'en acquitter que, depuis quelques années, tant de personnes sont venues processionnellement honorer l'Image de la sainte Vierge. Le temps assez considérable qui s'était écoulé depuis ces vœux n'avait point effacé le souvenir des grâces reçues dans ces jours d'affliction : un juste sentiment de reconnaissance a réveillé les esprits ; le zèle s'est ranimé ; les paroisses de Notre-Dame et de Saint-Pierre de Calais, de Marck, d'Oye, de Guempe, de Sangatte et de Bonningues, du pays reconquis, de Licques, de Preure, de Samer, de Desvrenne et de Wissant, sont venues, sous la conduite de leurs pasteurs, rendre à Dieu leurs solennelles actions de grâces, et se mettre, par de nouveaux hommages, sous la sauvegarde particulière de la Protectrice du diocèse et de toute la province [1]. »

Le Roy, qui écrivait ces lignes en 1704, n'a pas cru devoir entrer dans le détail de ces pèlerinages. Pour nous, qui, à un siècle et demi de distance, avons vu se renouveler la même foi et la même ardente piété dans les populations de notre pays, nous ne

---

1. Ant. Le Roy, *Abrégé* pp. 117-118

pouvons nous contenter de ces simples indications. Il faut redire aux générations contemporaines quels ont été les exemples donnés alors à l'Église et au monde par la dévotion de leurs ancêtres.

On remarquera que ce ne sont pas toujours les paroisses proprement dites, mais les confréries paroissiales, et principalement celles de Saint-Pierre, qui ont accompli ces pieux pèlerinages. Il est utile de savoir que les confréries de Saint-Pierre, instituées d'abord dans la ville de Calais, puis successivement à Boulogne et dans beaucoup de paroisses du diocèse, à la fin du XVIe siècle, avaient pour but l'assistance des malades dans leur agonie, et le soin de leur faire donner une sépulture honorable et chrétienne. Plus que les autres fidèles, les confrères de Saint-Pierre avaient à redouter l'influence des maladies contagieuses : aussi ne doit-on pas s'étonner s'ils eurent plus de reconnaissance à témoigner envers la puissante Patronne, qui les avait protégés dans l'exercice de leur charitable ministère.

Les habitants du village de Sangatte en donnèrent l'exemple en 1686. Le mardi de Pâques, 16 avril, dit Antoine Le Roy, « on les a vus venir processionnellement à Boulogne, au nombre de cinquante confrères, accompagnés du clergé de la paroisse, implorer l'assistance de la sainte Vierge en l'honneur de laquelle ils firent célébrer une messe en musique, s'acquittant ainsi d'un vœu qu'ils avaient fait dans le temps de quelque maladie populaire [1]. »

Un chroniqueur boulonnais, Antoine Scotté, sieur de Velinghen, personat de Bezinghen et d'Embry,

---

1. *Abrégé de l'Hist. de N.-D.*, édit. 1696, p. 121.

CHAPITRE XXIV. — PÈLERINAGES DES PAROISSES.

nous a conservé une note exacte des pèlerinages qui ont eu lieu dans les dernières années du siècle. C'est un document qui nous a paru assez important pour être reproduit en son entier.

« Le 28 may 1697, la confrérie de Saint-Pierre de Licques [1] vint à Nostre-Dame de Boulogne en procession, avec croix et bannières, avec grande affluence de peuple, où elle luy rendist ses hommages, où elle fit chanter une messe solennelle ; ensuite elle fust à Saint-Nicolas de la basse-ville de Boulogne ; puis de là elle fust implorer le secours de saint Adrien, à Baingthun [2].

« Le 14 juin 1697, la confrérie de Saint-Pierre, de la basse-ville de Calais [3], vint en procession à Nostre-Dame de Boulogne, avec croix et bannières, avec grande affluence de peuple, où elle fist chanter une messe solennelle ; puis elle s'en fust à Saint-Adrien de Baingthun.

« Le 17 juin 1697, les confréries de Saint-Pierre et de Saint-Roch, de la ville de Calais, vinrent en procession, avec croix et bannières, et grande affluence de peuple, où ils firent chanter une messe solennelle ; ensuite s'en furent à Saint-Adrien de Baingthun.

« Le 24 juin 1697, la confrérie du Saint-Rosaire et celle de Saint-Pierre de Samer [4] vinrent en procession à Nostre-Dame de Boulogne, avec croix et bannières, et beaucoup de peuple, où ils firent chanter une messe solennelle ; puis furent à Saint-Adrien de Baingthun.

1. Licques, cant. de Guînes, arr. 7 l. E. de Boulogne.
2. Lieu de pèlerinage, encore actuellement fréquenté, à une l. E. de Boulogne.
3. Maintenant ville de Saint-Pierre-lez-Calais, à 8 l. N.-E. de Boulogne.
4. Samer, chef-lieu de cant. à 4 l. S.-E. de Boulogne.

« Le 21 juillet 1697, la confrérie de Saint-Pierre, de Wyssant [1] vint en procession avec croix et bannières à Nostre-Dame de Boulogne, avec grande affluence de peuple, où ils firent chanter une messe solemnelle.

« Le 28 juillet 1697, la confrérie de Saint-Pierre de Guisnes [2] vint en procession avec croix et bannières à Nostre-Dame de Boulogne, où ils firent dire une messe solemnelle. Elle estoit aussy accompagnée de beaucoup de peuple.

« Le 9 aoust 1697, la confrérie de Saint-Pierre, de la basse-ville de Boulogne, vint en procession avec croix et bannières, à Nostre-Dame de Boulogne ; où elle fist chanter une messe solemnelle en musique avec les orgues; où il y avoit une grande affluence de peuple ; ensuite on fust en procession à Preure [3], à Saint-Adrien, et revint par Saint-Adrien de Baingthun.

« Le 7 juillet 1698, la confrérie de Saint-Pierre, d'Oye [4], au delà de Calais, vint en procession avec croix et bannières, avec grande affluence de peuple, à Nostre-Dame de Boulogne, où elle fist dire une messe solemnelle, et de là elle s'en fust à Saint-Adrien de Baingthun.

« Le 9 may 1700, la confrérie de Saint-Pierre de Preure et de Hucqueliers vint en procession avec croix et bannières et grande affluence de peuple à Nostre-Dame de Boulogne, où elle fist dire une messe solemnelle.

---

1. Ancienne ville du Boulonnais, à 5 l. N. de Boulogne.
2. Chef-lieu de canton, à 7 l. N.-E. de Boulogne.
3. Canton d'Hucqueliers, à 8 l. S.-E. de Boulogne.
4. Canton d'Audruick, arrond. de Saint-Omer, à près de 10 lieues de Boulogne.

« Le 10 may 1700, la procession de Wimille [1] vint avec croix et bannières à Nostre-Dame de Boulogne, avec une grande affluence de peuple, où il y avoit plus de cinq cents personnes. » Antoine Le Roy ajoute que cette procession fut une des plus remarquables. « Une maladie populaire et presque inconnue ayant affligé la meilleure partie de la paroisse, et la mortalité s'étant répandue d'une manière presque contagieuse dans la plupart des maisons, le curé, plein de zèle pour la conservation de ses chères ouailles, fit un vœu au nom de ses paroissiens à Notre-Dame de Boulogne, et vint l'accomplir, en les conduisant tous devant l'Image miraculeuse, où, après avoir célébré une messe haute, il communia le plus grand nombre de ceux qui l'avaient suivi. Tout à coup la maladie cessa, et la santé fut rétablie dans son troupeau [2]. »

« Le 24 juin 1700, les confrères du Saint-Rosaire et de Saint-Pierre de Samer vinrent [de nouveau] avec croix et bannières en pèlerinage à Nostre-Dame de Boulogne, avec une grande affluence de peuple, où ils firent dire une messe solennelle [3]. »

Ce ne sont pas là les seuls pèlerinages qui aient été faits à cette époque par les paroisses du Boulonnais. Nous en avons cité d'autres, plus haut, d'après l'autorité de Le Roy : mais, bien que ces faits ne soient pas très-éloignés de notre temps, la mémoire s'en est à peine conservée. Un curé de la paroisse de Courset [4] a été plus prévoyant que beaucoup de ses

---

1. A 1 l. N. de Boulogne.
2. *Abrégé* cit. édit. 1839, p. 119.
3. Ant. Scotté, *Mém. mss.*, intitulés *Description de la ville de Boulogne-sur-mer et du comté Boulognois*; IIIe partie, pp. 124 et 125. — (Copie de la biblioth. de Boulogne, pp. 215-218.)
4. Canton de Desvres, à 5 l. E. S.-E. de Boulogne.

confrères; et, dans ses registres de catholicité, il nous a transmis, avec de grands détails, le récit d'un pèlerinage accompli par ses paroissiens, en 1702. Nous croyons devoir en reproduire ici les principaux traits, afin de donner à nos lecteurs la physionomie des processions de cette époque.

Le jubilé de Clément XI venait d'être publié dans le diocèse de Boulogne. Au jour prescrit pour commencer les exercices, à l'accomplissement desquels était attachée l'indulgence accordée par le Souverain-Pontife, le curé de Courset, Jean Heurteur, monta en chaire et fit à ses paroissiens « un discours tendre, sensible et pathétique », sur l'importance de ce jubilé extraordinaire ; et tous, d'après son témoignage, « se revêtirent de l'esprit de pénitence, animés du véritable désir et grand zèle d'observer exactement toutes les prescriptions nécessaires. » Parmi les conditions du jubilé, il y en avait une qui montre à quel degré s'était jusque-là maintenue la foi des populations : c'était d'aller faire les stations dans une église, assez éloignée des villages pour que les habitants de Courset, par exemple, n'eussent à choisir qu'entre la collégiale de Fauquembergue et la cathédrale de Boulogne, l'une et l'autre à quatre ou cinq lieues de leur demeure. On résolut d'aller à Notre-Dame de Boulogne. Ce n'était pas chose facile, surtout dans la saison rigoureuse où l'on se trouvait. « Les fréquents orages, tempêtes, ouragans et tourbillons de vent très-impétueux qui se succédaient les uns aux autres, joints à la continuation d'une abondante pluie, avaient tellement grossi les rivières, les torrents et les ravines », qu'ils durent remettre pendant plusieurs jours l'exécution de leur pieux dessein, arrêté le 3 décembre.

Enfin, le 17 du même mois, il fut décidé qu'on partirait le lendemain, « après la célébration de la sainte Messe, une demi-heure avant le jour, laissant les infirmes, les vieilles gens, les enfants, les pauvres, et une personne de chaque famille, pour garder les maisons de chaque particulier ». La procession se mit en marche dans l'ordre accoutumé; nous y retrouvons les usages qui sont encore actuellement en vigueur dans nos campagnes. En tête marchait le sonneur, portant la clochette. Il était suivi de trois jeunes gens revêtus de petits surplis, portant la croix et deux chandeliers. Puis venaient les jeunes gens, deux à deux, bannière en tête. Les trois reines [1] suivaient, portant leurs gros cierges, et précédant les jeunes filles qui marchaient aussi sur deux rangs. Ensuite « le clergé, » composé de cinq chantres, du receveur de l'église, portant le cierge pascal, et du curé, officiant, s'avançait en ordre, en chantant les litanies. Immédiatement après le clergé se trouvaient les seigneurs et dame de la paroisse de Courset, savoir : « Madame la Baronne de Courset, Marie-Ursule Dartois, accompagnée de Claude-César-Maurice de

---

1. On appelle *Reines* les jeunes personnes qui se dévouent pendant l'espace de deux ou trois années au service de la sainte Vierge, dans l'église de leur paroisse. Elles sont ordinairement au nombre de trois. Leur fonction est de veiller à l'entretien des ornements et des linges de l'autel ; ce sont elles qui, dans la plupart des églises de la campagne, s'occupent de la décoration de l'église, pour les solennités. Elles tiennent allumés, devant l'autel de la sainte Vierge, de grands cierges, ornés de peintures, de rubans et de couronnes de fleurs, qu'elles portent dans les processions. Cet usage, très-ancien dans le diocèse de Boulogne, est encore généralement conservé de nos jours.

la Pasture, chevalier; le Baron de Courset, Bertrand de la Pasture, chevalier, et M. de Saint-Maurice, seigneur de Sacriquet; » ces deux derniers, étudiants à Boulogne, ne se réunirent à la procession que lors de son arrivée sous les murs de la ville. A leur suite, venaient les hommes, puis les femmes, précédées du cierge de sainte Anne, porté par l'une d'entr'elles.

Le voyage (car c'en était un) fut périlleux et difficile. La pluie tombait en abondance, et ces pauvres « pénitents pèlerins, » mouillés jusqu'aux os, avaient à franchir, avec les plus grandes peines, « les ravines et d'horribles torrents d'eaux qui débordaient de toutes parts. » Arrivés à Questrèques, ils eurent beaucoup de mal à franchir « ces eaux sauvages, » aidés par « les charitables gens de ce village, » qui les secoururent et leur prêtèrent, pour faciliter le gué, « leurs charettes, échelles, escaliers et planches. » Au bas de la montagne de Boullembert (Montlambert), ils trouvèrent la rivière « si considérablement enflée et débordée, que ne pouvant la traverser ni à Baincthun, ni à la Bouverie, ni à Questinghen, il leur fallut continuer de la cotoyer jusqu'au bout d'Echinghen, où elle fut passée enfin, dit le narrateur, « au péril d'un chacun, sur le travers des arbres couchés par-dessus, ou des planches qu'on y a pratiquées, en forme de ponts. » Trois de ces braves gens manquèrent de périr en facilitant le passage aux autres, et furent reçus par charité dans les maisons voisines.

Ce fut un religieux spectacle que celui de cette pieuse procession arrivant en ordre sous les murs de Boulogne, tous portant dans leurs mains, « les uns des cierges, les autres des Heures ou des chapelets, et bâtons en forme de pèlerins. » Ils s'arrêtèrent d'abord aux portes de la ville, pour saluer l'Image de la Vierge par le chant de l'*Alma Redemptoris;* puis, les cloches de la cathédrale s'étant mises en branle, ils entrèrent dans l'église pour y faire la première station, récitant les prières du grand jubilé, adressant au ciel de solennelles supplications pour la rémission des péchés, pour la sainte Église, le Pape, l'Évêque, le Roi, le Dauphin, les Enfants de France et pour la paix. Le cortége, qui s'était grossi, en chemin, de plusieurs habitants des paroisses limitrophes, fut encore augmenté à Boulogne par « les bourgeois, les bourgeoises et les citoyens de la ville », qui se joignirent à la procession, pour la suivre, dans ses pieux exercices. Les mêmes prières ayant été renouvelées successivement dans l'église de Saint-Nicolas, des Cordeliers, des Capucins et de l'Hôpital, les pèlerins trouvèrent, dans diverses maisons de la ville, un asile pour la nuit. Le lendemain, la procession reprit en bon ordre le chemin de Courset, où elle arriva, le soir du 19 décembre, au son des cloches, « à l'illumination de tous les cierges », et au chant du *Te Deum laudamus* [1].

De tels exemples édifient les fidèles, procurent le salut des âmes, fortifient la foi des populations et produisent, même sur les impies, l'impression la plus salutaire.

---

1. Nous avons emprunté tous les détails de cet intéressant pèlerinage au récit que nous en a laissé le curé dans les Registres de catholicité de sa paroisse pour l'année 1702 (Archives du tribunal civil de Boulogne).

CHAPITRE XXV.

Dons et offrandes des particuliers à la fin du XVIIe siècle; — la reine d'Angleterre, femme de Jacques II; — le prétendant Jacques III, en 1708; — Marie Leckzinska, reine de France.

Le désir de grouper, autant que possible, dans un tableau uniforme, le récit des miracles de Notre-Dame et l'histoire des manifestations populaires que la reconnaissance inspirait à nos ancêtres, nous a fait altérer un peu l'ordre chronologique auquel nous nous sommes astreint. Il est temps de revenir sur nos pas, afin de recueillir les faits que nous avons dû jusqu'ici négliger. Comme ces œuvres, ces legs, ces fondations, ces *ex-voto* sont des preuves visibles de la bonté du Père céleste et de la Mère de la divine grâce, il n'en faut rien laisser perdre, suivant le conseil du Sage : *Particula boni doni non te prætereat* [1].

« La demoiselle Jeanne d'Isque, morte en 1677, après avoir fait paraître toute sa vie des empressements extrêmes pour l'augmentation du culte de Notre-Dame de Boulogne, laissa à cet effet, en mourant, quelques sommes, et fonda en partie la messe du Saint-Rosaire, qui se chante les premiers dimanches de chaque mois, devant l'Image miraculeuse [2]. »

---

1. Eccli. XIV, 14.
2. Ant. Le Roy, *Hist.* cit. édit., 1681, p. 192.

« Le 30 janvier 1681, Nicolas Ladvocat-Billiad, sixième évêque de Boulogne, établit une station solennelle devant la sainte Image, avec le chant de l'antienne *Salve Regina*, en musique, où le chœur assisterait processionnellement, après complies, toutes les veilles des fêtes de Notre-Dame et des premiers dimanches des mois ; ce qui s'est observé jusqu'aujourd'hui (écrivait Le Roy en 1704), avec toute l'exactitude et l'édification possible [1]. »

« En 1684, au retour d'un voyage de Paris, la dame de Disquemue de Montbrun présenta à Notre-Dame un cœur d'argent [2]. »

« Damoiselle Jacqueline Carpentier de l'Espagnerie, abandonnée des médecins et réduite à l'agonie, fut guérie, au mois de septembre 1684, d'une manière extraordinaire, après un vœu que firent ses parents à Notre-Dame de Boulogne [3]. »

En 1686, l'auteur de l'*Histoire de Notre-Dame*, l'archidiacre Le Roy, donna à la chapelle de la Sainte-Vierge soixante-deux livres quatorze sous de rentes foncières, tant seigneuriales que surcensières ; et de plus il lui a laissé une somme de deux cent quarante livres pour faire célébrer une messe d'onze heures, les premiers dimanches de chaque mois [4]. »

Le 27 décembre 1688, Marie-Josèphe d'Este, femme de l'infortuné roi d'Angleterre, Jacques II, exilée de ses trois royaumes, vint faire sa prière dans la chapelle de Notre-Dame de Boulogne. « Il semble, dit

---

1. *Abrégé*, édit. 1839, p. 104.
2. Ibid., p. 142.
3. Ibid., p. 135
4. Ibid. p. 141, d'après une note additionnelle de l'édition de 1764, p. 176.

Scotté, que cette pieuse reine fit dans cette sainte station une espèce d'amende honorable de tous les outrages et impiétés commis par la nation Anglaise, en vouant son cher fils le prince de Galles à cette glorieuse Reine des cieux [1]. »

« En 1696, la dame de Framery, lieutenante-générale d'Ardres, voulut en donnant des chasubles pour sa chapelle, se rendre participante des messes qui s'y célèbrent. Deux ans après, la dame de Saint-Aubin y fit présent, à la même intention, d'un pavillon à fleurs et d'une toilette de satin blanc, garnie de dentelles et de crépines d'or, depuis employés à faire un ornement complet. Vers le même temps, Anne-Françoise de La Haye, épouse d'Alexandre Le Roi du Quesnel, ingénieur en chef et chevalier de l'ordre de Saint-Louis, y offrit une robe verte, à fleurs d'or, garnie d'un point d'Espagne, aussi d'or.

Au rapport de Le Roy, « plusieurs autres dames, gentilshommes et bourgeois y ont fait encore depuis quelques années des offrandes assez considérables, eu égard à la misère des temps ; mais outre que les bornes d'une histoire abrégée ne m'en permettent pas le détail, ce serait, dit-il, m'exposer à blesser la modestie de plusieurs personnes vivantes, qui peuvent désirer que leur libéralité ne soit point connue.

« Je ne puis cependant omettre qu'en 1699 dame Catherine de Poucques, veuve du sieur Fesillier, seigneur de Dannes, vint en la chapelle, le 13 d'octobre, pour s'acquitter du vœu qu'elle avait fait dans l'extrémité d'une maladie où les médecins l'avaient

---

1. *Relation sur le débarquement de Jacques II*, dans les *Mém.* d'Ant. Scotté, sup. cit, p. 326. Cf. *Continuation de l'Hist. de N.-D.* par M. P. Hédouin (1839), p. 153.

abandonnée ; qu'elle fit chanter une messe solennelle en actions de grâces de sa convalescence, et y présenta la somme de cent livres pour offrande ; que l'année suivante, le sieur François Hubin, demeurant au château de Honvault, y fit don de pareille somme, à la charge de sept messes hautes, à son intention.

Antoine Le Roy nous apprend qu'en 1701, au chapitre général de la veille de Noël, M. Balthasar de Flahaut, chanoine fabricien et administrateur de la chapelle, présenta, pour l'autel de la Sainte-Vierge, au nom de dame Jeanne-Nicole de Lille, épouse de François du Sommerard, commissaire provincial d'artillerie au département de Saint-Omer, une magnifique chasuble de satin blanc, en broderie fine d'or et d'argent, enrichie de deux écussons des armes en relief de la princesse Anne-Marie-Louise d'Orléans, duchesse de Montpensier.

Le même auteur ajoute qu'au mois de février 1702, dom Philippe de Celers, natif de ce diocèse, connu par son mérite et par sa renonciation au généralat de l'ordre de Prémontré, mais recommandable surtout par son dévouement au culte de la Sainte-Vierge, vint en son église de Boulogne, après sa promotion à l'abbaye de Dommartin, du diocèse d'Amiens : qu'il y donna des preuves nouvelles de sa confiance en la protection de cette bienfaisante Maîtresse, et qu'après avoir offert les divins mystères, il laissa des marques de son profond respect et de sa parfaite reconnaissance envers la sainte Image [1].

« André Scotté de Velinghen, chanoine fabricien,

---

1. *Abrégé* cit., pp. 142-144.

décédé le 24 janvier 1703, s'est attaché avec une grande ferveur, durant plus de trente années, à tout ce qui pouvait contribuer au meilleur état et embellissement, tant de la chapelle que de toute l'église, y ayant donné, entre autres choses, des chasubles de toutes les couleurs pour l'usage de l'autel de la Sainte-Vierge.

« François Cannet, aussi chanoine, y a pareillement légué sa maison près la Porte-Neuve, avec les arrérages et revenus de la prébende morte, comme quelques autres chanoines avaient fait avant lui [1]. »

Nous n'avons rien dit du séjour que Jacques II, roi d'Angleterre, a fait dans notre ville, en 1696, lorsqu'il tenta quelques efforts pour ressaisir sa couronne : rien, dans les documents contemporains, ne prouve qu'il ait témoigné d'une dévotion particulière envers Notre-Dame. Il n'en est pas de même de Jacques III, son fils. Devenu par la mort de son père, en 1701, héritier légitime du trône d'Angleterre, il voulut, quelques années plus tard, recourir à la force des armes pour rentrer dans le royaume de ses ancêtres. Voici comme en parle M. H. Hédouin.

« Il arriva, dit-il, à cet effet à Boulogne le 9 mai 1708, à sept heures du matin, accompagné seulement d'un page, de son gouverneur, et d'un courrier qui les devançait. Les chroniqueurs du temps font observer, dans les notes qu'ils ont laissées, *que ce prince avait à son chapeau un plumet vert et blanc, mêlés, en signe de bon droit et d'espérance*. Il ne s'arrêta que pour changer de chevaux, et sortit de la ville par la porte

---

1. Ibid., pp. 140-141.

au-dessous de l'abreuvoir, aujourd'hui porte des Dunes. Son embarquement se fit à Dunkerque le 17 mars, à six heures du soir.

« Cette expédition n'ayant point réussi, Jacques III revint à Boulogne le 17 avril suivant; il fut reçu avec magnificence dans le palais épiscopal, par Mgr de Langle. On lui donna pour garde un bataillon de la milice boulonnaise et douze hommes d'armes de la gouvernance. Les chroniqueurs que nous venons de citer disent *qu'il était fort pâle et paraissait très-affligé de son insuccès.* Le lendemain 18, il entendit la messe dans le chœur de la cathédrale, où l'on avait placé pour lui le prie-dieu, avec accoudoir. Ce fut le chanoine Blondet, aumônier de l'évêque, qui officia. Les orgues jouèrent, et quelques motets en musique furent chantés. Ce roi donna un louis d'or à chacune des quêteuses pour la Vierge et le Saint-Sacrement. Après la messe on le conduisit dans la chapelle de Notre-Dame, à laquelle sa mère l'avait voué, et il y récita dévotement son oraison. En sortant de l'église il monta en carosse avec son gouverneur, et M. le marquis de Colembert, commandant de Boulogne, fut visiter les remparts, et repartit ensuite en chaise de poste pour Versailles.

« Ces actes de piété des souverains étrangers envers la Vierge de Boulogne prouvent de quel renom elle jouissait encore au dix-huitième siècle.

« Cependant un affaiblissement progressif des principes religieux ne tarda pas à se faire sentir dans les dernières années du siècle de Louis XIV. Les habitudes sévères et majestueuses de ce prince, auquel l'histoire doit reprocher des faiblesses, mais qui, indépendamment de ses conquêtes, a mérité à tant de titres le surnom de grand, maintenaient seules la licence et le déréglement, prêts à s'emparer des hautes classes de la société. Il mourut le 1er septembre 1715 ; et, sous le régent, véritable fanfaron de vices, à qui la nature avait départi de brillantes qualités qu'il se plut à ternir, l'immoralité et l'oubli de tous les devoirs levèrent le voile et s'affichèrent sans honte et sans pudeur. Cette époque fatale est empreinte de cette corruption qui signale le règne de quelques-uns des douze Césars. Il eût fallu, pour la comprimer, pour arrêter les ravages qu'elle devait produire, un prince ferme, d'une piété éclairée, et qui ne se laissât point séduire et diriger par des hommes ambitieux, des courtisans avides et sans mœurs. Malheureusement Louis XV ne ressemblait en rien au modèle que nous venons de tracer.

« Le 15 février 1723, il atteignit sa majorité, et les commencements de son règne donnèrent les plus belles espérances. De l'esprit, un bon cœur, un jugement sain, telles étaient dans ce roi les qualités qui justifiaient ces espérances ; mais la faiblesse de son caractère, un penchant décidé pour les grossiers plaisirs des sens, dont on abusa perfidement, élargirent de plus en plus les plaies profondes que la régence avait faites au royaume de France. Louis XV était loin d'être incrédule, et cependant le scandale de ses liaisons et l'insouciance qui en fut la suite, le laissèrent désarmé contre les progrès de l'incrédulité.

« Le 4 septembre 1725, Marie Leckzinska, fille unique de Stanislas, roi détrôné de Pologne, fut mariée à Louis XV. Après trois années d'union, cette princesse devint enceinte, et ses sentiments de piété la firent alors entrer en correspondance avec Mgr Henriau, évêque de Boulogne, qui donna l'ordre de dire quatre cents messes à l'autel de Notre-Dame pour obtenir, par son intercession, l'heureuse délivrance de la reine et la naissance d'un Dauphin. L'événement répondit aux vœux que l'on avait formés ; et le 4 septembre 1728, Marie Leckzinska accoucha d'un prince qui fut depuis le père des trois rois, Louis XVI, Louis XVIII et Charles X. Le lendemain, cette joyeuse nouvelle parvint dans nos murs, et fut le sujet de nombreuses actions de grâces, rendues à la Mère de Dieu, et de grandes réjouissances [1]. »

CHAPITRE XXVI.

Louis XV paye l'hommage du cœur d'or ; — il visite la chapelle de Notre-Dame, 1744 ; — mandement de Mgr de Partz de Pressy ; — pèlerinage du Bienheureux Benoît-Joseph Labre, en 1769 ; — de la paroisse d'Ambleteuse, en 1776, et de celle de Samer, en 1789.

A l'avénement de Louis XV, l'évêque et le chapitre de Boulogne sollicitèrent, dans l'intérêt de leur église, le payement de l'hommage royal. Mais les temps étaient bien changés. Le conseil d'État, muni de toutes

---

[1]. P. Hédouin, *Continuation de l'Hist. de Notre-Dame de Boulogne*, à la suite de l'*Abrégé*, édit. de 1839, pp. 156-159. La source où M. Hédouin a puisé ses renseignements est le Ms de Scotté, *passim*.

les pièces qui constataient les droits de Notre-Dame, éleva des difficultés sur le fonds. L'un des inspecteurs généraux du domaine, fit observer que « l'hommage
« du comté de Boulogne appartenait à nos rois et
« faisait partie de leur domaine ; il était donc inalié-
« nable et imprescriptible. Le roi Louis XI n'a pu,
« suivant les règles les plus certaines et les maximes
« les plus inviolables en matière de domaine, le céder à
« une abbaye et encore moins se soumettre lui-même
« et les rois ses successeurs à faire un hommage d'un
« bien temporel entre les mains d'un abbé ; on sait
« que les gens d'église, dans les siècles moins éclairés
« que celui-ci [1], couvraient ces usurpations sous le
« nom d'hommage, de dévotion à la Sainte-Vierge
« ou à d'autres saints, mais en tiraient eux-mêmes
« l'honneur et le profit [2]..., que si Louis XIII a bien
« voulu se soumettre à payer cette redevance, ç'a été
« plutôt comme une libéralité que comme un sujétion ;
« si, pendant la minorité du feu roi, on en a ordonné
« le payement, ce fut sans que l'affaire eût été exa-
« minée avec un contradicteur légitime ; dans ces cir-
« constances, l'inspecteur général déclare qu'il ne
« s'oppose point aux libéralités que S. M. voudra bien
« faire à l'église de Notre-Dame de Boulogne-sur-Mer,
« pourvu que ce ne soit point à titre d'hommage et
« de sujétion, mais par pure aumône et sans assujé-
« tissement [3] :

1. Bien éclairé, en effet, par les torches de 93 !
2. Il est curieux de voir ce parlementaire rejeter sur l'ambition des abbés de Notre-Dame un acte qui émanait de Louis XI, comme si Louis XI avait été homme à se laisser ainsi conduire !
3. C'est ainsi qu'on se donnait l'honneur de sauver la monarchie, en l'affranchissant de toute obligation, même au spirituel !

« En conséquence, le Roi, en son conseil, a déclaré « et déclare l'évêque et les doyens, chanoines et « chapitre de Notre-Dame de Boulogne-sur-Mer non « recevables en leur demande à fin d'hommage ; « néanmoins leur accorde S. M., en faveur de son « avénement à la couronne, la somme de 6,000 livres, « pour tenir lieu du cœur d'or accordé à ladite église « par les rois ses prédécesseurs, laquelle somme sera « payée par le garde du trésor royal, sur quittance « qui sera donnée par ledit évêque, contenant pro- « messe d'employer ladite somme en ornements né- « cessaires à ladite église, aux armes de S. M. Fait « au conseil d'État du Roy, à Versailles, le 7 mai « 1728 [1] ».

Ne dirait-on pas d'un arrêt libellé par Voltaire?...

Le 17 mai suivant, un humble habitant du Portel, qui « parachevait son testament au nom du bon Dieu et de la Vierge », y inscrivait cette clause : « Je veux « qu'on fasse dire une neuvaine de messes, par chacun « an, trois années de suite, *à la bonne Notre-Dame* « *de Boulogne* [2] ». Le peuple n'avait pas encore perdu les saintes inspirations de la foi chrétienne.

Le 6 juillet 1744, le roi Louis XV arriva dans notre ville, après la prise de Menin et d'Ypres. Nous trouvons dans le registre aux délibérations capitulaires le récit détaillé de la visite que ce prince fit à la chapelle de Notre-Dame.

---

1. M. P. Hédouin s'est trompé en disant que Louis XV a payé son hommage en 1744. L'arrêt du conseil d'Etat, dont nous venons de citer un extrait, est inédit. Nous en avons trouvé une copie, tirée des Archives du chapitre, dans la bibliothèque de M. H. du Tertre d'Elmarcq.

2. Registre aux Insinuations (Archives du tribunal civil).

« Aujourd'hui, après complies, tout le chœur en chapes, M. l'évêque, revêtu de ses habits pontificaux, ont été processionnellement vers la principale porte de cette église, devant laquelle le Roy est descendu de cheval. Sa Majesté, accompagnée des princes du sang et des seigneurs de sa cour, a été reçue sous les orgues par mondit seigneur (François-Joseph-Gaston de Partz de Pressy), qui lui a présenté l'eau bénite, et un peu plus loin la croix précieuse, que le Roy a baisée à genoux sur un prie-dieu ; aussitôt M. l'évêque lui a fait un discours, lequel fini, la procession a marché vers le chœur, au son de toutes les cloches et de l'orgue. Y étant entré, le Roy a fait sa prière à genoux sur un prie-dieu placé entre le pulpitre de l'épître et les marches de l'autel, pendant laquelle le chœur a chanté le psaume *Exaudiat* et le verset *Fiat [manus tua super virum dexteræ tuæ]*. Mgr a chanté l'oraison *Quæsumus*, tout le chapitre derrière le Roy *in modum coronæ*.

« Ensuite, le Roy, ayant la dévotion de faire sa prière dans la chapelle de la Sainte-Vierge, y a été conduit, et reconduit, par le clergé, en la même manière, jusqu'à la porte par où il est entré ; de là est allé au palais épiscopal, où Sa Majesté devoit loger.

« Le lendemain, 7ᵉ de juillet, sur les onze heures du matin, M. l'évêque, en manteau long, est allé dans la chapelle de la Sainte-Vierge attendre le clergé, qui a reçu le Roy à la porte de l'église qui donne du côté de l'évêché, au son de toutes les cloches, et a conduit Sa Majesté en la chapelle de la Vierge, pour entendre la messe, célébrée par M. Charuel, archidiacre, qui en avoit été prié par la compagnie, pendant laquelle la musique a chanté un motet ; après quoy le clergé a reconduit le Roy de la même manière [1]. »

Voilà quels étaient encore les exemples donnés par la royauté, malgré ses fautes. Dans les sociétés chrétiennes, quand la foi agissante et pratique s'est retirée des cœurs, il reste toujours, pendant quelque temps, des dehors officiels qui en tiennent lieu. Peu à peu, ces apparences s'effacent, les masques tombent : l'incrédulité se montre à découvert, avec ses haineuses colères ; les contrats sociaux se déchirent ; les trônes, bâtis désormais sur le vide, s'abîment dans les précipices, que les rois ont imprudemment laissé s'ouvrir sous leurs pieds.

Au XVIII° siècle, la religion, déchirée par des enfants rebelles, assaillie avec fureur par ses ennemis du dehors, était impuissante à maintenir dans le corps social la force de cohésion dont elle a seule le secret. Dieu multipliait les avertissements : les fruits de l'adultère, assis sur les marches du trône, n'avaient point amené la prospérité dans la famille royale. Les princes qui donnaient le plus d'espérance avaient été moissonnés dans leur fleur : les conseils n'avaient plus de sagesse ; les meilleurs esprits se décourageaient ; les meilleurs cœurs étaient dans l'abattement. On marchait vers une catastrophe.

Louis XV mourut de ses vices. Louis XVI, en montant sur le trône, y apportait des vertus ; mais c'étaient les vertus d'une Victime.

Dans les premières années du mariage de Louis XVI avec Marie-Antoinette, on put croire que le Ciel se refusait à donner la fécondité à leur union. Enfin, le

1. Registre capitulaire. D. n° 2, 3 (Archives communales).

21 août 1778, le roi, qui se faisait « une loi de soumettre à la Providence tous les événements de son règne », invita les évêques de France à faire des prières spéciales, à l'occasion de la grossesse de la reine. Mgr de Partz de Pressy publia, le 15 septembre suivant, un mandement à ce sujet. Il y exhorte les fidèles à se conformer aux pieuses intentions du monarque. Lui-même voulut ouvrir par une messe solennelle, célébrée pontificalement, une Neuvaine à Notre-Dame de Boulogne. Il relève avec amour les titres de la Patronne du Boulonnais à la vénération de ses diocésains. « Elle en est, dit-il, nommée
« spécialement et par excellence la Dame dominante,
« depuis que Louis XI a religieusement voulu et authentiquement déclaré *lui donner, transporter et*
« *délaisser le fief et hommage* que ce comté devoit
« *aux Rois de France, à raison et à cause de leur*
« *Comté d'Artois; pourquoi les Princes ses successeurs lui payeroient à leur avénement à la Couronne les Droits seigneuriaux dus* par eux comme
« *vassaux de Notre-Dame de Boulogne.* De là ces
« cœurs d'or, ou ces sommes d'argent, qu'ils ont
« donnés pour embellir notre église Cathédrale, et
« dont la concession est constatée par plusieurs arrêts de leur conseil d'État. De là ce spectacle édifiant que nous-même avons vu donné par le feu
« Roi, lorsque, dès qu'il fut arrivé en cette ville et
« avant de venir prendre son logement dans notre
« palais épiscopal, il s'empressa d'aller offrir ses
« hommages à la Reine des Cieux, et de se prosterner devant son Image miraculeuse, qui pendant nombre de siècles a été l'objet d'un des plus
« célèbres pèlerinages de toute la chrétienté. De là

« enfin ces motifs de reconnoissance et de confiance
« qui nous engagent, de concert avec notre Chapitre,
« de donner, dans l'occurrence présente, des mar-
« ques signalées de zèle, pour obtenir par sa puis-
« sante intercession la précieuse conservation de la
« personne de la Reine et du sujet de notre espé-
« rance [1]. »

C'est le seul mandement dans lequel le pieux évêque se soit étendu, aussi longuement, sur le culte de Notre-Dame de Boulogne. L'enfant que Marie-Antoinette donna à la France, le 19 décembre suivant, était Marie-Thérèse-Charlotte de Bourbon, dite *Madame Royale*, plus tard duchesse d'Angoulême.

Nous n'avons que bien peu de renseignements sur la dévotion à Notre-Dame de Boulogne pendant le XVIIIe siècle. Les pèlerinages collectifs furent sans doute peu nombreux; car les mémoires du temps n'en signalent guère. On trouve cependant encore des traces de pèlerinages individuels, accomplis par des personnes venues de loin, comme, par exemple, cette « étrangère qui s'est nommée Marie-Adrienne

---

1. Mandement de Mgr l'évêque de Boulogne, qui ordonne des prières pour la Reine dans toutes les églises de son diocèse, particulièrement dans sa cathédrale, à l'autel de Notre-Dame (15 sept. 1778), p. 3.

Mgr de Pressy encourageait par des indulgences la dévotion à Notre-Dame de Boulogne. C'est ce que nous apprend la strophe suivante tirée des *Cantiques* de Le Clercq, curé d'Ambleteuse :

    Le pieux prélat de Pressi,
    Zèlant le culte de Marie
    Le bien de ses ouailles aussi,
    Par des indulgences convie
    A visiter avec amour
    Notre-Dame dans son séjour.

« Toussaint, et dite native de Lille en Flandre, dé-
« cédée à Desvrene, d'une esquinancie, *à son retour*
« *d'un pèlerinage à Notre-Dame de Boulogne* [1]
« 12 juillet 1740. »

Dans ce XVIIIe siècle si épris de ses lumières, si orgueilleux de sa fausse sagesse, la Suzeraine du Boulonnais vit à ses pieds un pauvre pèlerin dont la vie devait être grande devant Dieu. Benoît-Joseph Labre, né à Amettes, au diocèse de Boulogne [2], le 26 mars 1748, mort à Rome le 16 avril 1783, et tout récemment béatifié par Sa Sainteté Pie IX, a mené sur la terre une vie d'abjection et de pénitence qui faisait un éclatant contraste avec les mœurs de son époque. Or, pour l'honneur éternel du diocèse de Boulogne et de Notre-Dame sa Patronne, c'est de notre territoire qu'est partie cette lumière destinée à illuminer le monde.

Poussé par une vocation impérieuse vers une carrière extraordinaire de pénitence et de mortification, Benoît-Joseph avait tenté, en 1767, de se faire admettre au monastère de la Trappe de Mortagne, où sa trop grande jeunesse ne lui permit pas d'être reçu. Il avait essayé, en 1768, d'entrer dans la Chartreuse de Longuenesse, puis dans celle de Neuville près Montreuil. Partout s'élevèrent des difficultés : ce n'était

---

1. Registre de catholicité de Desvres, ann. cit.
2. IN OPPIDO AMETTES, DIŒCESIS BOLONIENSIS IN GALLIA, dit la IIIe leçon de l'office publié par ordre du Saint-Siége. Nous insistons sur ce détail, parce que de nos jours on paraît avoir voulu donner à croire qu'Amettes était du diocèse d'Arras. Il est curieux qu'on ait cherché à corriger dans ce sens les légendes des médailles, et même des livres portant l'*imprimatur* de la censure romaine. Les révolutions qui s'opèrent dans un pays n'ont jamais eu la puissance d'en abolir l'histoire.....

pas là que Dieu l'appelait. Il disait à sa mère qu'il aurait voulu, comme les anciens anachorètes, vivre de racines, et qu'il n'aspirait qu'à se retirer dans quelque solitude. Ses parents consentaient à ce qu'il se fît chartreux ; pour lui, il préférait mener la vie plus austère des trappistes.

Cependant le pieux jeune homme ne voulait rien faire à l'aventure dans une chose de si grande importance. Depuis plusieurs années ses perplexités étaient intolérables, et ni la prière la plus assidue, ni les conseils de ses directeurs ne parvenaient à lui rendre le calme. Un jour, il résolut de partir pour Boulogne, afin de consulter un père lazariste sur sa vocation. C'était dans l'été de l'année 1769.

Arrivé à Boulogne, après un pèlerinage de quinze lieues, il descendit chez un de ses compatriotes, le chanoine Flament, comme lui natif d'Amettes ; puis il fit une retraite au séminaire, où il se confessa au R. P. supérieur, qui était alors le P. Chomault. Le chanoine Flament lui conseilla ensuite d'aller prendre sur sa vocation l'avis de Mgr de Pressy, et de lui demander un certificat pour sortir du diocèse. Le saint Prélat, qui avait fait faire au jeune Benoît-Joseph la première communion, l'accueillit avec la plus paternelle bonté. « Mon enfant, lui demanda-t-il, vos parents sont-ils consentants que vous sortiez du diocèse ? » Benoît-Joseph lui ayant répondu que non, Mgr de Pressy lui dit : « Croyez-moi, obéissez à vos parents, et allez aux Chartreux. »

Alors le pieux jeune homme n'hésita plus, et Dieu récompensa son obéissance, en le menant ensuite pour ainsi dire par la main dans la voie qui devait le sanctifier. La vocation de Benoît-Joseph, jusque-là vague et indéterminée, reçut à Boulogne l'impulsion définitive. Mgr de Pressy l'envoya aux Chartreux ; les Chartreux l'adressèrent aux Trappistes ; et de chez les Trappistes, le bienheureux pèlerin s'élança dans la carrière que Dieu lui avait destinée. Dans l'ordre de la prudence, il était convenable qu'avant d'entrer dans les voies extraordinaires où la grâce le poussait, Benoît-Joseph essayât des voies ordinaires. C'était le seul moyen d'entrer régulièrement dans sa vocation, sans rien hasarder ; et ce fut à Boulogne qu'il trouva enfin la décision qu'il avait en vain cherchée jusque-là.

« Les dépositions des témoins qui, en 1784, lors du procès de canonisation, déposèrent de tous ces détails, sur les motifs et les actions de son séjour à Boulogne, ne parlent pas de Notre-Dame. Mais qui pourrait douter que le saint jeune homme n'ait adressé à Dieu de ferventes prières devant l'Image miraculeuse de la Vierge ? Comment, lui, si passionné pour les lectures pieuses, n'aurait-il pas lu l'histoire des bienfaits que cette auguste Patronne du diocèse répandait à pleines mains sur ses enfants ? Comment, logé dans la maison d'un chanoine de Boulogne, assistant au Saint-Sacrifice de la messe, tous les jours, suivant sa coutume, n'aurait-il point prié dans la cathédrale ? Comment n'aurait-il pas mis la plus tendre confiance dans cette Vierge des voyages, qui, de sa nacelle où elle commande aux flots agités, veille sur les pauvres pèlerins de ce bas monde ? Et, après tout, pour être regardé comme un pèlerin de Notre-Dame, faut-il être venu à Boulogne avec la seule intention d'accomplir un pèlerinage, sans mélange d'aucune autre pensée, sans préoccupation d'aucune autre affaire ? Ce n'est évidemment pas ainsi qu'on en juge ordinairement.

« Si la Providence semble avoir voulu que Labre ne partît point du diocèse sans avoir reçu la bénédiction de l'évêque qui était son père spirituel, elle paraît avoir voulu encore qu'il n'allât point visiter les sanctuaires célèbres de la chrétienté, sans avoir payé un pieux hommage de vénération à Celle qu'invoquent tant de pèlerins. Rome, qui possède à un si haut degré le tact de ces choses, l'a compris de cette manière en le faisant représenter à genoux devant la Madone de son pays natal ; et l'historien de cette Vierge miraculeuse est en droit d'en conclure que le bienheureux Benoît-Joseph data de Notre-Dame de Boulogne la vie de pèlerin qu'il termina si heureusement à Notre-Dame-des-Monts [1]. »

En 1776, les habitants du village d'Ambleteuse, pleins de reconnaissance pour la protection que Notre Dame de Boulogne leur avait accordée durant la maladie épizootique qui désolait alors les campagnes du Boulonnais, vinrent lui offrir en *ex voto* une vache d'argent qui fut appendue aux murailles de la chapelle. Le curé de l'endroit, qui se piquait de faire des vers, et à qui l'on doit une histoire de saint Pierre d'Ambleteuse, composa pour cette circonstance un cantique qui fut chanté dans la cathédrale, et dont nous citons les strophes suivantes, à titre de renseignement sur la cérémonie [2] :

> Le mal extraordinaire
> Qui tuait nos animaux,

---

1. *Impartial* de Boulogne-sur-Mer, du 7 juin 1860.
2. *Cantiques en l'honneur de Notre-Dame de Boulogne*, par Antoine Le Clercq, curé d'Ambleteuse, nouvelle édition, 1808. Petit in-12 de 24 pages, sans lieu ni date d'impression, ni nom — Bibliothèque de M. Ch. Henneguier, de Montreuil.

Nous ôtant le nécessaire
Nous menaçait d'affreux maux.
Nous remercions, Marie,
Votre sensibilité;
Vous nous conservez la vie,
Chassant la mortalité.

Votre riche bienfaisance
Nous demande un grand merci ;
La juste reconnaissance
Nous amène tous ici :
Toute la troupe présente,
En ce tant désiré jour
Cette vache vous présente
Pour vous marquer son amour.

Le dernier pèlerinage à Notre-Dame de Boulogne, avant la Révolution Française, est probablement celui que fit la paroisse de Samer [7 juillet 1789]. Un manuscrit de ce temps nous apprend que la procession arriva à Boulogne, à sept heures du matin, en chantant les litanies de la Sainte-Vierge; « il y avoit au moins quatre à cinq cents personnes à la suite ». Un bénédictin de l'Abbaye s'était joint au pèlerinage [1].

1. *Mém. mss* de Jacques Cavillier.

CHAPITRE XXVII

Révolution française; — schisme constitutionnel; — protestation du Chapitre de Boulogne, contre la confiscation des biens ecclésiastiques et la suppression des Corporations religieuses;— inventaire du mobilier de la chapelle de Notre-Dame, en 1791; — la Statue de Notre-Dame est brûlée par les Révolutionnaires, 28 décembre 1793; — destruction de la Cathédrale.

Le génie du mal faisait son œuvre. Prise de vertige, la France démolissait pièce à pièce toutes les institutions du passé. Les antiques fondements des libertés nationales furent arrachés du sol : le peuple Français voulait être un peuple nouveau.

L'immortelle constitution de l'Église n'arrêta point les novateurs. Des mains humaines touchèrent à l'édifice sacré que le Fils de Dieu avait bâti sur le roc de Pierre; et, le 12 juillet 1790, l'assemblée nationale sépara, de fait, l'Église de France de l'Église Romaine, la Mère et la Maîtresse de toutes les Églises [1]. L'évêque de Boulogne, Jean-René Asseline, protesta par la publication d'une *Instruction pastorale*, restée célèbre [2].

[1]. Malgré tous les sophismes à l'aide desquels les historiens libéraux ont voulu défendre cet acte de l'assemblée révolutionnaire, les catholiques romains y ont reconnu tout d'abord et y reconnaîtront toujours un schisme formel.
[2]. *Instruction pastorale sur l'autorité spirituelle* (24 oct. 1790), chef-d'œuvre de modération et de dialectique, l'un des écrits les plus substantiels qui aient été publiés sur ce sujet.

L'évêché de Boulogne, malgré les réclamations du corps municipal, fut supprimé, avec celui d'Arras, pour être incorporé au nouveau diocèse du Pas-de-Calais, dont le siége fut établi à Saint-Omer. En conséquence de ce fait, tous les biens des évêchés qu'on ne conservait pas, devaient faire retour à la Nation. Pour tous ces remaniements et ces confiscations, on ne tint aucun compte ni des égards dus au Saint-Siége, ni des droits les plus sacrés du Vicaire de Jésus-Christ. L'Assemblée nationale, en recevant du peuple français le mandat de réformer les choses de ce monde, se crut autorisée à agir en concile universel, sans paraître se douter de l'énormité de cette prétention.

La carte ecclésiastique de France fut donc remaniée de fond en comble, par un attentat dont il n'y avait point eu jusque-là d'exemple. Des évêques sans mission, des prêtres sans autorité, allaient s'ingérer de gouverner la conscience des peuples. Les évêques légitimes, les véritables pasteurs, obligés de s'enfuir, ou de succomber victimes des lois de proscription fulminées contre eux, étaient sur le point de chercher sur la terre étrangère un asile hospitalier, afin d'y prier pour la France, en mangeant le pain de l'exil.

On parlait de liberté, d'égalité, de fraternité ; et l'on décrétait l'abolition de la propriété ecclésiastique, la suppression des Chapitres et des Monastères, et la radiation du testament de ceux qui les avaient fondés, entretenus, et chargés de prier à perpétuité pour leur âme.

A Boulogne, quand les officiers municipaux se présentèrent pour inventorier le mobilier de la cathédrale et le confisquer au profit de la nation, le Chapitre fit inscrire au procès-verbal la protestation solennelle que nous allons transcrire. Il est bien juste qu'après avoir rapporté les donations des fidèles et les fondations pieuses dont le clergé de Notre-Dame avait la responsabilité, nous fassions voir quels sentiments animaient à cet égard les membres de cette vénérable compagnie.

« Messieurs, dirent-ils par l'organe de leur Doyen, les décrets dont vous venez nous notifier l'exécution pénètrent nos cœurs de la douleur la plus profonde. Nous ne cherchons pas à la dissimuler par une indifférence affectée : nous croyons même qu'il ne peut être que glorieux pour nous d'en faire l'aveu et de la publier.

« La privation de nos biens est, MM., ce qui nous touche le moins. Toutes les loix et une possession immémoriale en assuroient, il est vrai, la propriété au Clergé; elles la réclament encore en sa faveur, et nous ne pouvons donner notre consentement à tout acte qui nous en dépouille : l'Église nous le défend sous les peines les plus sévères et nous nous y sommes engagés, au moment de notre réception, sous la foi du serment. Mais aussi nous ne pouvons, ny ne devons opposer une résistance active à la force qui nous les enlève, et nous saurons la souffrir avec résignation et sans murmure, moyennant la grâce de Dieu.

« Mais, pourrions-nous n'être pas profondément affectés de la proscription si peu méritée de ces corps antiques, dont les titres et les prérogatives émanent de l'autorité spirituelle; dont l'origine remonte même à la naissance de l'Église; et qui, malgré la succession des siècles et les changements survenus dans la discipline, conservent encore une partie des fonctions, aussi honorables qu'essentielles, de l'ancien Presbytère des Évêques ?

« Chargés par l'Église, d'une manière spéciale, de la solennité du culte et de la prière publique, c'est dans nos temples principalement qu'on voit l'appareil imposant des cérémonies saintes et toute la majesté de la religion. Chaque jour nous élevons nos vœux en commun vers le Ciel, pour la prospérité de l'Empire, la conservation d'un Roy toujours cher à nos cœurs, pour les besoins et le salut de nos concitoyens. Nous acquittons encore, par nos vœux et par les sacrifices que nous offrons à Dieu, les devoirs rigoureux de la justice et de la reconnoissance, envers des bienfaiteurs, qui, pour assurer la perpétuité de leurs pieuses fondations, les ont mises sous la sauvegarde de la Religion et de l'État. Ces fonctions saintes ont fait jusqu'icy notre consolation et notre gloire, et nous avons toujours eu à cœur de les remplir avec fidélité. Les engagements solennels que nous avons contractés, les droits imprescriptibles des fondateurs nous en font une obligation indispensable : il n'y a que l'impossibilité absolue d'y satisfaire qui puisse décharger nos consciences, et nous absoudre, au tribunal de Dieu et de l'honneur.

« Ces fonctions, MM., ne sont pas nos seuls devoirs. Conseil né du premier pasteur de ce diocèse, nous partageons en quelque sorte sa sollicitude et son affection envers le troupeau. Nous sommes avec lui les gardiens et les conservateurs de la tradition de cette Église, ainsi que des droits temporels et spirituels du Siége; et, pendant sa vacance, nous sommes les dépositaires de la juridiction épiscopale. C'est un dépôt sacré qui repose entre nos mains. L'Église seule nous l'a confié; elle seule peut nous le redemander ; et nous serions coupables de nous en dessaisir et de le remettre en d'autres mains, sans son autorité. Jusqu'à ce qu'elle ait parlé, nous demeurons toujours chargés de cette obligation, et nous répondrions à Dieu sur nos âmes, si nous laissions en pareille circonstance cette Église sans pasteur.

« Nous vous conjurons donc, MM., de nous laisser, ou de nous obtenir, la liberté de continuer à nous réunir, pour nous livrer, au milieu de nos concitoyens, à l'exercice de la prière publique, quel que soit d'ailleurs le traitement qui nous sera fixé : et nous avons cette confiance en Dieu que nos disgrâces ne feront qu'enflammer notre zèle et ranimer notre ferveur. Il en coûterait sûrement à vos cœurs de contrister les nôtres, en nous refusant la seule consolation qui puisse adoucir nos maux. Si cependant, malgré nos instantes prières, nous sommes forcés de suspendre nos offices, souffrez que nous rappellions à votre justice et à votre religion le souvenir de nos fondateurs et de nos bienfaiteurs, et les droits rigoureux qu'ils ont à l'acquit de leurs fondations, ainsi que les besoins des pauvres, qui ont une hypothèque sacrée sur nos biens.

« Nous espérons, Messieurs, que vous voudrez bien consigner cet acte dans votre procès-verbal, comme un monument de nos justes réclamations et de nos réserves, de notre profonde douleur et de notre inviolable attachement à nos devoirs.

« *Signé:* de Gargan, doïen ; Rattier, ch[ne] archidiacre ; Voullonne, gr.-ch. ; Tribou, ch[ne] et t[rier] ; Roussel, chanoine ; Du Bréau, pénitencier ; Clément, ch^ne; De Lastre de Val du Fresne; A. Beaussart, ch^ne; Flament, ch^ne; Dupont, ch^ne; Le Vaillant du Chastelet, chanoine; Tribou, ch.-théol.; Coquatrix, chanoine; Poultier, chanoine [1]. »

Cette protestation, et d'autres semblables qui furent faites dans toute la France par les communautés séculières et régulières, n'eurent aucun effet. Dieu avait résolu de donner carrière à l'esprit révolutionnaire : il voulait châtier la France et purifier son Église. De très-honnêtes gens se firent les exécuteurs des décrets iniques par lesquels l'Assemblée nationale s'emparait des biens du clergé. L'église de Notre-Dame de Boulogne, comme toutes celles dont la nation ne reconnaissait plus le titre épiscopal, fut envahie par les commissaires municipaux. On dressa un inventaire minutieux de tous les objets qui servaient au culte. Cette opération, commencée le 13 janvier 1791, ne fut terminée que le 30 du mois de mars.

Lorsqu'on arriva dans la chapelle de Notre-Dame, une difficulté s'éleva. Fallait-il considérer ce sanctuaire comme une dépendance de la paroisse de Saint-Joseph, et, dans ce cas, en laisser la libre disposition au curé de cette paroisse, ou bien le regarder comme une dépendance de la cathédrale et en opérer la clôture?

Le procureur de la commune, Pierre-Daniel Dutertre, homme religieux, probe et loyal, se prononça

[1]. Cette pièce, que nous croyons publier pour la première fois, a été consignée dans le registre aux actes capitulaires, sous la date du 25 novembre 1790, et signifiée aux commissaires de la municipalité, qui l'ont transcrite sur leur procès-verbal (vacation du 13 janvier 1791). — Le chapitre avait protesté de même, le 25 mai 1790, contre les actes de l'Assemblée nationale, et s'était associé à la manifestation, malheureusement bien insuffisante, qu'une partie de cette Assemblée avait faite le 19 avril précédent.

CHAPITRE XXVII. — LA CHAPELLE DE N.-D. EN 1791.

ouvertement en faveur de la conservation de la chapelle. Son réquisitoire, inscrit et signé de sa main sur le procès-verbal de l'inventaire, à la date du 4 mars, fut, quoiqu'inutile, un acte honorable et courageux dont il y eut malheureusement trop peu d'exemples. Voici quelques extraits de cette pièce :

« Le procureur de la commune nous a dit que le
« culte envers Notre-Dame de Boulogne se perdoit
« dans la nuit des tems ; que, suivant la tradition
« consacrée par l'histoire, il remontoit à l'année 636,
« sous le règne du roy Dagobert, et dans l'église où il
« a encore lieu aujourd'huy ; que cette église pouvoit
« passer à bon droit pour un des plus anciens sanc-
« tuaires de l'Europe, où la piété envers la Sainte-
« ait fleuri davantage ; qu'on en trouve des preuves
« dans des écrits de 1211, dans une lettre de
« Charles V, dit le Sage, de 1360 ; que ce fut à l'oc-
« casion des fréquents pèlerinages qu'une foule
« d'étrangers faisaient à Boulogne, que furent bâtis
« l'hôpital de Sainte-Catherine, aujourd'hui la maison
« des Religieuses Annonciades, etc. »

Après avoir parlé des offrandes que les rois de France ont faites à Notre-Dame de Boulogne, il continue ainsi : « Qu'à l'égard des hommages faits par les
« particuliers, ils consistent en plusieurs *ex-voto*,
« dont quelques-uns ont été offerts par des particu-
« liers encore existants ; que les vases sacrés et orne-
« ments destinés au service du culte de la chapelle y
« suffisent à peine ; que la vénération des habitans de
« la ville, et surtout des marins, pour Notre-Dame de
« Boulogne, s'étant dans tous les tems manifestée et
« soutenue de la manière la plus sensible, le dit pro-
« cureur de la commune observoit qu'il ne croyoit pas

« possible de procéder à une apposition de scellés,
« qui ne deviendroit praticable qu'en faisant retirer
« de la dite chapelle les *ex-voto* et tout ce qui sert à
« orner la statue de la Vierge, pour les déposer dans
« des armoires ou caisses ; que ce seroit allarmer le
« peuple, le priver d'un culte qui remonte à l'anti-
« quité la plus reculée, et pour lequel il a la plus
« grande vénération ; que disposer des *ex-voto*, ce
« seroit priver des familles et citoyens encore exis-
« tans, de la satisfaction de voir leurs offrandes dé-
« corer Notre-Dame de Boulogne, qui fait l'objet de
« leur piété ; qu'il ne pouvoit dissimuler qu'en opé-
« rant ainsi, ce seroit s'exposer à des insurrections
« de la part du peuple, avec d'autant moins de rai-
« son, que les objets dont il s'agit sont d'une très-
« médiocre valeur ; qu'enfin il résulte des décrets
« de l'Assemblée nationale, que le service du culte
« public ne doit point être interrompu, et que les
« objets qui y sont nécessaires doivent être con-
« servés.

« Pourquoy il réquéroit, sous le bon plaisir de
« MM. les admistrateurs du district, qu'il fût seule-
« ment procédé à l'inventaire des objets se trouvant
« en la dite chapelle de la Vierge et la sacristie qui
« en dépend, sans aucune espèce d'apposition de
« scellés, avec prière à MM. les officiers municipaux
« et MM. les membres du Directoire de réunir tous
« leurs efforts pour la conservation du culte en ladite
« chapelle de Notre-Dame, objet de la plus antique
« vénération du peuple ».

On obtempéra, provisoirement et sous toutes réserves, au réquisitoire du procureur.

L'inventaire des objets mobiliers de la chapelle de

Notre-Dame nous offre divers renseignements que l'histoire des pèlerinages ne doit point négliger.

On y voyait : « Deux drapeaux offerts par des maîtres-pêcheurs et suspendus dans ladite chapelle;

« Deux grands tableaux, offerts en vœux par des négociants de Dunkerque;

« Dix autres tableaux, représentant des naufrages, et donnés par les marins de Boulogne;

« Une lampe d'argent suspendue à la voûte, pesant vingt marcs, à quarante-huit livres le marc;

« Du côté droit de l'autel, la représentation d'un hareng en argent, avec son écriteau, donné par les maîtres pêcheurs de Boulogne, en 1788;

« De l'autre côté, une vache, aussi d'argent, ladite vache donnée, en 1776, par les habitants d'Ambleteuse, lors de la maladie épizootique régnant en Boulonnais;

« Cent quatorze *ex-voto* pesant ensemble onze marcs, trois onces, à quarante-huit livres le marc; lesdits ex-voto se trouvant à droite et à gauche de la chapelle sur deux planches auxquelles ils sont fixés, et du nombre desquels il s'en trouve plusieurs très-modernes et offerts par des personnes encore existantes;

« Au-dessus du tabernacle, un cœur avec trois clous de vermeil;

« *La représentation de la Vierge, en bois, très-antique, tenant l'enfant* Jésus *dans ses bras, et faisant l'objet de la vénération du peuple.*

« Sur la tête de ladite Vierge une couronne de vermeil; une autre couronne de même métal sur la tête de l'enfant Jésus;

« Autour de ladite Vierge, et sur de petites colonnes adjacentes, quatorze cœurs en argent et vermeil; l'un desquels cœurs d'argent a été donné, en 1748, par la dame d'Ordre, encore existante ; un autre en vermeil, donné par le capitaine Jean Poulet et son équipage, en 1698; et un autre en argent, donné en 1726, par Jean Lafond, invalide ;

« Plus deux simulacres d'enfants en maillots; deux plaques rondes représentant la Vierge dans un bateau, et une petite main, le tout en argent ;

« Plus trois petites croix, une Charlotte, une étoile, deux bagues et deux petits cœurs d'or, provenant d'offrandes de plusieurs particuliers;

« Vingt-six ornements, dont treize à l'usage de l'image de la Vierge, et treize à celui de l'image de l'enfant Jésus, lesdits ornements de différentes espèces, garnis de franges d'or, etc. ; »

« Vingt-deux ornements complets, quinze chasubles, etc., à l'usage de la chapelle.

« Un calice, une patène, une cuvette et deux burettes de vermeil, pesant ensemble neuf marcs à cinquante-deux livres ; »

Plus trois autres calices, différents reliquaires et plusieurs objets d'orfèvrerie qu'il serait trop long d'énumérer [1].

Cependant le chœur de la cathédrale avait été fermé (le 24 janvier 1791, à quatre heures du soir); et l'on défendit aux chanoines d'exercer désormais en corps les fonctions du culte, sous peine d'être « poursuivis comme perturbateurs de l'ordre public. » Le clergé constitutionnel, installé le 30 mai, avait seul

---

1. Nous ne parlons point des autres richesses de la cathédrale, ni des nombreux et magnifiques ornements qui servaient aux offices du chœur, et à ceux de la paroisse.

l'autorisation d'offrir à Dieu l'encens administratif, en attendant que la nation, décrétant l'abolition des cultes, lui demandât de brûler ses lettres de prêtrise, sur l'autel de la Raison.

L'évêque de Boulogne ne quitta sa ville épiscopale que le 1ᵉʳ juin, veille de l'Ascension, après avoir pourvu aux besoins les plus pressants de l'administration. Les catholiques romains ne pouvaient plus désormais conserver leur foi, sans s'exposer à des persécutions, « ni sacrifier sans trouble, ni chercher Dieu qu'en tremblant. » Bientôt le culte constitutionnel, après avoir subi diverses humiliations [1], fut supprimé à son tour ; et, jusqu'à ce que Robespierre eût proclamé l'existence de l'Être-Suprême, la France n'adora rien et se prosterna devant tout ce qu'on voulut.

Le 20 brumaire an II [10 novembre 1793], on célébra pour la première fois la fête de la Raison ; et ce fut l'église de Saint-Nicolas qui servit à l'accomplissement de cette orgie.

Ce jour-là, « pour en finir, avec les anciennes superstitions, » on éleva sur l'esplanade un bûcher composé des « statues de bois, cy-devant connues sous la dénomination de Saints ; » et, afin d'anéantir à la fois le régime féodal et le régime ecclésiastique, on entassa, pêle-mêle avec les objets du culte, une partie des archives de la ville et les minutes des notaires qui

---

[1]. La chaire chrétienne, au prône des messes paroissiales, servit plusieurs fois, en 1791 et 1792, à la proclamation d'avis de la municipalité relatifs au paiement des contributions, au service de la garde nationale, aux élections, etc. Le 15 septembre 1792, par exemple, on y faisait dire aux paroissiens que « ce n'est pas en criant *Vive la nation* qu'on se montre patriote, mais en payant ses contributions. »

parurent avoir trait aux abus de l'ancien régime.
« Suivant le témoignage de M. Hédouin, le feu, mis à
midi, projetait encore à l'entrée de la nuit ses lueurs
funèbres sur les vieux remparts de la cité de Godefroi
de Bouillon [1]. »

La statue de Notre-Dame de Boulogne fut épargnée.
« Enlevée de la chapelle qu'elle occupait dans la cathédrale, et transportée dans la salle du district (actuellement la sous-préfecture), longtemps elle resta déposée contre le chambranle d'une cheminée. On lui avait ôté ses ornements, et dès lors il fut facile de constater sa haute antiquité. En effet, le bois dans lequel elle avait été sculptée se trouvait tellement vieux qu'il était difficile d'en reconnaître l'essence, et que, pour la soutenir, il avait fallu l'entourer avec soin de plaques de ferblanc [2]. »

Les révolutionnaires de Boulogne, accusés de modérantisme par le représentant du peuple, André Dumont, le 7 vendémiaire an II [28 septembre 1793], firent du zèle lorsqu'il revint dans notre ville, le 7 nivôse [27 décembre] suivant. On organisa en l'honneur du grand citoyen une fête magnifique; les membres de la société montagnarde et républicaine profitèrent de cette occasion pour «planter l'arbre de la réunion.» Voici ce que nous lisons dans le registre aux délibérations de la municipalité, à la date du 8 nivôse an II [28 décembre 1793].

« Le cortége, suivi d'une foule innombrable de peuple, et aux acclamations multipliées de *Vive la République, vive la Montagne*, s'est rendu dans les

---

[1]. *Continuation de l'Histoire de Notre-Dame de Boulogne*, édit. 1839, p. 166.
[2]. Ibid., pp. 166-167.

principaux quartiers de la ville, et de là sur la place de la maison commune, où l'arbre de la réunion a été planté, au milieu des danses civiques et au son des chants patriotiques.

« L'allégresse régnait dans tous les cœurs des républicains de Boulogne, qui paraissaient ne former qu'un peuple de frères, et elle était d'autant plus sincère que le représentant Dumont n'avait annoncé dans ses harangues au peuple que des vérités consolantes; qu'il avait dit hautement que les habitants de Boulogne étaient à la hauteur de la Révolution, et qu'il en rendrait compte à la Convention. »

Ce qui mettait si fort les républicains de Boulogne « à la hauteur de la Révolution, » c'est qu'ils venaient de brûler l'antique statue de Notre-Dame. Un ordre du représentant leur avait enjoint ce sacrilége.

Des témoins oculaires nous ont raconté cette scène lamentable. Le hideux cortége des sans-culottes armés de piques et hurlant la Marseillaise, avait été chercher Notre-Dame au district. La ville était pleine de peuple : c'était un samedi, jour de marché. La bise glaciale de décembre, un temps pluvieux et lourd, quelque chose comme le ciel de Paris au 21 janvier précédent, ajoutait à l'horreur qu'inspiraient toujours ces démonstrations bruyantes et cet enthousiasme aviné. Il pouvait être de quatre à cinq heures du soir.

L'épouvante saisit toute la population, glacée de terreur à la pensée du crime qu'on allait commettre. Un sans-culotte coiffe la sainte Image de l'ignoble bonnet rouge et l'élève au milieu de la troupe, qui fait retentir l'air de hourrahs et d'imprécations. Comme dans la passion du Sauveur, on fait à Notre-Dame des saluts hypocrites, on la soufflette, on l'insulte ; André Dumont préside, « il en rendra compte à la Convention... »

Un bûcher s'allume à côté de l'arbre de la réunion ; Notre-Dame y est jetée, aux applaudissements de la société montagnarde ; et alors des trépignements frénétiques, une ronde infernale, des danses civiques et le son du bourdon communal témoignent que désormais les républicains de Boulogne sont «à la hauteur de la Révolution [1]. »

Pendant ce tumulte sacrilége, les pieux habitants des maisons voisines, soigneusement enfermés dans leur demeure, s'étaient agenouillés en prières, demandant au Dieu du Calvaire et à la bonne Vierge Marie, de pardonner aux bourreaux, qui, dans leur délire, ne savaient ce qu'ils faisaient.

« Un silence morne accueillit le nouvel Attila, lorsqu'après cette barbare expédition il parcourut les divers quartiers de la ville, au son de la musique et des tambours. Dans de telles circonstances, ce silence était à la fois un acte de courage et une grande leçon [2]. »

Notre-Dame a-t-elle été consumée dans le bûcher révolutionnaire [3] ? C'est l'opinion générale ; mais nous

---

[1]. La pièce suivante est significative. On lit dans le *Registre aux mandats*, L. 1. F. nº 1, fol. 15, aux Archives communales : « Le trésorier de la commune payera au citoyen Lard, guetteur, la somme de 24 livres pour avoir occupé huit hommes à sonner pour la prise de Toulon, ainsi que la *plantation de l'arbre de l'Union* ET LE BRULLEMENT DE LA VIERGE NOIRE. Il lui en sera tenu compte en rapportant le présent acquitté. A Boulogne le 27 nivôse l'an second de la République française une, indivisible. Ainsi signé X et X, officiers municipaux. »

[2]. P. Hédouin, ouv. cit., p. 167.

[3]. André Dumont s'en vanta devant la Convention en termes

ne pouvons dire qu'aucun témoin oculaire l'ait affirmé positivement. « A diverses reprises, dit M. Hédouin, on répandit le bruit de la conservation de cette relique vénérée ; on alla même jusqu'à citer le nom de la personne vigilante et dévouée qui était parvenue à la soustraire au bûcher préparé par André Dumont. Mais rien de certain n'est résulté de ce bruit, ni des recherches auxquelles il a donné lieu. Ici les espérances ont pris la place de la réalité, comme il n'arrive que trop souvent en ce monde [1]. »

Pour nous, qui n'avons pu converser qu'avec les derniers demeurants de la génération d'alors, nous avons souvent entendu des vieillards nous dire que Notre-Dame serait un jour retrouvée. Ils racontaient que, fort avant dans la nuit, jusqu'à neuf ou dix heures du soir, les patriotes entretinrent le feu sur la place d'armes. On apportait des fagots, du suif, de l'huile : l'antique statue résistait à tous les efforts. Qu'en est-il advenu? Les révolutionnaires de 1793 ont-ils eu le pouvoir de faire ce que n'avaient pu les huguenots de 1567 ? Ou bien, ont-ils aussi jeté la sainte Image dans quelque immonde cloaque d'où elle sortira un jour pour être rendue à la vénération publique? Il nous semble difficile aujourd'hui d'en conserver l'espoir.

cyniques : « A Boulogne, la très-sainte et la très-incompréhensible, la très-sainte Vierge noire que les Anglais n'avaient pu brûler, fut, dans la plus belle fête qui se peut célébrer, jetée dans le bûcher et réduite en cendres sans miracles. Tout Boulogne, hors les détenus, hommes, femmes et enfants, tous crièrent *Vive la Montagne!* et se jurèrent union éternelle. L'allégresse fut telle que la nuit se passa en bals, où se trouvèrent tous les citoyens... Jamais le républicanisme ne se prononça mieux »..... (*Moniteur* du 4 janvier 1794).

[1]. P. Hédouin, ouv. cit., p. 168.

« Ce n'était point assez, dit M. Hédouin, d'avoir arraché du sanctuaire les reliques des saints, et en particulier celle de la Vierge ; il fallait aussi, suivant l'esprit de ces temps de destruction, que le marteau de la bande noire fît tomber l'antique chapelle de la Patronne du Boulonnais.

« Cette chapelle et la cathédrale, édifices vénérables par leur ancienneté, précieux par les sculptures qu'ils renfermaient, furent vendues, ainsi qu'on le disait alors, *nationalement*, au prix le plus bas [1], et disparurent bientôt du sol qui les avait si longtemps portées. Étrange nation que celle dont les gouvernants se font une loi d'éteindre les souvenirs religieux et de détruire ce qui sert à l'histoire de l'art !..

« Disons-le cependant, pour l'honneur de la population Boulonnaise, les démolisseurs étaient presque tous des étrangers. Bien plus, quelques hommes éclairés, interprètes de la pensée du plus grand nombre, avaient formé le projet de se rendre adjudicataires de cet édifice : mais il fallait détruire [2], conserver était

---

1. « La ci-devant église cathédrale de Boulogne-sur-Mer consistant en un bâtiment de 47 toises 3 pieds de long, sur une largeur réduite d'environ 12 toises 3 pieds et une hauteur de sept toises 3 pieds jusqu'à l'entablement », fut vendue, avec les sacristies, par l'Administration départementale du Pas-de-Calais, dans la salle ordinaire de ses séances, à Arras, le 3 thermidor an VI [21 juillet 1798], moyennant la somme de 510,500 fr. Les acquéreurs, au nombre de six, étaient tous étrangers au Boulonnais. — Note de l'auteur.

2. Le contrat de vente ne porte nulle part la condition de démolir l'édifice. Il nous paraît, du reste, qu'une église vendue le jour de la bataille des Pyramides, pouvait être conservée sans danger de mort pour les acquéreurs. Le vandalisme brutal qui a fait disparaître du sol la vieille cathédrale de Boulogne doit être imputé à ceux qui, sur une mise à prix de 18,000 francs, s'empressèrent de jeter l'énorme enchère que nous avons citée plus haut, enchère que nulle rivalité ne motivait, qui n'a pas été dis-

un arrêt de mort : ils furent obligés d'abandonner ce projet.

« Alors s'exécuta, continue le même auteur, un grand et déplorable désastre !.. Nous voyons encore (car, quoique enfant, ce souvenir a laissé des traces ineffaçables dans notre mémoire), les tombeaux violés [1], les colonnes et les statues de marbre renversées, les autels profanés, brisés, et les murs du lieu saint s'écroulant avec fracas sous les coups de la pioche et du marteau [2]. »

CHAPITRE XXVIII.

Concordat de 1801 ; — rétablissement du culte de Notre-Dame en 1809 ; offrandes et pèlerinages ; — Louis XVIII au pied de l'autel de Notre-Dame en 1814 ; — nouvelle érection du siège épiscopal de Boulogne, en 1817 ; — évêques nommés.

Un concordat, réglant la restauration de l'Église catholique en France, ou plutôt l'établissement d'une Église nouvelle sur les ruines de l'ancienne (15 juillet 1801), supprima le diocèse de Boulogne et l'incorpora tout entier au nouveau diocèse d'Arras. Mgr Hugues-Robert-Jean-Charles de la Tour d'Auvergne-Lauraguais, nommé à l'évêché d'Arras le 9 avril 1802, sacré le 16 mai et installé le 5 juin même année,

---

putée, et qui prouve l'intention d'acquérir à tout prix..... pour détruire..... — N. de l'auteur.

1. Un décret du temps prescrit de rechercher le plomb qui est enfoui inutilement dans « les sépultures fastueuses des riches ».
2. P. Hédouin, ouv. cit., pp. 169 et 170.

rétablit officiellement le culte divin dans son diocèse. La sainte messe, célébrée jusque-là dans des maisons particulières, fut chantée solennellement, pour la première fois à Boulogne [1], depuis la persécution de 1793, le 10 ventôse an XI [1er mars 1803].

La paroisse de la haute-ville, alors simple succursale, obtint, pour église, l'ancienne chapelle des Annonciades ; mais, sans doute en mémoire du siége épiscopal, le desservant qui y fut attaché porta le titre de doyen de l'arrondissement et fut revêtu de la dignité de « pro-vicaire général des sous-préfectures de Boulogne et de Montreuil ». Les prêtres exilés revinrent exercer leur saint ministère dans les paroisses qui leur furent confiées. On vit, avec édification, quoique avec une respectueuse douleur, des chanoines de Boulogne, qui avaient été vicaires-généraux de Mgr de Pressy et de Mgr Asseline, accepter avec un humble dévouement les fonctions de vicaires ou de simples desservants.

L'ancien curé constitutionnel de Saint-Nicolas, J.-J.-F. Roche, fut maintenu dans son poste, après avoir abjuré son serment schismatique. C'était une des conditions du Concordat, de maintenir ainsi en fonctions un certain nombre de constitutionnels. A Saint-Joseph, l'évêque nomma d'abord M. Denissel, ex-chanoine de Saint-Omer ; puis, il le remplaça par M. P.-A. Voullonne, un des anciens vicaires généraux du diocèse.

Ce vénérable ecclésiastique, pénétré de dévotion

---

1. Un service « pour le repos des braves morts dans la guerre de la Révolution » avait été célébré à Saint-Nicolas, le 15 juillet 1802. Mais cette cérémonie ne peut être considérée comme le rétablissement du culte.

CHAPITRE XXVIII. — RESTAURATION DU CULTE DE N.-D. 323

envers Notre-Dame de Boulogne, voulut rétablir le culte de cette antique Patronne de notre ville. Il fut puissamment secondé dans son pieux dessein par « les vétérans de l'ancien clergé boulonnais », parmi lesquels on doit citer MM. Mathon, Ballin, Parent, etc. On choisit pour cet effet l'ancienne chapelle intérieure des Religieuses Annonciades, dans laquelle on éleva un autel spécial, semblable à celui qui existait autrefois dans la cathédrale. Sur les indications, fournies de mémoire par les personnes qui avaient vu la vieille Image de Notre-Dame, un sculpteur de Saint-Omer en exécuta une copie qui fut placée dans une niche, au-dessus de l'autel : « Et bientôt on la revit dans son bateau, portant dans ses bras ce divin Enfant, né pour le salut du monde, et sous les traits et avec les ornements qu'on lui avait connus autrefois. Nos marins s'empressèrent de venir lui demander une pêche favorable, la remercier d'avoir échappé aux abîmes de l'océan, et suspendirent, comme aux temps anciens, à l'autel de Marie, les *ex-voto*, gages de leur reconnaissance et de leur piété [1]. »

On célébra, à cette occasion, une neuvaine solennelle, durant laquelle on chanta une hymne expiatoire, composée pour la circonstance [2]. On pouvait se

---

1. P. Hédoin, ouv. cit., pp. 170-171.
2. L'auteur est M. Clouet, de Montdidier, professeur dans la maison d'éducation de M. Blériot. Les deux distiques suivants donneront une idée de cette pièce :

« Salve, festa dies, toto venerabilis ævo,
« Quâ natis mater redditur alma suis.
. . . .
« Sacrilegos populus signum demisit in ignes,
« Huic populo parcas, ô benedicta, tuo.

C'est probablement pour le même objet qu'on réimprima les *Cantiques* du curé d'Ambleteuse, dont nous avons parlé ci-dessus.

croire reporté au temps des anciennes gloires de Notre-Dame. La paroisse de Samer vint en pèlerinage, comme autrefois, processionnellement, avec croix et bannières et grande affluence de peuple, sous la conduite de son respectable curé, M. Yvain. Cette procession se renouvela trois ans après.

Une pieuse dame, Marie-Géneviève Aucoin, fille de Firmin Aucoin, capitaine de navire, et de Géneviève Duchêne, enrichit la nouvelle chapelle de Notre-Dame d'un ciboire en vermeil, en témoignage de reconnaissance. Née le 22 avril 1788, elle avait été, dans son enfance, à la suite d'une maladie dangereuse, privée de l'usage de ses membres ; les médecins la condamnaient à ne jamais marcher. Ses parents affligés firent faire une neuvaine dans la chapelle de Jésus-Flagellé [1], et à Notre-Dame de Boulogne, pour obtenir du ciel la guérison que les hommes ne pouvaient donner. Leur foi fut récompensée par un plein succès. Le dernier jour de la neuvaine, dans l'ancienne chapelle de Notre-Dame, la veille de la clôture définitive de ce saint asile de la prière, l'enfant, qui avait été apportée sur sa petite chaise devant l'Image miraculeuse, se leva tout à coup, à la fin de la messe, et se mit à marcher avec aisance, à la grande admiration des assistants.

Lorsque le culte de sa bienfaitrice fut rétabli dans la chapelle des Annonciades, Mlle Aucoin, devenue madame Édouard Haffreingue, voulut offrir un *ex-*

---

1. La chapelle de Jésus-Flagellé, à Terlincthun, paroisse de Wimille, était un lieu de pèlerinage « fort fréquenté et en grande vénération. » Sur la demande de M. Jacquemin de Châteaurenault, Mgr Asseline bénit lui-même cette chapelle et y célébra la sainte messe, pour la première fois, le 9 octobre 1790.

voto, monument de sa gratitude ; et, quoi qu'il en puisse coûter à la modestie de la donatrice, nous nous faisons une loi de ne point passer sous silence le dernier bienfait que Notre-Dame ait fait descendre sur la terre, avant d'être arrachée de son temple, et la première offrande qui lui fut apportée quand elle remonta sur son autel.

Au mois d'août de la même année, une association en forme de confrérie, approuvée par Mgr l'évêque d'Arras, réunit, dans un lien de commune affection envers Notre-Dame de Boulogne, un grand nombre de fidèles, à la tête desquels Mgr de la Tour d'Auvergne s'était inscrit lui-même.

Ce prélat encouragea encore cette dévotion par la concession de quelques indulgences, dont voici la teneur :

« Hugues-Robert-Jean-Charles de la Tour d'Auvergne Lauraguais, par la miséricorde de Dieu, et la grâce du Saint-Siége Apostolique, évêque d'Arras, baron de l'Empire, et membre de la Légion d'honneur.

« Vu la requête à nous présentée, en date du 15 du présent mois, par monsieur Voullonne, l'un de nos vicaires généraux, desservant de la succursale de Saint-Joseph, à Boulogne, dans laquelle il nous expose qu'il a fait construire, en l'honneur de la Sainte-Vierge, une chapelle, et qu'il croit qu'un des moyens de renouveler la dévotion des fidèles envers cette puissante Protectrice, et même de l'augmenter de plus en plus dans le cœur des habitants de Boulogne, serait d'accorder des indulgences aux fidèles qui, à certains jours, assisteraient aux messes et aux saluts dans la dite chapelle ; avons, pour satisfaire aux pieux désirs du suppliant, accordé, et accordons quarante jours d'indulgences :

« 1° A ceux et celles qui, les premier et troisième samedis de chaque mois, assisteront à une des messes qui se diront à l'autel de la Sainte-Vierge, érigé en l'église succursale de Saint-Joseph, à Boulogne;

« 2° A ceux et celles qui assisteront aux saluts qu'on a coutume de faire dans la dite chapelle, aux fêtes de la Sainte-Vierge.

« Donné à Boulogne, dans le cours de nos visites épiscopales, sous notre seing, le sceau de nos armes et le contre-seing de notre secrétaire le vingt-sept mai mil huit cent dix.

† Charles, Év. d'Arras.

Par mandement :

Mathon, Secr.

M. Voulonne étant mort le 14 juillet 1811, M. Mathon, ancien secrétaire particulier de Mgr de Pressy, lui succéda. Boulogne se réjouissait de voir, à la tête de l'administration religieuse, ces hommes du passé, dont le nom s'associait aux plus grandes gloires de l'ancien diocèse. Les traditions de la cathédrale semblaient revivre. Il y avait toujours au fond des cœurs un espoir intime du rétablissement de ce siége épiscopal, dont le dernier titulaire existait encore. On songeait à cette Cour obscure de Louis XVIII, où restaient, fidèles compagnons et consolateurs de l'exil, Mgr Asseline, M. Giblot du Bréau et d'autres personnes dévouées à l'Église de Boulogne.

Mgr Asseline mourut le 10 avril 1813, en faisant promettre à Louis XVIII de rétablir le siége de Boulogne, aussitôt qu'il serait remonté sur le trône de saint Louis.

L'empire s'écroulait. Son illustre Chef, enivré du pouvoir, avait porté la main sur la liberté de l'Église; il tenait captif le successeur de saint Pierre; et, comme Dieu, suivant le témoignage de saint Anselme, n'aime rien tant sur la terre que la liberté de son Église, quiconque y touche s'expose à subir le châtiment d'Oza.

Louis XVIII rentra en France le 24 avril 1814. Le surlendemain 26, il arrivait à Boulogne, et se faisait conduire de suite à l'église paroissiale de la haute-ville, où tout avait été préparé pour le recevoir. « Monseigneur l'évêque d'Arras, conduisant le clergé, était à la tête du cortége, où l'on remarquait la garde d'honneur boulonnaise, commandée par M. le comte de Saint-Aldegonde. Une foule immense, des militaires de toute arme et de tout grade, remplissaient les rues, tendues en blanc et jonchées de fleurs et de verdure. Parvenu à la porte de l'église, le Roi y entra suivi de madame la duchesse d'Angoulême, du prince de Condé, du duc de Bourbon, et de plusieurs seigneurs et dames de la cour. Les villes de l'Artois avaient envoyé des députés, auxquels une place avait été réservée dans le chœur. Placé sous un dais, en face de la chapelle de la Vierge, le fils de saint Louis, en présence d'un concours immense de fidèles, fit son hommage à Notre-Dame et rendit au ciel de solennelles actions de grâces. Alors, pour la première fois depuis bien des années, le *Domine salvum fac regem*, suivi du *Vivat*, exécuté à grand chœur, par les soins de M. l'abbé de Béthisy, ancien maître de chapelle de la cathédrale, fit retentir les voûtes de notre église; et ce chant de l'antique royaume des Francs émut tous les cœurs, fit couler de tous les yeux de douces larmes.

« Pour consacrer le souvenir de cette mémorable solennité, on mit cette inscription au-dessus de la place que le roi avait occupée :

LOUIS XVIII A FAIT ICI SA PRIÈRE A DIEU,
ET L'HOMMAGE DE SA COURONNE A NOTRE-DAME DE
BOULOGNE LE XXVI AVRIL MDCCCXIV.

« Peu de temps après, l'administration municipale, saisissant l'heureuse coïncidence qui existait entre le retour du Roi et l'anniversaire de la Saint-Marc, rétablit, par une délibération, cette fête éminemment boulonnaise. On porta de nouveau l'Image de notre Vierge dans la procession du 25 avril, et cette procession eut lieu jusqu'à la Révolution de juillet [1]. »

Le retour des Bourbons fit espérer une amélioration sensible dans le sort de l'Église de France : on se flattait de voir rétablir les évêchés supprimés par le Concordat. « On reconnaît généralement, dit l'*Ami de la Religion* [2], que la circonscription de 1801 avait trop restreint le nombre des diocèses, et qu'en ne mettant que soixante évêchés à la place de cent cinquante-huit qu'elle supprimait, elle opérait une réduction préjudiciable aux intérêts de l'Église. Il peut y avoir quelque inconvénient à ce que les siéges soient trop multipliés; mais il y en a bien davantage à ce que les diocèses soient trop grands. Alors les évêques ne peuvent exercer la même surveillance et

1. P. Hédouin, ouv. cit., pp. 171-172.
2. T. II (août 1814), p. 104.

maintenir le même ordre dans leur clergé. Il serait à désirer qu'il n'y eût pas en France moins de quatre-vingt-dix évêchés. »

Plusieurs villes avaient déjà demandé le rétablissement de leur siége : Boulogne ne fut pas la dernière à faire la même démarche. Le 9 novembre, le conseil municipal reçut, par l'intermédiaire du sous-préfet, une pétition signée d'un grand nombre d'habitants. On prit sur-le-champ la délibération suivante :

« Considérant que le rétablissement de l'ancien
« évêché de Boulogne, à qui les vertus et le mérite
« éminent des divers prélats qui en ont successi-
« vement occupé le siége avaient donné tant d'illu-
« stration et d'éclat, est vivement sollicité par les
« anciens fidèles de ce diocèse ;

« Considérant que le séminaire de Boulogne et
« son église [1] sont restés intacts ; que les bâtiments,
« ainsi que le jardin, en étant vastes et spacieux,
« une partie pourrait, avec de légers changements
« et très-peu de dépense, être convertie en palais
« épiscopal ;

« Que les jeunes séminaristes, logés dans l'autre
« partie et près de leur prélat, y prendraient plus
« naturellement l'esprit et l'amour de leur état, l'ha-
« bitude de la règle et de la discipline ;

. . . .

« Considérant enfin que l'intérêt de la religion
« et de l'État sollicite, autant que l'intérêt des fi-

---

1. Le grand séminaire et l'église de Saint-François de Sales, qui y était annexée, appartenaient à la ville. C'est aujourd'hui le musée, la bibliothèque, etc. En y mettant le palais épiscopal et la cathédrale, on était loin de songer à la reconstruction de Notre-Dame.

« dèles du diocèse, le rétablissement de l'évêché de
« Boulogne.

   « Arrête ce qui suit :
« Art. 1ᵉʳ. Le conseil municipal émet son vœu
« [conforme] à celui énoncé en la pétition ci-dessus
« mentionnée, pour le rétablissement de l'évêché de
« Boulogne.

« Art. 2. Sa Majesté sera très-humblement suppliée
« de daigner accueillir ce vœu.

« Art. 3. En conséquence, la présente délibération
« et la pétition seront adressées à l'autorité supé-
« rieure, avec prière de mettre sous les yeux du roi
« le vœu qui y est exprimé. »

Des négociations s'ouvrirent entre le gouvernement de Louis XVIII et la Cour pontificale, au sujet du concordat de 1801. Interrompues par les événements de 1815, ces négociations furent reprises après la seconde restauration de la monarchie: elles aboutirent au concordat du 11 juin 1817. Une bulle de Pie VII, du 27 juillet suivant, établit une nouvelle circonscription des diocèses de France. Cambrai fut érigé en métropole, avec deux suffragants, Arras et Boulogne. M. l'abbé du Bréau, ancien grand-vicaire et chanoine pénitencier de la cathédrale de Boulogne, aumônier du roi, fut désigné par Louis XVIII pour succéder à Mgr Asseline.

Malgré les pressantes sollicitations du clergé boulonnais, heureux de voir à la tête du diocèse le compagnon d'exil de son ancien évêque, M. du Bréau n'accepta point. Ce refus, qui peut être attribué à son humilité, était d'ailleurs motivé par son grand âge [1].

1. M. du Bréau mourut le 24 mars 1818; il était âgé de plus de soixante-quinze ans.

Étienne-Simon-Léonor de Riencourt, curé d'Andechy, au diocèse d'Amiens, fut nommé par Louis XVIII au siége épiscopal de Boulogne, sur la non-acceptation de M. du Bréau. On eut beaucoup de peine à l'empêcher de suivre l'exemple de ce dernier. Sa modestie lui faisait appréhender l'honneur de l'épiscopat.

Cependant Louis XVIII avait compté sans l'opposition parlementaire : on eut peur. Les hésitations et les craintes enhardirent les ennemis de la religion ; et, quand, deux ans après, les Chambres furent saisies d'un projet de loi sur cette matière, le ministère recula devant l'exécution définitive du Concordat. Lorsqu'un gouvernement veut le bien, il doit le vouloir franchement, et savoir s'il en est besoin affronter quelques défaites pour la bonne cause.

A Boulogne, on attendait avec anxiété la conclusion de cette affaire. L'abbé de Riencourt entretenait une correspondance suivie avec le clergé et les personnes les plus influentes de la ville et du diocèse. Il y fit même, au mois de juin 1820, une excursion *incognito*, accompagné du P. Abbé de la Trappe du Gard. Il en revint émerveillé. « J'ai vu partout (écrivait-il à « M. Augé, son ami) un clergé édifiant, respectable. « De la gaîté, de la retenue, une grande union, une « tenue parfaite de paroisse. C'est la terre des saints; « j'aurais dû faire ce voyage *decalceato pede*. » M. de Riencourt, en quittant avec regret des « personnages si édifiants », qui lui témoignèrent un attachement cordial, eut le pressentiment de ne les plus revoir. Il mourut en effet le 4 juin de l'année suivante, au milieu de l'humble troupeau auquel il avait consacré vingt ans de sa vie.

Les obstacles qui empêchaient l'exécution du Concordat causèrent une profonde douleur au Saint-Père. Il désirait toujours une plus grande augmentation du nombre des pasteurs, « conformément, dit-il, aux demandes des peuples, dont nous avons en cette occasion admiré l'empressement et le zèle pour l'intérêt de la religion catholique. En raison des localités et des distances, un plus grand nombre d'évêques aurait favorisé les progrès de la religion »; mais Sa Sainteté dut se résigner à réduire, par la bulle *Paternæ charitatis*, du 6 octobre 1822, le nombre des évêchés établis en 1817.

Dès lors, le rétablissement de l'évêché de Boulogne fut ajourné.

CHAPITRE XXIX

L'enclos de l'ancienne cathédrale est racheté par M. l'abbé Haffreingue, qui y construit une nouvelle église; — histoire de cette entreprise, depuis 1827, jusqu'en 1840.

La vieille cathédrale, rasée jusqu'aux fondements, n'était plus qu'une vaste ruine, dont la vue navrait tous les cœurs. Un amas confus de décombres s'étendait, comme un tertre funèbre, sur l'emplacement de ce temple désolé. Quelques pans de murs, quelques tronçons de colonnes brisées, rappelaient à la pensée la splendeur de l'édifice et parlaient encore des merveilles qui s'y étaient accomplies. Les démolisseurs, honteux de leurs œuvres, auraient voulu, pour en éteindre le souvenir, faire diparaître jusqu'au dernier vestige du sanctuaire que leur vandalisme avait saccagé. On projeta sucessivement d'y bâtir des maisons particulières, d'y établir une place ou un marché, d'y construire une prison : aucun de ces plans ne put être réalisé. La Providence avait ses desseins. La plupart des anciennes maisons religieuses de la ville sont tombées sans laisser de traces : l'Oratoire, les Ursulines, les Cordeliers, les Minimes, ont été effacés du sol sans qu'il reste une pierre pour dire où était leur église ; la cathédrale, au contraire, ne s'était couchée dans son tombeau que pour se relever un jour.

Quand un endroit sur la terre a été privilégié de Dieu pour servir à l'accomplissement des grands desseins de sa miséricorde, il est rare que les révolutions parviennent à en abolir entièrement la mémoire. On peut dire de tous les lieux où la puissance divine a marqué l'empreinte de sa main adorable, ce que Jacob disait de la terre de Béthel : *Vere Dominus est in loco isto.* Les Croisades n'ont eu d'autre but que d'arracher aux profanations des infidèles le Tombeau de JÉSUS-CHRIST et le sol qu'avait empourpré le sang du Rédempteur ; les anges ont porté sur leurs ailes, jusqu'aux plaines de Lorette, l'humble Maison de la Vierge de Nazareth, dans laquelle le Verbe divin a pris notre fragile nature ; dans la Ville Éternelle, les sanctuaires qui permettent de suivre pas à pas l'histoire de l'Église et la passion des martyrs, ont été miraculeusement conservés jusqu'à nos jours ; ce sont des lieux choisis et sanctifiés, auxquels Dieu se plaît à conférer un caractère tout spécial de permanence et de durée.

L'enclos de la cathédrale, et le palais épiscopal qui y est adjacent, rentrèrent aux mains d'un prêtre. M. l'abbé Haffreingue, devenu, en 1815, supérieur d'une Institution fondée à la fin de la Révolution française, s'était établi provisoirement dans les bâtiments de l'évêché, avec l'espoir d'en être l'acquéreur. Son vœu fut bientôt réalisé : mis en vente par autorité de justice, ces immeubles lui furent adjugés le 18 août 1820, à l'audience des criées du tribunal civil de Boulogne.

Rebâtir la cathédrale, pour contribuer par là au rétablissement du pèlerinage séculaire de Notre-Dame ; doter la ville d'une église spacieuse et monumentale, qui puisse favoriser l'érection d'un nouvel évêché de Boulogne ; poser, à l'extrémité de la France catholique, vis à vis de l'Angleterre protestante, un solennel acte de foi envers l'Immaculée Mère de Dieu ; élever sur un dôme gigantesque la statue de Celle qui a détruit toutes les hérésies, afin que, dominant la terre et la mer, Elle attire à son divin Fils les âmes égarées qui fuient loin du bercail ; tel a été le projet conçu par M. l'abbé Haffreingue. — Il nous est aujourd'hui donné d'en voir la réalisation.

Les hommes les plus dévoués aux intérêts religieux de la ville de Boulogne pressaient instamment M. l'abbé Haffreingue d'entreprendre la reconstruction du sanctuaire. C'était la pensée de sa vie et le rêve de son enfance : mais sur quelles ressources pouvait-il compter, pour entreprendre une œuvre semblable ? « Un jour, une pauvre femme vint le trouver et lui dit : « J'ai appris, mon Père, que vous avez depuis
« longtemps l'intention de faire reconstruire l'église
« de Notre-Dame de Boulogne ; je ne suis pas riche,

« mais, toute pauvre que je suis, je désire d'y con-
« tribuer, veuillez recevoir ma faible offrande ». Et
elle lui remit une pièce d'or de vingt francs qu'il accepta, en lui assurant qu'avec cela il commencerait les
travaux [1]. »

Dès le mois de mars 1827, les fondements de l'ancien édifice furent mis à découvert ; un plan fut dressé,
et l'on s'occupa d'en préparer l'exécution. Plusieurs
personnes émettaient le vœu qu'on imitât le style de
l'antique cathédrale ; mais il n'existait rien qui pût en
préciser les détails, puisqu'on n'a pas même une
esquisse de ce vieux monument. D'autres auraient
préféré qu'on employât le style chrétien du moyen-
âge, dont la splendide basilique de Reims, rajeunie et
parée pour le sacre de Charles X, avait réveillé le
souvenir trop méprisé depuis longtemps. « Mais, dit
M. Hédouin, une foule de motifs graves et des obstacles à peu près insurmontables s'opposaient à la
réalisation de ce vœu. Où trouver [en 1827], cette
foule d'ouvriers habiles, mus par la foi, passés maîtres
dans l'art de tracer l'ogive, de tailler les colonnettes
en fuseau, de faire sortir de la pierre la rosace, les
clochetons ouvragés comme la dentelle, et les naïves
figurines qui font l'admiration de l'homme de goût [2] ? »

Si M. l'abbé Haffreingue ne put, malgré son désir,
adopter le style ogival, cette création du génie chrétien dans nos contrées du Nord, il se souvint qu'il y
avait un autre style également propre à traduire une
pensée religieuse, nous voulons parler de l'architecture romaine. Vainqueur du paganisme et prenant
possession de la capitale du monde, le christianisme

1. C. M. Le Guillou, Nouveau Mois de Marie, 1842, p. 348.
2. P. Hédouin, ouv. cit., p. 181.

ne répudia point les formes de l'art, telles que les avait faites la société dont les dieux s'en allaient. Conformément à la devise *Instaurare omnia in Christo*, les artistes chrétiens s'approprièrent l'héritage de l'antiquité, non pas sans doute pour s'astreindre à une imitation servile, mais pour s'appliquer à perfectionner l'œuvre de leurs devanciers. Tout ce que l'art ancien avait de sensuel, de matériel, de terrestre, fut épuré, spiritualisé, élevé à la hauteur des sublimes doctrines au service desquelles on l'employait. Que l'on compare Saint-Pierre de Rome avec tel monument païen que l'on voudra, la différence entre les deux édifices fera voir les modifications profondes dont un même art est susceptible, quand on l'applique à rendre des idées qui ne se ressemblent pas.

Le 1er jour du mois de mai de la même année 1827, M. le baron Le Cordier, sous-préfet de l'arrondissement de Boulogne, posa la première pierre de la chapelle de Notre-Dame. Toutes les autorités s'étaient réunies pour cette solennité, qui eut peu de retentissement au dehors, et dont on ne trouve qu'une brève mention dans les journaux du temps.

Deux jours avant de poser la première pierre, il n'y avait d'autres ressources, pour cette colossale entreprise, que de légères offrandes s'élevant tout au plus à un millier de francs. Un secours inespéré arriva tout à coup, la veille même de la cérémonie. Le dernier sénéchal du Boulonnais, François-Marie-Omer de Patras, chevalier, seigneur de Campaigno, remit aux mains de M. l'abbé Haffreingue une somme de 48,000 francs, qui fut portée, quelques mois plus tard, à 96,000. Le pieux sénéchal se dépouillait ainsi de toute sa fortune, en faveur de la Patronne du comté dont il avait occupé la première magistrature.

Dans les premiers jours de juin suivant, une découverte inattendue frappa vivement l'attention publique. En dégageant les fondations, à l'endroit où quatre massifs de maçonnerie supportaient le clocher, les ouvriers employés aux travaux de la cathédrale mirent à jour des constructions dont on ne soupçonnait pas l'existence. Des murs garnis de colonnes, sur lesquelles reposaient encore des chapiteaux sculptés, révélèrent une ancienne crypte, décorée de peintures, et précédemment enfouie sous le pavé de l'église [1]. M. l'abbé Haffreingue fit, dès lors, jeter une voûte sur ces vieux murs et continua les travaux de son église, en se proposant de restaurer un jour l'antique substruction du XIe siècle, à laquelle s'intéressaient les amis de notre histoire.

A cette époque, il n'était encore question que de reconstruire la chapelle de Notre-Dame, en y ajoutant un édifice circulaire, en forme de dôme. L'opinion publique se prononça bientôt en faveur de la reconstruction entière de la cathédrale. Une pétition, signée par un grand nombre d'habitants notables de la ville de Boulogne, fut présentée au conseil municipal le 27 juin. On y exposait l'insuffisance de l'église actuelle de la haute-ville, et l'on demandait qu'il fût pris des mesures pour en faire construire une nouvelle sur l'emplacement de l'ancienne. Cette proposition fit modifier considérablement les plans primitifs de M. l'abbé Haffreingue.

---

1. Voir la *Boulonnaise*, n^{os} des 5, 12 et 15 juin 1827, et l'*Annonciateur* du 7 juin.

Mgr de la Tour d'Auvergne promit au maire de Boulogne de seconder l'entreprise « avec zèle et activité; » mais on comptait sur l'appui du gouvernement, et, cet appui venant à manquer par suite de circonstances imprévues, le conseil municipal ne prit aucune décision.

Charles X vint à Saint-Omer, au mois de septembre, pour y présider des exercices militaires. La ville de Boulogne avait espéré voir ce prince dans ses murs, à l'occasion de ce voyage ; mais son espoir fut déçu. C'était en vain que l'administration municipale avait fait présenter au roi une adresse, dans laquelle le vœu de Louis XI, les souvenirs de Louis XIV et de Louis XV étaient rappelés comme une des traditions de la monarchie française. « Tous les jours, dit M. Hédouin, les feuilles de l'opposition de quinze ans battaient en brèche le trône, en attaquant le souverain dans les moindres pratiques du culte de ses pères, et ses ministres crurent prudent de lui conseiller de ne pas renouveler ce vœu, consacré par l'exemple de tant de rois [1]. »

Les travaux de la chapelle de Notre-Dame et de la partie de l'église qui y est contiguë, marchèrent rapidement pendant les dernières années de la Restauration. Le 8 décembre 1829, fête de l'Immaculée Conception de la bienheureuse Vierge Marie, M. l'abbé Haffreingue eut la consolation d'offrir, pour la première fois, le saint-sacrifice de la messe dans une petite chapelle qu'il venait de terminer, au chevet de l'église. C'est là que, depuis ce jour, ont eu lieu les exercices de piété de la Congrégation de la Sainte-

---

[1] P. Hédouin, ouv. cit., p. 174.

Vierge, établie dans l'Institution, par un bref de S. S. Pie VII, du 25 juin 1819.

Cependant la Révolution de 1830 vint arrêter l'élan religieux, qui s'efforçait de réparer les ruines amoncelées sur notre pays par la Révolution de 1789.

Les travaux de la cathédrale furent interrompus jusqu'en 1832. « A partir de cette époque, pas un seul jour ne s'est écoulé sans que la construction de la nouvelle église n'ait marché. Dans certains instants on a vu jusqu'à cent soixante ouvriers faire des extractions dans nos belles carrières, tandis qu'un aussi grand nombre, à peu près, de maçons, charpentiers et manœuvres, travaillaient à l'avancement de l'édifice.

« A la suite des commotions politiques il y a toujours perturbation dans les existences : la confiance diminue, les entreprises s'arrêtent, la circulation de l'argent devient plus rare, et la classe laborieuse du peuple est soumise momentanément à une inaction forcée, entraînant après elle les besoins et la souffrance. M. l'abbé Haffreingue, en employant alors tant de bras, fit acte de prudence, d'humanité, et les Boulonnais amis de leur pays lui en surent un gré infini. Il est de fait que, dans certaines années, il a dépensé au-delà de cent mille francs, qui ont été répartis entre diverses industries.

« Pendant que ces choses se passaient, Notre-Dame de Boulogne ne cessait pas d'être l'objet des invocations de ceux que le malheur ou la maladie venait atteindre ; et parmi tous les exemples que nous pourrions donner à l'appui de cette vérité, nous en citerons un, bien remarquable. Vers la fin de l'année

1838, M. l'amiral baron Vattier, connu par la sincérité de ses sentiments religieux, fut frappé d'une congestion cérébrale, accompagnée d'une fièvre violente. Ses jours coururent un tel danger que les médecins distingués lui donnant leurs soins, avaient perdu l'espoir de le sauver. M. le baron Vattier se mit avec ferveur sous la protection de Notre-Dame ; des messes et une neuvaine eurent lieu dans la nouvelle chapelle : de jour en jour la santé du malade s'améliora, et il finit par la recouvrer entièrement [1]. »

Le dôme, qui, en 1830, n'avait atteint que la hauteur de sa première corniche intérieure, fut porté jusqu'à près de cent vingt pieds au-dessus du sol. Il serait difficile de dire quelle masse d'énormes pierres se sont assises dans la partie inférieure de cette construction hardie, qu'on voyait chaque jour s'élever et grandir. Les dons particuliers des fidèles arrivaient incessamment au fur et à mesure des besoins de l'œuvre. Nulle autorité publique ne secondait le prêtre qui soulevait ces montagnes, appuyé sur le seul secours de sa foi en Marie. Les journaux de la ville gardent un silence étonnant sur les premiers et si rapides progrès d'un édifice qui, en 1839, planait majestueusement sur la cité, et dont on voyait « de loin, en traversant les flots, se dresser, comme des bras suppliants tendus vers le ciel, les colonnes inachevées. »

S. S. le Pape Grégoire XVI accueillit avec bonté le vénérable M. Haffreingue, dans le voyage qu'il fit à Rome, en 1837, pour dédier au Saint-Père les plans de l'église projetée. La bénédiction apostolique, qui

---

1. P. Hédouin, ouv. cit., p. 177 et 178.

descendit alors sur cette œuvre dans la personne de celui qui l'avait entreprise, donna un élan nouveau à la piété des fidèles.

Un jeune diacre de Boulogne, M. Jean-Charles François, dit Lamontagne, mort à vingt-trois ans, le 25 juillet 1838, consacra par testament la plus grande partie de sa fortune à des œuvres de piété. N'ayant pu dévouer sa vie au salut des âmes, il avait voulu y travailler, au moins indirectement, en procurant à notre ville une église de plus. Les vingt mille francs qu'il affecta à la construction de l'église de Saint-Pierre, dans le quartier des marins, ont donné la première impulsion à la création de cette nouvelle paroisse. La cathédrale eut part aux libéralités du jeune lévite, qui légua, pour la continuation de cet édifice, une somme de dix mille francs, avec la condition expresse que son legs fût employé aux travaux de la nef.

Jusque-là, M. l'abbé Haffreingue n'avait pas encore mis la main à cette partie de l'église, qu'il relevait avec tant de persévérance. « La ville de Boulogne comprit enfin qu'il lui fallait quelque chose de plus que des monuments de luxe et de plaisir. Elle reporta ses regards vers les lieux d'où lui est venue son antique splendeur. »

La paroisse de la haute-ville ayant été agrandie, en 1838, « on sentit plus vivement que jamais, à l'extrême exiguité de sa chapelle, trop petite pour renfermer ses fidèles, à quel point était déplorable la destruction de l'ancienne cathédrale, et combien serait pénible et difficile l'achèvement d'une basilique nouvelle, si l'ordre du travail n'était pas changé.

« Des pourparlers avec M. l'abbé Haffreingue, eurent donc lieu : et quelques jours lui suffirent à prendre la détermination de faire don à la ville du terrain et de l'église nouvelle, et de lui consacrer exclusivement tout ce que la piété des fidèles lui donnerait, tout ce qu'on pourrait obtenir du gouvernement [1]. »

Ce fut à cette époque que l'on débarrassa la crypte de tous les décombres dont elle était restée remplie depuis 1827. Une notice, publiée par MM. Hédouin et de Bazinghen, le 24 mars 1839, signala ce vieux monument à l'étude des archéologues et des amis de notre histoire religieuse [2].

« Par une de ces inspirations qui arrivent à tout le monde, parce qu'elles sont vraies et naissent des sentiments les plus intimes, depuis cette découverte, la popularité, la foi publique est venue à cette église. A peine la chapelle antique eut-elle été ouverte, un véritable entraînement s'empara des esprits [3]. »

Le lundi 8 avril 1839, la première pierre de l'église proprement dite fut bénite solennellement par M. Lecomte, curé-doyen de Saint-Nicolas, vicaire-général de Mgr de la Tour d'Auvergne, et posée au milieu de la base du premier pilier de la droite de la croix, par M. Alexandre Adam, maire de la ville de Boulogne. Le clergé des deux paroisses de la ville, le sous-préfet de l'arrondissement, le président du tribunal civil, le

---

1. *Annotateur* du 11 avril 1839, p. 229.
2. *Notes archéologiques et historiques sur la Crypte* : br. in-8° de pp. 9, réimprimé dans l'*Hist. de Notre-Dame*, édition 1839, pp. 207-215.
Cf. Notre *Notice sur la Crypte*, 1851, art. *Crypte centrale*, p. 12-18.
3. *Annotateur* du avril 1839, p. 210.

colonel de la garde nationale, le directeur des douanes, toutes les autorités enfin, ainsi qu'un grand nombre d'habitants et d'étrangers, se trouvaient à l'heure indiquée dans l'enclos de l'ancienne cathédrale.

La pose achevée, M. l'abbé Sergeant, aumônier de l'hôpital Saint-Louis, monta en chaire et prononça un discours, dans lequel il rappela les souvenirs de Notre-Dame de Boulogne. « Tout le monde a remarqué, disait un journal de ce temps [1], la discrétion des éloges que l'orateur ne pouvait se dispenser d'adresser à M. Haffreingue, « cet homme qui, sentant que rien « n'est impossible à la foi, seul d'abord, et en dépit « de tous les obstacles, a osé tenter cette entreprise « gigantesque, qu'on accuserait presque de témérité, « si, par ce qui se passe sous nos yeux, il n'était « prouvé qu'il n'a fait que suivre l'inspiration du « Ciel : » — et les « hommages mérités, adressés « aux magistrats éclairés, qui, non contents d'honorer « de leur présence cette imposante cérémonie, se- « condent et encouragent l'œuvre sainte de leur « coopération et de leur crédit; parce qu'ils savent « que la religion est la seule base solide de la paix « des sociétés, et combien sont dignes de satisfaction « les désirs d'une population religieuse, qui demande « un temple où elle puisse rendre à Dieu le tribut « d'adoration que tout homme lui doit. »

« Une quête faite sur les lieux, et applicable aux frais de construction de l'église, a produit 840 fr.

« On a vu, non sans un vif intérêt, une bonne vieille femme, presque octogénaire, déposer en tremblant, et les larmes aux yeux, un rouleau de gros

---

1. *Annotateur* du 11 avril, déjà cit., p. 226.

sous qu'elle avait dû quêter elle-même, tant elle paraissait pauvre. Ce trait, entre mille, dit mieux que tous les écrits, de quel œil le peuple, le véritable peuple, voit cette réédification attendue depuis un si grand nombre d'années [1]. »

De nombreuses démarches furent faites à la suite de cet événement, pour obtenir une subvention de l'État. Le conseil municipal de la ville de Boulogne s'y employa de tout son pouvoir. Par une délibération, en date du 28 juin 1839,

« Le Conseil,

« Considérant que M. Haffreingue poursuit avec la
« plus louable activité l'exécution d'un projet qui doit
« doter la ville de Boulogne d'un édifice dont la né-
« cessité se fait sentir depuis longtemps;

« Que cet honorable ecclésiastique a engagé dans
« cette entreprise le fruit des travaux de toute sa vie
« et même son avenir; que, dernièrement encore, et
« pour régulariser le terrain sur lequel le monument
« doit être élevé, il a consacré plus de 70,000 francs
« à une acquisition d'immeubles;

« Considérant que les habitants ont ouvert une
« souscription et se sont imposé les plus grands sa-
« crifices; mais que l'ensemble de ces ressources sera
« loin de suffire, en présence des dépenses considé-
« rables qu'exige la construction d'une église élevée
« sur un plan très-développé;

« Considérant enfin que ce monument doit devenir
« un jour la propriété de la ville;

---

1. *Annotateur* du 11 avril déjà cit. — Nos lecteurs reconnaîtront aisément dans ces articles la plume élégante et facile de M. A. Gérard, qui s'est montré de tout temps bien dévoué à l'œuvre de Notre-Dame.

« Arrête, à l'unanimité, que l'autorité supérieure
« sera instamment priée d'accorder à M. l'abbé Haf-
« freingue une subvention qui lui permette d'atteindre
« son but, et par là de pouvoir, par suite, doter le
« pays d'un monument dont la nécessité est généra-
« lement reconnue. »

Le gouvernement refusa, sous prétexte qu'il s'a-
gissait « d'une œuvre particulière et d'une église sans
titre. » En France, aujourd'hui, ce qui n'est pas in-
specté, patenté, réglementé n'a rien à attendre de la
charité officielle. — La charité catholique est bien
éloignée de ces froids calculs.

Une souscription particulière s'était ouverte dans
la ville de Boulogne. Le conseil municipal, ne pouvant
rien faire de plus, vota la restitution des droits d'octrois, perçus et à percevoir, chaque année, sur les
matériaux qui devaient servir à la construction de l'é-
difice. On recueillit, en 1839, la somme de 101,129 fr.
95 cent.

Mgr de la Tour d'Auvergne encouragea ces libéralités et en provoqua de nouvelles par la publication
de la lettre suivante :

« Nous, Hugues-Robert-Jean-Charles de la Tour
d'Auvergne-Lauraguais, évêque d'Arras, grand officier
de la Légion d'honneur.

« A nos diocésains de la ville de Boulogne,

« Salut et bénédiction en Notre-Seigneur Jésus-
Christ.

« Nous sommes très-édifiés, nos très-chers frères,
des sacrifices énormes que vous vous imposez pour
procurer une église convenable à la population de la
paroisse de la haute-ville.

« Votre zèle et votre dévouement à cette œuvre si

sainte et si digne de votre piété, ne doivent point rester sans encouragement de notre part.

« Nous avons donc résolu et nous ordonnons que les quêtes quadragésimales de votre ville, pendant les années 1840, 1841 et 1842, soient consacrées à subvenir à la dépense de construction de cette église.

« Nous serons heureux d'apprendre que ce don de notre part vous a été agréable et que la destination que nous lui donnons a rendu cette quête plus abondante.

« Puissiez-vous du reste, nos très-chers frères, y voir une nouvelle preuve de notre tendre sollicitude pour vous !

« La présente sera lue et publiée au prône de l'église de Boulogne le premier dimanche après sa réception, et transcrite sur les registres de fabrique de cette église. Elle sera aussi consignée dans les archives de notre évêché.

« Donné au château de Bellebrune, le dimanche 29 septembre 1839.

† Ch., évêque d'Arras. »

Dix-huit mois auparavant, « une dame anglaise, la comtesse de Mazenghie, avait formé le projet d'ouvrir une souscription dans les deux royaumes de France et d'Angleterre ; mais la mort, qui vint peu après l'enlever à sa famille, l'empêcha de réaliser ce projet. Une autre dame anglaise, Mlle Muller, persuadée que cette œuvre était réservée à une personne de sa nation, en réparation des désastres exercés autrefois par les Anglais dans l'ancienne église de Notre-Dame de Boulogne, résolut de poursuivre ce pieux dessein. »

En conséquence, après s'être occupée de recueillir les offrandes de la ville, elle se rendit à Paris, dans les derniers jours d'avril 1840, pour y solliciter au nom de Notre-Dame de Boulogne « l'obole du pauvre et les dons du riche [1]. »

Un des plus chaleureux orateurs de notre temps, M. l'abbé Cœur, qui fut depuis évêque de Troyes, prêcha, le 10 mai, un sermon d'œuvre, en faveur de Notre-Dame de Boulogne, dans l'église de Saint-Germain-des-Prés. La quête qui était faite par Mmes la comtesse de Beaurepaire, la princesse de Bauffremont, la comtesse de Béthune-Sully, la princesse de Craon, la comtesse L. de Maricourt, la comtesse Armel de Rougé, produisit une somme d'environ 4,000 fr.

Dans son numéro du 11 mai, la *Presse* rendit compte du sermon de M. l'abbé Cœur et de la bonne œuvre à laquelle les catholiques de la capitale étaient conviés. La *France* reproduisit quelques-unes des paroles éloquentes qui avaient vivement frappé l'auditoire. M. l'abbé Cœur s'écriait, en parlant de la Très-sainte Vierge :

« Il est dans le christianisme un nom qui ne cède
« qu'à Dieu : plus aimé, plus béni, plus grand que
« tout le reste, sacré comme la foi, doux comme
« l'espérance, il eut, à toutes les époques, le privilége
« de consoler, de ravir et d'émouvoir le monde, depuis
« le premier malheur jusqu'à la dernière infortune,
« c'est toujours lui qui verse sur les enfants d'Adam
« la paix et la miséricorde : ce nom a tout remué,
« tout ébranlé sur la terre et dans l'humanité, et sa
« gloire n'est pas éteinte, sa puissance n'est pas

---

1. *Appel en faveur de la souscription,* pp. 3 et 4.

« anéantie : partout il est écrit sur ce globe en divins
« caractères, partout les plus nobles cœurs lui font
« un sanctuaire, toutes les angoisses lui envoient une
« prière, un soupir, un hommage ; ce grand nom de
« Marie agite encore notre siècle : c'est lui que res-
« pirent ces chants, que proclame la pompe de ces
« lieux, la magnificence pieuse de ces autels ; c'est
« lui qui nous rassemble tous.

« Parti du bord de l'Océan, il a ému la capitale :
« voici que les chrétiens de Boulogne ont commencé
« un hymne religieux en l'honneur de leur antique
« Patronne, l'étoile de la mer. Un temple solennel,
« avec les merveilles de son architecture et la majes-
« tueuse élévation de sa coupole, porte jusqu'aux nues
« déjà le témoignage sublime de tous leurs sentiments
« de foi, de reconnaissance, d'amour ; mais ils ne
« veulent pas l'achever sans le concours de leurs
« frères de Paris ; il faut que la Cité-Reine vienne
« mêler sa voix à ce divin concert, et priant au nom
« de la France, ajoute à l'harmonie son caractère
« d'universalité. »

CHAPITRE XXX.

Bénédiction de la nouvelle chapelle de Notre-Dame, le 29 mai 1840 ; — on retrouve une des mains de la Statue miraculeuse ; — continuation des travaux de la cathédrale, souscriptions et offrandes, 1840—1849 ; — bref de S. S. Pie IX.

La chaire de Saint-Germain-des-Prés retentissait encore de ces solennels accents de l'éloquence chrétienne, lorsqu'une cérémonie du plus haut intérêt vint réjouir la ville de Boulogne. Élevé à la dignité de cardinal-prêtre de la sainte Église romaine, Mgr de la Tour d'Auvergne venait d'être reçu triomphalement dans les murs de la seconde cité de son vaste diocèse. La chapelle de Notre-Dame de Boulogne, érigée sur les ruines de celle que Claude Dormy avait consacrée en 1624, était terminée. On pouvait dès lors satisfaire la piété des fidèles, qui attendaient avec impatience le moment où il leur serait permis d'y offrir à Dieu leurs prières, sous le patronage de Marie. Le vénérable Cardinal daigna se rendre aux vœux de notre population. Le vendredi 29 mai, Son Éminence bénit elle-même la chapelle, et voulut y célébrer, pour la première fois, le saint-sacrifice de la messe, qu'on a continué d'y célébrer chaque jour, depuis cette époque.

« De quelle émotion ne dut pas alors être pénétré cet auguste prélat, en pensant que, le premier, après un demi-siècle, il célébrait les saints Mystères dans un sanctuaire où d'illustres pontifes, ses prédécesseurs, les de Pressy, les Asseline, avaient offert à Dieu l'encens de leurs prières; où de pieux guerriers, de grands monarques, Godefroi de Bouillon, Louis XIII, après lui Louis XIV, étaient venus s'agenouiller pour invoquer le Dieu des combats, ou faire à Marie l'hommage de leur diadème ! Que de pleurs d'attendrissement ne furent pas versés en ce moment, dans cette chapelle, depuis longtemps veuve de son Dieu ! Un vénérable vieillard, contemporain de l'ancienne Notre-Dame, fut entendu sanglottant et laissant sa joie s'exhaler en soupirs : une ère de bonheur venait de commencer pour lui [1] ! »

1. *Annotateur* du 4 juin 1840, sous la signature A***.

Une statue de la sainte Vierge, debout dans une nacelle, où deux anges l'accompagnent, suivant l'antique tradition ; a été placée sous un dôme particulier, élevé au fond de cette chapelle. Ce n'est plus la miraculeuse Image qui a reçu pendant tant de siècles les vœux empressés des pèlerins ; mais ce n'en est pas moins un mémorial du passé, la représentation terrestre de la Vierge qui est aux cieux, et le signe extérieur qui manifeste sa présence à l'œil du chrétien.

Dieu n'avait pas cependant permis que l'antique statue pérît tout entière : un précieux fragment en a été conservé à l'insu des profanateurs de 1793. On se souvient que la sainte Image resta, pendant quelque temps, dans la salle du district, avant les saturnales qui la firent disparaître probablement pour toujours. Un ancien conservateur des eaux et forêts, M. Cazin de Caumartin, alors attaché à l'état-major de l'armée du Nord, se rendit au district pour faire viser sa feuille de route. La salle était déserte. M. Cazin, qui aperçut l'Image de Notre-Dame, reléguée dans un coin, s'en approcha, et voyant qu'une « partie d'une de ses mains, qui avait été brisée, tenait à peine », il la détacha du poignet à l'aide de son sabre. Il s'empressa, en sortant du district, d'aller l'offrir à sa tante, Mlle Alix Cazin, qui lui sut infiniment de gré de ce religieux présent. Ces faits ont été attestés par M. Cazin lui-même, dans une lettre du 21 novembre 1839, adressée à M. Hédouin, et publiée par ce dernier dans l'*Histoire de Notre-Dame*, dont les dernières feuilles étaient alors sous presse.

Mlle Alix Cazin remit, à sa mort, cette relique entre les mains du chanoine Dupont, qui, à son tour, en disposa en faveur de M. Gros d'Houlouve. La bénédiction de la chapelle, où la Vierge de Boulogne avait été honorée pendant douze siècles, offrit une occasion toute naturelle pour faire rentrer dans la cathédrale la main de Notre-Dame, la main droite, celle de la puissance et de la bénédiction. M. l'abbé Haffreingue la fit renfermer dans un cœur de vermeil que l'on suspendit à la statue nouvelle.

Les souscriptions en faveur de l'église continuèrent d'avoir un grand retentissement. Les journaux religieux prêtèrent à l'envi leurs colonnes à l'insertion des appels qui furent faits en faveur de l'œuvre. L'*Univers*, l'*Union*, d'autres feuilles, publièrent des articles remarquables. On fit connaître à toute la France quels étaient les sacrifices que la ville de Boulogne s'imposait pour donner une église à sa Vierge bien-aimée.

Nous trouvons, dans l'*Annotateur* de Boulogne, une notice sur l'empressement religieux avec lequel toutes les classes de la société contribuèrent alors aux dépenses, nécessitées par la construction d'un édifice de proportions si grandioses. En voici les principaux détails :

« L'effet produit en France par l'annonce de cette réédification, si on le juge au point de vue de notre siècle si occupé et si distrait, est fait pour étonner. Il prouve que sur tous les points, les esprits, lassés de nos bouleversements politiques et des vaines recherches du repos moral tentées dans les diverses voies qu'ils s'étaient un peu aventureusement ouvertes, reviennent aux idées religieuses comme à la garantie, à la sauvegarde la plus sûre des sociétés. Sous ce rapport il n'est point permis aux hommes sérieux, que préoccupent les intérêts de l'avenir, de passer indifférents à côté d'un monument qui révèle avec cet éclat combien est grande encore la puissance du catholicisme, toutes les fois qu'abandonnant les ambitieuses pensées de la politique qui l'ont trop souvent associé, pour le compromettre, aux choses de ce monde, il se borne à remplir la mission sainte de la religion sur la terre, à réchauffer dans les cœurs le culte du bien et du juste, et le sentiment de la charité.

« Beaucoup de gens considéraient, il y a un an, cette entreprise comme une folie au-dessus des forces de notre temps, et se rappelaient, non sans quelque ironie, que si les évêques des XIIIe au XVIe siècles avaient pu, aidés du denier du pauvre, autant que de la fastueuse offrande du riche, élever ces imposantes cathédrales qui font l'ornement de nos vieilles cités, le siècle de ces miracles d'union était passé sans retour. Ils doivent être aujourd'hui convaincus que cette œuvre s'achèvera, et qu'eût-elle été conçue sur des proportions plus grandioses encore, elle se serait encore achevée.

« De toutes parts les offrandes arrivent. Beaucoup d'étrangers ont choisi notre ville comme résidence d'été et ville de bains, de préférence à toute autre, pour apprécier sur les lieux mêmes cette entreprise et l'aider ensuite plus efficacement de leur concours : — des visiteurs en grand nombre suivent avec intérêt les travaux que M. l'abbé Haffreingue laisse accessibles à tous; et il en est bien peu qui ne déposent en se retirant, dans le tronc à ce destiné, quelque don pécuniaire, témoignage de leur sympathie pour la pensée créatrice du monument. — Une souscription spéciale, ouverte parmi les ouvriers, à 5 centimes par personne, s'est, en une année, élevée à plus de 1,000 francs. — Le 23 juillet dernier, M. le maire de Boulogne recevait, de Montauban, la lettre anonyme suivante, dont nous n'avons pas besoin de faire ressortir le mérite :

« Monsieur le Maire,

« Une personne qui vient de lire dans le journal,
« qu'un respectable ecclésiastique de votre ville y
« faisait construire, à ses frais, une église, n'a pu
« résister au plaisir de s'associer, selon ses faibles
« moyens, à une action qui annonce un si grand
« fond de piété et de désintéressement.

« Ci-joint est un mandat de 5 fr.; valeur intrin-
« sèque, c'est peu de chose! aussi n'est-ce pas sous
« ce rapport seulement qu'on l'envoie ; c'est un hom-
« mage rendu, et d'abondance de cœur, à de nobles
« sentiments. »

— « Dans une autre lettre, écrite par M. l'abbé Roy, directeur du grand séminaire d'Orléans, sous la date du 5 de ce mois, nous lisons :

« Deux excellentes personnes de ce pays, qui
« vivent dans les privations et l'obscurité, pour avoir
« le bonheur de consacrer leur patrimoine aux bonnes
« œuvres, et qui ne veulent pas que la main gauche
« sache ce que donne la main droite, me chargent
« de faire passer 500 francs à Boulogne pour la
« construction de l'église Notre-Dame. »

« Un respectable vieillard de Cassel, M. Frohart de Lamettes [1] qui, à diverses reprises depuis deux ans a envoyé jusqu'à cent francs à la fois, écrivait

---

1. M. Frohart de Lamettes reconnaissait pour son quatrième aïeul Jehan de Frohart, sieur de Honvault.

récemment, en adressant encore 150 fr., *qu'il regrettait amèrement qu'à cause de ses 89 ans accomplis, ses petits-enfants ne lui permissent pas de venir apporter lui-même son offrande.*

« Nous pourrions multiplier ces citations et ces faits ; mais il faut nous borner et choisir, et ce que nous disons ici suffit pour justifier nos prévisions.

« Si nous considérons maintenant ce qui se passe plus près de nous, dans notre pays même, nous y trouvons la preuve que le vif intérêt, témoigné, il y a un an, à l'entreprise, n'a fait que s'accroître depuis lors; et que, si le Boulonnais demande à la France entière et même à l'étranger de l'aider à relever son vieux temple jadis si honoré, ce n'est qu'à la condition d'y participer lui-même avec cette largeur de libéralité qui commande l'admiration et assure le concours.

« Ainsi, jusqu'à ce jour, l'on n'avait pensé à rien organiser de parfaitement régulier pour seconder la souscription. L'on a récemment conçu l'idée de faire choix dans chaque localité, suivant son importance, d'un ou plusieurs chefs de séries ou trésoriers, qui choisissent de leur côté autant de personnes qu'ils connaissent disposées à se mettre à la tête d'une dizaine de souscripteurs. A ces dizainiers sont remis des *bons de souscription* rappelant sommairement le but de l'œuvre ; et sur ces bons les *hommes de bonne volonté* inscrivent leur nom et la somme qu'ils se proposent de donner, ou par semaine, ou par mois, ou par année. On reçoit l'obole de cinq centimes du pauvre, comme la plus riche offrande. Or, les pauvres qui s'inscrivent sont nombreux !

« Ce mode de souscription commence à peine à se

répandre dans quelques villages de nos environs, et déjà l'on a recueilli,

A Audinghen et Tardinghen.	960 f.	» c.
A Wissant	149	50
A Audembert	182	»
A Audresselles	27	25
A Hervelinghen	100	»
A Ambleteuse	120	»

« La souscription n'est achevée qu'à Audinghen et Tardinghen. Nous recevons, à ce sujet, de M. Tintillier, vicaire d'Audinghen, une lettre datée du 14 septembre, où, entre autres choses intéressantes, nous lisons :

« La souscription a été accueillie ici avec une sorte
« d'enthousiasme, puisque dans l'espace de quelques
« semaines, elle a réalisé la somme, énorme pour un
« village, de 960 francs. Ce ne sont pas seulement
« les riches, mais les ouvriers et les pauvres eux-
« mêmes qui ont voulu y contribuer. Entre autres
« particularités, je citerai deux jeunes filles que je
« m'abstiendrai de nommer pour ne pas blesser leur
« modestie, qui ont offert chacune 5 francs, fruit du
« travail de plus d'une semaine ; un pauvre vieillard,
« accoutumé à recevoir chaque semaine une modique
« aumône à la porte du presbytère, et qui dans le
« temps de la souscription, après l'avoir reçue, est allé
« la déposer dans la bourse d'un des trésoriers de
« l'œuvre. Voilà des faits que j'ai cités pour l'honneur
« d'Audinghen, et parce qu'ils prouvent, autant qu'il
« m'est donné d'en juger, que la foi est encore vive
« et que Dieu a marqué cette œuvre du sceau de
« sa protection. Puisse ce bel exemple être imité
« par toute la France, et nous verrons s'achever ce

« beau monument qui fera la gloire du Boulonnais.

« Dans les autres communes citées, elle est à son début ; et quand on songe à la pauvreté de plusieurs de ces communes ; quand on sait que la plupart d'entre elles s'imposent de lourds sacrifices pour l'entretien de leurs églises, de leurs presbytères et de leurs écoles, l'on est heureux d'appartenir à un pays, au sein duquel les sentiments de piété religieuse, indices de tous les sentiments honnêtes, vivent avec cette puissance.

« Une souscription particulière est permanente à Paris, où le mode de souscription qui vient d'être indiqué ne pourrait être employé. Près de quatre-vingts personnes, au nombre desquelles figure notre honorable député M. F. Delessert, ont accepté avec empressement le mandat de veiller à son succès ; et ce n'est pas sans quelques raisons que l'on attend beaucoup de ce foyer des grandes pensées, de ce centre des lumières et des arts [1]. »

Ajoutons que la reine Marie-Amélie envoya une somme de cent francs à M. le curé de la haute-ville, pour la construction de la cathédrale ; et que le roi Louis-Philippe, dans le même but, fit parvenir à M. Haffreingue un tableau de M. Féron, admis à l'exposition de Paris, et représentant le martyre de saint Sébastien. On dit que la liste civile l'a payé 6,000 francs.

La souscription se poursuivait à Paris par l'intermédiaire des personnes les plus recommandables. L'archevêque, Mgr Affre, et tous les curés de la capitale s'étaient montrés parfaitement bien disposés à

---

1. *Annotateur* de Boulogne, du 27 septembre 1840, pp. 622 et 623.

seconder la quête de Notre-Dame. Parmi les hommes qui s'y employèrent, nous devons une mention spéciale à M. Hanicle, curé de Saint-Séverin, dont le zèle ne s'est jamais arrêté depuis lors et dont nous retrouverons le nom dans la suite de cette Histoire. Nous ne devons pas oublier non plus M. Francis Nettement, qui voulut prêter à l'œuvre l'appui de sa plume, et se charger d'une liste sur laquelle s'inscrivirent des noms illustrés par le mérite littéraire ou distingués par l'éclat des arts. On y remarque les souscriptions de Victor Hugo, La Mennais, Alfred de Vigny, Jules Michelet, madame Ancelot, à côté de ceux du baron Bosio, du vicomte Walsh, du vicomte de Conny, de MM. Berryer, de Genoude, de Lourdoueix et de Châteaubriand. M. Alfred Nettement recueillit ainsi la somme de 375 francs. Qui sait si les quelques pierres obscures que ces modestes offrandes ont scellées dans les murailles de Notre-Dame ne pèseront pas plus, dans la balance de l'éternité, que bien des discours et des livres?

Pendant qu'on s'efforçait de relever les murs de l'édifice, la dévotion à la Patronne de Boulogne n'était pas négligée. On fit frapper une médaille de piété, en l'honneur de cette douce Étoile des mers, avec l'inscription: *Notre-Dame de Boulogne, stella maris, sis bona.* Cette médaille, répandue parmi les fidèles, popularisa de plus en plus le culte de la bienheureuse Vierge. On nous assure que, présentée à un condamné à mort, dont l'impiété avait été jusque-là rebelle aux exhortations du prêtre, elle produisit sur lui une si heureuse impression qu'il se convertit sur-le-champ.

Il deviendrait peut-être fastidieux pour nos lecteurs

de développer avec trop de détails le récit des diverses offrandes qui furent faites pour la continuation des travaux de la cathédrale. Nous devrions parler des démarches de la fabrique de Saint-Joseph auprès du gouvernement, par délibération du 15 mars 1841, démarches restées d'ailleurs sans succès ; — dire quelque chose du sermon d'œuvre, prêché par le P. Lefebvre, de la compagnie de Jésus, dans l'église paroissiale de Saint-Séverin, à Paris, le 31 mai 1842, sous la présidence de Mgr l'Internonce du Saint-Siége ; — rendre un hommage mérité aux généreux sentiments qui inspirent à M. P.-L.-N. Latteux de la Bouverie, de léguer à Notre-Dame une somme de 20,000 francs ; lors de son décès (15 février 1843) ; — raconter les diverses tentatives qu'on fit pour établir dans la chapelle de Notre-Dame une association de prières dans le but d'obtenir la conversion de l'Angleterre ; — énumérer les hommages poétiques et littéraires, qui arrivèrent de toutes parts en l'honneur de notre Vierge ; mais les bornes de cet ouvrage ne nous permettent pas d'être sur ce point aussi complet que nous l'aurions désiré.

Qu'il nous suffise de rappeler la grande loterie, organisée et tirée en 1846, et qui produisit une somme de plus de 80,000 fr., recueillie par toute la France, l'Angleterre et l'Irlande. Tous les appels, notes, avis et circulaires, lancés à profusion dans le public, ne se bornaient pas à solliciter la charité des fidèles en faveur du nouveau sanctuaire. On y rappelait toujours, en quelques mots, l'histoire de Notre-Dame de Boulogne, et on s'efforçait de jeter ainsi des semences fécondes qui ont fait germer la pensée des nouveaux pèlerinages.

A la suite de la loterie, on établit dans les bâtiments de l'Évêché un bazar considérable, au profit de l'œuvre, puis d'année en année les souscriptions se continuèrent sous différentes formes.

La révolution de 1848 n'interrompit point les travaux : c'était la pensée de tous de donner aux classes laborieuses la facilité de gagner leur pain de chaque jour, en même temps qu'on se ralliait autour de la religion, comme à la seule colonne inébranlable de l'ordre social.

Notre époque est attaquée de la maladie révolutionnaire. Aucun gouvernement n'est stable : on dirait que Dieu livre le monde à l'anarchie. Tous les moyens que l'on s'est efforcé d'employer jusqu'ici, pour conjurer le mal, n'ont été que des palliatifs impuissants. Aussi, le torrent révolutionnaire qui déborda en 1848 fit-il les plus grands ravages. L'héritage temporel de la sainte Église romaine n'a pas été à l'abri des tentatives anarchiques, dans lesquelles l'esprit du mal a eu la force de prévaloir. On a vu avec effroi le saint et doux Pontife qui tient si fermement aujourd'hui le gouvernail de la barque de Pierre, obligé de chercher sur la terre étrangère un asile où il pût élever librement vers le ciel ses mains bénies.

Dans ces circonstances, un cri de douleur, une protestation de dévouement, un témoignage de filiale affection partis du monde entier, allèrent à Gaëte consoler et réjouir le cœur du Vicaire de Jésus-Christ. Les catholiques de Boulogne s'associèrent à cette manifestation ; et la lettre suivante, portée par M. le duc d'Harcourt, ambassadeur de la République française auprès du Saint-Siége, fut remise au Souverain-Pontife par Mgr Giraud, archevêque de Cambrai :

TRÈS-SAINT PÈRE,

« Pendant que Pierre était gardé dans la prison par quatre bandes de quatre soldats chacune, l'Église ne cessait d'adresser au Ciel des prières pour Lui, et obtenait bientôt sa délivrance.

« Aujourd'hui que le glorieux successeur du Prince des Apôtres, privé de sa capitale, gémit sur la terre d'exil, toute l'Église se lève comme un seul homme, pour demander avec instance au Ciel qu'il mette un terme à ses maux.

« C'est le vœu que nous nous empressons de déposer, chaque jour, au pied de la Madone de Boulogne, avec l'espérance d'être bientôt exaucés.

« Daignez, Très-Saint Père, en accepter avec bienveillance le symbole, ainsi que l'expression de notre piété filiale et respectueuse, dans l'hommage de l'*Histoire de Notre-Dame de Boulogne*, que nous avons l'honneur de déposer humblement à vos pieds.

« Permettez aussi, Très-Saint Père, à vos respectueux et dévoués enfants de Boulogne-sur-Mer, de vous prier de bénir, des bords de la Méditerranée où la tempête Vous a jeté, le nouveau sanctuaire qu'ils élèvent, sur les bords de l'Océan, à Celle qu'on n'appelle pas en vain l'Étoile de la mer, ainsi que le faible instrument dont la divine Providence se sert pour diriger les travaux de cette Église.

« Nous avons l'honneur d'être, Très-Saint Père, avec le plus profond respect,
De Votre Sainteté,
Les très-humbles et très-obéissants serviteurs,
HAFFREINGUE,
Chanoine honoraire d'Arras, chef d'institution.

Le Saint-Père accueillit avec bienveillance cet hommage de piété filiale et daigna répondre à M. l'abbé Haffreingue, en lui envoyant un bref dont voici la traduction [1] :

PIE IX PAPE.

« Cher Fils, salut et bénédiction apostolique. Nous
« avons puisé un grand motif de consolation dans
« votre lettre du 10 janvier dernier, adressée en votre
« nom et en celui de vos concitoyens de Boulogne.
« Car, outre l'éclatant témoignage qu'elle renferme,
« de votre dévouement et de votre respect filial pour
« Nous et pour Notre suprême Dignité; elle Nous
« annonce que, à la première nouvelle de Notre pro-
« fonde tribulation, vous n'avez rien eu de plus à
« cœur que de demander à Dieu en toute prière et
« supplication de nous secourir de sa force toute
« puissante, et de faire miséricorde à tout le peuple
« chrétien. Animés de cet esprit de piété et de reli-
« gion, continuez à supplier instamment la Bienheu-
« reuse Marie, Mère de Dieu, que vous vous glorifiez
« avec raison, à l'exemple de vos pères, d'honorer
« d'un culte tout particulier, et de vénérer comme
« votre Patronne spéciale. C'est pourquoi, cher Fils,
« Nous vous adressons, à vous et à tous vos conci-
« toyens, les plus vifs remerciements pour votre
« hommage si affectueux; persuadés que vous re-
« doublerez d'ardeur pour soutenir par vos prières
« Notre faiblesse en ces temps d'affliction. En même
« temps, Nous ne pouvons assez dignement louer le
« zèle avec lequel, Nous le savons, tous les habitants
« de Boulogne coopèrent à une œuvre principale-

---

1. Nous en avons publié le texte dans notre première édition.

« ment conçue et dirigée sous votre inspiration :
« Nous voulons parler du temple que vous et vos
« concitoyens de Boulogne élevez en l'honneur de la
« Bienheureuse Vierge Marie, à si grands frais et avec
« tant de munificence.

« Certes, ce témoignage de votre foi et de votre
« piété rappelle d'une manière éclatante le respect
« et la dévotion de vos pères envers la Reine des
« cieux et la Souveraine du monde. Aussi, Nous n'en
« doutons pas, la puissante protection de Marie fera-
« t-elle à jamais la principale défense et le plus ferme
« appui de votre ville. Nous applaudissons donc de
« tout notre cœur, cher Fils, à votre zèle et à la
« libéralité de tous les habitants de Boulogne ; Nous
« supplions avec ferveur le Tout-Puissant de daigner,
« dans sa bonté, favoriser vos efforts, et vous bénir
« pour tant de soins et de travaux auxquels vous
« vous êtes dévoués en l'honneur de sa Très-sainte
« Mère. Enfin, comme gage de l'affection toute par-
« ticulière que Nous vous portons à tous dans le
« Seigneur et aussi de Notre reconnaissance pour
« vos hommages, recevez la Bénédiction Aposto-
« lique, que Nous vous accordons avec amour et
« dans toute l'effusion de Notre cœur paternel, à vous
« principalement et à tous les habitants de Boulogne,
« en y joignant Nos vœux pour votre véritable pro-
« spérité.

« Donné à Gaëte, le 10 mars de l'an 1849, et de
« notre Pontificat le 3me.

« Pius PP. IX. »

CHAPITRE XXXI.

Pèlerinages de 1849, à l'occasion du choléra; — on commence à reconstituer le trésor de Notre-Dame; — le commandeur Charles Torlonia promet de donner le maître-autel; — l'opinion publique se prononce de nouveau en faveur du rétablissement de l'évêché de Boulogne-sur-Mer; — confrérie de Notre-Dame de Boulogne-sur-Seine; — chapelle de Notre-Dame de Boulogne dans l'église des marins, à Naples.

Encouragés et soutenus par les bénédictions du Pontife suprême, les pieux fidèles de notre ville s'empressaient de faire de nouveaux sacrifices pour l'achèvement du sanctuaire de Notre-Dame. Les difficultés du moment, la crise financière et l'écroulement des fortunes, n'apportèrent point de retard dans la continuation des travaux. On voyait chaque jour quelques assises nouvelles s'ajouter à la coupole du dôme; la nef se terminait; le portail, dont la robuste façade appuyait l'édifice, allait recevoir ses tours sonores; encore quelques arcades jetées sur les sveltes colonnes, et l'on pourrait commencer à couvrir l'église.

Cependant un fléau terrible que Dieu envoie comme un ange exterminateur, afin de décimer les peuples coupables, s'était une seconde fois abattu sur la

France. Le choléra sévissait partout, emportant çà et là de nombreuses victimes. On se souvint du pouvoir de Notre-Dame de Boulogne contre la peste, et l'on accourut en pèlerinage au sanctuaire d'où l'on attendait une efficace protection. Le signal fut donné par la paroisse de Saint-Nicolas de la basse-ville de Boulogne, le samedi 16 juin 1849. Rien n'avait été préparé pour recevoir dans la nouvelle église cette procession inattendue, qui venait renouer les traditions du passé. Une émotion indicible pénétrait tous les cœurs. Deux jours après, 18 juin, la paroisse du Portel, à laquelle s'étaient adjoints les habitants d'Outreau et d'Équihen, traversa toute la ville, marchant en bon ordre, recueillie et priant, pour se rendre dans la cathédrale, où la messe fut célébrée. Les travaux de construction étaient alors en pleine activité ; des pierres de taille et d'autres matériaux encombraient la nef : les pèlerins trouvèrent à peine un endroit pour prier. C'était un spectacle vraiment attendrissant que celui de voir ces hommes, ces femmes, ces enfants, ces mères de famille, agenouillés sur des pierres éparses, au milieu d'un édifice inachevé, qui semblait une vaste ruine. La paroisse de Saint-Joseph, sur le territoire de laquelle est bâtie Notre-Dame, suivit l'exemple des paroisses voisines : elle vint en procession dans le nouveau sanctuaire, le mardi 19 juin.

La cité de Marie fut protégée merveilleusement en cette circonstance ; aussi, pour perpétuer le souvenir de ce pèlerinage, les marguilliers de cette paroisse, en leur nom et au nom des habitants, firent-ils déposer dans la nouvelle chapelle un cœur de vermeil, avec cette inscription :

CHAPITRE XXXI.—PÈLERINAGES DES PAROISSES EN 1849.

A N.-D. DE BOULOGNE
LA PAROISSE ST. JOSEPH
PÈLERINAGE DU 19 JUIN
1849.

Ce cœur, qui a été béni par M. le curé, sera, disent les donateurs, « un témoignage de la dévotion et de la confiance des habitants envers la Sainte-Vierge, qui n'a jamais cessé de veiller sur notre cité, et d'y répandre ses bénédictions [1]. »

On lit, en outre, dans l'*Impartial de Boulogne* du 27 septembre 1849 :

« Le fléau qui désole la France avait envahi la commune de Baincthun ; il y faisait de nombreuses victimes. On tourna les yeux vers le Ciel ; il fut résolu qu'on irait processionnellement faire un pèlerinage à Notre-Dame de Boulogne. Huit cents personnes environ composèrent le pieux cortége ; un homme qui déjà avait les premières atteintes de la maladie voulut s'y joindre, quelque remontrance qu'on lui fît.

« Les prières furent entendues. Le cholérique s'en retourna guéri. En rentrant à Bainethun, le curé trouva chez tous les malades une amélioration sensible.

« A partir de ce jour, la mortalité a cessé à Bainethun. »

Ces démonstrations de la piété populaire envers Notre-Dame de Boulogne firent espérer le rétablissement définitif des pèlerinages processionnels des paroisses. Quant aux pèlerinages individuels, ils n'ont

---

1. Lettre d'envoi, adressée à M. l'abbé Haffreingue, le 15 août 1849, par M. A. Lipsin, secrétaire de la fabrique.

jamais cessé. Chaque année, en différentes circonstances, on a vu de pieux missionnaires, des voyageurs partant pour des contrées lointaines, venir implorer le secours de l'Étoile des mers. Des naufragés sont accourus, comme autrefois, nu-pieds, à peine couverts de leurs vêtements humides, empressés de s'acquitter de leur vœu. Mais ces faits que tout le monde peut attester, dans notre ville, n'ont été recueillis par personne et sont perdus pour l'histoire. Nous avons vu plusieurs fois de pauvres femmes, venues de bien loin, mendiant leur pain sur la route, accomplir dévotement leur pèlerinage, demander à la Vierge tutélaire, des grâces qui consolent en aidant à mieux supporter le poids du malheur.

Le plus grand miracle de Notre-Dame de Boulogne, dans notre siècle, est assurément la construction de l'édifice merveilleux sur lequel est fixée l'attention du monde entier. Les journaux français en ont presque tous entretenu leurs lecteurs ; l'Angleterre et l'Irlande en ont lu l'histoire et la description [1] ; l'Italie par l'organe si autorisé du *Giornale romano,* a été informée de ce que la foi d'un prêtre a su faire dans notre ville ; les missionnaires d'Amérique eux-mêmes ont proposé aux fidèles de leurs chrétientés naissantes l'exemple de leurs frères de Boulogne, pour leur apprendre à bâtir des cathédrales [2].

L'admiration ne fut pas stérile. De toutes parts arrivaient des dons et des offrandes. L'étranger qui visite Boulogne, à quelque culte qu'il appartienne,

---

1. V. entre autres *the London and Dublin orthodox journal for useful knowledge and catholic intelligence,* vol. XXI, n° 526.
2. Mgr Rappe, évêque de Cleveland (Ohio), ancien aumônier des Ursulines de Boulogne.

passe rarement à côté de la cathédrale sans la visiter et sans y laisser de quoi payer une pierre.

On voulut aussi reconstituer l'ancien trésor de Notre-Dame. En 1846, un grand nombre de pieuses dames, appartenant à de nobles familles de la capitale, offrirent une quantité considérable de pierreries, dont on fit deux couronnes, l'une pour la Sainte-Vierge et l'autre pour l'Enfant-Jésus. Les dons recueillis à cet effet par M. l'abbé Hanicle, curé de Saint-Séverin, et le R. P. Lefebvre, furent tellement abondants qu'on put ajouter aux couronnes une grande croix, destinée à être mise dans la main du divin Enfant, et un cercle de douze étoiles brillantes, le tout monté en vermeil. Ces précieux joyaux ont été estimés à une valeur de plusieurs milliers de francs.

Mais le présent le plus magnifique dont s'honorera à jamais la cathédrale de Boulogne, est celui que projeta de faire le commandeur Charles Torlonia. Ce grand bienfaiteur de l'Église et des pauvres, si prématurément ravi à la reconnaissance de la capitale du monde chrétien et à la tendre affection de sa famille, apprit, par l'intermédiaire d'un de nos concitoyens qu'il honorait de son amitié, l'enthousiasme de généreuse libéralité avec lequel on s'efforçait de concourir à la réédification du sanctuaire de Notre-Dame. Le commandeur voulait être de toutes les bonnes œuvres ; il pensa que, pour un tel monument, il fallait que la plus belle offrande vînt de Rome, centre de la chrétienté et chef-lieu des beaux arts ; et en conséquence, il traça les dessins du maître-autel dont il résolut de faire commencer l'exécution. Dieu et Notre-Dame eurent pour agréable sa bonne pensée : il en reçut bientôt la récompense, avant d'y avoir mis la première main. « Les larmes des malheureux, que le temps ne tarit point, les regrets profonds et universels causés par la perte que fit alors la ville de Rome, disent assez ce que fut le commandeur Charles Torlonia, d'illustre mémoire [1]. »

Il suffisait que le vertueux Commandeur eût eu la pensée d'une entreprise charitable pour que son frère, le prince Alexandre Torlonia, dont Rome et le monde admirent la munificence, se fît un pieux devoir de la réaliser. Toutefois, les circonstances ne lui permirent pas de travailler à ce grand ouvrage, avant que la violence des événements politiques au milieu desquels on se trouvait en 1848, n'eût, en s'apaisant, ramené un peu de sécurité pour l'avenir.

Les années 1850, 1851 et 1852 s'écoulèrent sans marquer aucun événement important pour l'histoire de Notre-Dame de Boulogne. Grâces aux dons inépuisables de notre population, l'édifice grandissait chaque jour, et le culte de la sainte Vierge se développait de plus en plus.

En 1853, la question du rétablissement de l'évêché de Boulogne occupa vivement l'opinion publique. Un journal de Lille, la *Gazette de Flandre et d'Artois*, donna sur ce sujet plusieurs articles remarquables. Nous ne pouvons nous dispenser d'en citer ici quelques fragments :

« Quelque part que soit placé un évêché, il y sera la source de grands biens pour la religion. C'est un centre de lumière qui répand la vérité, et comme un foyer qui réchauffe et vivifie tout ce qui l'environne. Mais il y a des circonstances où son action est plus

---

1. *Giornale romano*, sup. cit., août 1848.

nécessaire, des lieux où son influence est plus immédiate, ses œuvres plus fécondes et plus salutaires. La position topographique de Boulogne en fait une ville tout exceptionnelle. Placée à l'extrémité de la France, ses rapports avec les pays étrangers sont incessants ; son port, le plus fréquenté du littoral du nord, sa population flottante si nombreuse, composée de peuples divers et surtout d'Anglais, lui donnent une physionomie et des habitudes particulières. Elle semble destinée par la Providence à favoriser le rapprochement à l'Église romaine de cette ancienne île des saints, si profondément remuée, depuis quelques années, dans ses convictions religieuses, et même de cette nouvelle Albion qui, en secouant le joug de la mère-patrie, s'éloigne insensiblement des erreurs qu'elle avait puisées dans son sein.

« Mais pour atteindre ce but et réaliser ces espérances, elle a besoin d'une impulsion catholique puissante, et d'institutions vigoureuses qui la mettent à même de lutter contre le génie de l'hérésie qui la travaille, et les torpeurs du matérialisme pratique qui la paralysent. Le prosélytisme protestant se révèle chaque jour au milieu d'elle : il élève des oratoires, construit des temples et répand l'argent à pleines mains pour fausser les consciences et faire des apostats. Absorbée par les embarras du commerce, ou perdue dans le tourbillon des affaires et des plaisirs, la population normale tombe rarement dans les piéges que lui tend l'esprit du mensonge ; mais aussi elle se montre peu attentive aux enseignements de la foi, et vit comme étrangère aux idées et aux intérêts d'un monde meilleur.

« La religion catholique y a des défenseurs, sans

doute ; sa voix retentit dans les chaires évangéliques ; elle déploie, à certaines époques, dans les rues de la cité, la pompe de ses cérémonies saintes, et verse sur le peuple ses célestes bénédictions. Mais on conçoit quelles ressources nouvelles et quels gages certains de triomphe elle trouverait dans la présence continue d'un prince de l'Église, qui serait, à tous les moments, sa lumière dans ses perplexités, sa force dans les combats du Seigneur, sa consolation dans les épreuves. Car l'évêque est pour les prêtres et les fidèles qui l'entourent, ce qu'est à une armée la voix et la main d'un chef habile en qui elle a mis sa confiance.

« A ces motifs d'un ordre si élevé et qui donnent à la ville de Boulogne des titres incontestables à la faveur qu'on sollicite pour elle, s'en joignent d'autres moins graves, mais qui ont leur prix dans de pareilles institutions.

« Boulogne, il est vrai, a vu son église emportée par le flot de la tempête révolutionnaire ; mais, par le zèle d'un de ses prêtres et le généreux dévouement qu'il a su inspirer aux hommes religieux du pays, l'ancienne *Notre-Dame* sort de ses ruines et reparaît, sinon avec ses formes à jamais regrettables, du moins avec ses vieux souvenirs et ses gloires inaltérables. Le palais épiscopal, frais comme au jour de ses splendeurs, attend l'envoyé de Dieu, le grand et le petit séminaires sont destinés à recevoir les espérances du sanctuaire, en sorte que rien ne manque à l'organisation du diocèse au point de vue matériel [1]. »

Les idées émises par la *Gazette de Flandre et d'Ar-*

---

1. *Gazette de Flandre et d'Artois*, 21ᵉ année, n° 39.

tois ont été favorablement accueillies par tous les grands journaux qui s'en sont occupés. Le *Constitutionnel,* la *Patrie,* l'*Union,* le *Messager du Midi,* l'*Indépendant de l'Ouest* en ont parlé avec sympathie. « Il semble, dit cette dernière feuille, qu'on ait compris partout les graves inconvénients qui sont le résultat nécessaire de la trop grande étendue d'un diocèse. Aussi, de tous côtés s'élèvent en ce moment des vœux afin d'obtenir l'augmentation des siéges épiscopaux. »

Les manifestations de l'opinion publique par les journaux peuvent soulever et agiter des questions : elles sont impuissantes à les résoudre. On a dit à différentes reprises que le gouvernement de l'Empereur paraissait disposé à faire quelques remaniements dans la carte ecclésiastique de France. Espérons que le titre d'évêque de Boulogne, ajouté par Mgr Parisis à son titre d'évêque d'Arras, avec l'approbation du Saint-Siége, sera, comme sa Grandeur l'a dit elle-même, une préparation toute naturelle au rétablissement de notre antique évêché.

Tout ce qui concerne Notre-Dame de Boulogne semble doué d'une vie toute spéciale. On a pu relever le sanctuaire, ranimer la foi des populations, exciter de nouveau l'ardeur des pèlerinages. Il n'est pas jusqu'aux branches de cet arbre béni qui n'aient retrouvé leur verdure et leurs fleurs.

Au mois de mai de cette même année 1853, M. Guillaume Le Cot, chanoine de Blois et curé de Notre-Dame de Boulogne-la-Petite, près Paris, eut l'heureuse pensée de reconstituer la confrérie de Notre-Dame, établie dans son église depuis le règne de Philippe-le-Long. La Révolution Française avait entraîné cette institution, avec tant d'autres, dans son flot destructeur; et le peu de foi qui régnait alors dans la paroisse de Boulogne avait ôté aux pasteurs qui la dirigeaient l'espérance de voir renaître cette œuvre des anciens jours. M. Le Cot eut plus de confiance que ses prédécesseurs. « Après avoir fait enrichir la confrérie de nouvelles faveurs spirituelles [1], il a rouvert le pèlerinage et fait appel non-seulement aux âmes pieuses de Boulogne, mais encore à tous les chrétiens.

« L'image de Notre-Dame de Boulogne, placée dans un vaisseau entre deux anges, a été exposée, le dimanche 3 juillet, dans l'église de Boulogne, et, après un office très-solennel, cette image a été portée en procession dans la paroisse, au grand contentement de toutes les personnes pieuses de la commune et de celles qui étaient accourues de Paris, pour participer à cette sainte cérémonie [1]. »

Ainsi partout revivent les traditions d'un passé, vieux de plusieurs siècles. Au reste, nos temps modernes n'ont rien à envier aux anciens sous ce rapport. Si Philippe V bâtissait au quatorzième siècle la chapelle de Boulogne-sur-Seine, un autre prince, digne par sa piété de s'appeler le fils de saint Louis, Ferdinand de Bourbon, roi des Deux-Siciles, père du glorieux et infortuné François II, a donné de nos jours un grand et immortel exemple de dévotion envers la Patronne des marins, la Vierge de Boulogne. Ce prince, qui a fait bâtir de si magnifiques églises dans son

---

1. Par deux rescrits de la Sacrée-Congrégation des Indulgences, expédiés après audience et au nom de N. S. P. le Pape Pie IX, les 20 nov. et 15 déc. 1852.
2. Notice insérée dans l'*Univers*, juillet 1853.

royaume, à Gaëte, par exemple, où s'élève un superbe édifice gothique en marbre, a fait construire près de l'Arsenal, sur le môle, à Naples, une église des marins dont une des plus belles chapelles est dédiée à Notre-Dame de Boulogne. Comme dans notre ville, la sainte Vierge y est représentée dans un bateau accompagnée de deux anges. Ainsi, au pied du Vésuve, sur les bords de la Méditerranée comme aux rives de l'Océan britanique, l'*Étoile de la mer* protége le marin sur les flots, aussi bien que le pèlerin de la vie sur l'océan du monde, *per amaras hujus sœculi undas.*

CHAPITRE XXXII

Rétablissement des pèlerinages annuels de Notre-Dame de Boulogne, en 1853; — *quel a été jusqu'à nos jours* (1863) *le pieux empressement des paroisses rurales du Boulonnais, pour cette dévotion séculaire.*

Le vœu le plus ardent qu'ait formé le prêtre vénérable à qui Dieu a confié la mission de relever le miraculeux sanctuaire de Notre-Dame, a toujours été de voir rétablir les pèlerinages. Il ne paraissait pas possible que ce lieu d'élection, où Marie avait opéré tant de prodiges, cessât d'exercer sur les peuples l'attraction qui s'était fait sentir pendant tant de siècles. On avait vu, en 1849, le réveil de cette dévotion se manifester d'une manière remarquable : en 1853, on n'eut qu'un mot à dire ; et l'entraînement fut irrésistible.

Nous sommes pourtant, sous le rapport de la chronologie, tout aussi bien que sous le rapport des mœurs et des habitudes, fort loin du moyen-âge ; mais, sous le rapport de la foi, dans le culte catholique, les siècles se touchent et se ressemblent. La piété est une, depuis l'Église primitive. La ville de Boulogne, au XIXe siècle, s'est prise à admirer ce spectacle nouveau pour elle ; et saisie d'un respect religieux, elle s'est réjouie de voir refleurir sur sa riche couronne cet antique et précieux joyau de ses gloires passées.

Les paroisses de la ville, Saint-Nicolas, devenue le chef-lieu du doyenné ; Saint-Joseph, qui attend le moment de prendre dans les nefs de Notre-Dame la place d'honneur qui lui est due ; Saint-Pierre, dont la tour s'élève non loin de l'endroit où fut celle de Caligula ; Saint-Vincent-de-Paul, jeune paroisse d'outre-l'eau, territoire récemment annexé à la ville de Boulogne ; Saint-François-de-Sales, la dernière en date, mais non la moins intéressante, puisqu'elle garde avec piété la relique du Saint-Sang de Notre-Seigneur ; toutes déploient en l'honneur de Notre-Dame leurs plus brillants cortéges de fidèles, pavoisés de bannières et d'oriflammes aux couleurs variées ; toutes montent la colline où règne la Patronne de la cité ; toutes, pendant les solennités annuelles de l'Assomption, donnent le signal des pèlerinages. Ce ne sont pas de stériles et vaines processions ; la masse des fidèles qui s'y pressent, s'y rend en disant des prières, y assiste au Saint-Sacrifice de la Messe ; et toujours un grand nombre de personnes se disposent à y recevoir la sainte Communion. Les vastes nefs ne suffisent pas à recevoir les flots mouvants de pèlerins, de visiteurs, d'étrangers, de curieux, à qui ce spectacle parle plus éloquemment que toutes les prédications.

Pendant la seconde quinzaine du mois d'août, à la suite des pèlerinages paroissiaux, tous les pensionnats des deux sexes, jusqu'aux petits enfants des écoles primaires et des salles d'asile, se mettent successivement en procession, pour aller prier auprès de la nacelle où Marie est représentée voguant sur les ondes. Rien n'est intéressant comme ces pèlerins en miniature, tout habillés de bleu, trottinant à petits pas dans les rues de la ville, avec leurs petits oriflammes, tandis que les sœurs qui les guident maintiennent à grand effort un peu d'ordre dans leurs rangs, relèvent ceux qui trébuchent, et redressent les pas mal assurés de tout ce petit monde.

D'un autre côté, les vieillards de l'hospice et les heureux pensionnaires des bonnes petites sœurs des pauvres s'empressent aussi de se rendre au sanctuaire de Celle qui est le salut des infirmes. Courbés sous le poids des ans, la tête penchée vers la tombe, ils s'avancent à grande peine, en chantonnant d'une voix chevrotante quelque refrain d'un vieux cantique. Ils viennent demander à l'Étoile de la mer, de les conduire au port, après les avoir aidés à supporter courageusement les fatigues de la vie. Cette Vierge divine est ainsi la Patronne de tous les âges, de ceux qui entrent sur la mer orageuse du monde, comme de ceux qui déjà voient briller à l'horizon les blanches terres de la patrie éternelle.

En même temps, chaque jour, quelque procession des campagnes, s'avançant au chant des cantiques, croix et bannières en tête, ou effeuillant silencieusement les roses du chapelet, se déroule comme une guirlande fleurie sur le penchant des collines, dans les chemins boisés, sur les crêtes arides des dunes de sable, et fait monter au pied du trône de Marie cette prière publique et collective qui a tant d'empire sur son cœur. En rencontrant ces dévotes processions, le voyageur, l'homme oisif et distrait, le touriste avide de voir, retrouve le moyen-âge, et les pompes rustiques esquissées par Châteaubriand. Dans sa surprise et dans la sincérité de son émotion, il essuie une larme involontaire et s'écrie : « On a beau dire, je n'ai jamais rien vu de si touchant. » Et parmi tout ce peuple, aux mains calleuses, à la figure hâlée par le soleil d'août, quelle foi ! quel recueillement ! quel sentiment profond de l'acte qu'il accomplit ! La plupart arrivent à jeûn, suivant la coutume des pèlerins ; tous entendent la Messe, célébrée par le curé de leur paroisse ; plusieurs communient ; puis ils s'en retournent à leurs travaux, confiants dans l'avenir, rassurés sur le sort des personnes qui leur sont chères, emportant une bénédiction qui les suit au sein de leur chaumière, et qui y fait régner le contentement, l'allégresse et la paix.

En 1853, les paroisses de Saint-Martin-Boulogne, Le Portel, Equihen, Pernes et Conteville, La Capelle, Wimille, eurent avec celles de Boulogne, l'honneur de rétablir la tradition interrompue des pèlerinages processionnels. Le nombre en fut augmenté l'année suivante, 1854, pendant laquelle, outre les paroisses précédemment nommées, on vit venir Outreau, Baincthun, Condette et Hesdigneul, Saint-Étienne, Saint-Léonard et Echinghen, avec d'assez considérables députations de Wirwignes et de Fiennes. En 1855, Hesdin-Labbé et Isques, Alincthun et Bellebrune,

Colembert et Nabringhen, Le Wast, Rinxent et Hydrequent, Caffiers, Audinghen et Tardinghen prouvèrent que le mouvement s'étendait de proche en proche, et que bientôt le pays entier en subirait l'influence. En 1856, Wierre-Effroy et Hesdres, Wierre-au-Bois et Questrèques, Belle-et-Houllefort, Cremarest, Samer, Le Courgain de Calais et Saint-Pierre-lès-Calais, franchissaient des distances considérables, au milieu de mille difficultés, pour venir s'associer aux éclatantes manifestations dont Notre-Dame de Boulogne était l'objet. C'était la quatrième année du pèlerinage, et déjà vingt-cinq curés représentant un ensemble de trente-deux communes avaient conduit en procession à l'église de Notre-Dame, les fidèles confiés à leur sollicitude.

L'année 1857 doubla ce nombre ; car, aux paroisses dont les noms ont été signalés ci-dessus, se joignirent celles de Beuvrequen et Offrethun, Marquise, Ambleteuse, Audresselles, Bazinghen, Notre-Dame de Calais, Desvres, Longfossé et Courset, Bournonville, Selles et Brunembert, Menneville et Saint-Martin-Choquel, Henneveux, Licques, Neufchâtel, Verlincthun et Nesles, Tingry et Lacres, Carly, Étaples, Attin et Beutin, Cormont, Hubersent, Frencq, Longvilliers.

Mgr l'Évêque d'Arras, de Boulogne et de Saint-Omer, a encouragé par sa présence et par sa bénédiction pastorale cet unanime élan de la foi chrétienne. En 1854 et en 1857, puis en 1858, 1859 et 1861, Sa Grandeur voulut assister aux fêtes de Notre-Dame ; et Elle en a célébré les splendeurs dans un mandement spécial, daté du 2 septembre 1857. Le cœur de l'Évêque et du Pasteur y surabonde de joie ;

les félicitations y éclatent en brûlantes paroles; et toutes les chaires du diocèse ont répété, le jour de la Nativité de la sainte Vierge, l'éloge des pèlerins de Notre-Dame, et la glorification d'un sanctuaire où Marie exerce la plus suave et la plus invincible attraction. Après avoir parlé de « la vertu divine » qui est attachée à certains lieux, par une force mystérieuse dont l'inexplicable efficacité attire les individus et les peuples, Mgr Parisis s'écrie : « Qu'est-ce donc
« qui, durant plusieurs années, a fait venir à Bou-
« logne, chaque jour, avec tant d'ordre et de spon-
« tanéité, toutes les paroisses environnantes, même
« celles qui sont situées à de longues distances,
« même celles dont les habitudes religieuses ne sont
« pas complètes; qu'est-ce qui les a fait venir, à
« pieds, à jeûn, malgré l'urgence des travaux cham-
« pêtres, malgré ce surcroît de fatigues, et sans au-
« cun avantage temporel quelconque? Ils sont venus
« sans aucune pensée curieuse, sans aucune velléité
« de jouissances matérielles; ils sont venus, parce
« qu'ils ont pensé que Marie accueillait particulière-
« ment les vœux exprimés dans ce sanctuaire, et
« parce qu'une certaine force d'attraction s'était fait
« sentir en eux. Ils sont venus pour Marie seule; ils
« ont traversé la brillante cité sans la voir, ils l'ont
« quittée sans l'avoir vue; mais ils ont emporté avec
« eux et ils répandront autour d'eux la douceur des
« parfums qui les avait attirés. » Le 16 août 1858, le Pasteur lui-même, à la tête de son troupeau, avec les représentants du chapitre et les paroisses de la ville épiscopale, a voulu faire le pèlerinage de Notre-Dame. Il composa une prière qui fut distribuée au moment du départ; car c'était un véritable voyage

de piété, commencé par la prière et continué au chant des cantiques les plus variés :

« Mon Dieu, disaient les pèlerins, ma vie est un
« voyage dont seul vous avez déterminé le point de
« départ, mais dont votre possession éternelle est le
« but que je dois atteindre, avec le secours de votre
« grâce, par mon obéissance à vos saints commande-
« ments, selon la vocation que vous m'avez choisie
« dans votre adorable sagesse.

« O Seigneur, vous qui êtes toute lumière et toute
« puissance, éclairez-moi ; soutenez-moi dans ce
« voyage vers l'éternité, afin que je m'éloigne tou-
« jours des sentiers de l'erreur et du vice, et que je
« marche constamment dans le chemin du devoir et
« de la vertu !

« Et vous, ô Marie, Mère de miséricorde, vers qui,
« du fond de cette vallée de larmes, nous élevons
« avec tant de confiance nos gémissements et nos
« vœux, agréez ce pèlerinage que nous entreprenons
« pour vous honorer et vous bénir dans un de vos
« sanctuaires privilégiés, protégez-nous dans le che-
« min, exaucez-nous, quand, à vos pieds, nous vous
« demanderons les grâces dont nous avons besoin
« pour nous et pour ceux qui nous sont chers, et
« que votre accueil maternel soit aujourd'hui même
« le gage de celui que vous nous ferez au dernier
« jour, quand vous nous recevrez dans vos bras pour
« nous introduire dans la félicité des Saints. Ainsi
« soit-il. »

Arrivé dans l'église de Notre-Dame, Mgr Parisis laissa déborder son cœur dans une prière qui était une consécration de la ville d'Arras à Notre-Dame de Boulogne. Il s'abandonna, dans une courte improvisation, aux demandes que son zèle lui faisait former pour ses diocésains, pour ceux qu'il avait conduits au pied de la Madone, pour ceux qui avaient regretté de ne pouvoir s'unir aux pèlerins, pour ceux qui ne pratiquaient pas une religion à laquelle nous devons des joies si pures.

Le lendemain, 17 août, Monseigneur officia pontificalement, entouré d'un nombreux clergé, tandis que la maîtrise de la cathédrale exécutait avec beaucoup d'ensemble et de précision, une belle messe de M. le chanoine Planque.

Les processions des paroisses rurales continuèrent cette année avec autant d'entrain que les années précédentes. Les nouveaux venus, Wissant, Halinghen et Widehen, Maninghen-Wimille et Wacquinghen, Camiers et Dannes, Tubersent, Étréelles, Ferques et Élinghen, rivalisaient de piété, de bonne tenue et d'édification. Ceux qui, jusque-là, avaient hésité, retenus par l'éloignement ou par d'autres difficultés, firent tomber les obstacles et s'empressèrent de venir en 1859. De ce nombre furent Guînes, avec un nombreux cortége, Hermelinghen, Boursin, Hardinghen, Herbinghen et Hocquinghen. La caravane la plus héroïque a été celle d'Hesdin, qui, après avoir voyagé toute une nuit dans de fatigants véhicules, passa une partie de la journée à Boulogne et ne put rentrer au logis que fort avant dans la nuit suivante.

Montreuil, avec les paroisses de son canton, Airon-Notre-Dame et Airon-Saint-Vaast, Berck, Calotterie et la Madeleine, Campigneulles-les-Grandes et Campigneulles-les-Petites, Conchil et Colline, Cucq, Écuire et Beaumerie, Lépine, Merlimont, Nempont et Tigny, Neuville, Saint-Josse et Saint-Aubin, Sorrus, Verton, Waben et Groffliers, Wailly, vint en 1859, 1860 et 1861, par le chemin de fer, et traversa les rues de notre ville en chantant ce pieux cantique :

. . . .
Salut, Vierge bénie,
Dame du Boulonnais,
Qui t'honore et te prie
Ne périra jamais.

Sur la mer en furie
Luttant contre la mort,
Le matelot te prie ;
Tu le conduis au port.
Salut, Vierge bénie,
Dame du Boulonnais,
Qui t'honore et te prie
Ne périra jamais.

Du haut de ta nacelle,
Sur nous jette les yeux,
Ta famille t'appelle,
Marie, entends nos vœux :
Nos pères t'ont priée
Et tu les as bénis.
Patronne bien-aimée
Exauce encor leurs fils.

Depuis lors, de nouvelles recrues se firent dans nos campagnes. Étaples, en 1861, compléta ses rangs par l'adjonction de Bernieulles, de Brexent et Enocq, de Montcavrel, de Recques et Inxent. Ardres envoya une députation de pèlerins ; et deux paroisses de l'ancien Boulonnais, Landrethun-le-Nord et Saint-Inglevert, s'ébranlèrent pour la première fois. C'est un total de près de cent-vingt communes du Pas-de-Calais, qui, depuis 1853 jusqu'en 1861, se sont successivement mises en devoir de se rendre à Boulogne, pour honorer la très-sainte Vierge dans son sanctuaire privilégié. Qui pourrait dire au prix de quelles fatigues, de quelles peines et de quels sacrifices !

Nous n'avons accordé qu'une brève mention à chacune des paroisses qui se font un devoir de renouveler fidèlement chaque année leur pèlerinage à Notre-Dame de Boulogne. Mais, que pourrions-nous dire de l'une, sans avoir à dire la même chose de l'autre? Il y en a, comme Halinghen et La Capelle, plusieurs dont le mobilier processionnel, très-frais et très-varié, a été créé tout exprès pour les processions de Boulogne, sous la direction intelligente d'un curé aussi actif que persévérant. Il y en a, d'un autre côté, qui, comme Étaples et les paroisses du canton de Montreuil, se font remarquer par le déploiement des vieilles richesses de leurs sacristies. Les *reines* de la Vierge s'y distinguent par leurs larges rubans de moire bleue ou rouge, passés en écharpe, et portent avec fierté leurs gros cierges de cire, tout empanachés de fleurs et de plumes. Les membres des confréries défilent sur deux rangs, après avoir jeté sur leur épaule le chaperon blanc ou rouge, dessiné en forme de manipule. Il y en a, comme Le Portel, Equihen, etc., dont la principale gloire est d'amener des pèlerins nombreux, un peuple entier d'hommes recueillis et priants, armée aussi forte contre Satan et le respect humain, qu'elle est intrépide en face de l'ennemi. Chaque procession a son caractère : c'est là ce qui en fait le pittoresque au point de vue de l'art. Mais toutes ont un égal mérite devant Dieu et devant sa très-sainte Mère, parce que toutes sont faites en vue d'obtenir les grâces du ciel. C'est pourquoi l'historien de Notre-Dame doit éviter de donner à quelques-unes d'entre elles un éloge qui convient à toutes.

Disons néanmoins, que les plus méritantes sont celles qui viennent de plus loin. Les préparatifs de ces saintes expéditions ont dû être faits longtemps à l'avance. Il a fallu remettre en état les croix et les bannières. Les *rois* et les *reines* ont acheté des couronnes de fleurs neuves pour orner les cierges d'honneur ; les confréries se sont mises en frais d'oriflammes et de guidons ; les enfants de chœur ont revêtu leurs soutanes rouges, sur lesquelles brillent du plus bel éclat les guipures du surplis romain. Dès l'aube du jour, la population est sur pied ; toutes les voitures sont mises en réquisition ; les grands chariots de ferme, tirés à quatre chevaux, se remplissent de monde ; tous les pèlerins sont parés de leurs habits de fête, et tiennent à la main leurs livres d'heures, ou leur chapelet. On se met en marche : la croix d'argent hissée, comme un pacifique étendard, sur le premier chariot, s'avance radieuse ; et tout ce convoi pittoresque traverse les bourgs et les villages, franchit un espace de plusieurs lieues, par des routes inégales et montueuses. Enfin, aux portes de la ville, on remise les chariots sur la banquette des grandes routes ; puis on déploie les bannières ; les files de la procession s'organisent ; le clergé entonne les litanies de la sainte Vierge, tandis que les fidèles s'unissent aux chants sacrés, ou murmurent les salutations répétées qu'égrène le rosaire. Tels sont les pèlerinages de nos campagnes, à dix lieues à la ronde ; tels sont les spectacles que l'œil du chrétien voit se renouveler tous les ans dans notre ville, depuis 1853.

Ceux qui sont venus ne se lassent point de venir

encore. Tandis qu'une procession se déroule sur la route de Bréquerecque, venant de Condette, de Samer et d'ailleurs; que d'autres s'avancent par la route de Calais, arrivant de Wimille, de Marquise ou de Wierre-Effroy ; une autre descend la colline de Saint-Martin, en frais costumes, en groupes diversement ordonnés, modèle de piété, de calme, de recueillement, conduite par un ange aux ailes d'or, qui montre du doigt le ciel, but final du pèlerinage d'ici-bas.

Il y a des hommes en masse, qui prient sans respect humain, publiquement, sous les yeux d'une ville entière, rangée en haies compactes, le long de ses rues, pour les voir passer; il y a de modestes jeunes filles, vêtues de blanc, qui portent sur leurs frêles épaules de pesants reliquaires et qui soutiennent contre les efforts du vent des bannières étincelantes. Les échos retentissent de l'harmonie des pieux cantiques, entonnés par des voix fraîches et pures, auxquelles succèdent les chants graves des voix mâles et sonores. La bénédiction de Marie se répand, comme une pluie rafraîchissante, sur les pieux fidèles qui prennent part à ces exercices. Pas une paroisse n'est venue à Notre-Dame sans obtenir de très-importants bienfaits religieux, et pour ce monde et pour l'autre. Les cœurs y deviennent plus dociles aux inspirations d'en-Haut ; le zèle pour le bien s'y développe et grandit; le progrès spirituel du règne de Dieu s'y fait sentir d'une manière marquée : le doigt de Dieu est là !

CHAPITRE XXXIII.

Pèlerinages des paroisses de Paris, 1856-1863; — Boulogne-sur-Seine; — Amiens, Abbeville; — Chartres; — Saint-Valery, Rue, les campagnes de la Picardie, etc.; — l'Angleterre et la Belgique; — Notre-Dame de Boulogne en Chine et en Écosse.

Grâce aux étonnantes inventions de l'industrie moderne, il a été donné à notre siècle de voir ce que les anciens n'ont point vu, en fait de rapides voyages, de déplacements faits en masse, et pour ainsi dire instantanés. Dans les siècles passés, pendant les âges de foi, le pèlerin prenait son bourdon et partait pour un lointain pays. Ordinairement il marchait seul, à pied, sur les routes poudreuses, exposé aux ardeurs du soleil et aux rigueurs de la température. Si quelquefois, s'associant à quelques compagnons, il formait une caravane, pour supporter avec moins d'ennui les fatigues du chemin, jamais il n'en réunissait un grand nombre. Aujourd'hui, la vapeur et le chemin de fer transportent, en quelques heures, un millier de pèlerins à soixante lieues de distance, moyennant une dépense légère ; et la piété se réjouit des avantages que lui procure cette admirable création du génie de l'homme.

A M. l'abbé Hanicle, curé de Saint-Séverin, chanoine honoraire de Paris, appartient l'honneur d'avoir pris l'initiative des *trains* de pèlerinages. En 1856, avec la paroisse de Boulogne-sur-Seine, la paroisse de Saint-Séverin envoya six cents personnes aux fêtes de Boulogne-sur-Mer. C'était une touchante et fraternelle rencontre que celle de Boulogne-sur-Seine et de Boulogne-sur-Mer. La mère et la fille se revoyaient, en 1856, unies comme en 1320, dans la même foi, dans le même amour, dans le même culte. Les Parisiens, en 1856 comme en 1320, venaient à Boulogne-sur-Mer ; et pour ceux qui ne pouvaient affronter les fatigues d'un si lointain voyage, il y avait toujours, en 1856 comme en 1320, une succursale de Boulogne, près de Paris, une Notre-Dame de Boulogne-la-Petite, prête à recueillir dans sa nacelle et à porter doucement au port, ceux qui flottent sans boussole sur les vagues du doute.

Plus de cinquante prêtres de Boulogne et des environs attendaient, en habit de chœur, leurs confrères de la capitale, et ont voulu conduire les pèlerins jusqu'à l'église de Notre-Dame. Vers six heures, le train, retardé par un accident arrivé à un convoi de marchandises qui embarrassa la voie sur un point de sa route, entrait dans la gare de Boulogne, au chant du *Magnificat*.

Immédiatement après, la procession des pèlerins s'épanouissait sur nos quais et dans les rues qui conduisent à la cathédrale ; d'abord le suisse de Saint-Joseph, la croix et la bannière de Notre-Dame, puis une cloche offerte par la paroisse de Saint-Séverin, sur un char richement orné, traîné par quatre chevaux que le maître de poste de notre ville avait offerts à cet effet. Puis la bannière de la paroisse de Boulogne-sur-Seine, avec l'image de Notre-Dame dans son bateau traditionnel ; un cœur de vermeil, *ex-voto* de cette paroisse, porté sur un coussin de soie blanche par une jeune fille vêtue de blanc; la bannière de Notre-Dame de Sainte-Espérance, suivie d'une députation de l'Archiconfrérie de ce nom, érigée dans l'église de Saint-Séverin par le digne curé de cette paroisse; enfin plus de quatre-vingts prêtres, en habit de chœur, présidés par MM. les curés de Saint-Séverin et de Boulogne-sur-Seine, précédés du suisse et des acolytes de Saint-Séverin, portant la croix et des flambeaux allumés.

Notre cité s'était levée comme un seul homme, comme au jour de ses plus brillantes fêtes, aussi empressée, aussi nombreuse qu'elle l'était pour assister aux passages des Souverains qui sont venus y visiter la France et l'Empereur. C'était un bien émouvant tableau que celui de cette foule de pèlerins qui montaient la colline de Boulogne, au déclin du jour, sous les yeux d'un peuple attentif et respectueux, debout pour les admirer et les saluer de sa présence.

Les chants sacrés n'ont pas été un seul instant interrompus pendant toute la marche; toutes les cloches de la ville étaient en branle et mêlaient leur joyeuse volée à l'allégresse qui était dans tous les cœurs.

On arrive enfin à la cathédrale; et M. le curé de Boulogne-sur-Seine, après que le chœur des jeunes filles de sa paroisse eut chanté un cantique spécial à Notre-Dame, prononça d'une voix émue l'allocution suivante :

> *Auribus nostris audivimus, patres nostri annuntiaverunt opus quod operatus es :* Seigneur nous l'avons entendu, nos pères nous ont raconté tout ce que vous avez opéré en leur faveur.

« Ainsi s'exprimait le saint Roi-prophète, frappé

« du récit des merveilles éclatantes que le Dieu de
« nos pères avait opérées au milieu d'eux. Or, en
« ce beau jour où le Seigneur, voulant nous donner
« un nouveau gage de sa miséricorde, a dirigé nos
« pas dans cette Cité si célèbre pour sa piété et pour
« les prodiges sans nombre dont elle a été l'heureux
« théâtre, ne sommes-nous pas en droit de nous écrier
« avec le même prophète : Ce que nous avons en-
« tendu raconter, nous l'avons vu nous-mêmes dans
« la cité du Dieu des vertus, dans la cité de notre
« Dieu : *Sicut audivimus, sic vidimus in civitate Do-*
« *mini virtutum, in civitate Dei nostri.*

« Quelle est en effet pour nous, mes frères, la Cité
« de Dieu, sinon celle que Jésus-Christ a fondée sur
« la terre, et par conséquent ne pouvons-nous pas
« considérer comme une des plus imposantes métro-
« poles ce temple auguste élevé en l'honneur de la
« Reine du ciel et de la terre, à notre commune Pa-
« tronne, par le zèle infatigable d'un saint prêtre,
« qui avait choisi Dieu seul pour son architecte et
« pour son conseil. C'est donc à ce temple magnifique
« que je ne craindrai pas d'appliquer encore ces
« autres paroles du prophète : Oui, il est célèbre ce
« temple, et déjà on en publie les merveilles, je ne
« dirai pas seulement dans notre France, mais dans
« toutes les régions catholiques : *Gloriosa dicta sunt*
« *de te.*

« Nous tous qui avons le bonheur d'y être ras-
« semblés aujourd'hui, entrons donc dans les mêmes
« extases d'allégresse, et écrions-nous avec David :
« *Lætatus sum in his*, en répétant de concert : Hon-
« neur, actions de grâces au génie vraiment sacer-
« dotal, à ce nouveau Salomon qui en a conçu et si

« heureusement exécuté le plan. Mais, mes frères, ce
« qui doit nous rendre, à nous surtout enfants de
« Notre-Dame de Boulogne-sur-Seine, ce superbe
« édifice et plus précieux et plus cher encore, c'est
« qu'il est le nouveau sanctuaire de notre Mère, de
« notre Patronne spéciale, de cette bien-aimée Suze-
« raine qu'il nous est si doux de vénérer en ce mo-
« ment, et d'invoquer dans le lieu même qu'elle s'est
« miraculeusement choisi pour y manifester les mille
« et mille prodiges de sa puissance et de sa bonté.

« Ne nous contentons donc pas de rétablir aujour-
« d'hui par notre pèlerinage, de pieux rapports, de
« séculaires liens de famille, déposons aux pieds de
« notre bonne Mère le faible tribut de nos prières et
« de notre amour filial. Déjà je vois dans un prochain
« avenir le Seigneur lui donner pouvoir de surpasser
« par de nouveaux bienfaits tous ceux qu'ont reçus
« d'Elle nos ancêtres. Déjà je vois ce temple devenu
« le canal des grâces et des bénédictions les plus sa-
« lutaires et les plus abondantes.

« Oui, puissante et miséricordieuse Patronne, vous
« vérifierez ce présage! Du haut de ce dôme majes-
« tueux où vous êtes attendue avec une si sainte im-
« patience, vous promènerez vos regards tutélaires
« sur la France, et dans votre immense miséricorde
« vous les abaisserez aussi sur ce sol voisin qui autre-
« fois mérita le titre glorieux de patrie des saints.
« Vous penserez surtout à nous, vos petits enfants de
« Boulogne-sur-Seine : et c'est dans cette intime con-
« fiance que nous vous prions humblement d'agréer
« cet emblème de l'amour et de la reconnaissance
« dont nos cœurs sont pénétrés pour vous. »

Après cette prière, M. le curé de Boulogne déposa

sur l'autel *l'ex-voto* de ses paroissiens, un cœur de vermeil entouré de rayons, sur lequel on lit :

ALMÆ VIRGINI BOLONIÆ PROPE MARE
SODALES
ALMÆ VIRGINIS BOLONIÆ PROPE
PARISIOS HOCCE AMORIS
PIGNVS SACRA IN PEREGRINATIONE
VII KAL SEP^T MDCCCLVI
DDD

C'est-à-dire : « A Notre-Dame de Boulogne-sur-Mer, la Confrérie de Notre-Dame de Boulogne-près-Paris a offert ce gage d'amour, dans son pèlerinage de piété, du 26 août 1856 ».

Un cœur d'or, sur lequel est représentée une locomotive, a été offert par la paroisse de Saint-Séverin. On y lit :

MÉMORIAL DU RÉTABLISSEMENT SOLENNEL
DES ANCIENS PÈLERINAGES DE PARIS
A NOTRE-DAME DE BOULOGNE-SUR-MER
EFFECTUÉ EN CHEMIN DE FER
LE 26 AOUT 1856.

Le salut a été chanté par M. le curé de Boulogne-sur-Seine : ensuite les pèlerins se sont séparés, afin d'aller prendre une demeure pour la nuit, les uns dans les hôtels, où l'on avait retenu des lits pour eux, les autres, et c'est le plus grand nombre, dans les maisons particulières, où l'on s'est fait une fête de les recevoir. L'un d'eux nous disait : « Je n'aurais jamais cru assister en plein XIXe siècle à une pareille scène du moyen-âge, ni voir se vérifier, si à la lettre, cette parole de saint Paul, *hospitalitatem sectantes* ».

Le 27, pendant la messe du matin, une communion générale des pèlerins de Paris (plus de cinq cents), est venue prouver combien ce voyage avait un caractère franchement religieux, combien le pèlerinage avait eu pour but l'inspiration de la foi, et non une vaine recherche de distraction et de plaisir.

Ces pèlerinages de la capitale se continuèrent les années suivantes. En 1857, Saint-Sulpice et Saint-Jacques du Haut-Pas ; en 1858, Saint-Sulpice, Saint-Laurent, Notre-Dame des Champs et Saint-Gervais ; en 1859, Saint-Ferdinand des Ternes ; en 1860, une députation de diverses paroisses ; en 1861, Saint-Roch, Notre-Dame des Victoires, Saint-Sulpice, Saint-Maur des Fossés ; en 1862, Saint-Sulpice, Saint-Gervais, Notre-Dame des Champs, Saint-Joseph du Temple et Saint-Maur ; en 1863, Saint-Étienne du Mont, Saint-Joseph du Temple, Saint-Ferdinand des Ternes, Saint-Jean-Saint-François, Saint-Maur des Fossés ; et chaque année toujours Saint-Séverin, formant le noyau principal de ces saintes caravanes ; voilà ce qu'aucun pèlerinage de France ne peut inscrire dans ses annales.

« Paris, disait Mgr Parisis en 1857, Paris, cette
« ville sans rivale, cette capitale superbe qui domine
« tout et que rien ne domine, qui exerce sur le monde
« entier son influence souvent redoutée, et qui prétend
« bien ne subir l'influence de qui que ce soit, Paris
« a librement subi l'influence de ce sanctuaire ina-
« chevé. Paris, qui s'indignerait à la pensée d'être
« tributaire d'aucune puissance humaine, a voulu

« payer son tribut d'hommages à Notre-Dame de
« Boulogne.

« Oui, ils sont venus, ces nobles pèlerins de la
« grande capitale, ils sont venus séparément ou en
« famille; les autres, et ce fut le plus grand nombre,
« par agglomérations imposantes; ils sont venus, et
« quel spectacle ils ont offert à leur entrée parmi
« nous! Ah! laissez-nous, N. T. C. F., vous raconter
« ces détails qui semblent appartenir à un autre âge.

« Deux fois entr'autres, nous les avons vus portés
« par des convois spéciaux, comme on le dit dans le
« langage moderne, parce qu'en effet nul autre que
« des pèlerins de Notre-Dame n'y avait été admis.
« Toutes les administrations particulières et publiques
« s'étaient prêtées avec le plus gracieux empres-
« sement à leurs pieux désirs, et nous, pasteur des
« âmes, nous étions là pour les recevoir; et, lorsque,
« sous le souffle de la vapeur, cette longue suite de
« maisons roulantes entra dans la vaste enceinte où
« se terminait leur course, une masse de voix salua
« leur arrivée par le chant sublime qui fut autrefois
« celui de l'extase de la Vierge-Mère : « Mon âme
« glorifie le Seigneur », *Magnificat anima mea Do-*
« *minum.*

« Oh! quels furent l'étonnement et l'émotion de
« ces pieux visiteurs! Que de larmes nous avons vues
« en ce moment jaillir involontairement des yeux! O
« frères bien-aimés, comme nous sentions alors que,
« sans vous connaître pour la plupart, nous vous
« aimions d'un amour qui surpasse tout sentiment
« humain!

« Et cependant, voilà que cette immense multitude
« descend, et au lieu de la confusion tumultueuse

« qui règne toujours en ces circonstances, parce que
« la foule est ordinairement partagée par les préoc-
« cupations de mille affaires diverses, voilà que tous
« se mettent en marche dans un ordre tout religieux,
« en poursuivant les chants sacrés et en portant
« chacun avec une simplicité courageuse l'humble
« paquet de voyage ; et tous se dirigent d'un même
« pas vers le même point, le sanctuaire de Notre-
« Dame ; tant il est vrai que seul il était pour tous
« l'unique but du déplacement et l'unique force
« d'attraction.

« Mais ce n'est pas tout, et il y a peut-être dans
« ce que nous allons dire quelque chose de plus tou-
« chant encore. Ils arrivent donc ces milliers de pè-
« lerins sous les voûtes du temple, ils s'agenouillent,
« ils saluent la Vierge pleine de grâce ; ils écoutent
« l'homme de Dieu qui leur offre, au nom de Marie et
« au nom de nous tous, des félicitations émues et des
« vœux sympathiques, ils reçoivent la bénédiction du
« Saint des saints ; puis ils se retirent.

« Mais où iront-ils prendre le repos de la nuit,
« dans cette ville qui leur est tout-à-fait étrangère,
« et qui, regorgeant partout d'hôtes à recevoir, se
« trouvait alors comme fut autrefois Bethléem, quand
« il en a été dit : *Non erat eis locus in diversorio* [1] ?
« Bons pèlerins, ah ! vous êtes les soldats volontaires
« de Celle qui est comparée à une armée rangée en
« bataille. Vous aussi, vous recevrez comme une sainte
« consigne l'indication écrite de la demeure qui vous
« est assignée : vous vous y rendrez sans la connaître,

---

1. Luc, II, 37. « Il n'y avait point de place pour eux dans les hôtelleries. »

« avec la sécurité de la confiance et la résignation de
« l'humilité chrétienne.

« Et tous, en effet, quels que fussent leur sexe ou
« leur rang social, tous s'y sont rendus avec une naïve
« joie, et le lendemain dès l'aurore tous venaient de
« nouveau saluer la divine Reine dans son palais de
« prédilection : ils chantaient ses louanges, ils rece-
« vaient le corps immolé de son adorable Fils, ils
« entendaient la parole du salut, de la bouche des
« hommes apostoliques qui, pendant ces saints jours,
« la distribuaient à tous et surtout à tous les nouveaux
« venus, sans interruption et sans mesure... Puis,
« quand ces chers pèlerins avaient achevé le tribut
« de leur hommage, en épanchant leur cœur et en
« réjouissant leur foi, quand ils avaient bien recom-
« mandé à Notre-Dame de Boulogne et leurs affaires
« de ce monde et leurs intérêts éternels, quand ils
« avaient bien remis en ses mains souveraines, tout
« ce qu'ils possèdent, tout ce qu'ils aiment, tout ce
« qu'ils sont, ils repartaient eux aussi pour la plu-
« part, sans avoir vu ni la beauté des sites, ni l'élé-
« gance des rues, ni la prospérité florissante de la
« cité ; mais en remportant la douce assurance que
« Marie leur serait de plus en plus propice, parce
« qu'ils avaient obéi à l'invitation de ses mystérieux
« attraits, en venant l'honorer et l'invoquer dans
« un des lieux qu'elle a plus particulièrement
« adopté. »

Telles sont les paroles par lesquelles le premier
pasteur du diocèse a voulu lui-même raconter à la
postérité les merveilles dont Boulogne a été le théâtre
en 1857. Depuis lors, les mêmes splendeurs se sont
déroulées dans nos murs ; et, loin de décroître, le

religieux enthousiasme qui fait entreprendre ces saintes excursions n'a fait qu'augmenter de jour en jour.

Bientôt, les villes et les villages, qui se sont échelonnés sur le parcours du chemin de fer de Boulogne à Amiens, ont suivi l'impulsion de la capitale. Déjà, en 1855, Amiens avait envoyé une de ses confréries se mêler au pèlerinage de nos campagnes. En 1857, nous eûmes une nombreuse députation d'Abbeville. L'élan était donné. Le 24 mai 1858, on vit entrer dans la ville une procession de deux mille cinq cents personnes qui arrivaient d'Amiens, sous la conduite de MM. les curés de Saint-Germain et de Sainte-Anne, accompagnés de beaucoup d'autres ecclésiastiques. Le 7 juillet suivant, les populations des cantons de Picquigny, d'Hangest et de Vignacourt, suivaient cet exemple. Le 22 août, les cinq paroisses d'Abbeville, savoir Saint-Wulfran, Saint-Sépulcre, Saint-Jacques, Saint-Gilles et Saint-Paul, s'unissaient pour accomplir avec ensemble ce qui n'avait été que commencé l'année précédente.

En cette même année 1858, on vit un spectacle non moins extraordinaire et non moins touchant, c'était Chartres qui venait en pèlerinage à Boulogne-sur-Mer : Chartres, la ville favorisée de Marie, avec son sanctuaire druidique de *Nostre-Dame de Soubsterre*, a voulu rendre un hommage de pieuse confraternité *à Notre-Dame de sur Mer*. Le 13 septembre, quarante-quatre prêtres, quelques membres de la Conférence de Saint-Vincent de Paul, plusieurs élèves de l'institution Notre-Dame, une députation des sœurs de Saint-Paul et une foule d'hommes et de femmes, composée d'environ 150 personnes, partit de Chartres sous la conduite de M. l'abbé Brière, après avoir entendu la messe dans la chapelle de Sous-Terre, et arriva à Boulogne, vers dix heures du soir. Ces pèlerins, qui avaient traversé en un jour cent lieues de pays, furent reçus avec enthousiasme, et conduits à la lueur des torches, au milieu de la ville qui était tout illuminée à l'occasion d'un concours de musique; et quand ils arrivèrent à la cathédrale, un feu d'artifice étincelait au-dessus de leurs têtes en gerbes d'étoiles de mille couleurs. Chartres et Boulogne! quel poème en l'honneur de la Reine des cieux! Quels souvenirs, et quel résumé de ses miracles et de ses miséricordes!

On devait, cette année-là, marcher de surprise en surprise. A peine les pèlerins de Chartres avaient-ils repris le chemin des plaines de la Beauce, que Saint-Valery-sur-Somme envoyait une procession de trois cents personnes prier devant l'autel de Notre-Dame (16 septembre).

Ce n'était rien pour la Picardie d'avoir fait ces premiers pas; elle voulut revenir chaque année. Au lieu des trois cents pèlerins de 1858, Saint-Valery en a versé dans notre ville vingt-cinq wagons en 1859. Depuis lors, Abbeville s'est également surpassé; Amiens a renouvelé son pèlerinage; Domart, Airaines, Longpré, Bettencourt, Flixecourt, Ailly, Rue, ont ajouté leurs noms à la liste déjà si imposante des habitués de Notre-Dame de Boulogne.

« Que dire maintenant des nations voisines, s'écriait
« Mgr Parisis en 1857; que dire de la Belgique et de
« l'Angleterre, qui de si loin ont également envoyé
« leurs députations à ce bienheureux sanctuaire? Que
« dire? sinon que le prodige s'accroît avec la distance

« des lieux, et que toutes les rivalités et les nuances
« des nationalités disparaissent dans l'unité de notre
« foi catholique et dans l'amour de notre commune
« Mère. »

C'est que Notre-Dame de Boulogne a reçu les hommages d'un grand nombre de pèlerins étrangers. Sans parler des conférences de Saint-Vincent de Paul, de Manchester, d'Ypres et de Gand, qui envoyèrent une députation aux pèlerinages de 1859 ; ni des pèlerins qui sont venus isolément, à diverses époques, de tous les pays du monde, il y a eu un pèlerinage anglais expressément organisé en 1857 ; et, le 21 août 1858, à sept heures du soir, un pèlerinage de quarante prêtres et de vingt laïques, venus de Gand, de Bruges et de Namur, montait de la gare à l'église, en récitant à haute voix le chapelet, au milieu d'une pluie torrentielle.

Il ne faut pas s'étonner de voir que ces grandes manifestations religieuses soient récompensées par d'insignes faveurs. En 1856, une jeune fille de Montmorency, âgée de quatorze ans, était, depuis quatre-vingt-douze jours, couchée sur un lit de douleur, par suite d'une fièvre typhoïde, compliquée d'une autre maladie. Cette pauvre enfant, pliée en deux par la violence du mal, ne pouvant se redresser, ni étendre la jambe droite, avait été abandonnée des médecins et on lui avait administré les derniers sacrements. Le mal empirait chaque jour : une neuvaine, qu'on fit à Notre-Dame des Victoires, n'ayant amené aucune amélioration dans l'état de la malade, on se résignait au douloureux sacrifice de la voir partir de ce monde, lorsqu'on annonça le pèlerinage des Parisiens à Notre-Dame de Boulogne.

Le père de l'enfant voulut s'y rendre, accompagné de quelques membres de sa famille. En partant, il dit à sa femme : « Mon amie, je pars ; mais ce n'est pas pour mon plaisir, je veux faire ce voyage en véritable pèlerin, pour adresser une bonne prière à la sainte Vierge afin d'obtenir la guérison de notre chère enfant. »

A peine ce père affligé touchait-il aux confins du Boulonnais, qu'une révolution s'opère dans le corps de sa fille. Un craquement se fait entendre, une poche ulcéreuse se déchire, l'enfant s'écrie : « Je suis guérie, qu'on m'habille ! » Aussitôt elle se lève et se met à marcher parfaitement droite.

Quand le surlendemain, son père fut revenu du pèlerinage, il la trouva convalescente, faible encore, mais allant de mieux en mieux, heureuse de sa guérison qu'elle attribue à la sainte Vierge et que les médecins trouvent merveilleuse [1].

Dans le pèlerinage de Belgique, dont il vient d'être fait mention, un pauvre curé de paroisse obtint de la sainte Vierge une grâce non moins importante. Mgr l'Évêque de Gand a daigné lui-même nous en adresser le récit en ces termes : « N'oubliez pas dans
« la 2ᵉ édition de cet ouvrage, de dire que c'est à
« Notre-Dame de Boulogne que la plus pauvre pa-
« roisse de Gand est redevable de la nouvelle église
« qu'elle construit en ce moment. En effet, c'est pen-
« dant que le curé de Saint-Jean-Baptiste faisait le
« pèlerinage de Boulogne, pour recommander sa pa-
« roisse à Celle qui avait si bien assisté Mgr Haffein-
« gue, qu'un noble et fervent chrétien de la ville de

---

1. Voyez, pour plus de détails, la *Relation circonstanciée du pèlerinage de piété de Paris à Boulogne-sur-Mer*, in-12, 1856.

« Gand prit la résolution d'offrir 50,000 francs pour
« aider à construire l'église de Saint-Jean-Baptiste.
« M. le curé apprit cette bonne nouvelle à son retour
« de Boulogne, et se mit résolument à l'œuvre. Main-
« tenant les fonds sont faits ; les plans et devis,
« montant à 140,000 francs, sont approuvés, et les
« travaux ont commencé au mois de novembre der-
« nier (1860). Grâces en soient rendues à Notre-
« Dame de Boulogne ! »

Ce que Notre-Dame de Boulogne a fait pour ses pèlerins de Gand, elle le fait, suivant la nature diverse des besoins, pour tous ceux qui lui témoignent une confiante dévotion. Il n'est pas possible de savoir le nombre des grâces secrètes, des faveurs particulières, des secours inconnus qu'elle accorde à la piété de ceux qui l'invoquent. Les marins sur les flots ressentent les bienfaits de sa puissance ; les laboureurs voient leurs moissons plus florissantes ; les infirmes obtiennent le soulagement de leurs souffrances ; les pécheurs reprennent les habitudes de la vertu ; et les dévoyés quittent les sentiers de l'erreur, pour rentrer dans les voies de la vérité. Qui pourra jamais savoir le nombre des convertis, pour lesquels Notre-Dame de Boulogne a été le phare du salut ? Qui redira jamais tous les miracles inespérés qui se font chaque jour dans les âmes sous l'influence de la Patronne bénie de nos contrées ? Qui pourrait compter les rayons du soleil, et connaître le détail de tout ce qui germe et de tout ce qui se féconde, à la lumière bienfaisante de cet astre incomparable ?

Les évêques des contrées lointaines recommandent à Notre-Dame de Boulogne les intérêts spirituels de leurs troupeaux. Au pied de son autel sont venus s'agenouiller LL. Em. le cardinal Wiseman, archevêque de Westminster, et le cardinal Villecourt, ancien évêque de La Rochelle; LL. GG. Mgr Regnier, archevêque de Cambrai; Mgr Errington, archevêque de Trébizonde; Mgr Cullen, archevêque de Dublin; Mgr Dixon, archevêque d'Armagh; Mgr Maddalena, archevêque de Corfou; Mgr Purcell, archevêque de Cincinnati; Mgr Spaccapietra, et Mgr English, successivement archevêques de Port-d'Espagne; Mgr Walsh, archevêque d'Halifax; Mgr Mioland, évêque d'Amiens; Mgr Boudinet, l'un de ses successeurs sur le même siége; Mgr de Garsignies, évêque de Soissons; Mgr Dufêtre, évêque de Nevers; Mgr de Dreux-Brézé, évêque de Moulins; Mgr Plantier, évêque de Nîmes; Mgr Delebecque, évêque de Gand; Mgr de Montpellier, évêque de Liége; Mgr Ullathorne, évêque de Birmingham; Mgr Morris, évêque de Troie; Mgr Amherst, évêque de Northampton; Mgr Brown, évêque de Niewport et Saint-David; Mgr Bacon, évêque de Portland; Mgr Brady, évêque de Perth; Mgr Mac Nally, évêque de Clogher; Mgr Moriarty, évêque de Kerry et Aghadon; Mgr Gillis, évêque de Limira, vicaire apostolique d'Edimbourg; Mgr Rappe, évêque de Cleveland; Mgr de Goesbriand, évêque de Burlington; Mgr de Charbonnel, évêque de Toronto; Mgr Forcade, évêque de la Guadeloupe, et Mgr Porcher, évêque de la Martinique; Mgr Pallegoix, évêque de Mallos, vicaire apostolique de Siam; Mgr Vérolles, évêque de Colombica, vicaire apostolique de Mandchourie, et plusieurs autres dont on n'a pas recueilli les noms; tous ont voulu célébrer le saint-sacrifice sur l'autel de Notre-Dame.

Les missionnaires qui passent viennent y mettre

leurs travaux sous la protection de Marie. Au mois de mars 1861, huit religieux s'embarquaient à Boulogne, pour se rendre en Chine. Notre-Dame de Boulogne fut choisie par eux comme pilote, pendant le long et périlleux voyage qu'ils entreprenaient. Pour faire le mois de Marie, ils attachaient son Image au mât du navire, avec cette inscription :

> Partout les sanctuaires,
> Sont couronnés de fleurs ;
> Nous, pauvres missionnaires,
> Nous te donnons nos cœurs.

Les exercices de ce mois de bénédiction se terminaient par l'invocation boulonnaise, *Patrona nostra singularis*. Aussi la bienheureuse Vierge se plut-elle à récompenser la foi de ses serviteurs, en les sauvant d'une horrible tempête qui mit le navire en danger. Une lettre écrite par ces missionnaires nous apprend qu'en reconnaissance, ils se proposaient de bâtir à Woosang, province de Shang-Haï, une église sous le vocable de Notre-Dame de Boulogne.

Quelle merveilleuse extension reçoit donc notre pèlerinage ! Voilà Notre-Dame de Boulogne de Chine, après Notre-Dame de Boulogne de Naples, et Notre-Dame de Boulogne de Paris ! Bien plus, il y a une Notre-Dame de Boulogne d'Écosse, dans la ville de Leith, près d'Edimbourg. C'est une très-ancienne fondation qui se perd dans la nuit des temps, et dont les armoiries de cette ville [1] conservent seules le souvenir. Mgr Gillis, à qui nous devons ces détails, s'occupait, en 1862, d'obtenir des indulgences du Saint-Siége pour aider au rétablissement de cette dévotion.

---

1. Elles représentent une Notre-Dame avec l'Enfant-Jésus dans ses bras, *debout dans une barque sur la mer*.

Il avait déjà bâti depuis quelques années, dans cette ville, une grande église dédiée à Notre-Dame, sous le titre d'Étoile de la Mer, et il y avait tout récemment établi une maison d'Oblats de l'Immaculée Conception de Marseille. La restauration du culte de Notre-Dame, aboli, depuis la Réforme, sur la terre poétique de Marie Stuart, est un événement bien propre à faire apprécier aux Boulonnais l'importance du sanctuaire qu'ils ont si admirablement relevé de ses ruines. Puissent-ils ne jamais oublier que Notre-Dame est le plus précieux fleuron de leur couronne!

CHAPITRE XXXIV.

Station annuelle de Notre-Dame; — pèlerinage de LL. MM. l'Empereur et l'Impératrice en 1853; — cloches offertes et bénites en 1854; — fêtes en l'honneur de l'Immaculée Conception; — le colonel Dupuis lègue sa croix de commandeur à Notre-Dame; — autres dons et offrandes.

Depuis quelques années, une station est ouverte le jour de l'Assomption et se continue pendant quinze jours, en faveur des nombreux étrangers qui visitent, à cette époque, la ville de Boulogne. Commencées d'abord, dans la chapelle de Notre-Dame, et sous le dôme, avec une assemblée assez restreinte, en 1848, par le R. P. Lefebvre, et en 1849 par le R. P. Humphry, de la Compagnie de Jésus, ces stations se développèrent en 1850 sous la parole philosophique de M. l'abbé Théodore Ratisbonne. En 1851, M. l'abbé Duquesnay, homme d'une éloquence mâle et persuasive, et en 1852, le T. R. P. Ambroise, des Capucins de Chambéry, attirèrent au pied de la chaire de Notre-Dame un auditoire remarquable. En 1853, une grande foule s'y pressait pour entendre le R. P. Carboy, prêtre de la Miséricorde. Le succès de l'orateur fut tel qu'on le rappela en 1854, pour continuer l'œuvre de salut qu'il était venu entreprendre. Il fallut alors agrandir l'enceinte, ou plutôt descendre dans la nef, pour que la parole sainte pût être recueillie par un auditoire plus nombreux. En 1855, les RR. PP. Rédemptoristes lui succédèrent. Après eux, le R. P. Lavigne, de la Compagnie de Jésus, prêcha les trois stations successives de 1856, 1857 et 1858. En 1859, la ville de Boulogne eut l'honneur d'entendre le R. P. Félix, de la même Compagnie. L'année 1860 fut donnée aux RR. PP. Dominicains, Henriot et Manuel, à la tête desquels était le R. P. Souaillard. En 1861, M. l'abbé Codant, du clergé de Versailles, vint soutenir dignement la difficulté de succéder à ces illustrations de la chaire catholique. La station de 1862 fut prêchée par les PP. Carboy et Vernhet, de la Miséricorde, et celle de 1863 par les RR. PP. Elysée, Hippolyte et Alphonse, de la maison des Carmes de Saint-Omer.

Ces stations de Notre-Dame ont produit un bien immense. La foi des faibles s'y est raffermie ; les mauvais y ont appris à devenir meilleurs ; ceux qui ne connaissaient pas la foi catholique en ont appris les beautés, les consolations et la nécessité. Beaucoup de protestants y ont été frappés par les rayons de la grâce divine et sont rentrés dans le sein de l'Église.

C'est l'époque ordinaire des pèlerinages, l'église alors s'ouvre au culte ; les ouvriers cessent d'y faire retentir le marteau ; on n'y entend plus les cris de la scie stridente, et des travailleurs qui se hêlent. Tout y devient paisible. La foule s'y porte à l'envi pour assister aux saints offices sur l'autel provisoire. LL. MM. l'Empereur et l'Impératrice l'ont visitée dans cet état, le 27 septembre 1853, lorsqu'elles ont adressé à Notre-Dame de Boulogne leurs prières, au pied de l'autel où Louis XI a fait son hommage. Le chef de l'État connaissait l'œuvre de persévérance et de foi que M. l'abbé Haffreingue a entreprise.

Lorsque le clergé, sous la conduite de M. l'abbé Lecomte, lui fut présenté, l'Empereur demanda aussitôt, à plusieurs reprises : « Où est M. l'abbé Haffreingue ? Je désire le voir et lui parler ». Quand ce respectable prêtre se trouva devant S. M., l'Empereur lui dit : « Monsieur l'abbé, comment avez-vous eu le
« courage d'entreprendre une œuvre aussi considé-
« rable ! Il est vrai que la foi qui transporte les mon-
« tagnes fait aussi construire des églises : Je vous
« promets de vous aider de tout mon pouvoir. » —
« Sire, répondit M. Haffreingue, je remercie vivement Votre Majesté de l'intérêt qu'Elle porte à l'église de Notre-Dame de Boulogne. Je serais heureux qu'Elle voulût bien nous faire l'honneur de visiter l'édifice. » L'Empereur le promit, et il tint parole le jour même.

En revenant de la colonne, LL. MM. entrèrent dans l'église de Notre-Dame, sans y être sitôt attendues. Les barrières qui fermaient le sanctuaire furent écartées à la hâte, et, tandis que l'on courait prévenir M. l'abbé Haffreingue, LL. MM. s'agenouillèrent sur les prie-dieu qui leur avaient été préparés dès le matin, et adressèrent leur prière à la Patronne de Boulogne. Bientôt l'autel de Notre-Dame fut illuminé, le *Domine salvum* fut chanté par quelques prêtres accourus à la hâte, à la nouvelle que LL. MM. étaient entrées dans l'église. L'Empereur et l'Impératrice s'informèrent de l'ancienne Image de Notre-Dame, de la Vierge noire à laquelle les Rois de France faisaient leur hommage. On leur apprit que la Révolution avait fait brûler l'antique statue, mais qu'il en restait une main, qui était conservée dans un cœur d'or attaché à la statue actuelle. LL. MM. s'agenouillèrent alors une seconde fois, et renouvelèrent leur prière, après laquelle M. Haffreingue leur présenta une Histoire et des médailles d'or de Notre-Dame, qu'elles acceptèrent avec beaucoup de bienveillance et d'empressement. LL. MM. admirèrent la hardiesse et la beauté de l'œuvre, et le bel effet des voûtes, et parcoururent l'ensemble de l'édifice. L'Empereur, s'adressant à M. Haffreingue, lui demanda combien de temps il lui fallait encore pour terminer son église. — « Quatre ans, Sire, » lui répondit-il. — « Mais, avez-vous les fonds nécessaires ? » — « Sire, Votre Majesté m'a dit, ce matin, que la foi qui soulève les montagnes bâtissait aussi les églises ; j'espère que cette foi, qui m'a soutenu pendant vingt-six ans, ne m'abandonnera pas pendant le temps qui me reste encore ». L'Empereur lui promit alors de nouveau son concours et lui dit : « Je vous enverrai de Paris mon offrande ».

LL. MM., après avoir traversé toute la nef, se dirigèrent par le grand portail vers les voitures qui les y attendaient. Les acclamations de la foule qui se pressait sur le parvis, accueillirent LL. MM., et les cris de *Vive l'Empereur*, *Vive l'Impératrice*, éclatèrent de toutes parts avec le plus vif enthousiasme. L'intérêt que notre population porte à l'œuvre de Notre-Dame avait attiré sur ce point l'attention générale. On était heureux de voir LL. MM., imitant la piété de nos anciens Rois, venir faire leur visite et leur offrande dans ce sanctuaire célèbre, où sont venus prier tant d'autres souverains illustres.

Le lendemain 28, M. l'abbé Haffreingue fut mandé par l'Empereur à la sous-préfecture, où LL. MM. étaient descendues. L'Empereur voulait attacher lui-même sur la poitrine du prêtre l'étoile de la Légion-d'Honneur. En remettant à M. Haffreingue l'insigne de cette distinction, l'Empereur lui prit la main et lui glissa, avec beaucoup de délicatesse, et sans que personne pût s'en apercevoir, un rouleau qui contenait 10,000 fr. en billets de banque, pour son église.

Quelques jours après, M. Cucheval-Clarigny rendait compte de l'œuvre de Notre-Dame dans le journal officiel de l'Empire. Il retraça sommairement l'histoire du sanctuaire et donna une description de l'édifice actuel. « D'année en année, dit-il, et d'effort en effort, la nouvelle église a monté vers les cieux, et déjà son dôme, presque terminé, rivalise avec les édifices les plus élevés de la chrétienté et plane sur tout le pays. Pourtant on était loin du but, et l'achèvement de l'édifice semblait encore pour bien longtemps ajourné, lorsque le voyage de l'Empereur dans le Nord a valu à M. l'abbé Haffreingue la plus précieuse coopération. L'Empereur ne s'est pas borné à remettre au digne prêtre un témoignage bien mérité d'estime et une offrande libérale. Il lui a promis un concours auquel

Boulogne devra de voir terminer promptement un des monuments les plus grandioses de notre temps [1]. »

Depuis lors, M. l'abbé Haffreingue a continué les travaux de son église avec la coopération des fidèles, les ressources de sa foi, l'appui de la prière et la confiance en Marie, Reine du Ciel, et suzeraine du Boulonnais.

Une chose manquait jusqu'alors, pour donner le signal de l'arrivée des pèlerins, pour convoquer les fidèles. L'édifice grandiose portait fièrement dans les airs sa majestueuse jeunesse; son dôme s'élançait au Ciel, pour y faire monter l'adoration et la prière du pèlerin ; il régnait sur la ville et la contrée, dominant toutes les autres constructions, pour proclamer la supériorité de l'idée religieuse sur tous les intérêts terrestres ; et lorsque, dans ses jours de fêtes, il livrait au vent les couleurs flottantes de ses oriflammes diverses, il parlait aux yeux et laissait deviner ce qui se passait en son sein; mais sa voix n'était pas articulée, il était muet.

Inspirés par le désir de faire cesser cet état de choses, et dévorés du zèle de la maison de Dieu, deux de nos concitoyens, généreux et intelligents amis de notre ville, Mgr Jules Lefèvre, chanoine de Lavagna [2] et vicaire-général du diocèse d'Aquila, (aujourd'hui commandeur de l'ordre de Constantin-le-Grand), et M. Auguste Adam, aidés de quelques

---

1. *Moniteur universel* du 8 octobre 1853.
2. L'insigne Basilique Innocentienne de Saint-Sauveur de Lavagna a été fondée par Innocent IV, dans les domaines de la famille Fieschi, près de Gênes, en mémoire de l'institution du chapeau rouge pour les cardinaux, en 1245. Les chanoines de Lavagna ont le privilège du rochet et de la mozette.

bienfaiteurs de la nouvelle cathédrale [1], ont voulu donner une voix à cette église, qui déjà s'essayait aux cérémonies saintes, et lui permettre de sonner les heures de ses fêtes. Une cloche, du poids de deux mille cinq cents kilogrammes, supérieure à toutes celles des églises de Boulogne, fut fondue à Angers dans les ateliers de M. Guillaume-Besson, ainsi qu'une autre, plus petite, du poids de deux cent cinquante kilogrammes, offerte à M. Haffreingue, le jour de sa fête, par les élèves de son établissement. Ces cloches, d'un métal magnifique, sont tournées et polies, ce qui ajoute à l'intensité et à la durée des vibrations.

Le dimanche 13 août 1854, à quatre heures après midi, Mgr Pierre-Louis Parisis, évêque d'Arras, de Boulogne et de Saint-Omer, fit la bénédiction solennelle des deux nouvelles cloches. Depuis bien longtemps aucune cérémonie de ce genre n'avait été vue dans notre ville. Aussi la foule s'y était portée avec empressement. Le chœur de la Société de l'Union chantait les mélodies grégoriennes avec le rhythme et l'expression du XIIIe siècle, tantôt à l'unisson, tantôt harmonisé *alla Palestrina*, d'après le livre choral de M. Fanart de Reims, et posait dans notre ville la première pierre de la restauration du chant liturgique, déjà accomplie à Arras sous l'impulsion de S. G. et avec la coopération active et intelligente de M. le chanoine Planque.

Après la cérémonie de la bénédiction, Mgr adressa

---

1. Mesdames la baronne de Colbert, la comtesse O'Mahony, la comtesse de Rocquigny, Mme Ternaux-Grandsire, MM. C.-Al. Adam, Abot de Bazinghen, J.-T. Grandsire et L. Grandsire. — Voir les *Inscriptions des cloches*, 4 pp. 8°.

à la pieuse assistance quelques paroles dont voici à peu près le sens.

« Lorsque, après plus de soixante ans, un évêque fait entendre sa voix pour la première fois, dans cette gracieuse cité de Boulogne, sous ces voûtes merveilleusement relevées, — ce ne peut pas être pour exhorter, car tous les cœurs sont émus du même sentiment ; — ce ne peut être que pour prier et pour bénir. »

Ensuite Mgr appela les bénédictions du Ciel « sur l'homme incomparable qui a rétabli le sanctuaire et le pèlerinage de Notre-Dame de Boulogne, sur les familles les plus nobles et les plus distinguées, les hommes les plus recommandables par les services rendus, les magistrats et les chefs de notre glorieuse armée qui se sont pressés aux pieds de la Patronne de Boulogne. »

Puis, il invita Marie à venir prendre possession de son temple qui n'était pas encore achevé, mais que le zèle décorait avec tant de goût et de magnificence.

« O Marie, disait-il, vous êtes la Reine du Ciel, mais la Reine de Boulogne en particulier ; aussi l'on vous traite en Reine ; et voilà pourquoi l'on vous élève un dôme magnifique, on vous offre des calices d'or ; et quand, à la voix de cet airain bénit, les populations des environs viendront entourer votre autel et vous offrir leurs hommages, ce sera encore pour reconnaître votre glorieux titre de Reine. »

Mgr a terminé son allocution en exprimant le vœu de voir Boulogne, « cette ville si distinguée, si polie, si élégante, devenir de plus en plus profondément sainte et chrétienne. »

La quête, faite par M. l'abbé Haffreingue, au profit

de son œuvre, a produit une somme de près de 2,000 francs.

Toute la population boulonnaise, était présente à cette imposante solennité ; les places réservées étaient occupées par les parrains et marraines des cloches, M. le comte de Cossé-Brissac et Mme Adam-Ternaux, M. Abot de Bazinghen et Mme Langdon; par M. Alexandre Adam, président du Conseil général, M. Louis Fontaine, maire de Boulogne, M. le général de Courtigis, et plusieurs autres notabilités administratives et militaires.

Voulant témoigner sa noble reconnaissance pour l'honneur qui lui était fait, et déposer dans l'église de Boulogne un monument durable de sa généreuse munificence, M. le comte de Cossé-Brissac a offert à la Cathédrale un magnifique calice d'or, de style gothique, ornementé à la moderne, ciselé par M. Froment-Meurice, un des premiers orfèvres de Paris. Autour du pied, on remarque trois groupes en relief, en argent oxydé, représentant la Foi, l'Espérance et la Charité. Le nœud de la tige est décoré de médaillons en bosse, figurant les principaux Apôtres. Le tout est surmonté d'une coupe riche, entourée de ciselures représentant des épis de blé et des grappes de raisin. Autour du pied, on lit ces mots en caractères gothiques : *Sic Deus dilexit mundum, usque ad mortem.*

Pendant que la ville de Boulogne honorait Marie par des fêtes aussi splendides, le Vicaire de Jésus-Christ s'apprêtait à prononcer une sentence dogmatique, attendue avec impatience par tout le monde chrétien. Lorsque, prompte comme la foudre, la nouvelle de la proclamation du privilége sublime accordé à la Mère de Dieu dans sa Conception Immaculée, fut parvenue dans notre ville, les cloches de la cathédrale l'annoncèrent à notre population, en même temps qu'un *Te Deum* et un *Magnificat* étaient chantés dans la vaste enceinte de cet édifice.

Le soir, un salut solennel réunissait dans la chapelle de Notre-Dame une assemblée nombreuse ; des hymnes harmonisées en faux-bourdon étaient chantées en l'honneur de la Vierge Immaculée, en même temps que l'invocation *Regina sine labe originali concepta,* sortant de toutes les poitrines, était un acte de foi de tous les cœurs.

La cathédrale, splendidement ornée au-dedans, était illuminée au dehors, jusqu'au dôme qui la domine si noblement. Un grand nombre de maisons de la haute-ville étaient également illuminées et donnaient par cette manifestation religieuse une sorte de caractère public à la solennité du jour, qui, du reste, était toute spontanée.

Un second salut fut chanté dans la cathédrale, par la paroisse de Saint-Joseph, le jour de l'octave de l'Immaculée-Conception ; et, le 31 décembre, jour fixé par Mgr Parisis, pour que l'on chantât dans tout le diocèse un office votif du rit solennel, en actions de grâce, une manifestation plus éclatante encore prouva combien est vive la foi des chrétiens de Boulogne. Ce jour-là, une illumination générale, qui, bien que contrariée par le temps, pouvait rivaliser avec celles que commande de temps en temps l'enthousiasme politique, vint étonner les protestants, ébranler les incrédules et réjouir les fidèles. Un prélat romain, Mgr Blanquart de Lamotte, protonotaire apostolique, chanta le salut à Notre-Dame, où la foule s'empressa d'accourir.

C'est dans ces circonstances qu'arriva le cadeau de la marraine de la grosse cloche, Mme Al. Adam-Ternaux, dont la famille est au premier rang des bienfaiteurs de notre église. Comme nous l'avons dit plus haut, le parrain, M. le comte de Cossé-Brissac, ayant donné un calice d'or de grand prix ; la marraine voulut donner un ostensoir, pour servir aux bénédictions du Très-Saint-Sacrement dans les solennités de la nouvelle église. Cet ostensoir, en vermeil, de style Renaissance, et d'un goût aussi remarquable que la beauté du travail, a été exécuté dans les ateliers de M. Poussielgue. Il a 92 centimètres et demi de hauteur ; son poids est de 4 kilogrammes un quart, et tout a été artistement ménagé pour qu'il soit facile à porter. Il est tout enrichi de pierreries, et présente certaines parties en argent brillanté et d'autres oxydé, qui forment un admirable effet. L'image traditionnelle de Notre-Dame de Boulogne dans son bateau s'élève au milieu de la tige, et donne ainsi à l'objet un cachet particulier. Cet ostensoir a servi pour la première fois dans les saluts de l'Immaculée-Conception.

Les journaux de l'époque ont annoncé encore d'autres offrandes, l'une pour la construction de la lanterne et de la flèche qui surmontent le dôme ; l'autre, pour la statue de l'Immaculée-Conception, qui doit être placée sur ce même dôme, à 600 pieds au-dessus de l'océan.

Une dame laissa aussi en mourant une somme d'argent pour la statue de Notre-Dame de Boulogne, qui devra être sculptée sur la façade de ce majestueux édifice. Cette statue rappellera un nom cher aux pauvres, qui, sans doute, répèteront en la regardant :

« C'est la bonne comtesse de Montbrun qui l'a donnée. »

Le 17 avril 1856, la cathédrale de Boulogne fut le théâtre d'une imposante cérémonie religieuse. Nous en avons raconté les détails dans l'*Univers,* et nous croyons que les pages de l'*Histoire de Notre-Dame* doivent conserver la plus grande partie de ce récit.

Un enfant de notre cité, sorti des rangs d'une famille honorable, s'était élevé dans la carrière des armes jusqu'au grade de colonel. La France l'avait vu partir pour la Crimée avec son beau régiment, en 1854. C'était sa dernière campagne, après quarante-quatre ans d'une vie passée tout entière dans le laborieux dévouement du service militaire. Le colonel Dupuis, à qui son mérite allait faire décerner le grade d'officier-général, se proposait, à cinquante-neuf ans, de prendre enfin sa retraite, pour venir se reposer au sein de sa famille. Dieu en a disposé autrement. Tombé sous le feu de l'ennemi, dans l'assaut du 8 septembre 1855, Dupuis, atteint de onze blessures, succomba, comme les anciens chevaliers, léguant son âme à Dieu, et sa croix de commandeur à Notre-Dame de Boulogne. Sa famille, dont il était l'orgueil, n'a pas voulu que son corps restât enseveli sur la terre étrangère; et les dépouilles du brave colonel du 57ᵉ de ligne, recueillies par la piété de quelques amis fidèles, reposent au milieu de nous.

Animé par le sentiment d'un généreux patriotisme et pénétré de la reconnaissance du cœur, M. l'abbé Haffreingue avait offert les caveaux de la nouvelle cathédrale pour la sépulture du héros chrétien. La ville entière s'est associée à ce vœu; et le conseil municipal a adressé au Gouvernement une demande officielle, tendant à obtenir une exception à la loi du 23 prairial an XII.

Cette faveur ayant été refusée, les restes mortels de notre concitoyen furent déposés dans le cimetière de la ville. Ses obsèques ont été célébrées au milieu du concours empressé de la cité tout entière. Le clergé de la ville s'était réuni sous la conduite des quatre curés, qui tous ont voulu prendre part aux religieuses prières que l'Église adresse à Dieu pour ses morts, et comme honorer triomphalement les funérailles d'un martyr. C'est que, outre les qualités de l'esprit et du cœur, Dupuis avait montré dans sa vie et dans sa mort la pieuse foi du chrétien.

Un de ses amis, qui était son frère d'armes depuis quarante ans, M. le sous-intendant militaire Herbault, est venu le dire au pied de sa tombe, en l'affirmant sur la vérité et sur l'honneur, en présence de « ces vaillants officiers, au cœur et à l'esprit religieux, » qui étaient accourus en foule pour rendre un dernier hommage à sa mémoire :

« Religieux de cœur et d'esprit, comme ses camarades, pénétré de toutes les vérités de l'Évangile; pratiquant la prière qui console, qui aide à supporter les peines de la vie et fait descendre l'espérance dans le cœur, homme de foi enfin, témoins ses dernières dispositions, témoin son invocation à Notre-Dame de Boulogne, notre sainte Patronne, le don qu'il lui a fait de sa croix de commandeur de la Légion d'honneur, de cette croix qu'il avait gagnée après tant d'années de si remarquables services et qu'il était si fier de porter sur son cœur ! cœur noble et d'honnête homme, s'il en fut jamais ! Ah ! oui, l'armée a perdu en lui un de ses meilleurs officiers, et la France un de ses plus dignes défenseurs. »

Enfant de cette noble cité boulonnaise qui a donné à la première croisade Godefroi de Bouillon et ses frères, le colonel Dupuis a toujours professé un religieux dévouement à la Vierge, patronne et suzeraine de notre ancien comté.

A diverses reprises, durant le cours de sa longue vie militaire, le colonel Dupuis s'était montré généreusement dévoué à Notre-Dame de Boulogne. Il ne manquait pas une occasion d'envoyer son offrande pour la reconstruction de la cathédrale. Peu de jours avant de quitter la France (29 mai 1854), il écrivit à M. l'abbé Haffreingue, afin de se faire inscrire « de tout cœur et de toute âme, comme souscripteur modeste, pour la somme de cent francs, à titre de fondateur de l'œuvre. » D'autres fois il recueillait des souscriptions parmi ses camarades, à qui il s'empressait de faire connaître le sanctuaire illustre dont il était fier pour son pays natal.

En mourant à Sébastopol, dans une guerre que l'Église catholique a proclamée sainte, le jour de cette mémorable action où le général en chef a reconnu lui-même formellement le doigt de Dieu et l'intervention de Celle dont on célébrait la gracieuse Nativité, le colonel Dupuis pensait à Dieu et à Notre-Dame de Boulogne.

« SI JE MEURS, écrit-il à son frère, TU DONNERAS A NOTRE-DAME MA CROIX DE COMMANDEUR. »

Vœu sublime! ce joyau, le plus cher qu'un cœur français puisse posséder, l'étoile des braves, ce symbole de l'honneur, patiemment conquis par une vie de dévouement et de sacrifice, il veut l'appendre comme un vivant souvenir, un *ex-voto* perpétuel, une prière après lui, aux pieds de Celle qu'a vénérée sa mère, de Celle qui, reine du Ciel et de la terre, était la reine de son cœur!

Voilà pourquoi les portes de la nouvelle basilique se sont ouvertes à un cortége de deuil, elles qui n'avaient encore donné passage qu'aux processions des pèlerins et à des solennités plus joyeuses; voilà pourquoi l'airain de ses tours, qui n'avait pas encore tinté le glas funèbre, s'est ébranlé pour convoquer la cité aux obsèques de son noble enfant, pour convoquer les frères d'armes du brave colonel, comme à une dernière veillée de chevalerie.

Le vieux sol historique de Notre-Dame a tressailli sous le poids d'une si glorieuse dépouille. Les anciens preux qui dorment sous les voûtes de la crypte, après avoir versé leur sang pour la patrie, pour la France et cette terre de Boulogne que leurs bras ont défendues, ont reconnu un frère, et leur tombe s'en est réjouie.

La cathédrale de Boulogne, en s'associant au deuil de notre cité, s'est associée aux glorieux triomphes de la France. Déjà tant de généreux soldats, et à leur tête un noble général, à la veille de l'expédition de Bomarsund, sont venus prier à l'autel de Notre-Dame, lui recommander le salut, chercher à la table eucharistique la nourriture de leur âme et la tranquillité du cœur, sources fécondes du courage; il était bien juste que la première messe chantée sous ses voûtes fût le service funèbre d'un brave, mort pour son pays, dans une guerre généreuse et sainte.

La nouvelle cathédrale, décorée pour la circonstance, s'est initiée aux solennités funèbres. Dans sa vaste enceinte, sous ces voûtes élancées, dont on a pu apprécier le caractère religieux et grave, se pressaient en foule les magistrats de la cité, les officiers du camp de Boulogne, les amis du colonel, enfin une assistance nombreuse, composée d'hommes de tous les rangs et de toutes les conditions.

« Notre-Dame était pour beaucoup dans la solennité, qui empruntait de cette circonstance un caractère spécial de majesté tout exceptionnelle. Aussi, outre la foule qui occupait les vastes nefs de l'église, la population tout entière s'était amassée dans les rues, ou sur les remparts, durant le long parcours qui s'étend de la gare jusqu'à l'église, comme dans les jours des processions les plus magnifiques. Honneur à cette cité, pour l'estime qu'elle a faite du héros chrétien ; honneur à celui qui a mérité par ses vertus d'obtenir un semblable triomphe [1] ! »

Toutes ces stations, ces pèlerinages et ces solennités attiraient de plus en plus sur l'œuvre de Notre-Dame les sympathies de l'attention publique. Les quêtes, les souscriptions, les dons et les offrandes se multipliaient sans jamais épuiser la générosité des fidèles. En 1856, la lanterne du dôme, avec sa flèche hardie, fut terminée, et la croix fut posée au sommet de l'édifice le jour de l'arrivée des pèlerins de Paris (26 août). Les trésors de la sacristie commençaient à se reformer. Les notes de bronze se multipliaient dans les tours sonores. Aux deux cloches offertes en 1854, s'en adjoignit bientôt une troisième, donnée par l'ar-

---

1. *Univers* du 21 avril 1856.

chiconfrérie de la Sainte-Espérance, et bénite par le curé de Saint-Séverin, le 27 août 1856. On y lit [1] :

MARIAE. DNAE. NRAE. BOLONIEN.
D NIC. IVST. HANICLE.
ECCLIAE. S. SEVERINI. PARISIEN. PAROCHVS :
ARCHICONFRATERNINATIS.
SUB. TITVLO. IMMACVLATAE. VIRG.
MARIAE. S. SPEI.
IN. DCA. ECCLIA. INSTITVTAE. RECTOR.
HANCCE. CAMPANAM.
EX. VOTO. PIAE. PEREGRINAONIS. OBLATAM.
IPSE. PATRINVS.
CVM. MAR.-FRANC.-IOSEPH.-HENR.-NYMPH. ROVSSEL. DE.
PREVILLE. MATRINA.
POST. SOLEMN. BENEDICT.
COMITANTIB. CLERO. CONFRATRIB.
ALIISQ. SVAE. PAROCHIAE.
IN. TVRRI. APPENDEBAT :
VI. KAL. VIIBRES. ANNO. XPI. M. DCCC. LVI.

Cette cloche, fondue à Angers, comme les précédentes, s'appelle *Marie-Immaculée de la Sainte-Espérance*, et porte pour devise ces paroles d'une hymne à la Vierge : *Spes nostra, salve.*

La robe de la cloche, donnée par la marraine, était une magnifique écharpe de drap d'argent brodée d'or, destinée à servir à la bénédiction du Très-Saint-

---

1. A Marie, Notre-Dame de Boulogne, M. Nicolas-Juste Hanicle, curé de l'église de Saint-Séverin de Paris, directeur de l'Archiconfrérie érigée dans ladite église, sous le titre de l'Immaculée Vierge Marie de la Sainte-Espérance, a offert en *ex-voto* de pieux pèlerinage cette cloche, dont il a été lui-même le parrain et dont la marraine a été Marie-Françoise-Joséphine-Henriette-Nymphe Roussel de Préville ; et après une bénédiction solennelle, en présence de son clergé, des associés de l'Archiconfrérie, et d'autres fidèles de sa paroisse, venus pour l'accompagner, il l'a suspendue dans la tour de l'église, le 27 août de l'an du Christ 1856.

Sacrement dans la cathédrale. A l'exemple du parrain et de la marraine de la grosse cloche, Mlle de Préville a voulu enrichir le trésor de Notre-Dame par l'offrande d'un ciboire émaillé, orné de filigranes et de pierres fines, précieux travail d'orfèvrerie, sorti des ateliers de M. Poussielgue.

L'année suivante, une cloche plus importante fut encore offerte à l'église de Notre-Dame, grâce au zèle entreprenant d'un prêtre dévoué, qui paraît avoir pris à tâche de mettre la sonnerie de cette église au rang des plus belles de notre pays. Cette cloche, qui pèse plus de 1,000 kilogrammes, s'appelle l'*Immaculée-Conception :*

L'inscription qu'elle porte énumère les noms des donateurs, qui ont contribué à la faire exécuter [1] :

AD. HONOREM. B. M. V. SINE. LABE. ORIGINALI CONCEPTÆ : HANCCE CAMPANAM FAMILIÆ. A. ET L. DE ROCQVIGNY : M. DE BAZINGHEN : DE NANTEVIL : DE BLAISEL : DE CHATEAVRENAVLT : DE BARDE : DE FRANCE : CONNELLY : HAFFREINGVE ET DELATTRE : LORGNIER : MALAHIEVDE : A. ET C. GROS : VASSEVR : DE ROSNY : DE LA HAYE : BRVNET : SKINNER : LHOTELLIER : SAVVAGE : SENECA. CVM. BRESSON : ALIÆQ. PLVRES, COLLATO. ÆRE CONFLARI :

---

[1]. On y lit : En l'honneur de la Bienheureuse Vierge Marie, conçue sans la tache originelle, les familles de MM. Armand et Léopold de Rocquigny, Marie de Bazinghen, de Nanteuil, du Blaisel, de Châteaurenault, de Barde, de France, Connelly, Haffreingue et Delattre, Lorgnier, Malahieude, Auguste et Charles Gros, Vasseur, de Rosny, de la Haye, Brunet, Skinner, Lhotellier, Sauvage, Sénéca, Bresson et plusieurs autres, ont fait fondre à frais communs cette cloche, dont le parrain a été le comte Armand de Rocquigny, et la marraine la comtesse Amélie-Evélina de Chabrol. Après la bénédiction solennelle qui en a été faite, ils l'ont suspendue dans l'église de Notre-Dame de Boulogne, pour qu'elle y fasse entendre sa douce voix, le 30 août de l'an du Christ 1857.

PATRINIS. ARM. COMITE. DE. ROCQVIGNY. ET. AMELIA. EVELINA. COMITISS. DE CHABROL. SOLEMNITER BENE-DICI : ET. IN. ECCLIA. DNÆ NRÆ. BOLONIEN. DVLCISONAM. SVSPENDI. CVRAVERE : III. KAL. SEPT. ANNO. XPI. M. DCCC. LVII.

Autour de cette cloche, on lit l'exclamation : *Immaculata, Immaculata, Immaculata, ô Maria.*

Tous ces dons, et ceux que les parrains et marraines des cloches ont faits à l'œuvre de Notre-Dame, sont des témoignages bien précieux de l'intérêt que portent les fidèles à la reconstruction de ce miraculeux sanctuaire. Par là se renouvellent les libéralités des vieux temps ; par là se réparent les crimes des spoliateurs ; par là Dieu et sa sainte Mère sont remis en possession de ce que les siècles leur ont légué, pour reconnaître leur souverain domaine sur les choses de ce monde.

CHAPITRE XXXV.

Processions annuelles ; — indulgences accordées par le Saint-Siége ; — inauguration de la statue de l'Immaculée-Conception sur le dôme de Notre-Dame ; — fêtes à cette occasion le 30 août 1857.

Chaque année, depuis 1854, à l'époque de la station et des pèlerinages, pendant la dernière quinzaine du mois d'août, une procession majestueuse, en l'honneur de Notre-Dame de Boulogne, se déroule dans les rues de la ville, avec un ensemble, un zèle et un concours merveilleux. Le déploiement immense de cette procession en fait un des cortéges les plus gracieux qui se soient jamais déployés dans les rues de la cité. Frais costumes de jeunes filles, groupes variés d'enfants qui portent des étendards et des symboles; bannières aux mille couleurs, se balançant dans les airs et flottant au caprice du vent ; corps nombreux de confréries, d'associations religieuses et de charité, marchant dans un ordre et un recueillement parfaits, autour de la Reine de Boulogne qui visite son peuple pour le bénir et recevoir ses hommages, tel est le spectacle émouvant que notre ville offre à l'admiration des étrangers et à l'édification de ses habitants.

Des processions particulières ayant été faites en forme de pèlerinage, le jour de l'Assomption de l'année 1853, on résolut de tirer parti de ces éléments pour organiser l'année suivante une procession générale. C'est à M. l'abbé Senet, l'un des prêtres alors attachés à l'Institution-Haffreingue, que revient l'honneur d'avoir organisé cette pieuse manifestation. Par ses soins, grâce à l'unanime empressement dont le clergé de la ville a donné tant de preuves pour le culte de Notre-Dame; grâce aussi au dévouement tout spécial de plusieurs maîtresses de pensionnats, parmi lesquelles nous devons citer en première ligne les dames Févrillier, la procession de 1854, présidée par Mgr Parisis lui-même, fut citée comme une des plus belles démonstrations religieuses qu'on eût vues jusqu'alors.

De notables perfectionnements y furent remarqués en 1855 et en 1856, notamment la composition de ces groupes symboliques qui représentaient les mystères du Rosaire, et qui étaient formés par les jeunes personnes appartenant aux pensionnats des dames Vaillant, Leprince, Duchenne et Gambier, rivalisant de bon vouloir, de goût et de piété, avec les dames dont nous avons déjà cité les noms.

Mais rien n'égala en magnificence la procession de 1857.

L'église de Notre-Dame de Boulogne venait d'être affiliée au sanctuaire célèbre de Notre-Dame de Lorette (6 juillet 1857), avec une indulgence plénière pour ceux qui la visiteront le 25 mars, le 8 septembre, le 8, le 10 et le 25 décembre, outre plusieurs autres indulgences partielles. De plus, afin de faciliter les pèlerinages, Sa Sainteté le Pape Pie IX, heureusement régnant, a donné par un bref du 17 juillet suivant, l'indulgence plénière, dite *quotidienne,* c'est-à-dire pouvant être gagnée une fois par an, à n'importe quel jour de l'année. Ces précieuses faveurs, dont les conditions sont faciles, puisqu'il suffit pour les obtenir de s'être confessé, d'avoir communié et de prier dans l'église de Notre-Dame aux intentions du Souverain-Pontife, ont été d'un grand encouragement pour les pèlerins de Notre-Dame.

Une fête brillante se préparait: il s'agissait d'inaugurer sur la coupole du dôme une statue monumentale, représéntant l'Immaculée-Conception de la Vierge Marie. Mgr Parisis annonça cette pieuse cérémonie, dans un mandement qui fut lu dans toutes les églises du diocèse. Il y invita plusieurs évêques, qui s'empressèrent de venir donner à cette solennité l'éclat incomparable qu'apporte en tous lieux la présence des princes de l'Église. Le 30 août 1857, une

procession, qu'on peut appeler monumentale, se déploya dans les rues de Boulogne. Les paroisses de Saint-Martin et du Portel se joignirent aux paroisses urbaines, pour former le cortége le plus nombreux et le plus imposant qui se soit jamais vu dans notre ville. Mgr Parisis en a rendu compte aux fidèles de son diocèse dans le mandement que nous avons cité :
« Ce serait peu, disait Sa Grandeur, de vous décrire
« ces quatre mille fidèles en marche, partagés en
« groupes si brillants, si pittoresques et si variés,
« livrant au souffle léger de la plus pure atmosphère
« les nuances indescriptibles de tant de bannières,
« d'emblêmes et d'étendards ; offrant aux rayons du
« plus brillant soleil la splendeur de leurs religieuses
« parures, et l'or de ces monuments symboliques qu'ils
« portaient dans leurs rangs, en souvenir des grands
« mystères opérés en Marie ; ce serait même trop peu
« de vous dire que cette procession gigantesque a
« suivi tout son long parcours avec un ordre, un en-
« semble, une tenue qui ont fait l'admiration de tous
« les spectateurs ; ce n'est là que le dehors et pour
« ainsi dire le matériel de la fête, et nous voulons
« surtout vous parler de ce qui a été dans ce grand
« jour la révélation des cœurs. »

Quoique Mgr Parisis ne parle ici que de la procession de 1857, la plus remarquable de toutes, les réflexions de l'éminent prélat n'en sont pas moins applicables aux processions des années suivantes, organisées sur les mêmes bases et composées des mêmes éléments.

« Ce qui nous a réjoui pardessus tout, N. T. C. F.,
« c'est que nous y avons vu manifestement notre
« divine Mère, fêtée, glorifiée, conséquemment re-

« connue, aimée par cette immense population. Oh !
« oui, nous l'avons vu sans pouvoir nous y mé-
« prendre !

« D'abord il faut bien reconnaître que ces orne-
« ments mêmes, et tous ces symboles qui composaient
« le cortége ont exigé des dépenses et des travaux
« énormes, qui étaient déjà autant d'hommages à la
« divine Reine. Mais que dire des décorations de la
« ville entière, transformée en un vaste temple ? Pas
« une maison qui ne soit parée, et presque toutes aux
« couleurs de Marie ; et dans cette uniformité respec-
« tueuse, quelle variété ! quelle émulation ! quelle
« richesse ! mais surtout quelle joie sainte sur tous
« les fronts ! O Reine du ciel, comme vous régniez
« alors uniquement et complètement sur nous tous,
« pauvres exilés ; et comme nous avons compris qu'ils
« sont pleinement heureux, ceux sur qui vous régnez
« sans partage ! Aussi, comme tous vous ont ac-
« clamée alors ! Avec quelle unanimité sympathique,
« avec quel accord de voix ils sont montés vers votre
« trône ces cris d'allégresse et d'amour : Vive Marie !
« Vive Notre-Dame de Boulogne ! »

Douze évêques étaient là, en chape, en crosse et en mître, marchant en une ligne majestueuse, bénissant la foule respectueusement groupée sur leur passage. C'étaient NN. SS. Parisis, évêque d'Arras, de Boulogne et de Saint-Omer ; Boudinet, évêque d'Amiens ; de Montpellier, évêque de Liége ; de Charbonnel, évêque de Toronto ; de Garsignies, évêque de Soissons ; Ullathorne, évêque de Birmingham ; Dufêtre, évêque de Nevers ; Delebecque, évêque de Gand ; Morris, évêque de Troie ; Cullen, archevêque de Dublin, primat d'Irlande ; Regnier, archevêque de Cambrai, et Son Éminence le cardinal Villecourt, officiant.

Les autorités de la ville et de l'arrondissement suivaient en costume. On y remarquait MM. Menche de Loisne, sous-préfet; Adam, maire, et ses deux adjoints, Jardon et Quénéhem; Lorel, président du tribunal; Chazaud, receveur général des finances du département; Le Roy, directeur des douanes; Mayer, maire de Calais; Bottieau, procureur impérial; Fontaine, président du tribunal de commerce, etc.

De toutes parts on voyait accourir des députations. Calais avait envoyé un pèlerinage en paquebot. Les musiques communales de Calais, de Saint-Pierre et de Guînes, et la musique du 83e de ligne, en garnison à Calais, s'étaient jointes à la musique de Boulogne, pour célébrer, par les grandeurs de l'harmonie militaire, les gloires de Notre-Dame.

Mgr l'évêque de Nevers a bien voulu adresser à la foule une allocution remarquable, dont un organe puissant lui a permis de faire parvenir les paroles aux oreilles de 50,000 spectateurs, réunis sur l'esplanade; et, quand son auditoire électrisé s'écria tout d'une voix *Vive Notre-Dame de Boulogne!* l'immense écho de cet applaudissement unanime monta vers les cieux, pour redescendre sur la ville en pluie de grâce et en rosée de bénédiction.

« Il y a douze cents ans, disait le vénérable prélat, un navire sans pilote et sans gouvernail déposait sur ces rivages une image miraculeuse de Marie, et ce prodige remplissait d'enthousiasme la population tout entière, et l'Image sainte, portée en triomphe au milieu des acclamations de reconnaissance et de joie, était déposée avec respect dans un antique et pieux sanctuaire.

« Depuis cette époque à jamais mémorable, la ville de Boulogne, appelée *la ville favorisée de Dieu*, a vu dans tous les temps une foule immense accourir dans son enceinte pour honorer et pour invoquer Marie. Les riches et les pauvres, les princes et le peuple font éclater le même zèle. La renommée de Notre-Dame de Boulogne se répand au loin, et l'Angleterre et la Belgique se joignent à la France pour envoyer d'innombrables pèlerins à ce sanctuaire béni.

« Parlerai-je de ces témoignages multipliés de dévotion et de confiance, de ces *ex-voto* qui couvrent les murs de l'édifice, de ce somptueux et magnifique trésor qui l'enrichit ?... L'admiration s'épuise et le cœur s'émeut jusqu'aux larmes en se rappelant ces touchants souvenirs.

« Mais, ô douleur ! nous cherchons en vain l'objet de tant de vénération, d'empressement et d'amour !

« Habitants de Boulogne, qu'avez-vous fait de ce sanctuaire qui, pendant près de douze siècles, a vu tant de pèlerins, a reçu tant d'hommages ? — Il a disparu pendant la tourmente révolutionnaire ! — Qu'est devenue cette antique cathédrale, témoin glorieux des prodiges opérés par Marie ? — Elle est tombée sous les coups d'un impie vandalisme ! — Montrez-nous, du moins, cette Image sacrée, le plus riche trésor de la cité ! Hélas ! elle a été arrachée de son autel, outragée, brûlée par des mains sacrilèges !

« Nous ne vous accusons pas, mes frères ; nous savons qu'ils étaient pour la plupart étrangers à vos murs, ces odieux profanateurs. Cependant, il fallait une réparation à ce criminel attentat. Elle ne pouvait être ni plus éclatante ni plus complète. Quel jour ! quelle fête ! Cieux et terre, réjouissez-vous, entonnez un hymne d'allégresse et de louanges ! Fut-il jamais assemblée plus imposante ? Voyez ce peuple immense, immobile, silencieux, recueillant avec avidité les paroles qui tombent du haut de cette chaire improvisée. Voyez tous ces fronts découverts ! tous ces cœurs palpitants, toutes ces poitrines haletantes ! Vous avez entendu et ces chants mélodieux, et cette harmonie des voix et des cœurs : quel merveilleux spectacle !

« Déjà, sans doute, une première réparation avait eu lieu. Un homme suscité de Dieu, un nouveau Zorobabel, sans autres ressources que sa foi et sa confiance en Marie, avait posé, il y a trente ans, la première pierre d'un monument expiatoire, et il espère célébrer bientôt la dédicace de ce temple majestueux, qui aurait jadis épuisé les trésors de plusieurs princes et les efforts de bien des générations. Toutefois, il fallait une réparation plus éclatante encore ; et voilà que votre illustre Pontife, notre maître et notre modèle dans toutes les vertus épiscopales, a voulu accomplir cette œuvre d'expiation en rétablissant les antiques pèlerinages et en élevant sur le faîte de ce magnifique édifice la statue de Marie Immaculée. — Nous savons avec quels transports de joie vous avez accueilli la nouvelle de cette solennité. Certes, mes frères, c'était justice. Déjà Lyon, Marseille, Bordeaux, Lille, Cambrai, cent autres villes, ont célébré par d'unanimes manifestations l'Immaculée Conception. Boulogne ne pouvait pas demeurer en arrière, Boulogne, dont l'antique croyance sur ce point n'a jamais varié, Boulogne qui a érigé depuis des siècles, dans sa vieille cathédrale, une chapelle à Marie Immaculée. Mais aussi, quelle réparation ! Jamais Marie n'aura reçu de plus splendides hommages ; jamais triomphe n'aura été plus éclatant et plus beau !

« Nous voyons ici d'illustres représentants des deux grandes églises d'Angleterre et de Belgique. Il nous est facile de distinguer dans cette assemblée de nombreux habitants de cette contrée célèbre, que nos yeux aperçoivent dans les profondeurs de l'horizon, et notre cœur en est vivement ému. O île des saints ! ô terre hospitalière ! ô nation si grande par ton commerce, par ton industrie et par ton antique foi, pourquoi faut-il que, morcelée en une infinité de sectes, tu aies déchiré en mille morceaux la doctrine du Sauveur ? Ce n'est pas tout : victorieuse, il y a trois siècles, au sein même de cette cité, tu profanes et tu souilles ce sanctuaire, devant lequel tant de fois s'étaient prosternés tes princes et tes pontifes. Il était juste que tu vinsses t'associer à la France dans cette grande et solennelle expiation. Mais pourquoi cette union de foi et de prières ne se perpétuerait-elle pas en s'étendant à l'Angleterre tout entière ? Pourquoi n'espèrerions-nous pas que ces deux nations, si longtemps rivales, après avoir opéré leur réconciliation sur les champs de bataille et dans les gloires de la victoire, viendront les cimenter dans les triomphes pacifiques de l'unité religieuse ? Quel beau jour que celui où les deux églises de France et d'Angleterre, se donnant le baiser de paix, se trouveraient réunies comme deux sœurs dans le sein de leur mère commune, l'Église Romaine ! La douce figure de Marie conçue sans péché est pour nous comme un signe d'espérance et de paix, comme l'arc-en-ciel après la tempête. Du haut de cette magnifique coupole, elle portera ses regards maternels sur cette terre qui lui est demeurée toujours chère ; elle obtiendra, par sa pieuse médiation auprès de son divin Fils, le retour à l'unité d'un peuple si longtemps soumis et fidèle.

« Elle continuera aussi d'étendre son sceptre pacifique sur nous, sur le prince auguste qui nous gouverne, et qui est venu s'agenouiller aux pieds de Notre-Dame de Boulogne, pour lui recommander sa personne et son empire. O France ! ô terre fortunée ! qu'un grand Pape a appelée le royaume de Marie, tu n'as cessé d'éprouver les effets de sa miséricordieuse bonté, de sa toute-puissante intercession. Un instant tu as vu tes temples déserts, tes autels abandonnés, tes mystères profanés ; mais bientôt comme tu t'es relevée de tes ruines ! Si maintenant tes autels ne sont pas sans sacrificateurs, si tes chaires ne sont pas muettes, si tes solennités attirent encore les enfants d'Israël, n'est-ce pas à ta bienheureuse Patronne que tu en es redevable ! O Église de France ! fille privilégiée de Marie, continue de *passer* au milieu des générations *en faisant le bien*, de porter jusqu'à l'éternité les fruits et les merveilles de ton zèle, de ta piété, de tes lumières et de tes vertus. Et toi, noble et florissante ville, je te prends aussi à témoin ; si tu as conservé jusqu'à présent ta splendeur ; si vingt fois tu n'as pas péri ou par le fer ou par le feu, ou par la famine ou par la contagion, à qui dois-tu l'attribuer ? quelle est la généreuse médiatrice qui toujours a veillé à tes destinées, qui a détourné de toi les traits de la colère divine ? Habitants de Boulogne, pourriez-vous la méconnaître ? Du haut de cette colline où vous allez l'invoquer avec tant de confiance, n'est-ce pas Marie qui vous couvre de son égide tutélaire, repoussant les orages et les tempêtes qui viendraient éclater sur vos têtes? Élevez donc la voix, publiez les merveilles de cette puissante Reine de la terre et des cieux ; que son Image sacrée, qui va dominer votre ville, soit comme un phare lumineux qui resplendisse au loin. De quelque côté que le vent ou la vapeur vous entraîne, ayez les yeux toujours fixés sur cette étoile mystérieuse: *Respice stellam, voca Mariam*. Et en ce moment surtout, où vous éprouvez le besoin de l'acclamer comme votre souveraine, votre patronne et votre mère, que toutes les bouches se délient, que tous les cœurs se dilatent; écrions-nous tous ensemble : Vive Marie ! vive Notre-Dame de Boulogne ! »

La poésie a chanté ces miracles dans la langue d'Horace et de Santeul [1] :

« Enfin du haut de la flèche sacrée, la Vierge resplendit de nouveau sur Boulogne : elle domine la terre et la vaste étendue des mers.

« C'est là qu'elle veut à jamais établir sa demeure, pour mieux entendre nos vœux, et que son amour répandra plus facilement sur nous ses faveurs, qu'elle pourra nous protéger plus efficacement.

. . . .

« Salut ô bonne Mère ! salut encore une fois, bonne Mère replacée au faîte de ton temple ! N'en sois plus jamais chassée ni par les mains criminelles, ni par la conduite indigne de tes enfants !

« Sanctifie les mœurs ! enflamme la piété ! écarte loin de nous tout ce qui peut nous nuire, soit pour le temps, soit surtout pour notre salut !

---

[1]. Virgini Boloniensi longos post annos feliciter tandem pinnaculo sui templi restitutæ ann. 1857, triumphale carmen canebat F. V. George, sancti Stephani de monte Parisiis primus vicarius. — In-8° 1857.

« Fixe ton regard sur ces barques légères qui vont jusqu'aux extrémités du monde : qu'elles en reviennent heureusement chargées ; et que, par ta protection sainte, elles rapportent leurs matelots sains et saufs à leurs épouses et à leurs enfants !

« O toi ! qui donnes tout son éclat à la valeur des guerriers, répands tes flots de lumière sur la colonne de l'honneur ! et qu'à son tour elle fasse rejaillir sur tous le courage, la gloire et les mérites d'une vie irréprochable !

« Étends le règne de ton cher Jésus ! Vois-tu ces terres portées par les flots voisins ? Ah ! qu'elles abandonnent enfin l'erreur, et s'empressent de rentrer au bercail du bon Pasteur !

« Pour nous, nous conserverons dans un cœur reconnaissant tout ce que votre main libérale aura daigné faire pour nous ; et nous aimerons à répéter sans cesse : « O bonne Mère, qui nous es rendue, tu as toujours la même tendresse pour tes enfants ! »

L'administration municipale de Boulogne voulut, comme au moyen-âge, « pour l'honneur de la ville, » s'associer à cette fête, en offrant aux évêques, réunis dans ses murs, un splendide banquet dans la grande salle de l'Hôtel-de-Ville. Mgr Parisis, vivement ému et profondément touché de l'esprit religieux qui anime les magistrats et la population, a porté à la ville, en des termes qui en font le plus bel éloge, un toast que nous aimons à reproduire :

« A la ville de Boulogne !

« A cette cité pleine de charmes et pleine de cœur, si riche des dons de Dieu, et si riche de ses propres œuvres, que le monde admire et que la religion bénit ;

« Ville privilégiée, qui réunit avec un rare bonheur l'élégante délicatesse et l'activité féconde des temps modernes à la foi puissante et aux vertus hospitalières des temps antiques ;

« Ville bien-aimée, pour laquelle notre affection se confond avec la reconnaissance, parce que nous ne l'avons jamais visitée sans en attendre quelque progrès dans le bien, et nous ne lui avons jamais demandé, sans l'avoir aussitôt surabondamment obtenu ;

« A Boulogne donc, à sa vraie prospérité en tout !

« A Boulogne, à ses habitants et à ses magistrats !

« A Boulogne, honneur, amour ! »

Tandis que Boulogne recevait ainsi les chaleureuses félicitations de l'épiscopat, ses rues et ses maisons étaient pleines de nombreux étrangers qui avaient eu le plus grand désir de prendre part à cette fête glorieuse. Plus de cinq cents prêtres avaient eu leur place dans le cortége. Parmi eux l'on remarquait M. Hamon, curé de Saint-Sulpice ; M. l'abbé Cruice, directeur de la maison des Hautes-Études de Paris, aujourd'hui évêque de Marseille ; MM. les curés de Saint-Jacques du Haut-Pas, de Saint-Gervais, de Saint-Nicolas du Chardonnet et de Notre-Dame des Champs ; M. Ausoure, ancien vicaire-général de Mgr Affre ; M. le doyen de la faculté de théologie de Bordeaux ; M. le doyen de Montcontour, au diocèse de Poitiers ; M. l'abbé Simounet, chanoine de Périgueux et prêtre de la Miséricorde ; M. l'abbé Maccarty, chanoine de Paris ; M. l'abbé Georges, premier vicaire de Saint-Étienne du Mont ; MM. les abbés Toursel et Vasseur, chapelains de la chapelle catholique de Londres ; deux chanoines de Sainte-Geneviève et plusieurs autres ecclésiastiques de diverses contrées.

Les principaux éléments qui composaient la grande procession de 1857 ont reparu et reparaissent encore chaque année dans la procession de Notre-Dame, qui a lieu ordinairement le dimanche dans l'octave de l'Assomption. Ce sont les mêmes symboles parlant aux yeux pour émouvoir le cœur ; les mêmes costumes, riches et modestes ; tout un luxe de bannières éclatantes, de reliquaires étincelants d'or, traversant une ville toute parée de tentures et de fleurs, au son des cloches, auxquelles se marie la musique harmonieuse des instruments guerriers.

Chaque année, les fidèles de toutes les paroisses rivalisent de zèle pour accroître la richesse du cortége, soit par l'augmentation du nombre des personnes qui y figurent, soit par l'acquisition de nouvelles bannières l'organisation de nouveaux groupes et le déploiement de quelque nouvelle magnificence. C'est ainsi que Boulogne est arrivé à faire tous les ans, en l'honneur de sa Vierge bien-aimée, ce que les autres villes ne font qu'à de rares intervalles, aux anniversaires séculaires ! Après M. l'abbé Senet, qui en a commencé l'organisation, c'est à M. l'abbé Bérault des Billiers, vicaire-général de Mgr Parisis, et surtout à M. l'abbé Wallet, aumônier des Dames de Nazareth, qu'on est redevable de tous les progrès et de tout le développement que la procession de Notre-Dame a faits dans l'espace de dix ans.

CHAPITRE XXXVI.

Générosité des fidèles pour l'œuvre de Notre-Dame ; — persévérance de Mgr Haffreingue ; — apostolat de Notre-Dame ; — béatification de Benoît-Joseph Labre ; — pèlerinage du cardinal Morlot ; — autel du prince Torlonia ; — conclusion de cet ouvrage.

Ces fêtes, ces stations, ces pèlerinages sont pour les bienfaiteurs de l'œuvre une occasion de réchauffer leur zèle et d'apporter pour les besoins nouveaux de cet édifice monumental de nouvelles libéralités. Jamais, depuis 1827, la charité publique ne s'est lassée d'apporter chaque jour de nouvelles offrandes. Bien plus, la construction de cette église n'a nui en rien aux autres œuvres de même nature : elle les a plutôt, tout au contraire, aidés et favorisés. Au fur et à mesure des besoins du culte, de nouvelles églises se sont élevées, avec autant de facilité que s'il n'y n'avait eu depuis longtemps aucune entreprise semblable. Le Portel, en 1835, La Capelle, en 1848, Saint-Pierre de Boulogne, en 1851 : et depuis lors Saint-Martin-Boulogne, Equihen, Saint-Vincent de Paul, Saint-François de Sales, l'église des RR. PP. Rédemptoristes, ont pu l'achever en quelques années, aidées par des souscription publiques, ou par des bienfaiteurs inconnus, sans que les travaux de la cathédrale fussent arrêtés, et sans qu'on cessât de donner d'un côté, malgré la nécessité de donner de l'autre.

C'est exactement ce qui s'est produit dans les premiers temps, lorsque la Vierge vint fonder cet édifice. Nous lisons, en effet, dans la légende, qu'elle mit elle-même à la disposition des travailleurs un trésor assez considérable pour l'achèvement de l'œuvre. Mais, de même que les travailleurs d'alors furent obligés de creuser profondément la terre, avec grande peine de bras, pour se mettre en possession de ces précieuses ressources, de même il a fallu que l'architecte de la nouvelle Notre-Dame s'occupât, d'une manière bien laborieuse, de solliciter incessamment le concours des fidèles. Voilà bientôt quarante ans que, sans relâche et sans repos, il tourmente assidûment la générosité de ses concitoyens, ayant imaginé, dans cet espace de temps, toutes les variétés possibles de quêtes, de souscriptions, de bazars, de loteries, prenant lui-même la besace et allant tendre la main de porte en porte, pour recueillir avec la même reconnaissance l'offrande du riche, les deniers du pauvre et l'obole de la veuve. Soutenu par sa foi et la protection toute-puissante de Marie, Mère de Dieu, il ne s'est jamais découragé dans cette mendicité sublime; et chaque jour il ajoute encore à son église pierre sur pierre, sans paraître savoir que le quatre-vingtième hiver va passer sur sa tête, et sans chercher de repos que celui qui viendra pour les siècles des siècles.

Notre Saint-Père le Pape Pie IX, à qui rien n'échappe de ce qui se fait de grand dans l'Église catholique, a daigné, à diverses reprises, encourager et bénir le prêtre infatigable qui a le secret de faire jaillir du sol chrétien ces sources vives d'une charité qui ne tarit point. Par un bref en date du 11 février 1859, Sa Sainteté a daigné l'élever au haut degré de la prélature romaine, en le nommant protonotaire apostolique *ad instar participantium,* et en lui conférant par là, même l'usage de tous les insignes pontificaux. Mgr Parisis a bien voulu lui donner l'investiture de cette dignité, cérémonie touchante qui s'est accomplie dans l'église de Notre-Dame, le 25 mars 1859, en présence de tout le clergé et de toutes les autorités de la ville. Depuis lors, Mgr Haffreingue a été mis au nombre des prélats de la maison de Sa Sainteté, et appelé aux fonctions honorifiques de référendaire de la signature de grâce et de justice.

Ces précieux encouragements du Chef de l'Église universelle ont montré au monde combien l'œuvre de Notre-Dame de Boulogne est estimée par le Pasteur suprême. Il n'en saurait être autrement. L'œuvre de Notre-Dame est une œuvre réparatrice, par laquelle sont expiés les crimes de 1793 ; puisque l'on reconstruit avec une magnificence insigne l'édifice abattu par l'impiété. C'est de plus une œuvre de salut, par laquelle la foi est développée, la piété ravivée, tous les bons sentiments exaltés ; puisque, par les fêtes diverses qui s'y accomplissent, on cherche à opérer la conversion des âmes, et surtout à ramener à l'Église catholique, par le spectacle de ses pompes glorieuses, les chrétiens qui vivent malheureusement hors de son sein. A tous ces points de vue, on peut dire de l'œuvre de Notre-Dame ce qu'en disait tout dernièrement le même Souverain-Pontife, dans une lettre adressée à Mgr Haffreingue : « En donnant tous vos soins à bâtir « et à décorer ce temple très-illustre et d'un caractère « très-religieux, vous vous êtes proposé de procurer « la gloire de Dieu, d'augmenter le culte de la Très-« sainte Vierge, et de ramener dans les voies de la

« vérité les âmes qui errent dans les sentiers du
« mensonge. Vous avez embrassé deux très-grandes
« et très-puissantes nations dans l'effusion de votre
« charité, en travaillant à une œuvre qui a pour but
« les progrès de la religion en France et la conversion
« des non-catholiques de la Grande-Bretagne ».

L'apostolat qu'exerce ainsi Notre-Dame de Boulogne dans sa ville hospitalière, a été compris par tout le monde, dès le premier jour du rétablissement des pèlerinages. Les protestants ont aperçu la portée de ces manifestations religieuses ; et ils ont essayé d'y repondre, en colportant des libelles blasphématoires où l'on met en doute, au moyen de textes équivoques ou mal traduits, la sainte virginité de la Mère de Dieu. Ces traits impuissants, aussi injurieux à la personne de Notre-Seigneur Jésus-Christ qu'à celle de Marie Immaculée, n'ont réussi qu'à soulever le mépris le plus universel contre les auteurs de cet manœuvres dégoûtantes. Mais, nous avons hâte de le dire, la généralité des protestants anglais se montre très-respectueuse devant nos processions, et ne s'associe point au fanatisme de ces folliculaires.

D'un autre côté, la presse catholique, en rendant compte des fêtes qui, chaque année, se célèbrent à Boulogne, a bien défini le caractère de ces pieuses démonstrations. « Entrons, disait en 1857 M. Francis
« Nettement, entrons dans cette grande et sainte en-
« treprise, dans ce pèlerinage admirable, dans ces
« levées en masse de la foi, dont la conversion de la
« France philosophique et de l'Angleterre protestante
« est le dernier mot ! O cathédrale de Boulogne ! en
« appelant à toi toutes les anciennes paroisses, tout
« l'ancien Boulonnais, en nous montrant l'impiété

« révolutionnaire vaincue, le protestantime respec-
« tueux et incliné, Marie Immaculée triomphante dans
« cette ville comme sur tant d'autres points de la
« France, tu nous appelles à l'unité, à la véritable
« adoration du Tout-Puisssant, qui n'est que dans
« la foi catholique. C'est là toute la signification,
« tout l'esprit des fêtes auxquelles nous venons d'as-
« sister [1]. »

C'est le mobile et la raison des fêtes qui se célèbrent chaque année dans l'église de Boulogne, durant la grande quinzaine pendant laquelle les voyageurs, les touristes, les baigneurs des deux nations arrivent en plus grand nombre dans la cité de plaisance. C'est pourquoi, en 1859, on y a réuni les représentants des Conférences de Saint-Vincent de Paul de France, d'Angleterre et de Belgique, qui sont venus y assister à une retraite donnée par le P. Félix. C'est pourquoi nous voyons les noms de tant d'évêques anglais et irlandais dans les fastes historiques qui sont inscrits sur les murailles du sanctuaire.

Il semble que Dieu ait voulu donner à l'œuvre de Notre-Dame de Boulogne et de ses pèlerinages, une particulière bénédiction en facilitant à Notre Saint-Père le Pape Pie IX les moyens de béatifier promptement le bienheureux Benoît-Joseph Labre. Ce pénitent pèlerin qui a passé sa vie à voyager d'églises en églises pour y révérer les Madones les plus en renom, a daté de Notre-Dame de Boulogne ses courses pieuses. C'en était assez pour que Rome honorât d'une attention spéciale en cette circonstance la Patronne du Boulonnais. Aussi, tandis que des graveurs

---

1. Extrait du *Correspondant*.

français ne savaient mettre qu'une inscription tumulaire pour revers aux médailles du Bienheureux [1], le postulateur de la cause en faisait frapper qui portaient au revers le type de Notre-Dame de Boulogne, avec cette légende : PELLEGRINAGGIO DEL BEATO BENEDETTO GIUSEPPE LABRE A N. D. DI BOULOGNA, c'est-à-dire, *Pèlerinage du bienheureux Benoît-Joseph Labre à Notre-Dame de Boulogne* [2]. Il y a aussi, parmi les gravures qui sont la postulation de la cause, une composition qui représente le Bienheureux à genoux, priant devant une Image de la Vierge miraculeuse. Mais, ce qui fait voir d'une manière plus éclatante les sentiments dont la Ville éternelle était animée pour l'humble capitale du diocèse supprimé, dont Benoît-Joseph était originaire, c'est le choix du sujet de la *girandola* pour la Saint-Pierre de l'année 1860. Chaque année, à Rome, le jour de la fête du Prince des Apôtres, on organise, aux frais du Sénat, sur le mont Pincio, une splendide pièce d'artifice, qui représente ordinairement un monument quelconque.

[1]. Une de ces médailles, frappée en France, représente le Bienheureux à mi-corps (sans nimbe !) Au revers on lit :

BEN^t JOSEPH
LABRE
NE A AMETTE (*sic*)
LE 20 MARS 1748
MORT
EN ODEUR DE SAINTETE
A ROME
LE 16 AVRIL
1783.

[2]. Ce type a été modifié pour la France. A l'*avers*, au lieu de lire simplement BEATO BENEDETTO GIUSEPPE LABRE, on lit aujourd'hui BIENHEUREUX B.-J. LABRE, NÉ A AMETTES, DIOCÈSE D'ARRAS. Au revers, il n'est plus question du pèlerinage, et on y lit seulement N.-D. DE BOULOGNE PRIEZ POUR NOUS. Nous signalons ces particularités aux collectionneurs.

Or, en 1860, saisissant avec à-propos la circonstance de la béatification d'un saint qui, mort à Rome, était né sujet de l'évêque de Boulogne, le comte V. Vespignani, architecte municipal dessina pour girandole[1], et, après avoir reçu l'approbation du Saint-Père, érigea en lumineux profils, sur la colline qui fait face au Vatican, la cathédrale de Boulogne, ayant au fronton la Vierge avec les anges dans sa barque

Vers le même temps, Mgr Parisis rapportait de Rome, pour être exposées dans sa cathédrale, dans l'église d'Amettes, et dans l'église de Notre-Dame de Boulogne, plusieurs importantes reliques du Bienheureux, qui sont depuis lors exposées à la vénération publique.

L'année 1861 a vu un illustre pèlerin s'agenouiller aux pieds de Notre-Dame de Boulogne. C'était Son Éminence Mgr le cardinal Morlot, archevêque de Paris, grand aumônier de France. Le vénérable prélat avait résolu de faire un pèlerinage de piété au sanctuaire qui exerce une si grande attraction sur ses diocésains, et de consacrer ainsi, en quelque sorte, par son autorité pastorale, les manifestations religieuses auxquelles les paroisses de Paris prennent une si large part. Arrivée à Boulogne, le mercredi 25 septembre, Son Éminence a célébré la messe dans la chapelle de Notre-Dame le lendemain 26 ; et elle a bien voulu adresser une allocution paternelle aux

---

1. Le dessin de cette *girandole* a été gravé. Quelques exemplaires ont été envoyés à des amis de l'œuvre de Notre-Dame. On lit au bas : *Macchina pirotecnica da incendiarsi nella sera del 29 Giugno 1860 per la solennità de' SS. Apostoli Pietro e Paolo, rappresentante il prospetto della Cattedrale di Boulogne illuminata per la fausta ricorrenza della beatificazione del V. Benedetto Giuseppe Labre.*

pieux fidèles qui se sont empressés d'y venir recevoir la communion de sa main.

Après avoir édifié la ville de Boulogne par la simplicité tout apostolique et la gracieuse affabilité qui le distinguaient, Mgr le cardinal Morlot a daigné envoyer à l'église de Notre-Dame un ornement de grand prix, en drap d'or frisé, élégamment brodé en argent. Ce riche présent, digne d'un prince de l'Église, attestera aux siècles à venir l'intelligente munificence de feu Mgr le grand Aumônier à l'égard de Notre-Dame de Boulogne.

C'est ainsi que tous les jours le trésor de Notre-Dame se reconstitue, et que, sans être ouverte au culte, cette église s'enrichit de tout ce qui doit servir à rehausser l'éclat des cérémonies saintes. Les pèlerins s'empressent de lui faire chaque année de nouvelles offrandes. Les murs de la chapelle sont constellés d'*ex-voto* offerts par différentes paroisses, par des pensionnats, par des particuliers, en reconnaissance de grâces obtenues. La paroisse de Saint-Séverin a donné une couronne monumentale destinée à la statue de l'Immaculée-Conception qui est sur le dôme; plus tard elle a offert un lys de vermeil, pour être mis aux mains des anges qui accompagnent Notre-Dame de Boulogne dans sa barque; en dernier lieu, on lui a été redevable d'une grande étoile en métal doré ornée de pierreries. D'autres pèlerins ont présenté à la Vierge tutélaire des *ex-voto* d'un caractère plus utile; ainsi, en 1863, la paroisse de Boulogne-sur-Seine, renouvelant le pèlerinage qu'elle avait accompli en 1856, a présenté le produit d'une collecte faite au profit de l'œuvre, et la paroisse de Saint-Pierre de Boulogne a fait, la même année, l'offrande de deux croix et de huit chandeliers en cuivre doré, pour servir à la garniture de deux autels.

Avec les sommes recueillies chaque année, provenant, soit des dons volontaires des personnes dévouées à l'œuvre [1], soit des quêtes faites à l'occasion des pèlerinages, Mgr Haffreingue travaille chaque jour à terminer son église. Déjà les cinq nefs qui s'étendent depuis le transsept jusqu'au portail ont reçu, ainsi que le dôme, leur dallage complet. Les six chapelles du dôme, confiées au pinceau chrétien de M. Soulacroix, vont retracer les principaux mystères de la vie de la sainte Vierge ; les voûtes de la nef reçoivent pour décoration des scènes tirées de l'Apocalypse. Tout s'achève, et l'église ne tardera probablement plus longtemps à être consacrée.

Il lui faut pourtant encore se préparer à recevoir l'autel incomparable qui attend, à Rome, dans le palais *Bramante,* le signal pour partir pour Boulogne. Cet autel, *ex-voto* monumental — dont la place, à notre avis, est sans conteste au centre du grand dôme, — cet autel est unique au monde, sous le rapport de la perfection du travail et de la richesse de la matière. Nous avons dit plus haut comment, en considération de l'amitié qui l'unissait à un de nos concitoyens, le commandeur Charles Torlonia l'avait projeté ; il reste à dire avec quelle magnificence le prince Alexandre a voulu réaliser la pensée de son frère.

Établi sur de larges proportions, l'autel de Notre-Dame est à deux faces, afin qu'on y puisse célébrer

[1]. A sa mort, arrivée le 17 janvier 1864, M. l'abbé May-Maccarty, ancien aumônier des Dames du Bon-Secours, chanoine prébendé de l'église métropolitaine de Paris, a légué à Mgr Haffreingue une somme de 10,000 fr. pour l'œuvre de Notre-Dame de Boulogne.

la messe de deux côtés. Son ornementation consiste en une série d'arcades formées par des colonnettes en *lapis martyrum* (marbre vert) dont les bases et les chapiteaux sont en bronze doré. L'intérieur des arcades est rempli par un tableau en mosaïque représentant un saint personnage. Sur l'autel est un riche gradin, portant un magnifique tabernacle. Tout l'ouvrage est composé des marbres les plus rares, tels que l'agathe, l'onyx, l'archangelo, le lapis-lazuli, la lumachelle, le vert antique, etc., etc.

Le dessin de ce beau travail est dû au crayon du chevalier Carnevali, architecte en renom, qui en a dirigé les travaux avec beaucoup d'art et de goût. Constantin Rinaldi, le plus célèbre mosaïciste de l'époque, et l'habile bronziste Latini s'y sont montrés tous deux à la hauteur de leur réputation.

Sur chacun des deux côtés latéraux de l'autel, se trouvent trois arcades occupées, celle du centre par des armoiries, les deux autres par une inscription [1]. On y lit pour accompagner les armes du commandeur :

IESV CHRTO D. N.	CAROLUS TORLONIA
SERVATORI	EQ. TORQ. ORD. HIEROSOL.
GENERIS HVMANI	PRO PIETATE
MARIA D. N.	QVA IN MARIAM D. N.
TV SACRIFICIA PRECES	EX ANIMO FERVEBAT
BONAQUE OMNIA NOSTRA	ALTARE HOC ILLI
BENIGNA PRAEBETO	EXTRVERE FESTINABAT
QUEIS CAROLO TORLONIA	QVVM INVITIS
BONONIENSES	BONONIENSIBVS
ENIXE REFRIGERIVM	EX HAC VITA MIGRAVIT
IMPLORAMUS	AN. CHR. M. DCCC. XXXXVII

1. Dans notre première édition nous avons publié deux inscriptions qui étaient alors en projet, mais qui ont été abandonnées pour être remplacées par celles que nous donnons ici.

C'est-à-dire : « O Marie, Notre-Dame, faites-nous la
« faveur d'offrir à Jésus-Christ Notre-Seigneur, Sau-
« veur du genre humain, les sacrifices, les prières et
« toutes les bonnes œuvres que les Boulonnais vous
« offrent afin de demander avec ferveur, pour Charles
« Torlonia, le rafraîchissement éternel. — Charles
« Torlonia, commandeur de l'ordre de Jérusalem,
« allait, par suite de la dévotion qui lui enflammait
« le cœur envers Marie Notre-Dame, lui faire élever
« cet autel, lorsque, au grand regret des Boulonnais,
« il trépassa de ce monde, l'an du Christ 1847. »

Les inscriptions qui accompagnent les armes du prince Alexandre sont ainsi conçues :

PRO PIETATE	MARIA D. N.
QVA IN MARIAM. D. N.	QUOD
ALEXANDER TORLONIA	ALEXANDER TORLONIA
DYNASTES ROMANVS	ALTARE HOC EXCITANDO
EX ANIMO FERVET	HONOREM TIBI AVGERE
ALTARE HOC	STVDVERIT
RITV	BONONIENSES TE ROGANT
EX ARTE ROMANA	VTI PER TE IN HAC VITA
EXTRVXIT	DEVS ILLI SIT PROPITIUS
ANNO A CHR. NATIVIT.	IN FVTVRA
M. DCCC. LVIII.	RETRIBVTOR.

C'est-à-dire : « Par la dévotion qu'il professa envers
« Marie Notre-Dame, Alexandre Torlonia, prince
« romain a fait ériger solennellement cet autel d'un
« travail romain, l'an de la naissance du Christ 1858.
« — O Marie Notre-Dame, vous qu'Alexandre Tor-
« lonia s'est appliqué à honorer en érigeant cet autel,
« les Boulonnais vous invoquent, afin que par vous
« Dieu lui soit favorable en cette vie et le récompense
« en l'autre. »

C'était une bien haute et bien grande pensée, à une époque où l'autel est trop souvent regardé, dans l'église, comme un meuble, de l'ériger ainsi à l'état de monument. L'autel est en effet le principal et le plus saint objet que puisse renfermer un temple consacré à Dieu, puisque, suivant le symbolisme le mieux autorisé, l'autel est le Christ lui-même, *altare quod est Christus* [1], la pierre du désert de laquelle jaillit l'eau des Sacrements, la pierre angulaire, sur laquelle tout le reste est bâti. On ne fait point l'autel pour l'église [2], dit saint Anselme, au contraire, c'est l'église qu'on fait pour l'autel, comme une tente d'honneur destinée à le couvrir et à l'abriter. Placé au centre du dôme, sous la haute coupole qui lui servira de pavillon, l'autel du prince Torlonia sera, au XIX⁰ siècle, le plus glorieux *ex-voto* de Notre-Dame de Boulogne.

Espérons que, de plus en plus, les pèlerins continueront de reprendre le chemin de ce sanctuaire vénéré, assis sur les rivages de l'Océan britannique, où les fraîches brises des eaux attirent tant de voyageurs. Il est dans l'esprit de l'homme des tendances indestructibles aux pèlerinages [3] qui, mille fois comprimées par les sarcasmes des moqueurs, étouffées sous les rires des encyclopédistes, discréditées par les froids raisonnements de l'hérésie, renaissent incessamment sous une forme ou sous une autre. Quand on a cessé d'aller au tombeau de saint Louis, on s'est empressé vers les tombes de Voltaire et de Rousseau.

---

1. *Pontificale Rom.* de Ordinat. subdiaconi.
2. Non fit altare propter ecclesiam, sed ecclesia propter altare.
3. Ces considérations sont en partie empruntées à un écrit que nous croyons être d'un protestant allemand, et qui a été publié en feuilleton dans le journal *le Monde*, il y a deux ou trois ans.

Pourtant, comme il importe au bien des sociétés que les pèlerinages publics ne soient pas des lieux de pestilence où les peuples s'empoisonnent, les gouvernements devraient favoriser les bons, comme des moyens de civilisation, comme un rafraîchissement nécessaire aux puissances de l'âme.

Si la religion catholique a toujours beaucoup favorisé les pèlerinages, c'est que Notre-Seigneur Jésus-Christ a été dans sa vie mortelle le plus infatigable des pèlerins. D'ailleurs, rien ne vivifie la foi des fidèles comme de passer en chantant à travers les villes avec croix et bannières, de crier du fond du cœur, sous la voûte du ciel, le plaintif *Miserere* ou le glorieux *Te Deum*. Notre pèlerinage, aussi bien que notre culte, doit paraître au grand jour. Le cœur aime à chanter haut ce qu'il désire, ce qui l'attriste et ce qui le réjouit. Tous les arbres, les crêtes des monts, unissant leurs voix aux nôtres, nous aideront à déposer nos joies et nos douleurs aux pieds du Dieu dont nous sommes les victimes et les hosties vivantes. Tant que nous restons dans notre ville, nous sommes en trop petit nombre pour un chœur triomphal : par le pèlerinage, au contraire, des hommes de toute région se joignent à nous dans l'ardeur très-vive d'une piété fraternelle ; il se fait une union visible de tous les cœurs fidèles ; et nous éprouvons plus intimement que nous sommes tous membres de la même Église, et nous nous embrassons dans l'unité de notre foi, sans nous être jamais vus sur la terre, et sans espoir de nous revoir ailleurs qu'au ciel. Telles sont les grâces nombreuses qu'on peut retirer des pèlerinages et telles sont celles que les pèlerins de Notre-Dame de Boulogne obtiennent abondamment, en ne craignant pas de manifester hautement leurs croyances, sous les yeux d'un peuple entier qui les regarde et les admire. Que Dieu en soit loué! et que la bienheureuse Vierge Marie en soit bénie à jamais dans tous les siècles!

FIN.

TABLE DES CHAPITRES.

PRÉFACE 5
CHAPITRE PREMIER. — De l'Image de Notre-Dame de Boulogne, dans quel temps et de quelle manière elle est arrivée au port de Boulogne. 13
CHAPITRE II. — Histoire de l'église de Notre-Dame de Boulogne, depuis sa première fondation jusqu'au développement du pèlerinage. 21
CHAPITRE III. — Le pèlerinage de Notre-Dame de Boulogne au XIIIe siècle ; — Philippe-Auguste ; — les comtes de Flandre, de Boulogne et de Ponthieu ; — Henri III, roi d'Angleterre ; — saint Louis ; — le concile de Boulogne. 33
CHAPITRE IV. — Concours populaire à la fin du XIIIe siècle ; — les chanoines de Senlis ; — un bourgeois d'Ypres ; — la commune de Courtrai ; — les comtes de Saint-Pol ; — arrêt du parlement en 1296. 47
CHAPITRE V. — Vœu de Philippe le Bel, à la bataille de Mons-en-Puelle ; — mariage d'Edouard II, roi d'Angleterre, avec Isabelle de France ; — seigneurs français et anglais qui assistèrent à cette solennité ; — le pape Clément V condamne Guillaume de Nogaret au pèlerinage de Notre-Dame de Boulogne-sur-Mer ; — dons et pèlerinages divers, 1303-1350 53
CHAPITRE VI. — Des pèlerinages judiciaires à Notre-Dame de Boulogne ; — les Albigeois et l'Inquisition de France ; — l'officialité d'Arras ; — les chapitres de Reims, de Douai, de Péronne ; — le parlement de France ; — les villes de Bohain, d'Aire, de Dunkerque, etc. 68
CHAPITRE VII. — De l'église et chapelle de Notre-Dame de Boulogne-sur-Seine, bâtie et fondée par les pèlerins de Notre-Dame de Boulogne-sur-Mer. 76
CHAPITRE VIII. — Pèlerinages du dauphin Charles et du roi Jean, à Notre-Dame de Boulogne, en 1360 ; — fondation et dotation d'un autel spécial, en l'honneur de la Vierge miraculeuse 85
CHAPITRE IX. — Pèlerinage des princes anglais en 1360 ; — Walleran de Luxembourg ; — le maréchal Boucicaut ; — Gui de la Trémouille, etc. 94
CHAPITRE X. — Hôpitaux fondés pour favoriser les pèleri-

nages ; — culte de Notre-Dame en diverses chapelles ; — médailles et souvenirs de pèlerinage. 105

Chapitre XI. — Offrande du roi Charles VII ; — de plusieurs seigneurs français et anglais ; — de Philippe le Bon et de Charles le Téméraire, ducs de Bourgogne ; — ex-voto et pèlerinages divers, 1409-1475. 115

Chapitre XII. — Dévotion de Louis XI envers Notre-Dame de Boulogne ; — infédoation du comté de Boulogne entre les mains de la Vierge. 134

Chapitre XIII. — Hopital d'Audisque pour les pèlerins, 1484, — vœu de Charles VII, 1493 ; — le maréchal Philippe d'Esquerdes ; — les gouverneurs de Picardie et du Boulonnais, au XV° siècle ; — entrée de Marie d'Angleterre en 1514 ; — richesses de la trésorerie. 144

Chapitre XIV. — Conférences tenues à Boulogne en 1532 ; — Henri VIII et François Ier vénèrent Notre-Dame de Boulogne ; — siége de Boulogne par Henri VIII, en 1544 ; — pillages et ruines. 157

Chapitre XV. — Henri II rentre en possession de Boulogne ; — vœu du roi ; — bulle du pape Jules III ; — offrandes diverses, 1550. 167

Chapitre XVI. — Destruction de la ville de Thérouanne ; — le chapitre de cette église est transféré à Boulogne, 1553 ; — immense concours de pèlerins ; — S. Pie V érige le siége épiscopal de Boulogne, 1567. 180

Chapitre XVII. — La Michelade à Boulogne, 1567 ; — disparition de l'Image miraculeuse de Notre-Dame ; — massacres, ruines et pillages ; — restauration du culte, 1568 ; — dons, offrandes et pèlerinages 188

Chapitre XVIII. — On retrouve l'ancienne Image miraculeuse, que les huguenots avaient en vain cherché à détruire ; — informations juridiques à ce sujet ; — miracles et pèlerinages, 1607-1617. 201

Chapitre XIX. — Restauration de la cathédrale ; — lettre pastorale de l'évêque, Claude Dormy, pour la reconstruction de la chapelle de Notre-Dame ; — dons, offrandes, guérison miraculeuse ; — statue de Notre-Dame posée sur le portail de l'église ; — affiliation du chapitre de Boulogne avec celui de l'Église apostolique de Saint-Jacques de Compostelle, 1618-1628 217

Chapitre XX. — Rétablissement de l'Image de Notre-Dame dans ses anciens honneurs par l'évêque Victor le Bouthillier, le 30 mars 1630 ; — miracles, guérisons, pèlerinages divers, 1630-1632 228

TABLE DES CHAPITRES.

Chapitre XXI. — Diverses marques de la protection de Notre-Dame de Boulogne dans les plus grands dangers sur les eaux ; — grâces et faveurs accordées à plusieurs personnes qui ont invoqué son secours dans leurs maladies ; — guérisons miraculeuses, 1633-1641. 242

Chapitre XXII. — Hommage du cœur d'or, au nom de Louis XIII et de Louis XIV, 1647 ; — dons et offrandes des particuliers, au milieu du XVIIe siècle ; — guérisons diverses, 1655-1658 251

Chapitre XXIII. — On place une Image de Notre Dame au-dessus des portes de la ville ; — le duc d'Aumont fait construire un jubé de marbre à l'endroit du chœur ; — miracle constaté par l'autorité épiscopale ; — marins sauvés du naufrage ; — guérisons et faveurs diverses . . 261

Chapitre XXIV. — Protection de Notre-Dame de Boulogne contre la peste ; — pèlerinages accomplis par les paroisses de Sangatte, de Licques, de Saint-Pierre-lès-Calais, de Notre-Dame de Calais, de Samer, de Wissant, de Guînes, d'Oye, de Preures, d'Hucqueliers, de Wimille, de Courset et autres, 1697-1702. 275

Chapitre XXV. — Dons et offrandes des particuliers à la fin du XVIIe siècle ; — la reine d'Angleterre, femme de Jacques II ; — le prétendant Jacques III en 1708 ; — Marie Leczinska, reine de France 286

Chapitre XXVI. — Louis XV paye l'hommage du cœur d'or ; — il visite la chapelle de Notre-Dame, 1744 ; — mandement de Mgr Partz de Pressy ; — pèlerinage du bienheureux Benoît-Joseph Labre, en 1769 ; — de la paroisse d'Ambleteuse, en 1776, et de celle de Samer, en 1789 293

Chapitre XXVII. — Révolution française ; — Schisme constitutionnel ; — protestation du chapitre de Boulogne, contre la confiscation des biens ecclésiastiques et la suppression des corporations religieuses ; — inventaire du mobilier de la chapelle de Notre-Dame, en 1791 ; — la statue de Notre-Dame est brûlée par les révolutionnaires, 28 décembre 1793 ; — destruction de la cathédrale . . . 305

Chapitre XXVIII. — Concordat de 1801 ; rétablissement du culte de Notre-Dame en 1809 ; — offrandes et pèlerinages ; — Louis XVIII au pied de l'autel de Notre-Dame en 1814 ; — nouvelle érection du siège épiscopal de Boulogne, en 1817 ; — évêques nommés 321

Chapitre XXIX. — L'enclos de l'ancienne cathédrale est racheté par M. l'abbé Haffreingue, qui y construit une nouvelle église ; — histoire de cette entreprise, depuis 1827, jusqu'en 1840 332

CHAPITRE XXX. — Bénédiction de la nouvelle chapelle de Notre-Dame, le 29 mai 1840 ; — on retrouve une des mains de la statue miraculeuse ; — continuation des travaux de la cathédrale, souscriptions et offrandes, 1840-1849 ; — bref de S. S. Pie IX. 348

CHAPITRE XXXI. — Pèlerinages de 1849, à l'occasion du choléra ; — on commence à reconstituer le trésor de Notre-Dame ; — le commandeur Charles Torlonia promet de donner le maître-autel ; — l'opinion publique se prononce de nouveau en faveur du rétablissement de l'évêché de Boulogne-sur-Mer ; — confrérie de Notre-Dame de Boulogne-sur-Seine ; — chapelle de Notre-Dame de Boulogne dans l'église des marins à Naples 363

CHAPITRE XXXII. — Rétablissement des pèlerinages annuels de Notre-Dame de Boulogne, en 1853 ; — quel a été jusqu'à nos jours (1863) le pieux empressement des paroisses rurales du Boulonnais, pour cette dévotion séculaire 373

CHAPITRE XXXIII. — Pèlerinages des paroisses de Paris, 1856-1863 ; — Boulogne-sur-Seine ; — Amiens, Abbeville ; — Chartres ; — Saint-Valéry, Rue, les campagnes de la Picardie, etc. ; — l'Angleterre et la Belgique ; — Notre-Dame de Boulogne en Chine et en Écosse 385

CHAPITRE XXXIV. — Station annuelle de Notre-Dame ; — pèlerinage de LL. MM. l'Empereur et l'Impératrice en 1853 ; — cloches offertes et bénites en 1854 ; — fêtes en l'honneur de l'Immaculée-Conception ; — le colonel Dupuis lègue sa croix de commandeur à Notre-Dame ; — autres dons et offrandes. 402

CHAPITRE XXXV. — Processions annuelles ; — indulgences accordées par le Saint-Siége ; — inauguration de la statue de l'Immaculée-Conception sur le dôme de Notre-Dame ; — fêtes à cette occasion le 30 août 1857. 420

CHAPITRE XXXVI. — Générosité des fidèles pour l'œuvre de Notre-Dame ; — persévérance de Mgr Haffreingue ; — apostolat de Notre-Dame ; — béatification de Benoît-Joseph Labre ; — pèlerinage du cardinal Morlot ; — autel du prince Torlonia ; — Conclusion de cet ouvrage 434

Arras. — Typ. Rousseau-Leroy.

SOUS PRESSE

Histoire de Notre-Dame de Boulogne, par M. l'abbé D. Haigneré, nouvelle édition, revue, corrigée et très-considérablement augmentée, avec vignettes et planches, in-8° raisin.

ON VEND
AU PROFIT DE LA CATHÉDRALE

Abrégé de l'histoire de Notre-Dame de Boulogne, par M. l'abbé D. Haigneré, 1863. In-18. » 50

Étude sur l'existence d'un Siége épiscopal dans la ville de Boulogne avant le VIIe siècle, par le même, 1856, br. in-8° de 80 pages. » 50

Notice sur les Tombeaux de la Crypte, in-8°. » 75

Notice sur les Gravures de Notre-Dame de Boulogne, par le même, 1854, br. in-8° de 8 p. » 10

Inscription des cloches de Notre-Dame, par le même, 1854, in-8° de 4 pages » 05

Hymnes de Notre-Dame de Boulogne, texte, traduction et plain-chant. » 20

Étude sur la vie et les ouvrages de Mgr de Partz de Pressy, par le même, *ouvrage couronné par l'Académie d'Arras*, in-8°, 1858. 1 50

Du lieu de naissance de Godefroi de Bouillon, par M. l'abbé E. Barbe, br. gr. in-8°, 1855. 2 »

Arras, typographie Rousseau-Leroy.

www.ingramcontent.com/pod-product-compliance
Lightning Source LLC
Chambersburg PA
CBHW072129220426
43664CB00013B/2182